Griff nach der deutschen Geschichte
Erbeaneignung und Traditionspflege in der DDR

Studien zur Politik
Band 11
Herausgegeben im Auftrag der
Konrad-Adenauer-Stiftung

von Hans-Joachim Veen
und Peter R. Weilemann
Forschungsinstitut

Eberhard Kuhrt / Henning von Löwis

Griff nach der deutschen Geschichte

Erbeaneignung und Traditionspflege in der DDR

Ferdinand Schöningh
Paderborn München Wien Zürich

Die Bände 1–4 und Band 6 der „Studien zur Politik“ sind erschienen im Verlag Bonn Aktuell, Stuttgart.

Band 5, 7 ff. erscheinen im Verlag Ferdinand Schöningh.

CIP-Titelaufnahme der Deutschen Bibliothek

Kuhrt, Eberhard:
Griff nach der deutschen Geschichte: Erbeaneignung u.
Traditionspflege in d. DDR / Eberhard Kuhrt; Henning von Löwis. –
Paderborn; München; Wien; Zürich: Schöningh, 1988
(Studien zur Politik; Bd. 11)
ISBN 3-506-79311-X
NE: Löwis, Henning von: GT

Herstellung: Ferdinand Schöningh.

ISBN 3-506-79311-X

Inhaltsverzeichnis

Einführung

Seit einigen Jahren mehren sich die Indizien, daß die politische Führung der DDR und, teilweise sogar vorbereitend, die von ihr kontrollierte historische Wissenschaft das bislang gültige Bild der deutschen Geschichte überarbeiten. In einem Staat, in dem die Propagierung eines bestimmten Geschichtsbildes zu den Instrumentarien der Herrschaftssicherung und darüber hinaus der Herrschaftslegitimierung gehört und die Geschichtswissenschaft in letzter Konsequenz immer im Dienste der führenden Partei steht, ist diese Entwicklung nicht nur ein Vorgang von intellektuellem Interesse, sondern von eminent politischer Bedeutung. Wenn die SED-Führung nach der deutschen Geschichte greift, dann rührt sie damit an die Verankerung der Klammern, welche die Einheit der Nation im geteilten Deutschland zusammenhalten.

Zu wissen, was es mit dieser Entwicklung auf sich hat, ist also ein politisches Desiderat ersten Ranges wie auch eine Herausforderung an die Wissenschaft. DDR-Forscher und Historiker in der Bundesrepublik Deutschland haben diese Tendenzen in der DDR-Historiographie mit zunehmender Aufmerksamkeit registriert. Naturgemäß gehen die einzelnen Interpretationen in den zentralen Fragen der Richtung und des Ausmaßes der Änderung des Geschichtsbildes auseinander. Ein abschließendes Urteil ist noch nicht möglich. Aufmerksame Beobachter konnten immerhin erste Anzeichen schon Ende der sechziger Jahre entdecken, so daß eine Zwischenbilanz, wie sie in dem vorliegenden Buch angestrebt wird, versucht werden kann.

Bei der Änderung des Geschichtsbildes handelt es sich zunächst um eine Erweiterung des Feldes der historischen Forschung. Waren bis dato bestimmte Phasen und Ereignisse der deutschen Geschichte in der offiziellen Historiographie an den Rand gedrängt oder als unfruchtbar im Sinne marxistischen Geschichtsdeterminismus gewissermaßen ausgeblendet, so wagen die DDR-Historiker sich nun an die ganze deutsche Geschichte.

Zwei Begriffe, die aus der kulturpolitischen Diskussion übernommen wurden, spielen bei dieser Entwicklung eine zentrale Rolle: Erbe und Tradition. Historisches Erbe umfaßt die gesamte Geschichte in ihrer Widersprüchlichkeit. Historische Traditionen dagegen sind nur ein Teil dieses gesamten Erbes, und zwar der progressiv positive, der Teil der historischen Entwicklung also, den der sozialistische Staat bewahren und fortführen will. Natürlich haftet dieser Trennung etwas Willkürliches an, denn was zur Tradition gehört, wird letztlich politisch entschieden. Mit diesem Begriffspaar wird jedoch gewährleistet, daß geschichtliche Neugier in andere Gebiete vorstoßen kann, ohne auf den progressiven Kernbestand zu verzichten. Im Mittelpunkt der historischen Forschung wie der Geschichtspropaganda steht deshalb auch heute noch die Geschichte der Arbeiterbewegung, des Kommunismus und der Kommunistischen Partei Deutschlands.

Die Erweiterungen, die in den letzten Jahren zu konstatieren sind, beziehen sich im wesentlichen einmal auf die Frühphase des 16. Jahrhunderts, hier insbesondere auf die Person Martin Luthers, der im Zuge einer Neubewertung der „frühbürgerlichen Revolution“ ein neuer, progressiver Stellenwert beigemessen wird. Das zweite Feld ist die Geschichte Preußens. Insbesondere Friedrich II. — der Große wird er noch immer nicht genannt — und neuerdings auch Bismarck werden nun mit wohlwollenderen Augen gesehen, wobei gerade im letzteren Falle die These von der „Revolution von oben“ dem westlichen Beobachter eine attraktive Kontinuitätslinie zur Gründung der DDR suggerieren könnte, die von der SED jedoch strikt abgelehnt wird. Immerhin werden hier Entwicklungsstadien der deutschen Geschichte uminterpretiert, die zwei entscheidende Glieder der über lange Jahre gepflegten historisch politischen Argumentationskette des direkten Abweges von Luther über Preußen in die Katastrophe des „Dritten Reiches“ bildeten. Dabei wird es vermutlich nicht bleiben. Es gibt Anzeichen, daß man auch das Erbe des Mittelalters auf Traditionen hin durchforsten wird. Sicherlich wird man unbefangener an diese Epochen herangehen können, je weiter sie von dem Legitimationsdruck des Heute entfernt sind. Andererseits jedoch dürfte es immer schwieriger werden, die progressiven Traditionen zu identifizieren.

Es kann deshalb nicht überraschen, daß derartige Einpassungen in ein ideologisch festgefügtes und politisch fixiertes Geschichtsbild den Historiker wie den Parteiideologen vor gleichermaßen schwierige Herausforderungen stellen. Die in einzelnen Bereichen sichtbar werdenden, allerdings noch nicht abgeschlossenen Differenzierungen und Neubewertungen sind in der DDR keineswegs unumstritten. Die vorliegende Analyse macht deutlich, daß sie nicht widerspruchsfrei sind und einige intellektuelle Klimmzüge besonderer Art erfordern. Auch tragen sie in sich den Keim einer Kritik der marxistischen Geschichtstheorie. Alles in allem aber legen die Untersuchungen den Schluß nahe, daß es sich eher um Flickarbeiten handelt, Ausbesserungen zur Festigung der alten Theorie, wo sie brüchig war, denn um grundlegende Neuinterpretationen der Statik des Geschichtsgebäudes.

Damit ist der politische Grund dieser bemerkenswerten Entwicklungen angesprochen. Wer die Einheit von Theorie und Praxis, Forschung und Propaganda postuliert, muß sich fragen lassen, was die politischen Motive sind.

Diejenigen, die von einem tiefgreifenden Wandlungsprozeß des SED-Selbstverständnisses sprechen, greifen vermutlich zu weit. Es geht um die Legitimation des Führungsanspruches der Partei, der von ihr nie in Frage gestellt war, zu dessen Sicherung man sich aber auch scheinbar unkonventioneller Methoden bedient. Wer spürt, daß die Bevölkerung das offizielle Geschichtsbild nicht ernst zu nehmen bereit ist, wird Korrekturen vornehmen müssen, die mehr als nur kosmetische Retuschen sind. Der Anstoß dazu mag durchaus eine Reaktion auf Herausforderungen von außen gewesen sein; wobei von außen nicht nur die Realität des ständigen Wettbewerbs mit der attraktiven freiheitlichen Bundesrepublik Deutschland meint, sondern auch eine gewisse Profilsuche gegenüber den gewachsenen nationalen Traditionen der osteuropäischen Bruderstaaten. Was deshalb zunächst als Instrument der Abgrenzung gedacht sein mag, kann somit den Grundstein legen für einen späteren Alleinvertretungsanspruch à la SED, wie an unterschiedlichen Stellen der Studie immer wieder deutlich wird.

Daß dabei die DDR sich schon heute als das Deutschland präsentieren möchte und zum Teil auch kann, das der devisenbringende Tourist auf seiner Suche nach dem Deutschland der Klassik und Romantik, der preußischen Tradition und eines Martin Luther bereist, ist dabei mehr als ein willkommenes Abfallprodukt.

Im Alltag des DDR-Einwohners sieht die Geschichte trotz aller Reminiszenzen baugeschichtlicher Traditionspflege keineswegs klassisch und schon gar nicht romantisch aus. Da mögen die Straßennamen alter baumbestandener Alleen die gleichen geblieben sein, konfrontiert wird der Durchschnittsbürger mit Soldaten, die im preußischen Stechschritt marschieren, mit Traditionsecken in Betrieben, die obskure Kämpfer aus der Geschichte der deutschen Arbeiterbewegung und der Kommunistischen Partei verherrlichen oder zum Lobe Ernst Thälmanns geschmückt werden. Das Schulkind lernt, zunächst die Spuren der „Befreier", der Roten Armee, aufzusuchen, und weiß mehr über die Etappen des sogenannten Vaterländischen Krieges der Sowjetunion als über die Verankerung der Menschenrechte in den freiheitlichen Verfassungen der deutschen Geschichte. Und der DDR-Einwohner konnte im Jubiläumsjahr Berlins wohl einen herausgeputzten Ost-Teil der Stadt erleben, aber nur mühsam unter dem roten Deckmantel der SED-Hofhistoriker die wahre Geschichte des ganzen Berlin, besonders der jüngeren Zeit, erkennen.

Erst die Ergänzung durch die Beschreibung der Erbe- und Traditionspflege im Alltag der DDR läßt die Konturen des Geschichtsbildes, das die SED-Führung zu zeichnen versucht, in ihrer Gänze erkennen. Die Ausweitung des Geschichtsbildes, die Aneignung auch größerer Teile des bürgerlichen Erbes, ist noch in der Diskussion. Es ist offenkundig, daß deren Umsetzung in die propagandistische und pädagogische Arbeit sich nur allmählich und überdies mit zeitlicher Verzögerung vollzieht. Und es fragt sich, wieweit sie überhaupt geschehen soll. In der Geschichte für den Alltag werden die Pflöcke der politischen Bildung eingerammt. Über der theoretischen Diskussion jedoch schwebt immer der dräuende Schatten der Revision, wie die bisherige Entwicklungsgeschichte der DDR-Historiographie zeigt. Gerade das sollte man als Merkposten behalten, wenn man nach den politischen Konsequenzen und Schlußfolgerungen fragt. Der Griff nach der deutschen Geschichte kann zum Mittel der Profilierung im innerdeutschen Verhältnis werden wie zur historischen Legitimierung der eigenen Herrschaft innerhalb der DDR dienen. Mit den skizzierten Umwertungen innerhalb des festgefügten ideologischen Rahmens werden gleichwohl Ansätze eines Angriffs auf die eigene Ideologie geschaffen mit der Folge, daß die Unfehlbarkeit der allwissenden Partei in Zweifel gezogen wird. Das kann sich negativ auf deren Stellung auswirken und langfristig das kurze emotionale Wir-Gefühl, das sich die SED-Führung in leuchtenden Momenten der DDR-Geschichtsfeiern erhofft, aufwiegen. Die Grundlage für ein sozialistisches Nationalbewußtsein scheint hier nicht gelegt werden zu können. Wahrscheinlicher ist, daß die neue Linie der Theorie von zwei Nationen, der sozialistischen DDR und einer kapitalistischen im Westen, zuwiderläuft. Eine Betrachtung der ganzen deutschen Geschichte muß auch in der DDR in eine gesamtdeutsche Perspektive münden, auch wenn sie aus der Interessenlage der SED nur dazu dienen soll, die Grenzen zwischen totalitärem System und freiheitlicher Demokratie vor dem beschworenen Hintergrund einer „Koalition der Vernunft" im Nuklearzeitalter in „gemeinsamer antifaschistischer Tradition" verschwimmen zu lassen.

Der vorliegende Band ist ein Diskussionsbeitrag zur Einschätzung der staatlich gelenkten Geschichtsaneignung in der DDR. Im Grunde sind es einfache Fragen nach dem Inhalt, den Möglichkeiten und Grenzen einer Neuakzentuierung der Geschichte. Aber die Wege zu den Antworten sind nicht immer die direktesten. Oft sind es nur Annäherungen, und der Gegenstand macht es notwendig, sich dem Ziel auf getrennten Wegen zu nähern. Die Möglichkeiten und Grenzen der Geschichtsbilderweiterung aufzuzeigen, wie sie der historiographischen Diskussion und vor allem den Anleitaussagen führender Parteifunktionäre und Geschichtswissenschaftler zu entnehmen sind, setzt einen anderen Blickwinkel voraus als die Beschreibung der Erbepflege in der DDR aus den Beobachtungen des Alltags. Hier richtet sich der Blick notwendigerweise stärker auf die „traditionellen" Teile der kommunistischen historischen Bildung, auf diejenigen, von deren Propagieren die Partei sich bewußtseinsbildende Wirkung bei der Bevölkerung verspricht. Da geht es in erster Linie um die neuen Akzente des parteigelenkten Geschichtsbildes der letzten Jahre, um ihre Inhalte und ihre Gewichtung.

Die Untersuchung programmatischer, praktisch-historiographischer und geschichts-pädagogischer propagandistischer Aussagen kann also zu unterschiedlich akzentuierten Ergebnissen führen. Eine Systematisierung solcher Befunde wäre selbst bei breiterer Datenerhebung, als sie die Autoren vornahmen, derzeit kaum möglich.

Der vorliegende Band jedenfalls erstrebt weder systematische Geschlossenheit noch Vollständigkeit der Gesichtspunkte. Er begnügt sich damit, Indizien für eine zutreffende Einschätzung der parteigelenkten Geschichtsaneignung in der DDR aufzuzeigen. Es wurde deshalb bewußt darauf verzichtet, vorkommende Überschneidungen und Akzentunterschiede zu werten. Das reflektiert sicherlich auch die Unterschiedlichkeit der Autoren; das textanalytische Vorgehen des Historikers Eberhard Kuhrt, heute Referent im Bundesministerium für innerdeutsche Beziehungen, und das journalistische Engagement des Redakteurs beim Deutschlandfunk, Henning von Löwis; beide arbeiteten einige Zeit Tür an Tür im Forschungsinstitut. Ihre Beiträge stehen selbständig und in ausschließlicher Verantwortung des jeweiligen Autors, aber doch nur scheinbar nebeneinander. Es ist gerade die Unterschiedlichkeit der Ansätze, die es erlaubt, möglichst viele Gesichtspunkte für eine zutreffende Einschätzung der SED-offiziellen Geschichtsaneignung aufzuzeigen.

Die Fertigstellung eines Buches setzt die stille Mitwirkung vieler guter Geister voraus, die nicht alle genannt werden können. Unser Dank an die Autoren wäre jedoch unvollständig ohne die Würdigung des engagierten Lektorats von Frau Hildegard Beil.

Das Manuskript wurde im Mai 1987 abgeschlossen.

H.-J.V. P.R.W.

Hinweis zur Zitierweise

Auf die Titel, die im Literaturverzeichnis genannt sind, wird in den Anmerkungen nur in Kurzform verwiesen: Autor, ggf. Titel der Zeitschrift, Erscheinungsjahr.

Teil I

Eberhard Kuhrt

Das ganze Erbe soll es sein

Die Erweiterung des Erbe- und Traditionsverständnisses im Geschichtsbild der SED

I. DDR-Geschichtsbild im Wandel

1. Auf der Suche nach der deutschen Geschichte

Es ist noch zu früh, zu beurteilen, ob das seit einem guten Jahrzehnt verstärkt hervortretende Geschichtsinteresse in Deutschland mehr als eine Modeerscheinung ist, ob sie einen tiefergehenden Wandel des geistigen Klimas anzeigt, Ausdruck eines tatsächlich wachsenden Bedürfnisses nach historischem Orientierungswissen ist. Die Anzeichen sprechen allerdings dafür. Nicht so sehr wegen der reichlich gesäten 40jährigen Gedenktage der Jahre 1984 und 1985, an die sich bruchlos die Serie der 50jährigen Feiertage wird anschließen lassen, falls der politische Wille dazu besteht. Diese sprechen eher für die nach wie vor bestehende traumatische Gebanntheit durch die Erfahrung der Zwölf Jahre in Deutschland und in vielen betroffenen Ländern, aber auch für den politischen Nutzen der perpetuierten Kriegserinnerung für die Stabilisierung kommunistisch regierter Staaten. Wohl aber gibt es auch jenseits des Umgetriebenseins durch die Last unserer jüngeren Vergangenheit im westlichen Teil Deutschlands Anzeichen — von echten und ernannten Gedenkjahren über große historische Ausstellungen bis hin zu Fernsehserien und historiographischen Bestsellern auf dem Büchermarkt — dafür, daß Fragen an die Geschichte wieder gestellt werden und daß Antworten, ja sogar eher problematische oder unsichere Antwortversuche, zwar nicht auf ein lautes Echo, wohl aber auf eine breite Aufnahmebereitschaft stoßen. So war die Fülle der neuen oder neu aufgelegten Publikationen zum Lutherjahr kaum überschaubar. Das Jubiläumsjahr Bachs und Händels nahmen die Fernsehanstalten zum Anlaß abendfüllender, wenn auch in ihrem forcierten Aktualisierungswillen nicht immer überzeugender Präsentationen. Preußens Glanz und Sachsens Gloria fanden ihren Weg von mitteldeutschen Fernsehstudios in westdeutsche Sendeanstalten, und zu den sensationellen Buch-Neuerscheinungen der letzten Jahre gehört eine Bismarck-Biographie, die, der Feder eines DDR-Historikers entstammend, in den ersten drei Jahren eine Auflagenhöhe von nicht weniger als 34000 erreichte.

Ist demnach die vielbeklagte „Geschichtslosigkeit" der jetzt lebenden Deutschen eine Schimäre, ein rituell wiederholter Kassandraruf von Fachhistorikern, die ihrer Profession eine höhere gesellschaftliche Beachtung verschaffen wollen? Hat Alfred Heuß nicht unrecht, wenn er sein jüngstes Werk mit der Bemerkung einleitet, von historischem Analphabetismus zu sprechen, sei heute gefahrlos, weil niemand widersprechen könne?[1] Wohl kaum. Denn die genannten Indizien stehen in einem eigenartigen Widerspruch — oder ist es eher eine Ergänzung? — zu einer vielfach beobachtbaren Ratlosigkeit gegenüber der Vergangenheit, vor allem bei dem Versuch, sie als relevant, als wirksam, als in der Gegenwart aufgehoben zu verstehen — „und nur dein eigenes Heute ist nicht

[1] Heuß 1984, S. 9

drin". Kurzschlüssige Aktualisierungen, nicht selten die Flucht ins schnelle – und eben darum oft anachronistische – Moralurteil oder der Ausweg, steinbruchartige Fragmente zu einer Vorgeschichte unserer Jetztzeit zusammenzumörteln, legen unfreiwillig Zeugnis davon ab, daß ein Konsens über unsere historische Herkunft, eine integrierende „Wir-Geschichte", in deren Zusammenhang erst einzelne erinnerungswürdige Gestalten, folgenreiche Ereignisse, weiterwirkende Verläufe ihren Stellenwert bekämen, eben gerade nicht vorhanden ist.

Der angesichts dieses Problems gelegentlich aufgesuchte Minimalkonsens bestand viele Jahre lang nicht selten darin, den historisch vermittelten Gegenwartsbezug lieber gar nicht erst herzustellen — so etwa bei der Preußen-Ausstellung, zu der ein zurückhaltender Kritiker schrieb: „Der Besucher wird vor Identifikationserlebnissen geschützt wie vor einer ansteckenden Krankheit."[2] Und selbst diese Keuschheit hat die Ausstellung bekanntlich nicht vor dem Vorwurf borussischer Verherrlichung schützen können. Die Bundesrepublik erschien lange Zeit als ein historisch merkwürdig profilloses Gebilde, nicht auferstanden, sondern neu errichtet auf Ruinen und den Blick vorwiegend der Tagesaktualität, aber nur zweifelnd und verwirrt der Vergangenheit und daher oft auch unsicher der Zukunft zugewandt. Erst in jüngster Zeit deutet sich hier — signalisiert etwa durch die beiden Museumsvorhaben in Berlin und Bonn — ein Wandel an.

Daß die Entwicklung der Geschichtswissenschaft zum Rückgang eines historischen Orientierungswissens wesentlich beigetragen hat, daß sich die Kluft zwischen der historischen Forschung und der Wirkung historiographischen Erzählens in der Öffentlichkeit vertieft hat, ist im Laufe der 70er Jahre beinahe ein Gemeinplatz in der geschichtstheoretischen Diskussion geworden. Sicherlich hat die Spezialisierung der Forschungsarbeit — Folge der Erschließung neuer Forschungsfelder und der zugleich mit ihnen immens gewachsenen Quellenmengen — daran einen erheblichen Anteil, mehr noch, und damit zusammenhängend, die methodologische Herausforderung der Geschichte durch die systematischen Sozialwissenschaften und die daraus erwachsene Bemühung, soziologische und politikwissenschaftliche Theorien auch für die Geschichtsforschung fruchtbar zu machen. Die Versuche einer „Verwissenschaftlichung" der Geschichte durch weitestmögliche Einbeziehung generalisierender Erklärungsmodelle oder Theorien[3], hinter der die eigentümlich historische Erklärung, die narrativ-genetische[4], gelegentlich zu verschwinden drohte, haben die Fähigkeit der Geschichtswissenschaft, publikumswirksame Geschichtsschreibung hervorzubringen, offensichtlich eingeschränkt. Inzwischen scheint sich in der Theoriediskussion ein neuer Konsens herauszuschälen, in der der erzählende Charakter der Geschichtsschreibung wieder in den Mittelpunkt der Aufmerksamkeit rückt.

---

[2] Hagen Schulze: Preußen-Bilanz eines Versuchs, in: GWU 32 (1981)/11, S. 649 ff.

[3] Vgl. Kocka/Nipperdey (Hgg.) 1979, insbesondere die Kontroverse zwischen Hans Ulrich Wehler und Golo Mann, S. 17–62.

[4] Vgl. z.B. Hermann Lübbe: Wieso es keine Theorie der Geschichte gibt, in: Kocka/Nipperdey (Hgg.) 1979, S. 65 ff.

„Danto folgend und ihn zugleich in gewissem Sinne präzisierend könnte gesagt werden: Die Historie hat ihre Homogenität in der Erzählstruktur, die erklärende Kraft aber beruht nicht auf der Erzählung selbst, sondern auf verschiedenen Erklärungstypen, die in die Erzählung integriert sind."[5]

In dieselbe Richtung deutet auch die in den letzten Jahren wieder wachsende Zahl populärer Geschichtsdarstellungen, insbesondere biographischer Art. Und auch in der Geschichtsdidaktik zeichnet sich wieder eine sich ausweitende Rückbesinnung auf die methodische Nützlichkeit der Geschichtserzählung und der vergleichenden Rezeption von Geschichtsdarstellungen ab.[6] Damit aber stellt sich auch hier das didaktische Problem: die Frage nach den Inhalten eines offenen, aber zusammenhängenden Geschichtsverständnisses mit verstärktem Gewicht.

Das Problem des Praxisbezuges der Geschichtswissenschaft steht offensichtlich in einem umfassenderen historischen Zusammenhang, der weit über das Fach hinausreicht: in dem Zusammenhang eines wirtschaftlichen und sozialen Modernisierungsprozesses, der viele Kontinuitäten aufgelöst und der überkommene historische Leitbegriffe fragwürdig gemacht hat. Für uns Deutsche steht es zudem im Zusammenhang einer forcierten Diskontinuität unserer jüngeren Geschichte, die uns dieses Orientierungsproblem in besonderer Schärfe erleben läßt. Dennoch dürfte es ein Fehler sein, eine künstliche Selbstberuhigung, in dem „Verlust der Geschichte" durch positive Umwertung rückblickend die „Chance der Stunde Null" erblicken zu wollen. Denn es gibt selbstverständlich keine „Stunde Null", keinen Rückzug aus der Geschichte, kaum ein historisches Beispiel — außer dem Untergang von Völkern selbst — für vollständige Kontinuitätsbrüche. Keine grundlegende Tatsache unserer heutigen politischen Existenz ließe sich allein oder auch nur vorwiegend aus der Nachkriegsgeschichte verstehen. Schon der wesentliche äußere Bedingungsfaktor unserer Gegenwartsgeschichte, der Ost-West-Konflikt in Europa — um ein auf der Hand liegendes Beispiel zu wählen — verweist über die Zeitschwelle von 1945 zurück bis 1917 und von dort weiter in die Vorgeschichte der sozialistischen Revolution und in die Krise des europäischen Staatensystems. Die Grundzüge unserer — der bundesdeutschen — inneren Ordnung haben ihre Wurzeln spätestens im 19. Jahrhundert; die Prinzipien des Rechtsstaates und der religiösen Toleranz verweisen zurück bis in die Aufklärung, die konfessionelle Struktur ins 16. Jahrhundert, die föderale Gliederung im Prinzip bis an die Anfänge der deutschen Geschichte. Man könnte die Reihe der Veranschaulichungen fast beliebig fortsetzen — erst recht, wenn man sie noch stärker in der Geschichte des geistigen Lebens und kulturellen Schaffens aufsuchte —, um deutlich zu machen:

---

[5] Hans-Michael Baumgartner: Erzählung und Theorie in der Geschichte, in Kocka/Nipperdey (Hgg.) 1979, S. 259 ff., hier: S. 273.
Der Verweis bezieht sich aus Arthur C. Danto: Analytische Philosophie der Geschichte, Frankfurt/Main 1974.

[6] Vgl. Günther-Arndt Hilke: Der grüne Wollfaden oder was heißt „Geschichte erzählen heute", GWU 36 (1985)/10, S. 684—704.

Selbst unter den Bedingungen eines beschleunigten historischen Wandels ist die Nachkriegsidee von der „Stunde Null" entweder ein perspektivisch bedingter Irrtum oder eine politisch bedingte Illusion. Ja, diese Idee selbst verweist über sich hinaus auf ihre historischen Ursachen und enthält selbst wieder ein historisches Urteil, nämlich das, daß nichts, was vor jenem Datum liegt, erinnerungsbedürftig oder erinnerungswürdig sei.

Damit aber wird der Raum freigegeben nicht für eine geschichtsfreie Analyse der Gegenwart, sondern für den historischen Mythos, für das unreflektierte Geschichtsbild, das ungeprüfte, oft falsche Bild, und solche Geschichtsbilder sind eine sehr reale politische Kraft. Wie schädlich sie wirken kann, zeigt der Mythos vom *notwendigen* deutschen Irrweg ins Verhängnis. Der Verdacht, daß auf diese Weise ein neurotisches Verhältnis zur eigenen Vergangenheit entsteht, ist kaum von der Hand zu weisen. Läßt sich ein unverkrampftes Identitätsbewußtsein aus einem Geschichtsverständnis ziehen, dessen Zentralsatz lautet: Wir sind es nicht wert, uns unserer Vergangenheit zu erinnern? „Was wird aus einem Land, wenn / sein Gedächtnis krank ist / und was bedeutet ein Mensch, der / keine / Erinnerung hat." (G. Vesper) Es scheint eine tatsächliche Erfahrung zu sein, daß eine soziale Identität, ein kollektives Selbstbewußtsein unmöglich ist ohne den Rekurs auf Geschichte — so wie eine persönliche unmöglich ist ohne den Rekurs auf die Biographie —, ja, mehr noch: ohne den Rekurs auf eine akzeptierte Geschichte, und das schließt, individuell wie kollektiv, die Erkenntnis und Anerkenntnis auch der verhängnisvollen, tragischen und schuldbeladenen Teile der eigenen Vergangenheit mit ein.[7]

Diese Einsicht ist es offensichtlich, für die in den letzten Jahren im westlichen Teil Deutschlands die Aufmerksamkeit wächst: daß ein kollektives Selbstverständnis unmöglich ist ohne einen Kernbestand an gemeinsamem Geschichtsbewußtsein und daß dieser Kernbestand sich nicht in einem bloßen Negativurteil erschöpfen kann. Dies sollte einem Geschichtsverständnis förderlich sein, das die Zwölf Jahre weder verdrängt noch verabsolutiert. Dabei sollte sich das Moralische von selbst verstehen und daher klar bleiben, daß Ansätze historischer Erklärung logisch etwas anderes sind als Versuche moralischer Exkulpation.

Das spezifisch deutsche Problem eines gebrochenen Verhältnisses zur eigenen Vergangenheit ist offenbar keine Eigentümlichkeit der Situation nach dem Zweiten Weltkrieg, sondern hat uns seit der Gründung des deutschen Nationalstaates begleitet — zunächst in Form der partiellen Verdrängung der 48er Revolution[8] und der ideologischen Überhöhung des konstitutionellen Verfassungskompromisses, in der Weimarer Zeit in der Gestalt der Kriegsschulddiskussion, die wie ein Brennglas die historische Aufmerksamkeit auf den einen neuralgischen Punkt des nationalen Selbstverständnisses konzentrierte, ganz zu schweigen von der Indienstnahme der Geschichte für die geradlinige Herleitung und Legitimierung des Führerstaates und seiner Rassenideologie in der NS-Zeit.

---

[7] Vgl. Hermann Lübbe: Identität durch Geschichte, in: ders. 1977, S. 145—154.
[8] Vgl. Heuß 1984, S. 36 f.

Seit dem Ende des Zweiten Weltkrieges aber stellt sich dieses Problem in neuer Konturierung; sein Grund ist jetzt offenkundig das Fehlen eines unbestrittenen Bezugspunktes, seitdem der deutsche Staat in seiner vorherigen Gestalt faktisch zerteilt, seine politische Legitimation als Element eines labilen, aber letztlich immer wieder restaurierten europäischen Kräftegleichgewichts mit diesem gemeinsam zerstört und seine moralische Legitimation durch die Untaten des Nationalsozialismus und den Verdacht der Zwangsläufigkeit, die zu dem Unrechtsstaat geführt habe, in die Krise geraten ist. Wer heute über die historisch-politische Identität der Deutschen spricht, muß etwas sagen über die Einordnung der Zwölf Jahre in das Kontinuum unserer Geschichte, und er muß — damit zusammenhängend — etwas sagen über die Stellung der beiden jetzt in Deutschland bestehenden Staaten in diesem Kontinuum, über die konkurrierende Selbsteinordnung beider Staaten in die deutsche Geschichte und damit über ihre Stellung zueinander. Dies macht jede grundsätzliche Äußerung zur jüngeren deutschen Geschichte zugleich zu einer *politischen* Aussage: Wer über den Zusammenhang der neueren deutschen Geschichte spricht, spricht, ob er will oder nicht, ausdrücklich oder implizit auch über unsere politische Gegenwart. Die Diskussion über die deutsche Geschichte, über die „Aneignung des historischen Erbes“ oder welchen Terminus man wählen will, ist eine Diskussion über die deutsche Frage im Gewande der Historiographie.

Das zeigt sich sehr erhellend am Beispiel der deutschen Nachkriegsverfassungen. Das Selbstverständnis der Bundesrepublik Deutschland, auf dem auch ihre Ost- und Deutschlandpolitik entscheidend basiert, niedergelegt im Grundgesetz und erläutert im Urteil des Bundesverfassungsgerichtes zum innerdeutschen Grundlagenvertrag, ist es bekanntlich, daß dieser Staat die Reorganisation des Deutschen Reiches ist, rechtlich mit ihm identisch, und demzufolge nicht nur berechtigt, sondern auch verpflichtet, das Selbstbestimmungsrecht für alle Deutschen zu erstreben und in diesem Sinne die Überwindung der Teilung Deutschlands zu betreiben. Der zugrundeliegende Satz aber ist eine historisch-politische Selbstidentifikation.

Das gleiche gilt, vice versa, für das Selbstverständnis des SED-Staates: Die Sätze, in Deutschland seien zwei Nationen entstanden (bzw. im Entstehen begriffen), wie es mit wechselnder Lautstärke und wechselnden Akzenten seit Anfang der 70er Jahre gelehrt wird, und der einheitliche deutsche Staat sei „im Feuer des Zweiten Weltkrieges untergegangen“, wie es mit langweilender, aber beachtlicher Beharrlichkeit ebensolange in den Reden wiederholt wird, sind historische Interpretationen, die zwar sachlich falsch bzw. nicht plausibel, aber für die (abgrenzende) Etablierung dieses Staates bedeutsam sind. Auch hieraus wird deutlich: Beide Staaten, die in Deutschland existieren, beziehen ihre Staatsraison unvermeidlicherweise aus historischen Selbstidentifikationen; und die öffentliche Diskussion über deutsche Geschichte hat somit eine eminente politische Bedeutung.

Unausgesprochener Hintergrund oder ausgesprochener Gegenstand aller Diskussionen hierüber in Deutschland ist das Kontinuitätsproblem, die Frage also, ob oder inwieweit sich der Absturz in die totalitäre Diktatur als zwangsläufige Konsequenz oder wenigstens als geradlinige Folgerichtigkeit der deutschen Geschichte interpretieren läßt. Lange Zeit fand in den 70er Jahren die These der Fischer-Schule breiten Anhang, die Politik des Kaiserreiches sei mit ihrem „Griff nach der Weltmacht“[9] gewissermaßen eine Präfiguration der Hitlerschen Eroberungspolitik gewesen, sozial begründet, wie Hans-Ulrich Wehlers „Sozialimperialismus“-These ergänzte, durch den politischen Konservativismus einer großbourgeois-aristokratischen Führungsschicht, die die unausgetragenen sozialen Konflikte im Reich durch eine expansive Außenpolitik nach außen lenkte. Von solcher Analyse aus fiel ein kritischer Blick zurück auf die kleindeutsche „Reichseinigung von oben“ im ganzen: sei es, daß sie als „Machtstaats“-Gründung in der Mitte Europas überhaupt, sei es, daß sie durch die Art ihres Zustandekommens – mit Hilfe dreier, wenn auch begrenzter, Kriege –, sei es schließlich, daß sie aufgrund ihrer „obrigkeitsstaatlichen Geburtsfehler“, ihrer innenpolitischen liberalen und demokratischen Mängel als stabilitätsbedrohend ab initio eingeschätzt werden konnte. Unter diesem Aspekt konnte auch der weiter zurückgreifende Blick auf die Geschichte desjenigen Staates, der der Hauptakteur der Reichseinigung geworden war, die nun als „verhängnisvoll“ erscheinenden „Mängel“ wiederentdecken, die seit dem 18. Jahrhundert zum Anstoßpunkt der Kritik geworden waren und die im 20. auf der einen Seite die zeitweilige preußische Maskierung des Nazi-Reiches („Tag von Potsdam“), auf der anderen die Hinrichtung einer Leiche im Kontrollratsgesetz Nr. 46 legitimiert hatten.

Inzwischen ist aus der Diskussion über diese „revisionistische“ Sicht der deutschen Geschichte und ihres Kontinuitätsproblems ein differenzierender Konsens hervorgegangen, der zweifellos auch in der publizistischen Diskussion und in der Geschichtspädagogik an Breitenwirkung gewinnen wird: daß unter den Faktoren, die die Machtübergabe an Hitler ermöglichten, kontinuierliche Elemente der deutschen politischen Ordnung und des politischen Denkens eine wesentliche Rolle spielten, daß aber gerade die Eigentümlichkeit der nationalsozialistischen Innen- wie Außenpolitik qualitativ etwas Neues, nicht kontinuierlich Herleitbares darstellte[10], daß es eine simplifizierende Verkürzung wäre, den bürgerlichen Nationalismus der Wilhelminischen Ära vorwiegend aus den Traditionen der preußischen Politik herzuleiten[11], daß für die preußisch-deutsche Politik die Gegebenheiten der geographischen Mittel-Lage als wesentliche Bedingungen in Anschlag zu bringen sind.[12] In jüngerer Zeit hat Alfred Heuß mit seinem schon genannten engagierten Plädoyer die These von der Zwangs-

[9] Vgl. Fritz Fischer: Griff nach der Weltmacht, die Kriegszielpolitik des kaiserlichen Deutschland 1914/1918, Düsseldorf 1961; ders.: Krieg der Illusionen, die deutsche Politik von 1911–1914, Kronberg/Taunus, Düsseldorf 1969. Zur Fischer-Kontroverse vgl. auch Wolfgang Schieder (Hg.): Erster Weltkrieg; Ursachen, Entstehung und Kriegsziele, 1969. Zur „Sozialimperialismus“-Theorie vor allem Hans-Ulrich Wehler: Bismarck und der Imperialismus, 1969 u.ö.

[10] Vgl. Thomas Nipperdey: 1933 und die Kontinuität der deutschen Geschichte, in: Historische Zeitschrift 227 (1978), S. 86–111.

[11] Vgl. Wolfgang Mommsen: Preußisches Staatsbewußtsein und deutsche Reichsidee, in: GWU 35 (1984)/10, S. 685 ff.

[12] Vgl. Michael Stürmer: Das ruhelose Reich, Deutschland 1866–1918, Berlin 1983.

läufigkeit der neueren deutschen Geschichte abgewiesen und die Entstehung der NS-Diktatur als „mehr von okkasionellen als von langfristigen Faktoren abhängig“[13] verdeutlicht. Freilich ist die wissenschaftliche Diskussion und erst recht die publizistische weiter im Fluß, und der „Historiker-Streit“ von 1986/87 beweist, wie stark sie auch durch den politischen Meinungsstreit geformt wird.[14]

Zunehmende Wichtigkeit unter deutschlandpolitischen Gesichtspunkten gewinnt in der Diskussion ein neuer Aspekt des Problems, die Frage nämlich, ob angesichts der — historisch gesehen — Kurzlebigkeit des Deutschen Reiches als Nationalstaat und der einstweiligen offenbaren Unmöglichkeit, die deutsche Frage durch staatliche Wiedervereinigung zu lösen, eine „Entstaatlichung“ der deutschen Frage vorgenommen werden und der deutsche Nationalstaat seiner Bedeutung als Leit- und Ordnungsbegriff der neueren deutschen Geschichte entkleidet werden müsse, woraus sich u.a. auch die Konsequenz ergeben kann, früheren, vornationalstaatlichen Organisationsformen des deutschen Volkes in der Geschichte eine größere Beachtung zu schenken. In der Richtung dieses Denkansatzes argumentiert z.B. Karl Dietrich Erdmann, wenn er für neue Leitbegriffe der deutschen Geschichte plädiert:

> „Die Realität der staatlichen Dreiheit hat für einen realitätsbezogenen Umgang mit der deutschen Gegenwartsgeschichte ein stärkeres Gewicht als die mit dem Wechsel der Generationen allmählich verblassende Idealvorstellung eines einheitlichen Nationalstaates. Die Lösung von dieser Norm gibt den Blick frei auf die Vielgestaltigkeit und den Reichtum auch der deutschen Geschichte heute.
>
> Der Begriff der Nation ist in seiner Bedeutung als Staatsnation allenfalls anwendbar auf das Verhältnis der Österreicher zu ihrem Staat. In seiner Bedeutung als Kulturnation bezeichnet er zutreffend den kulturellen Zusammenhang der drei deutschen Staaten. Für die besondere Art der Beziehungen zwischen den beiden Fragmenten des ehemaligen kleindeutschen Reiches, der Bundesrepublik und der DDR zueinander bedarf der Begriff der aus unserer Sicht trotz der Teilung fortbestehenden Nation einer näheren Charakterisierung, die der Gegensätzlichkeit und engen Aufeinanderbezogenheit der beiden Gesellschaftssysteme auf deutschem Boden Rechnung trägt. Ich verwende hierfür den Begriff der dialektischen Einheit der Nation.
>
> In allen drei Staaten läßt sich eine neue Hinwendung zur Geschichte beobachten. Damit rücken die übergreifenden Zusammenhänge und Gemeinsamkeiten in der Entwicklung des deutschen Volkes wieder stärker in den Blick. Ich messe diesem Vorgang große Bedeutung bei. [. . .]
>
> Mir scheint es angesichts dieser im Umgang mit der Geschichte deutlich wahrnehmbaren Tendenz nicht ganz unrealistisch, mit der Möglichkeit zu rechnen, daß sich ein Dialog über die Mauer hinweg entwickeln könnte von ähnlicher Unbefangenheit, wie sie in dem unbelasteten Verhältnis zwischen uns und den Österreichern besteht.“[15]

Überlegungen dieser Art sind zweifellos interessant und anregend. Angesichts der unbestreitbaren — und wohl auch in der westdeutschen politischen Öffentlichkeit grundsätzlich unbestrittenen — Tatsache, daß die technologische

---

[13] Heuß 1984, S. 99

[14] Vgl. Historikerstreit, Die Dokumentation der Kontroverse um die Einzigartigkeit der nationalsozialistischen Judenvernichtung, München 1987.

[15] Karl-Dietrich Erdmann: Drei Staaten — zwei Nationen — ein Volk? Überlegungen zu einer deutschen Geschichte seit der Teilung, in: GWU 36 (1985)/10, S. 671 ff., hier: S. 682 f.

und in ihrem Gefolge die sicherheitspolitische und wirtschaftliche Entwicklung seit dem Zweiten Weltkrieg die europäischen Nationen auf übergreifende Organisationsformen verweisen, die den Nationalstaat nicht auflösen, aber überwölben und dadurch seine Funktionen ändern und die neue Zielvorstellungen gesamteuropäischer Ordnung in den Bereich der politischen Überlegung ziehen, kommt für konstruktive Überlegungen über künftige Lösungsmöglichkeiten der deutschen Frage der Einheit und Kontinuität der deutschen *Kultur*nation sicherlich entscheidende Bedeutung zu. Dennoch wird man den hier vorgeschlagenen Ansatz sorgfältig und kritisch zu prüfen haben, da aus offensichtlichen historischen, rechtlichen und politischen Gründen das Verhältnis der beiden Staaten in Deutschland zueinander (und auf andere Weise das ihrer Menschen zueinander) mit dem westdeutsch-österreichischen Verhältnis kaum vergleichbar ist. Es ist zweifelhaft, ob mit einer „Entstaatlichung" der deutschen Frage unser nationales Dilemma — zwischen westdeutschem Staats- und gesamtdeutschem Nationalbewußtsein, zwischen bundesdeutschen politischen Interessen und gesamtdeutscher Verantwortung zu lösen ist. Denn der Kern des Problems — in dem eben gegebenen Zitat in der Formulierung von der „dialektischen Einheit der Nation" verborgen, oder, wenn man so will, aufgehoben — liegt bekanntlich nicht in der Frage der staatlichen Einheit als solcher, sondern in der Auseinandersetzung über die Grundprinzipien der politischen und gesellschaftlichen Ordnung. Deren Gegensatz ist es ja, der ein „unbefangenes Verhältnis" unmöglich macht; bestünde er aber nicht, so wäre nicht einzusehen, warum die Teilung, die seine Konsequenz ist, gegen den Willen der Betroffenen andauern sollte.

Außerdem ist zu klären, ob eine solche „Rückfallposition" in der Tat die ihr offenbar zugedachte Funktion erfüllen kann, deutsch-deutsche Konkordienformel für ein ausbaufähiges Miteinander der beiden Staaten in Deutschland zu werden. Denn das hängt nicht zuletzt auch davon ab, wie die SED sich und den von ihr beherrschten Staat historisch — im Rahmen der deutschen Geschichte — und damit auch politisch — im Verhältnis zu dem anderen Staat in Deutschland — identifiziert.

Damit sind wir bei dem eigentlichen Thema der folgenden Ausführungen, den neuen Akzenten in der parteigelenkten „Erbepflege" der DDR, die seit einem guten Jahrzehnt Aufmerksamkeit erregen. Die Veränderungen sind in der Tat beachtlich, vergleicht man etwa fast beliebig ausgewählte Passagen aus historiographischen Aufsätzen der frühen 60er Jahre mit dem, was heute in der DDR-Geschichtswissenschaft geschieht:

> „Imperialistischen Kosmopolitismus und Chauvinismus verklammernd, bezeichnen sie sich als Historiker der „freien Welt", des „Abendlandes", [. . .]. Karls V. an den jungen europäischen Nationalstaaten gescheiterte antinationale Universalmonarchie gilt ihnen als Inbegriff versuchten abendländischen Sendungsbewußtseins. Kurze Zeit schwankend in des Schicksals Gunst, kehrt auch Friedrich der „Große" Schritt für Schritt ins Panoptikum machiavellistischer Historiographie zurück, eingedenk dessen, daß er den Militarismus erstmals in großem Stil anwandte, Preußen auf Kosten Deutschlands zusammenräuberte und bis in unsere Tage die Perfidität in die Außenpolitik der Ausbeuterklasse in Deutschland einjunkerte. Sie schätzen den Junker Bismarck, der 1848/49 an der Spitze

irregeführter Hintersassen gegen die Revolution ziehen wollte, der Deutschland bekriegte und spaltete, um es zwangszuvereinigen, der Elsaß-Lothringen annektierte und die Pariser Kommune abwürgte und der das schändliche Sozialistengesetz inszenierte — an dessen Betroffenen seine Politik zerbrach.“[16]

Was aus der Rückschau an solchen Äußerungen erstaunt, ist nicht die Polemik gegen die bundesdeutschen Historiker — die wird auch heute fortgeführt, wenngleich meistenteils in zivileren Formen —, sondern die gewandelte Einschätzung von „reaktionären“ Gestalten der deutschen Geschichte. Da ist aus einem „Verräter“ ein „Held“ der „frühbürgerlichen Revolution“ geworden; schwankend in der Gunst der Historiographen kehrte auch Friedrich, der selbst von dem Staatschef gelegentlich als der „Große“ bezeichnet wurde[17], auf seinen alten Denkmalsplatz und unter die Gegenstände ernstzunehmender Biographie zurück; sie rehabilitieren den „Junker“ als „Revolutionär von oben“, und sie ordnen diese Neueinschätzungen ein in eine Neubeurteilung der deutschen Geschichte, in der eine differenzierte und das heißt eben auch partiell positive Wertung auch den „Vertretern herrschender Ausbeuterklassen“ zuteil wird.

Für den Versuch, diese Neuansätze zu bewerten, war die kurze Skizze des Problems historischer Gegenwartsbestimmung, die hier vorangestellt wurde, dennoch kein Umweg, denn diese Aufgabe der Geschichtswissenschaft und -pädagogik wird in beiden Staaten in Deutschland notwendigerweise im Dialog oder in offener oder verdeckter Konkurrenz mit dem jeweils anderen angegangen. Und die Herausforderungen, denen man sich dabei zu stellen hat, sind in großem Maße in beiden Teilen Deutschlands gleich, auch wenn die Lösungen, systemgemäß, verschieden ausfallen. Die Ausgangslage war dabei für die KPD/SED-Führung in dem von der Sowjetarmee unterworfenen Teil des Landes schwieriger als in den Westzonen. Denn während die Rekonstruktion eines liberalen und demokratischen Rechts- und Sozialstaates in jedem Fall an ein früheres Staatswesen, an Partei-, Justiz-, Kirchen- und Gewerkschaftstraditionen anknüpfen konnte, stand die von auswärtigen Waffen gestützte Errichtung einer kommunistischen Diktatur wurzellos auf deutschem Boden. Die Parteiführung konnte kaum etwas anderes tun, als das identitätsstiftende Traditionsbild ihres Staates um den Nukleus einer geglätteten und begradigten Parteigeschichte zu versammeln und dies einer in der überwältigenden Mehrheit nichtkommunistischen Bevölkerung zu oktroyieren. So bildet denn bis heute der zum Ritual gewordene kommunistische Heiligenkult — das Herzstück der DDR-Traditionspflege — nicht ohne befremdliche Erscheinungsformen, etwa mit den alljährlich wiederholten Treuebekundungen zu „Karl“ und „Rosa“, die doch keiner der Gedenkenden, von Erich bis Willi, zu schweigen von Egon und seiner Generation, mehr persönlich gekannt hat, ganz abgesehen von der Frage, wie „Rosa“ die Diktatur einer

[16] Rolf Rudolph: Die nationale Verantwortung der Historiker in der DDR, in: ZfG 10 (1962)/2, S. 253 ff., hier: S. 258

[17] Im Interview mit dem Verleger seiner Autobiographie, Robert Maxwell, am 4.7.1980, abgedruckt in: Erich Honecker: Aus meinem Leben, Berlin (Ost) und Frankfurt/Main 1980, S. 437 (vgl. auch Rühle, DA 1981, S. 906);
Interview im ND 25.6.1986.

kleinen Parteiführung über Partei und Staat beurteilt haben würde. Aber in solchen Akten zeigt sich eben der Versuch, eine *vergangene* Geschichte zu einer *erinnerten,* in der Erinnerung *gegenwärtigen* Geschichte zu stilisieren.

Während das Problem einer historischen Legitimation des politischen Systems in der DDR schwerer lösbar ist als im freiheitlichen Staat, ist es zugleich gewichtiger als hier. Denn im Weltanschauungsstaat, dessen „führende Partei" sich als Vollstreckerin eines historischen Gesetzes legitimiert, ist Geschichte mehr als Ordnungs- und Orientierungswissen, sie ist Herrschaftswissen, arcanum imperii, sie gehört, um Michael Stürmer zu zitieren, „in der DDR, wo die mittelalterliche Einheit von geistlicher und weltlicher Gewalt wiederhergestellt wurde, [...] zum Schwert, in der Bundesrepublik zum Feuilleton"[18].

Wo als verbindliche Grundlage aller politischen, wirtschaftlichen und kulturellen Tätigkeit eine Weltanschauung gilt, die den gesetzmäßigen Ablauf der Geschichte lehrt, und wo demnach politische Leistungstätigkeit beansprucht, ihre Richtlinien aus der zutreffenden Analyse des gesellschaftlichen Entwicklungsstandes abzuleiten, ist Historiographie nicht eine von vielen, sondern zentrale Wissenschaft, wenn auch vielleicht nicht mehr, wie für Engels, „unser Eins und Alles"[19], da ist Geschichtsinterpretation Führungstätigkeit, gleichgültig, wie im einzelnen das Verhältnis zwischen Parteiführung und Fachwissenschaft beschaffen sein mag, und gleichgültig auch, ob sich der Staatschef, wie es Ulbricht tat, als „Historiker im dritten Beruf" bezeichnet oder nicht.

Angesichts dieses politischen Ranges der Geschichte sind die Wandlungen, die sich, insbesondere seit dem IX. Parteitag der SED 1976, in dem parteikontrollierten „Erbe"- und „Traditions"-Verständnis der DDR vollzogen haben, um so bemerkenswerter. Luther — Friedrich — Bismarck, drei Namen, die nicht nur mit Wendepunkten der deutschen und europäischen Geschichte verbunden sind, sondern die, aufgereiht, ein bestimmtes historisches Traditionsbild, zeitweise sogar einen — positiven oder negativen — Mythos assoziierten, sind auch zu Schlüsselnamen dieses gewandelten Geschichtsverständnisses geworden. Mit Aufmerksamkeit haben viele im freien Teil Deutschlands diesen Griff der SED nach der Geschichte beobachtet, teils mit Freude über eine Art vermeintlicher ideologischer Konvergenz, die sich hier vollziehe, teils auch mit Besorgnis vor einer „Usurpation" der deutschen Geschichte durch die deutschen Kommunisten.

Die folgenden Seiten wollen einen Diskussionsbeitrag zur Einschätzung der staatlich gelenkten Geschichts-„Aneignung" in der DDR leisten; es soll eine Antwort auf die Frage versucht werden, was Inhalte, Möglichkeiten und Grenzen dieser Neuakzentuierung der Geschichte in der DDR sind. Als Quelle dienen dabei in der Hauptsache Anleit- und Grundsatzartikel führender Parteifunktionäre und Fachvertreter, daneben werden für besonders wichtig gehaltene Sachdarstellungen zu den auffälligsten Themen der historiographischen Neuakzentuierung ausgewertet.

---

[18] Stürmer, GWU 1982, S. 586.

[19] Friedrich Engels: Die Lage Englands, Past and Present, by Thomas Carlyle, London 1843, in: MEW Bd. 1, 1983, S. 545.

Es versteht sich, daß der so gewonnene Befund weder vollständig noch abschließend sein kann. Denn zum einen ist die Geschichtsbild-Ausweitung in der DDR noch im Gang und in manchen Einzelfragen unter den Historikern kontrovers. Zum anderen ist die Auswahl der Themenbereiche und der berücksichtigten Literatur in dieser Arbeit bestimmt durch den Wunsch, wichtige *Grundsatz*aussagen einzubeziehen — was eine gewisse Einseitigkeit zugunsten von programmatischen und Anleit-Veröffentlichungen und zu Lasten der konkreten Forschungsergebnisse bedeutet —, und durch das Auswahlprinzip, die *auffälligsten* Geschichtsbild-Veränderungen der letzten Jahre darzustellen — wodurch die unveränderten, „klassischen" Aspekte des parteikontrollierten Geschichtsbildes notwendigerweise in den Hintergrund geschoben werden.

Diese Einschränkungen dürften aber den hier unternommenen Versuch einer politischen Einschätzung des Geschichtsbild-Wandels in der DDR nicht grundsätzlich entwerten. Denn die schon jetzt vorhandenen Indikatoren scheinen dafür hinreichend deutlich, und die auswahlbedingten Akzentsetzungen sind, solange man sich bewußt bleibt, Teilerkenntnisse vor sich zu haben, im Interesse der Deutlichkeit hinnehmbar.

2. Sozialistische Geschichtswissenschaft in einem halben Land

Marxistisch-leninistische Geschichtsschreibung ist Werkzeug im Klassenkampf. Denn die „wissenschaftliche Philosophie der Arbeiterklasse", auf der sie fußt, der dialektische und historische Materialismus, untersucht nicht nur „die sowohl in allen Bewegungsformen und Bereichen der objektiven Realität als auch in ihrer Erkenntnis, in ihrer Widerspiegelung durch das Denken wirkenden allgemeinen Bewegungs- und Entwicklungsgesetze und die der erkennenden und praktischen Tätigkeit der Menschen gemeinsamen theoretisch-weltanschaulichen, erkenntnistheoretischen und methodologischen Probleme" bzw. die „allgemeinen Bewegungs- und Entwicklungsgesetze der Gesellschaft und ihre Triebkräfte"[20], sondern gibt damit zugleich, da ja diese allgemeinen Gesetze nicht allein die Vergangenheit erklären, sondern auch der gegenwärtigen gesellschaftlichen Praxis zugrundeliegen, die Zielrichtung dieser Praxis und also auch der ideologischen Arbeit der Partei an. Geschichtsschreibung unterliegt, wie alle marxistisch-leninistische Gesellschaftswissenschaft, dem Prinzip der Einheit von Theorie und Praxis; sie dient der Erkenntnis um

[20] Dialektischer und historischer Materialismus, in: Philosophisches Wörterbuch, hg. von Georg Klaus und Manfred Buhr, Berlin (West) 1985, 13. Auflage, Bd. II, S. 752 ff., hier: S. 754, S. 756.

der Praxis willen, von deren Bedürfnissen sie entscheidend geformt wird: Historiker „schreiben Geschichte, um Geschichte zu machen“[21].

Die gewissermaßen axiomatische Grundlage dieser Geschichtsschreibung, der Kanon des historischen Materialismus, findet sich in Marx' Vorwort zur „Kritik der politischen Ökonomie“ (1859) und sei der Einfachheit halber hier zitiert:

> „In der gesellschaftlichen Produktion ihres Lebens gehen die Menschen bestimmte, notwendige, von ihrem Willen unabhängige Verhältnisse ein, Produktionsverhältnisse, die einer bestimmten Entwicklungsstufe ihrer materiellen Produktivkräfte entsprechen. Die Gesamtheit dieser Produktionsverhältnisse bildet die ökonomische Struktur der Gesellschaft, die reale Basis, worauf sich ein juristischer und politischer Überbau erhebt und welcher bestimmte gesellschaftliche Bewußtseinsformen entsprechen. Die Produktionsweise des materiellen Lebens bedingt den sozialen, politischen und geistigen Lebensprozeß überhaupt. Es ist nicht das Bewußtsein der Menschen, das ihr Sein, sondern umgekehrt ihr gesellschaftliches Sein, das ihr Bewußtsein bestimmt. Auf einer gewissen Stufe ihrer Entwicklung geraten die materiellen Produktivkräfte der Gesellschaft in Widerspruch mit den vorhandenen Produktionsverhältnissen oder, was nur ein juristischer Ausdruck dafür ist, mit den Eigentumsverhältnissen, innerhalb deren sie sich bisher bewegt hatten. Aus Entwicklungsformen der Produktivkräfte schlagen diese Verhältnisse in Fesseln derselben um. Es tritt dann eine Epoche sozialer Revolution ein. Mit der Veränderung der ökonomischen Grundlage wälzt sich der ganze ungeheure Überbau langsamer oder rascher um. In der Betrachtung solcher Umwälzungen muß man stets unterscheiden zwischen der materiellen, naturwissenschaftlich treu zu konstatierenden Umwälzung in den ökonomischen Produktionsbedingungen und den juristischen, politischen, religiösen, künstlerischen oder philosophischen, kurz, ideologischen Formen, worin sich die Menschen dieses Konflikts bewußt werden und ihn ausfechten. Sowenig man das, was ein Individuum ist, nach dem beurteilt, was es sich selbst dünkt, ebensowenig kann man eine solche Umwälzungsepoche aus ihrem Bewußtsein beurteilen, sondern muß vielmehr dies Bewußtsein aus den Widersprüchen des materiellen Lebens, aus dem vorhandenen Konflikt zwischen gesellschaftlichen Produktivkräften und Produktionsverhältnissen erklären. Eine Gesellschaftsformation geht nie unter, bevor alle Produktivkräfte entwickelt sind, für die sie weit genug ist, und neue höhere Produktionsverhältnisse treten nie an die Stelle, bevor die materiellen Existenzbedingungen derselben im Schoß der alten Gesellschaft selbst ausgebrütet worden sind. Daher stellt sich die Menschheit immer nur Aufgaben, die sie lösen kann, denn genauer betrachtet wird sich stets finden, daß die Aufgabe selbst nur entspringt, wo die materiellen Bedingungen ihrer Lösung schon vorhanden oder wenistens im Prozeß ihres Werdens begriffen sind. In großen Umrissen können asiatische, antike, feudale und modern bürgerliche Produktionsweisen als progressive Epochen der ökonomischen Gesellschaftsformation bezeichnet werden. Die bürgerlichen Produktionsverhältnisse sind die letzte antagonistische Form des gesellschaftlichen Produktionsprozesses, antagonistisch nicht im Sinn von individuellen Antagonismus, sondern eines aus den gesellschaftlichen Lebensbedingungen der Individuen hervorwachsenden Antagonismus, aber die im Schoß der bürgerlichen Gesellschaft sich entwickelnden Produktivkräfte schaffen zugleich die materiellen Bedingungen zur Lösung des Antagonismus. Mit dieser Gesellschaftsformation schließt daher die Vorgeschichte der menschlichen Gesellschaft ab.“[22]

---

[21] Engelberg, ZfG 1968, S. 1143. Die Aussage ist im Original als apodiktisch vorgetragene These auf die Historiker im allgemeinen bezogen. Als programmatische Aussage zum eigenen Selbstverständnis und zur Auffassung der eigenen Rolle in einem spezifischen Sinn ist sie aber offenbar für Vertreter des historischen Materialismus charakteristisch.

[22] Karl Marx: Zur Kritik der Politischen Ökonomie, 1859, Vorwort, in: MEW Bd. 13, 1985, S. 8 f.

In dieser Passage finden sich alle Grundgedanken und die meisten Leitbegriffe des historischen Materialismus, wie sie in der DDR-Geschichtsschreibung unverändert Gültigkeit besitzen. Umfassende Kategorie ist die „ökonomische Gesellschaftsformation“ (von Marx hier als „Produktionsweise“ bezeichnet) als Integrationsbegriff für die — einer bestimmten Entwicklungsstufe der Produktivkräfte entsprechenden — Produktionsverhältnisse, den sich über ihnen erhebenden institutionellen und ideologischen Überbau und die durch sie gegebene Ausbeutung der Produzenten durch die Produktionsmittelbesitzer auf den drei mittleren Stufen der gesellschaftlichen Entwicklung: der Sklavenhalter-, der Feudal- und der kapitalistischen Gesellschaftsformation. Aus dem fundamentalen Widerspruch, der jede Ausbeuterordnung kennzeichnet, ergibt sich der revolutionäre Übergang zur nächsthöheren Stufe der Entwicklung bis hin schließlich zur letzten sozialen Revolution; sie schließt die Vorgeschichte der Menschheit ab, indem sie die kapitalistische durch die sozialistische/kommunistische Gesellschaftsform ablöst, in der mit den Klassen auch die Ausbeutung und ihre institutionellen und ideologischen Instrumente beseitigt sind. Aus dem Axiom, daß das konstituierende Element des menschlichen Daseins die materielle — und notwendigerweise gesellschaftliche — Produktion ist, und dem Lehrsatz, daß in jeder Gesellschaftsformation, wo die Produzenten nicht zugleich Produktionsmittelbesitzer sind, fremder Mehrwert angeeignet wird, ergibt sich die Konsequenz, daß der Klassenkampf nicht nur Begleiterscheinung, sondern Motor der Geschichte oder richtiger gesagt: der Vorgeschichte der Menschheit ist; er stellt das vermittelnde Element zwischen den Veränderungen an der ökonomischen Basis und den Umwälzungen im Überbau dar. Wie die schließlich zu erreichende klassenlose Gesellschaftsform aussehen soll, darüber finden sich bekanntlich bei Marx und Engels nur wenige rudimentäre Andeutungen: nicht die „reale Utopie“, sondern die Revolution war ihr Thema.

Was der Marxschen Geschichtstheorie ihre Attraktivität verleiht, ist die Konsistenz, in der sie die Grunderkenntnis des Historismus systematisiert. Daß die „Welt als Geschichte“ verstanden werden müsse, daß der Gegenstand der Geschichte nicht nur Taten und Aktionen sind, sondern alle Veränderung, auch und gerade Strukturwandlungen, vor deren Hintergrund die Bedeutung individueller Geschehnisse erst erkennbar wird, dies war die revolutionäre Erkenntnis des neuen historischen Denkens seit Anfang des 19. Jahrhunderts. Marx macht daraus einen gesetzmäßigen Zusammenhang; er entdeckt, mit Engels' Worten, „das große Bewegungsgesetz der Geschichte“[23]: Ereignis- und Strukturgeschichte stehen nicht in irgendeinem, sondern in einem Bedingungszusammenhang; in den Ereignissen entfaltet sich, widersprüchlich, aber im ganzen zielgerichtet, ein gesetzmäßiger Geschichtsverlauf, dessen Ursache in den zugrundeliegenden gesellschaftlichen Zuständen gegeben ist. Diese Strukturen stellen sich dar als eine Vielfalt von sozialen Beziehungen, Institutionen und kulturellen Hervorbringungen, und auch sie stehen in einem systematischen Zusam-

[23] Vorrede zur 3. Auflage von Marx' Schrift „Der achtzehnte Brumaire“, in: MEW Bd. 21, 1984, S. 249.

menhang miteinander, vor allem aber mit der Hauptvariablen, den Produktionsverhältnissen. Deren schubweise Umwälzungen bewegen die Geschichte; alle gesellschaftliche Veränderung ist mit ihnen identisch oder aus ihnen abgeleitet.

Als Hypothese, als heuristisches Instrument, ist diese Theorie zweifellos genauso legitim und jedenfalls nicht weniger brauchbar als andere Hypothesen über die Ursachen historischer Prozesse, wobei selbstverständlich die Rückführung revolutionärer Wandlungen auf *eine* zugrundeliegende Hauptdeterminante in jedem einzelnen Fall beweispflichtig ist bzw. dem Plausibilitätsgebot rationalen Diskurses unterliegt. Aber der historische Materialismus will ja mehr sein, ganz entschieden sogar in der Sicht der Vertreter des „Machtmarxismus" in Mittel- und Osteuropa: nämlich die exklusiv richtige (andere Interpretationen der Geschichte ausschließende) Erkenntnis eines sich letztlich mit Notwendigkeit vollziehenden historischen Gesetzes — womit denn natürlich auch wissenschaftlich gültige, also wahre Aussagen über die Zukunft (z.B. über den notwendigen Sieg des Sozialismus weltweit) möglich werden.

Mit einer solchen Geschichtsauffassung ist offensichtlich die Tür zum Determinismus aufgestoßen und ein Problem aufgeworfen, das seit Marx und Engels die marxistische Philosophie lebhaft beschäftigt, und dies um so mehr, als die Klassiker selbst zu diesem Thema widersprüchliche Aussagen gemacht haben. Insbesondere Engels hat sich bemüht, die Behauptung eines ökonomischen Determinismus zurückzuweisen durch den Hinweis auf die „Wechselwirkung" zwischen Basis und Überbau, in welcher der ökonomischen Basis nur „in letzter Instanz" die bedingende Rolle zukomme.[24] Aussagen dieser Art werden besonders von marxistischen Theoretikern auf westlicher Seite in den Mittelpunkt von Überlegungen gestellt, die eine „dogmatische Verengung" des Marxismus bekämpfen. So verweist etwa H. Fleischer unter anderem darauf, daß bei Marx nur ein Teil der kulturellen Hervorbringungen als Überbau der Produktionsverhältnisse aufgefaßt sei, daß zwischen Basis und Überbau überhaupt kein kausales Verhältnis, sondern nur eine Korrelation bestehe und daß Marx überhaupt Verallgemeinerungen seiner Analyse des westeuropäischen Kapitalismus nur sehr zögernd zulassen wollte. Auf die Diskussion unter westlichen marxistischen Wissenschaftlern braucht hier nicht eingegangen zu werden. Uns scheint allerdings, daß die Marxsche Auffassung vom gesetzmäßigen Verlauf der Geschichte — wenn dieses Attribut nicht bis zur Inhaltsleere aufgelöst werden soll — weder „in letzter Instanz" an einer Verallgemeinerung noch an einer „in letzter Instanz" deterministischen Geschichtsauffassung vorbeikommt. Durchaus konsequent ist es daher, wenn Marx einen Rezensenten mit Zustimmung zitiert:

---

[24] Vgl. Helmut Fleischer: Parteilichkeit und Objektivität im Geschichtsdenken nach Marx, in: Koselleck/Mommsen/Rüsen (Hgg.) 1977, S. 337—361; ders.: Marxismus und Geschichte, Frankfurt/M. 1969. Das Engels-Zitat nach MEW 37, 1967, S. 464 (Brief an Joseph Bloch, 21.9.1980)

„Marx betrachtet die gesellschaftliche Bewegung als einen naturgeschichtlichen Prozeß, den Gesetze lenken, die nicht nur von dem Willen, dem Bewußtsein und der Absicht der Menschen unabhängig sind, sondern vielmehr umgekehrt deren Wollen, Bewußtsein und Absichten bestimmen."[25]

Die Enge oder Weite, mit der die Gesetzmäßigkeit der Geschichte interpretiert wird, die Art des Zusammenhangs zwischen ökonomischer Basis und institutionell-ideologischem Überbau stellt auch für marxistisch-leninistische Historiker im Ostblock die wichtigste Variable dar, die eine weniger oder mehr differenzierte Analyse historischer Erscheinungen ermöglicht. Die grundsätzliche Determination des Geschichtsprozesses aber, sein gesetzmäßiger Verlauf, ist nicht wegzudiskutieren, ohne den historischen Materialismus zu zerstören. Je enger allerdings das Gesetzmäßigkeitsverständnis ist, desto mehr verwandelt sich der historische Materialismus vom Hebezeug zum Prokrustesbett, desto größer wird der Zwang für den Historiker, sich seinen Quellen nicht fragend, sondern befehlend zu nähern, desto mehr wird das Fach zur Verifikationswissenschaft. „In letzter Instanz" aber kann es diesen Charakter überhaupt nicht abstreifen, sondern behält die Aufgabe, die einzelnen Erscheinungsformen eines von vornherein gewußten gesetzmäßigen Ablaufs zu beschreiben, die vorgefundenen historischen Tatsachen in ein in den Grundzügen festliegendes Interpretationsschema einzuordnen. Sie hat darüber hinaus die Aufgabe, die historischen Ereignisse als Elemente des Klassenkampfes nach ihren Fortschrittspotenzen zu bewerten. Marxistisch-leninistische Historiographie ist Bewertungs-, Beurteilungswissenschaft, sie untersucht nicht nur den, sie macht auch einen Geschichtsprozeß.

Der Bewertungsaufgabe des marxistisch-leninistischen Historikers entspricht die an ihn gestellte Forderung der Parteilichkeit. Sie läßt sich aus dem genannten Grundschema des Geschichtsverlaufes ableiten. Anders als in allen früheren Revolutionen der Weltgeschichte geht es in der sozialistischen nicht mehr um die Beseitigung *einer* sondern *jeglicher* Ausbeuterordnung; die entstehende Gesellschaftsformation trägt nicht mehr den Kern einer künftigen Revolution in sich; der „Hegemon" dieser Revolution, das Proletariat, führt auf die Dauer die wahrhaft humane Gesellschaftsordnung für alle herauf. Wer sich daher den Bewußtseinsstand des Proletariats zu eigen macht, ist in der Lage, den wahrhaften Fortschritt für die Menschheit als solchen zu erkennen — und *nur er* ist dazu in der Lage, weil jede andere Bewußtseinsstufe überholten Gesellschaftformationen angehören, ja Teil einer untergehenden Ideologie sein muß. Jede Erkenntnis ist, solange es Klassenkampf gibt, parteilich; nur die Parteilichkeit für die Arbeiterklasse aber ist zugleich objektiv, weil sie mit dem Bewegungsgesetz der Geschichte übereinstimmt.[26] Seit Stalin wird in der Sowjetunion und wurde demzufolge auch in den nach dem Kriege assoziierten Ländern Parteilichkeit nicht nur im allgemeinen Sinne eines Parteiergreifens für die Unterdrückten, die Arbeiterklasse etc. verstanden, sondern als enge Anbindung an

[25] Karl Marx: Nachwort zur 2. Auflage des „Kapitals", 1873, in: MEW Bd. 23, 1984, S. 26.
[26] Vgl. z.B. Brendler 1972 und ZfG 1972, S. 277 ff.

die Führungskraft der Arbeiterklasse, d.h. die jeweilige Kommunistische Partei:

> „Mit der Entstehung, Herausbildung und Entwicklung der Partei vollzog sich ein qualitativer Sprung in der Subjektqualität der Arbeiterklasse: Sie schuf sich damit ein kollektives Führungs- und Erkenntnisorgan. [...] Die Orientierung auf die Arbeiterklasse und ihre Partei ist die inhaltliche Grundbestimmung des marxistisch-leninistischen Prinzips der Parteilichkeit."[27]

Denn nur in solcher politischer Festlegung kann die Wissenschaft, die ja die „Philosophie der Arbeiterklasse" lediglich inhaltlich auffüllt, deren Bedeutung als Handlungsanleitung entsprechen und als Instrument der Partei im Klassenkampf wirken. Historia ancilla politicorum.

Freilich ergeben sich hieraus in der Praxis einige Probleme. Erstens erscheint die dem Historiker zugewiesene Bewertungsaufgabe tatsächlich nicht als Teil seiner Forschungsarbeit, sondern als politischer Annex. Denn wenn es zutrifft, daß die Geschichte nach „objektiven Gesetzmäßigkeiten" verläuft, so ist mit deren Erkenntnis und Beschreibung alles Erforderliche geleistet; und eine „Bewertung" ist nicht sinnvoller als die — um das bekannte Beispiel aufzunehmen — einer Mondfinsternis oder eines Oxydationsvorgangs. Sie ist tatsächlich kein Element des Erkenntnisprozesses, sondern eine politische Hinzufügung im Dienste der politischen Lenkung und der praktisch-pädagogischen Nutzung des Faches.

Zweitens verurteilt die Parteilichkeitsforderung, streng genommen, die Wissenschaft zur Diskursunfähigkeit. Denn wenn Parteilichkeit Bedingung jeder Erkenntnis und somit die richtige Parteilichkeit Bedingung jeder zutreffenden Erkenntnis ist — soweit sie über die Feststellung rein faktischer Gegebenheiten hinausgeht —, so ist mit Menschen, die diese Parteilichkeit nicht teilen, nur ein Belehrungsgespräch möglich. Diskussion dagegen kann es nur zwischen den Vertretern proletarisch-sozialistischer Parteilichkeit geben; sie verkümmert, mit anderen Worten, zum Monolog der Selbstbestätigung.

Und damit hebt die Parteilichkeitsforderung auch, drittens, den eigenen Objektivitätsstandpunkt auf. Denn was ist damit gewonnen, das Vorhandensein und die Erkennbarkeit „objektiver Gesetzmäßigkeiten" in der Geschichte zu behaupten, wenn diese nur dem parteilichen Blick erkennbar sind, nur dem, der *von vornherein an sie glaubt?* Sie werden, allen Wissenschaftlichkeitsbeteuerungen zum Trotz, eben zur Glaubenssache und der kritischen Überprüfung entzogen.

Daher wäre es auch unzutreffend zu sagen, daß die Fachwissenschaft ausschließlich von politischen Leitlinien abhinge. Die Eigengesetzlichkeit quellengebundener Forschungsarbeit und des daraus resultierenden Erkenntnisfortschritts ist durch enge Interpretationsvorgaben nicht oder nur um den Preis wissenschaftlicher Sterilität auszuschalten. Diese aber wiederum kann auch nicht im Interesse der Partei liegen, denn eine Wissenschaft, die zum bloßen Multiplikator vorgegebener Sätze verkommen wäre, wäre als bewußtseinsbildender

---

[27] Brendler 1972, S. 119.

Faktor in der pädagogisch-propagandistischen Arbeit relativ wirkungslos. Auch um die politisch geforderten Leistungen zu erbringen, bedarf der Wissenschaftler eines gewissen eigenen Spielraums.

Der westliche Beobachter, der die Fachdiskussion der DDR-Historiographie verfolgt, mag bei einem großen Teil der Diskussionsbeiträge auf den ersten Blick den Eindruck haben, ihre Beobachtung lohne sich kaum. Vielfach geht es um nichts anderes als die Frage, wie bestimmte Tatbestände in das historisch-materialistische Geschichtsbild einzupassen sind, also — aus westlicher Sicht gesprochen — um Scheinprobleme. Es wäre aber durchaus irrig, diese Diskussionen als marxistisch-leninistische Scholastik abzutun. Denn in ihnen entscheiden sich die Fragen der Forschungsstrategie; es werden die Kategorien diskutiert, und sie werden u.U. (wie z.B. in den letzten Jahren) so flexibilisiert, daß eine stärker differenzierende Geschichtsschreibung möglich wird. Das gilt z.B. für die Auffassung des Basis-Überbau-Bezuges. Nur wenn und wo dieser nicht eng deterministisch aufgefaßt wird — also wo eine stark „dialektische" Wechselwirkung oder eine zeitweilige „relative Selbständigkeit" von Überbauphänomenen angenommen wird —, können Institutionen und Ideologien, aber auch einzelne Vertreter derselben sinnvollerweise überhaupt erst Gegenstand der Forschung werden. Und eine relativ unvoreingenommene Quellenanalyse kann nur da stattfinden, wo außerdem die „parteiliche" Bewertung keine ausschließlich negative ist, sondern wo eine Bedeutung für den historischen Fortschritt festgestellt wird.

In der Diskussion innerhalb der DDR-Geschichtswissenschaft der letzten Jahre zeigt sich nun in der Tat, daß der Betätigungsraum wissenschaftlicher Forschung, die Eigenständigkeit autonomer wissenschaftlicher Diskussion, gewachsen ist. Es wäre aber voreilig, daher auf eine geringere Bedeutung politischer Vorgaben zu schließen, und ganz falsch wäre die Vermutung, daß die „These der Indienstnahme der geschichtswissenschaftlichen Forschung durch die SED gewiß überholt" sei.[28] Freilich kommt es heute nicht mehr vor, daß eine wissenschaftliche Diskussion durch Machtspruch des Parteichefs in die richtigen Bahnen gelenkt wird wie 1958, als Walter Ulbricht die maßgebliche Entscheidung „Über den Charakter der Novemberrevolution" „als bürgerlich-demokratische Revolution [...], die in gewissem Umfang mit proletarischen Mitteln und Methoden durchgeführt wurde"[29], fällte. Es erscheint heute ebensowenig mehr notwendig, eine interpretatorische Grundlinie ex officio politico zu verkünden, wie es 1962 mit dem sogenannten Nationalen Dokument „Die geschichtliche Aufgabe der Deutschen Demokratischen Republik und die Zukunft Deutschlands"[30] und mit seiner Erläuterung durch ein Grundsatzreferat Ulbrichts[31] geschah. Der Bedarf an unmittelbarer Anleitung der Fachwissenschaft durch die Parteiführung ist in dem Maße gesunken, wie die Etablierung

[28] Schradi 1984, S. 9.
[29] Walter Ulbricht: Über den Charakter der Novemberrevolution, in: ZfG 6 (1958)/4, S. 717 ff.
[30] Mehrfach abgedruckt, u.a. in: ZfG 10 (1962)/4, S. 758 ff.
[31] Walter Ulbricht: Referat zum Grundriß der Geschichte der deutschen Arbeiterbewegung, in: ZfG 10 (1962)/6, S. 1255 ff.

kommunistischer Kader in den Leitinstituten der Geschichtswissenschaft und damit die ideologische Homogenität zwischen Parteiführung und Wissenschaftsorganisation vollendet wurde. Und indem gleichzeitig die Inhalte der Vorgaben — seit 1971 — dem innerwissenschaftlichen Erkenntnisforschritt angepaßt wurden, verringerte sich auch dadurch der Bedarf an unmittelbaren Eingriffen der Parteileitung in die Fachdiskussion.

Die Lenkung und Kontrolle der Fachwissenschaften geschieht heute hauptsächlich durch die Forschungspläne, die wissenschaftlichen Räte und die Leitinstitutionen. Die im Fünf-Jahres-Rhythmus vom Politbüro beschlossenen „Zentralen Forschungspläne der marxistisch-leninistischen Gesellschaftswissenschaften“[32], die „mit den Forschungskomplexen, Hauptforschungsrichtungen und Themen, mit den interdisziplinären Forschungsprogrammen sowie mit den Orientierungen für die wissenschaftlichen Disziplinen die schwerpunktmäßige und langfristige inhaltliche Orientierung für die Entwicklung der gesellschaftswissenschaftlichen Forschung in allen Bereichen“[33] leisten, werden durch Konsultationen mit den wichtigsten Fachvertretern, also den führenden Wissenschaftlern der Leitinstitute, vorbereitet[34], und es kann kein Zweifel darüber bestehen, daß die politisch-ideologischen Bedürfnisse der Partei da, wo überhaupt kontroverse Diskussion zustande kommt, den Ausschlag geben.

Wichtigstes Kommunikationsgremium zwischen den Leitinstituten untereinander und mit der Parteiführung ist der Rat für Geschichtswissenschaft, gegründet 1969. Die wissenschaftlichen Räte wirken — in dieser zentralen Funktion seit 1975 — als

> „Zentren des wissenschaftlich-geistigen Lebens, nehmen Einfluß auf das Niveau und die Wirksamkeit der Forschung, fördern den wissenschaftlichen Meinungsstreit und die sozialistische Gemeinschaftsarbeit. Sie beraten Strategien der Wissenschaftsentwicklung, Forschungskonzeptionen, theoretische und politisch-ideologische Grundfragen und grundlegende Forschungsergebnisse.“[35]

Im Rat für Geschichtswissenschaft sind die einschlägigen ZK-Abteilungen (Wissenschaft und Propaganda) und Ministerien (Volksbildung, Hoch- und Fachschulwesen), die wichtigsten Vertreter der drei Leitinstitute sowie Vertreter der Parteihochschule „Karl Marx“, des Instituts für Militärgeschichte in Potsdam, der staatlichen Archivverwaltung, der Redaktion der Zeitschrift für Geschichtswissenschaft und das Fachbereichslektorat des Dietz Verlages zusammengeschlossen; seine Aufgabe ist die Grundsatzdiskussion und Koordination der Forschungsplan-Umsetzung. Er ist organisatorisch angebunden an das wichtigste der drei Leitinstitute für Geschichtswissenschaft, die die administrative Lenkung der Forschungsarbeit innehaben: das Institut für Marxismus-Leninismus beim ZK der SED. Dessen stellvertretender Direktor, ZK-Mitglied

---

[32] Seit 1964; im Fünf-Jahres-Rhythmus seit 1975; vgl. Einheit 1972, S. 169 ff.; 1975, S. 1042 ff.; 1980, S. 1209 ff.

[33] Forschungsplan 1980, Einheit 1980, S. 1228.

[34] Vgl. Diehl, Einheit 1980, S. 1264 ff.

[35] Forschungsplan 1980, Einheit 1980, S. 1228.

Ernst Diehl, ist zugleich Vorsitzender des Rates, wichtigster Geschichtsfunktionär der DDR und Verfasser der maßgeblichen Anleitartikel nach Parteitagen und einschlägigen Politbürobeschlüssen. Das IML leistet selbst historische Forschung (deutsche und internationale Arbeiterbewegung, Marx/Engels und Lenin), besorgt die Klassikereditionen und übt, gemäß Politbürobeschluß vom Oktober 1968, die Funktion der „Leiteinrichtung auf dem Gebiet der Forschung zur Geschichte der deutschen Arbeiterbewegung, der deutschen und allgemeinen Geschichte“ aus.

Die Akademie für Gesellschaftswissenschaften beim ZK der SED (gegründet unter dem Namen „Institut für Gesellschaftswissenschaften...“ 1951, Umbenennung 1976) ist die wichtigste Ausbildungsstätte für Parteikader und Leiteinrichtung für erhebliche Teile der gesellschaftswissenschaftlichen, somit auch für Teile der geschichtswissenschaftlichen Forschung. Insbesondere die Auseinandersetzung mit der bundesdeutschen und westlichen Geschichtsschreibung sowie die pädagogisch-propagandistische Umsetzung der Geschichtsforschung (Forschungsgruppe Geschichtsbewußtsein) sind hier angesiedelt. Als ehemaliger Leiter des Instituts für Geschichte der deutschen Arbeiterbewegung bei dieser Akademie, Vizepräsident der Historiker-Gesellschaft der DDR und, seit 1984, Direktor des Zentralinstituts für Geschichte bei der Akademie der Wissenschaften der DDR ist Professor Walter Schmidt offenbar wichtigster Fachvertreter in der DDR, langjähriger Mit- und seit 1984 Alleinverfasser maßgeblicher Grundsatz- und Anleitartikel für die Fachdiskussion geworden.

Zunehmende Bedeutung hat schließlich das eben genannte Zentralinstitut gewonnen, die größte geschichtswissenschaftliche Forschungseinrichtung im Staate, die breite wissenschaftliche Arbeit insbesondere in all denjenigen Teilen des Faches leistet, die nicht unmittelbar mit der Geschichte der Arbeiterbewegung zusammenhängen. Die wachsende Bedeutung auch dieser Bereiche der wissenschaftlichen Arbeit, die Ausdehnung der „Erbe“-Erschließung hat zu einem erhöhten Gewicht dieses Institutes geführt. Sein Leiter war von 1969 bis zu seinem Tode 1984 Horst Bartel, Mitverfasser der wichtigsten methodologischen Grundsatzartikel.

Unterhalb dieser Zentralinstitutionen ist die historische Forschung an den universitären Sektionen Geschichte, entstanden aus den vormaligen Universitätsinstitutionen im Zuge der 3. Hochschulreform 1964, mit jeweiligem Sachschwerpunkt angesiedelt. Die Planung und Koordination, Lenkung und Kontrolle der fachwissenschaftlichen Arbeit hat somit inzwischen einen solchen Organisationsgrad erreicht, daß man von einer tatsächlichen Durchdringung des Faches auf den Leitungsebenen durch die Partei sprechen kann.

Als Diskussions- und Anleitforum ist noch die Historiker-Gesellschaft der DDR (früher: Deutsche Historiker-Gesellschaft) zu nennen, die alle in der DDR wirkenden Historiker zusammenfaßt und Orientierungsarbeit vor allem auf den Tagungen ihrer Arbeitskreise leistet. Arbeitskreise bestehen zu allen Teilbereichen des Faches wie Agrargeschichte, Regionalgeschichte, mehrere im Bereich der Neuesten Geschichte etc.; seit 1977 ist auch eine für Theorie, Methodologie und Geschichte der Geschichtswissenschaft eingerichtet. Die relativ späte

Gründung der Gesellschaft (1958, nachdem der Plan dazu schon Anfang 1952 gefaßt war) verweist auf die Schwierigkeiten, die die SED zunächst mit den ideologischen Anpassungen der Fachvertreter hatte. Diese werden auch heute, wenngleich in vorsichtiger Formulierung, zugegeben:

> „Um die Mitte der fünfziger Jahre erfaßte die SED immer klarer, daß zunächst bestimmte objektive und subjektive Vorbedingungen gegeben, vor allem eine Reihe von Grundproblemen der Geschichtswissenschaft bewältigt sein mußten. [...] Eine neue, auf historisch-materialistischen Prinzipien forschende und lehrende Historikergeneration trat seit Mitte der fünfziger Jahre in breiter Front in Erscheinung."[36]

Ihr Präsident (es ist der vierte, nach Engelberg, Gerhard Schilfert und Joachim Streisand) ist seit 1980 Professor Heinrich Scheel.

Der Konsultation und Koordination mit der Geschichtswissenschaft und -propaganda in den „Bruderstaaten" dienen schließlich die bilateralen Historiker-Kommissionen. Die wichtigste unter ihnen ist zweifellos die Historiker-Kommission DDR-UdSSR, die seit 1958 besteht und die für die Installation einer marxistisch-leninistischen Geschichtswissenschaft der DDR zweifellos von hoher Bedeutung gewesen ist. Horst Bartel hob in seinem Gedenkartikel zum 20. Jahrestag der Gründung hervor, daß in dieser Kommission u.a. „die richtige Auswahl der Hauptforschungsrichtlinien" getroffen und selbst der „Inhalt der wissenschaftlichen Forschungsarbeiten" festgelegt werde.[37] Da auch sonst kaum ein DDR-Historiker, der die Geschichte seines Faches beschreibt, versäumt, auf die brüderliche Hilfe der sowjetischen Wissenschaftler in den frühen Jahren der Republik hinzuweisen, wird man die Bedeutung dieses Gremiums kaum überschätzen können. In den letzten Jahren hat sich allerdings gezeigt, vor allem um den 20. Juli 1984, daß auch die Forschungskoordination unterschiedliche Akzente im Geschichtsbild nicht ausschließt, insbesondere in den Bereichen des „humanistischen" und des „widersprüchlichen Erbes".

Will man sich über die Funktion der historiographischen Arbeit in der DDR klar werden, so genügt für einen ersten Eindruck ein Blick in das „Neue Deutschland". Kaum eine Woche vergeht, in der nicht mindestens einmal, oft über eine ganze oder zwei Seiten, unter der Rubrik „Gesellschaftswissenschaften" oder „Geschichte" auf erinnerungswürdige Daten, Fakten und Personen hingewiesen und ihre Bedeutung für die staatliche und gesellschaftliche Gegenwart im „real existierenden Sozialismus" hervorgehoben wird, zumeist, allerdings nicht mehr ausschließlich, Gestalten und Ereignisse aus der Arbeiterbewegungs- und Parteigeschichte. Die Funktionen der Geschichtswissenschaft in der DDR sind seit ihrem Bestehen im Grundsatz gleichgeblieben.[38] Sie hat erstens die Herrschaft der „Arbeiterklasse", also konkret: der SED-Spitze und ihrer Apparate, zu legitimieren; sie hat im Zusammenhang damit und im Zu-

---

[36] Schmidt, ZfG 1983, S. 676, 678.

[37] Horst Bartel: Im Mittelpunkt steht der revolutionäre Weltprozeß, in: Neues Deutschland, 17./18.9.1977, S. 15; vgl. hierzu auch Hoffmann, ZfG 1985, S. 323 ff.

[38] Vgl. Reuter 1973, insbesondere S. 61 ff.;
Heydemann 1980, insbesondere S. 189 ff.;
Eckart Förtsch: Geschichtswissenschaft, in: Lades/Burrichter (Hgg.) 1970, S. 93–136.

sammenwirken mit anderen Gesellschaftswissenschaften auch deren politische Strategie und Taktik zu begründen. Aufsätze in der „Zeitschrift für Geschichtswissenschaft" wie „Grundlagen und Erfahrungen der Arbeiterklasse der BRD im Ringen um ein breites antimonopolistisches Bündnis" (1978) oder Arbeitskreise auf Fachkongressen wie „Die Gestaltung der entwickelten sozialistischen Gesellschaft als ein historischer Prozeß tiefgreifender [...] Wandlungen; die Beiträge der DDR zur Sicherung des Friedens" (1982) bieten dafür nur die anschaulichsten Beispiele. Sie hat drittens die Funktion der Bewußtseinsbildung; Geschichtsunterricht und -propaganda sollen geistig mobilisieren und die Ideologie vermitteln.

> „Im geistigen Leben unserer Republik wie in der ideologischen Auseinandersetzung mit unseren Gegnern erhöht sich die Rolle des sozialistischen Geschichtsbewußtseins. Das Wissen um das Woher und Wohin unseres Weges ist für die weitere Gestaltung der entwickelten sozialistischen Gesellschaft wie für den Kampf um den Frieden unentbehrlicher Kraftquell."[39]

Und diese drei Aufgaben, die legitimierende, die strategiebegründende und die bewußtseinsbildende, umfassen schließlich auch die anhaltenden „Auseinandersetzungen mit bürgerlichen Geschichtsauffassungen in der BRD"[40], Abgrenzung von „bürgerliche(n) Geschichtstheorien und -modelle(n)", die „zumeist vielschichtige Konglomerate aus historischen Teilwahrheiten und Verzerrungen historischer Ereignisse" seien[41], von der Bundesrepublik Deutschland, deren Vertreter „trotz neuerlicher Bemühungen um die Einbindung auch progressiver Traditionen [...] objektiv [...] die Traditionslinie der reaktionären deutschen Ausbeuterklassen fort(setzen)"[42]. Das primäre politische Ziel im Verhältnis zur westdeutschen Historiographie ist demnach nicht die Ausweitung der Fachdiskussion zwischen den beiden Staaten in Deutschland — sie ergibt sich freilich bei vielen Themen —, sondern die kämpferische Propagierung des eigenen Geschichtsbildes.

---

[39] Kurt Hager: Rede auf der gesellschaftswissenschaftlichen Konferenz des ZK der SED 1983, zit. nach Hörnig, ZfG 1984, S. 669.

[40] So der Untertitel einer einschlägigen Veröffentlichung, Bachmann 1983.

[41] Bachmann 1983, S. 6.

[42] Walter Schmidt: Was steht hinter der These von der „gemeinsamen deutschen Geschichte?", in: Bachmann 1983, S. 34 ff., hier: S. 41 f.

3. Von der „Misere-Theorie“ bis zum Ausgang der Ära Ulbricht

Es gibt in der Geschichtswissenschaft und -propaganda der DDR keine einschneidenden Revisionen, keine „Kursänderungen“ – sofern man den Selbstverständnisbekundungen führender Parteifunktionäre und Historiker glauben will: „Dies alles bedeutet keine Neuorientierung in der marxistischen Geschichtsauffassung, sondern deren ständige Bereicherung.“[43] Die einschlägigen Aufsätze in den letzten Jahrgängen der „Zeitschrift für Geschichtswissenschaft“ tun sich allerdings mit dem Nachweis dieser Behauptung nicht immer leicht. Der Erklärungs- und Selbstvergewisserungsbedarf, den der Erkenntnisgang der DDR-Geschichtswissenschaft mit seinen selbstverständlichen Akzentverschiebungen und seinen nicht selbstverständlichen, aber tatsächlich vorkommenden Umwertungen aufgeworfen hat, hat zu einer in den letzten Jahren verstärkten Beschäftigung des Faches mit seiner eigenen Geschichte geführt[44] – übrigens parallel zur westdeutschen DDR-Forschung, die sich diesem Thema auch verstärkt zuwandte, je deutlicher sich Veränderungen im Fach abzeichneten, die die Sterilität der letzten zwei Jahrzehnte zu überwinden versprachen.

In welche Perioden die DDR-Geschichtsforschung einzuteilen sei, ist bis heute Gegenstand der Diskussion; bei der Wahl der Einteilungskriterien muß sicherlich die fundamentale politische Zweckbestimmung des Faches den Vorrang haben, doch dürfen auch innerwissenschaftliche Diskussionseinschnitte nicht unbeachtet bleiben. Zustimmung hat bei den meisten westlichen Autoren die Einteilung gefunden, die Albrecht Timm 1957 vorgeschlagen hat und die in jüngeren Darstellungen ergänzt und ausgebaut, teils auch leicht modifiziert worden ist.[45] Demnach hat man mit einer ersten Phase der „antifaschistisch-demokratischen“ Umgestaltung auch der Geschichtswissenschaft von 1945 bis 1948 zu rechnen, einer zweiten mit dem „Sturm auf die Festung Wissenschaft“ 1948 bis 1952, drittens der „Wendung zum Nationalen“ 1952 bis 1956, viertens der Phase der „Erziehung zum sozialistischen Patriotismus“ 1957 bis 1961, fünftens der Phase des umfassenden Aufbaus des Sozialismus 1961 bis 1966, sechstens der Phase der Diskussion des Geschichtsbewußtseins im Zusammenhang der Deklaration des „Entwickelten Systems des Sozialismus“ 1967 bis 1971, siebtens der Betonung des revolutionären Weltprozesses und der Integration in das sozialistische Staatengefüge seit 1971, ergänzt schließlich um neue Akzente in den 80er Jahren.

---

[43] Erich Honecker, zit. nach Neues Deutschland, 6.10.1983, S. 3.

[44] Vgl. z.B. Schmidt, ZfG 1985, S. 195 ff.

[45] So bei Heydemann 1980, S. 139 ff.

Nachdem sich jetzt mehr als vier Jahrzehnte Wissenschaftspolitik in der SBZ/DDR überblicken lassen, scheint eine großräumigere Periodisierung möglich zu sein: Die Akzentverschiebungen und Gewichtsverlagerungen fügen sich zu zwei Hauptphasen der DDR-Historiographie zusammen, eingeleitet durch eine kürzere Vorbereitungs- bzw. eine Übergangsphase.[46] Die erste umfaßt die Zeit der Herausbildung eines sozialistischen nationalen Geschichtsbildes mit dem dogmatischen Zentrum der Zwei-Linien-Theorie der deutschen Geschichte und reicht demnach — vorbereitet durch den allmählichen Aufbau einer marxistisch-leninistischen Geschichtswissenschaft in der SBZ von 1945 bis 1948/51 — vom Beginn der 50er bis zum Ende der 60er Jahre. Die zweite, vorbereitet durch die Methodendiskussion nach dem VII. Parteitag, ist seit dem Beginn der 70er Jahre anzusetzen und hat die Ausweitung und Differenzierung des gewonnenen Geschichtsbildes zum Inhalt, den Einbau der DDR-Geschichte einerseits in die Geschichte der sozialistischen Gemeinschaft, andererseits in ein erweitertes Gesamtbild der deutschen und europäischen Geschichte, und die Herausbildung dessen, was man die „Zwei-Traditionen-Doktrin" der deutschen Geschichte nennen sollte.

In der Zeit der Errichtung der „antifaschistisch-demokratischen Ordnung" kam es der KPD/SED bekanntlich zunächst darauf an, auf der Grundlage einer von ihr beherrschten, möglichst breiten Parteienfront die Grundlagen einer künftigen sozialistischen Umgebung zu schaffen, ohne durch eine zu schnelle und offensichtliche Sowjetisierungspolitik die Öffentlichkeit, nicht zuletzt in den deutschen Westzonen und im westlichen Ausland, zu verschrecken. „Es muß demokratisch aussehen, aber wir müssen alles in der Hand haben", so erläuterte Ulbricht seinem damaligen Mitarbeiter Wolfgang Leonhard die Taktik.[47] Demzufolge wurden die Ziele der Gesellschaftspolitik zunächst sehr zurückhaltend formuliert — Antifaschismus, Frieden, Demokratie, Humanismus waren die Schlagworte — und im geistig-kulturellen Leben ein gewisser Freiraum zugestanden. Dies hatte natürlich einen Grund auch in der Tatsache, daß zunächst im wissenschaftlichen wie im künstlerischen Bereich Vertreter der marxistisch-leninistischen Weltanschauung weitgehend fehlten. Man konnte beim Neuaufbau auf die vorhandenen Wissenschaftler nicht verzichten, und es fehlte — in der Geschichtswissenschaft — auch eine kommunistische deutsche Geschichtsschreibungstradition, ein ausgearbeitetes theoretisches und methodologisches Gerüst, mit dessen Hilfe man umgehend einen neuorientierten Fachbetrieb hätte errichten können.

Daß die neuen Machthaber in dem Fach Geschichte von vornherein einen sensitiven und für die eigene Legitimierung entscheidenden Bereich erkannten, zeigt sich allerdings daran, daß sie es vorzogen, den Fachbetrieb für ein Jahr lieber ruhen zu lassen, als ihn voreilig und mit noch mangelhaften Kontrollmöglichkeiten wiedererstehen zu lassen. Auch die Richtlinien der Partei zu den

---

[46] Ähnlich Schmidt, ZfG 1985, S. 197 ff.

[47] Wolfgang Leonhard: Die Revolution entläßt ihre Kinder, 15. Auflage, Frankfurt/Main 1976, S. 294.

Jubiläumsveranstaltungen der 48er Revolution und die Entschließung des Parteivorstandes zum 30. Jahrestag der November-Revolution zeigten, daß die SED die Erarbeitung eines eigenen kommunistischen Bildes der deutschen Geschichte vorbereitete: In diesen Dokumenten deutet sich die Verurteilung des in der März-Revolution durch eigene Schuld gescheiterten Bürgertums und die Heraushebung der Arbeiterklasse als einzig fortschrittlicher Potenz der jüngeren deutschen Geschichte an.[48] Im übrigen aber wurde die Generallinie der historiographischen Lehre durch die „Misere-Theorie" beherrscht, wie sie Alexander Abusch, der spätere Kulturminister der DDR, in seinem Buch „Der Irrweg einer Nation" repräsentativ zum Ausdruck gebracht hat. Das Buch, im Exil verfaßt, wurde in zwei Auflagen von 1946 bis 1951 in 110000 Exemplaren verkauft, seit 1951, in abermals umgearbeiteter Fassung, in weiteren Zehntausenden von Exemplaren. Die deutsche Geschichte der Neuzeit erscheint darin als geradliniger Irrweg von der Reformation bis zur Katastrophe des 20. Jahrhunderts, ein Weg, auf dem die demokratischen und revolutionären Kräfte, die „Gestalten echten Humanismus" immer wieder tragisch gescheitert, die Vertreter der Reaktion immer wieder erfolgreich gewesen seien.

> „Es zog bisher wie ein Erbfehler durch die deutsche Geschichte, daß in ihr das Volk niemals — wie die Engländer unter Cromwell und die Franzosen unter Robespierre — dem Alten, Bedrückenden, Überlebten den Kopf abschlug. In den beiden Revolutionen von 1848 und 1918 vermochten die Deutschen nicht, ihre demokratischen Kräfte so zu vereinheitlichen und zu konzentrieren, daß sie die demokratische Revolution zu Ende führten. Dieser Mangel an Konsequenz und die Kapitulation des deutschen Bürgertums vor der Reaktion, aus Furcht vor der Arbeiterbewegung, wurden in der Vergangenheit stets tödlich für die deutsche Demokratie. Nicht wenige Deutsche hatten es gut verstanden, für die Freiheit zu sterben, — doch sie hatten es noch nicht erlernt, im Kampfe für die Freiheit zu siegen wie andere Völker. Die deutsche Nation steht nun vor der Aufgabe, ihren langen Weg des Irrtums und des Verhängnisses zu verlassen."[49]

Freilich sind die Ansätze einer Überwindung der bloßen Misere-Theorie schon bei Abusch selbst vorhanden, die „progressive" Linie, wenn auch in der deutschen Geschichte nicht dominant, wird schon bei ihm angesprochen:

> „Durch ein halbes Jahrtausend [...] ziehen sich zwei Tendenzen durch Deutschlands Geschichte: das Bemühen reaktionärer Gewalthaber um die Behauptung ihrer Macht — und das Ringen fortschrittlicher Volksklassen um eine freie deutsche Nation. Wiederholt gelang es den reaktionären Kräften, aus der Bedrohung ihrer Herrschaft als Sieger hervorzugehen. Aber die demokratische und dann — die seit Mitte des 19. Jahrhunderts ablösend — die sozialistisch-demokratische Bewegung wurde in Deutschland nicht schwächer, sondern stärker. Da sie nach 1918 wieder versäumte, die demokratische Revolution zu Ende zu führen, vermochte die verfaulteste und antinationalste Clique deutscher Imperialisten in der großen Krise von 1930/33 [...] wieder eine „Lösung" durch reaktionäre Gewalt zu finden. [...] Das deutsche Volk trägt die Verantwortung dafür, daß es an diesem Kreuzweg sich auf die falsche Bahn drängen ließ."[50]

[48] Vgl. Schradi 1984, S. 22
[49] Abusch 1946, S. 267.
[50] Abusch 1946, S. 252.

Mit dem Fehlschlag der alliierten Außenministerkonferenzen über Deutschland, die zugleich das Scheitern weitergehender gesamtdeutscher Ziele Stalins und der deutschen Kommunisten signalisierten, begann in der sowjetischen Besatzungszone die Politik der offenen Sowjetisierung und der Gleichschaltung des gesellschaftlichen Lebens unter der führenden Rolle der Partei „neuen Typs" und der dogmatischen Geltung ihrer Weltanschauung. Für die Wissenschaften bedeutete dies den Beginn einer organisatorischen Umgestaltung des Forschungs- und Lehrbetriebes (Hochschulreformen 1949 und 1951) und, soweit wie möglich, der personellen Umbesetzungen. Die Flucht „bürgerlicher" Historiker setzte sich fort, eine weitere Welle folgte in der zweiten Hälfte der 50er Jahre; in entscheidende Positionen rückten kommunistische Wissenschaftler, großenteils aus dem Exil heimgekehrt (Hermann Duncker, Alfred Meusel, Leo Stern, Gerhard Schilfert u.a.).[51] Für alle Studiengänge wurde die Schulung in den Grundlagen des Marxismus-Leninismus verbindlich; für die Geschichtswissenschaft wurde die dogmatische Geltung des historischen Materialismus durchgesetzt. 1951 griff die SED durch inhaltliche Festlegungen in den historischen Forschungsbetrieb ein: Das ZK zog (7. Tagung, Oktober 1951) aus der konkurrierenden Gründung zweier Staaten in Deutschland die Konsequenz, der „nationale Notstand" müsse mit einer Überwindung der Misere-Theorie beantwortet werden.

> „Man kann aus der Geschichte des eigenen Volkes keine Kraft, keinen Mut und keine Zuversicht schöpfen, wenn man in ihr einzig und allein nur den ‚Irrweg einer Nation' sieht oder ein unzeitgemäßes allgemein fatalistisches Lamento über ‚die deutsche Misere' anstimmt."[52]

Gleichzeitig wurde einer erste Skizze eine marxistisch-leninistischen Darstellung der deutschen Geschichte erarbeitet: Das „Lehrbuch für die politischen Grundschulen der SED" über „die Entwicklung Deutschlands und der deutschen Arbeiterbewegung bis zum Sturz des Faschismus" von 1951 stellte wiederum, und jetzt schon entschiedener, zwei Klassenlinien der deutschen Geschichte einander gegenüber, deren eine, die progressive, vom Bauernkrieg über die 48er Revolution, die Arbeiterbewegung, die November-Revolution und die Geschichte der KPD bis hin zum unausweichlichen bisherigen Höhepunkt der Entwicklung, der DDR-Gründung, führt. Leo Stern forderte in einem Grundsatzreferat, die Geschichte habe zu

> „zeigen, daß die deutsche Geschichte reich ist an großen und leuchtenden Beispielen von Mut, Heldentum, Patriotismus und Hingabe an die große Sache des deutschen Volkes. Insbesondere gilt es dabei, von der sowjetischen Geschichtswissenschaft zu lernen, die es verstanden hat, die großen Traditionen des russischen Volkes zur lebendigen, mobilisierenden Kraft beim Aufbau des Sozialismus und Kommunismus zu machen." [...]
> „Es gilt, die Historiker der DDR mit dem sanctus amor patriae, mit der heiligen Liebe zum Vaterland, zu erfüllen, mit dem hohen Verantwortungsbewußtsein vor dem deutschen Volk."

---

51 Vgl. Heydemann 1980, S. 146 und die dort gen. Literatur.
52 Zit. nach Kopp 1954, S. 27.

> „Es gilt, beim deutschen Volk das politische Minderwertigkeitsgefühl zu beseitigen [...], indem die Historiker [...] aufzeigen, daß die deutsche Geschichte nicht eine Misere in Permanenz war, sondern leuchtende Epochen, Ereignisse und Persönlichkeiten aufweist."[53]

Unter diese „leuchtenden Epochen" wurde in der ersten Hälfte der 50er Jahre auch die Zeit der preußischen Reformen eingereiht, deren Protagonisten Stein, Scharnhorst, Gneisenau, selbst der konservative Yorck[54], als Vertreter des gesellschaftlichen Fortschritts und des deutsch-russischen Waffenbündnisses in die progressive Traditionslinie aufgenommen wurden.

Die zweite Hälfte der 50er Jahre war durch eine Forcierung dieses Kurses gekennzeichnet — organisatorisch durch den Beschluß des Politbüros zur „Verbesserung der Forschung und Lehre in der Geschichtswissenschaft der DDR"[55], der eine systematische und langfristige Planung vorsah, inhaltlich durch die Forderung nicht nur nach theoretischer und handwerklicher Vervollkommnung, sondern vor allem danach, die positive Rolle der Arbeiterklasse und ihrer Partei als Vorkämpfer des Fortschrittes und wahrer Sachwalter des deutschen Volkes deutlicher herauszustellen. Diesem Ziel diente auch die neugegründete Fachzeitschrift „Beiträge zur Geschichte der deutschen Arbeiterbewegung", herausgegeben vom Institut für Marxismus-Leninismus beim ZK der SED.[56] Der vom Zentralkomitee der SED 1962/63 als gültig beschlossene „Grundriß der deutschen Arbeiterbewegung" — das vollständige Hauptwerk folgte in acht Bänden 1966 — stellte das Ergebnis einer mehrjährigen verstärkten Forschung an der Arbeiterbewegungsgeschichte dar und war Teil einer seit dem Parteitag von 1958 und wieder seit dem Mauerbau intensivierten Kampagne zur Weckung und Hebung des „sozialistischen Bewußtseins". Die Fülle der darin vorkommenden Fehler, Verzeichnungen, Begradigungen und Fälschungen kann und muß hier nicht nachgezeichnet werden. Festzustellen bleibt insgesamt, daß dieses erste Standardwerk der DDR-Historiographie in Darstellung und Wertung die Arbeiterbewegungs- und Parteigeschichte ausschließlich am Vorbild der stalinisierten KPdSU ausrichtet, mit Hilfe einer konstruierten geradlinigen Entwicklung von den Klassikern bis zur DDR die SED als einzig berechtigte Erbin der Arbeiterbewegung auszuweisen versucht und die nicht dem stalinistischen Vorbild entsprechenden eigenständigen Traditionen und Tendenzen in der KPD verschweigt, verfälscht oder verdammt.[57]

Der zweite wichtige Ertrag der historischen Arbeit der frühen 60er Jahre war die vollständige Ausarbeitung der „Zwei-Linien-Theorie", die ihre zentralen Festschreibungen in dem schon erwähnten „Nationalen Dokument" und einem Anleit-Artikel Ulbrichts[58] fanden. Einige Grundsatzartikel in der ZfG über-

---

53 Zit. nach Kopp 1954, S. 18

54 Vgl. Albert Norden: Das Banner von 1813, Berlin (Ost) 1952, S. 33; zit. nach Kopp 1954, S. 34 f.

55 Die Verbesserung der Forschung und Lehre in der Geschichtswissenschaft der Deutschen Demokratischen Republik, Beschluß des Zentralkomitees der SED, in: ZfG 3 (1955)/4, S. 507 ff.

56 Seit 1959; das Beiwort „deutsch" wurde 1969 aus dem Titel entfernt.

57 Vgl. Weber 1964.

58 S.o. Anm. 30 u. 31.

nahmen die Rolle der Führungsstimmen in dem Chor des Beifalls.[59] Die Zwei-Linien-Theorie besagt, daß in der deutschen Geschichte seit 1848 tatsächlich, „objektiv", zwei gegenläufige Entwicklungen stattgefunden hätten: die Politik reaktionärer Klassen und Schichten unter Einschluß des Bürgertums auf der einen, die der Arbeiterklasse und vor allem ihrer führenden Partei auf der anderen Seite. Vor den objektiven Aufgaben die der Geschichtsprozeß den handelnden Kräften in Deutschland stellte, hätten die Vertreter der reaktionären Linie regelmäßig versagt, während sich die der progressiven fortgesetzt bis in die Gegenwart als die wahrhaften Sachwalter der deutschen Nation erwiesen hätten:

> „Dreimal wurde die deutsche Bourgeoisie von der Geschichte gewogen und zur Führung des deutschen Volkes zu leicht und als untauglich befunden. In allen entscheidenden Situationen der deutschen Geschichte hat die deutsche Großbourgeoisie unserem Volk unendlichen Schaden zugefügt. Sie hat damit jeden Anspruch auf Führung unseres großen und begabten Volkes verloren. [...] Die Entwickung des Grundwiderspruchs des Kapitalismus hat in Deutschland zu einem tiefen, unversöhnlichen Widerspruch zwischen den Klasseninteressen der deutschen Imperialisten und Militaristen einerseits und den nationalen Interessen des deutschen Volkes auf der anderen Seite geführt. [...] Einige der besten Vertreter des deutschen Bürgertums haben schon frühzeitig, andere später die Bedeutung der Arbeiterklasse für die Entwicklung der Nation erkannt. Erst nach 1945 erfolgte hier bei vielen eine Wandlung. Die fruchtbaren Erfahrungen [...] gaben vielen Vertretern des deutschen Bürgertums und breitesten Schichten des Kleinbürgertums den Anstoß, sich mit denen der deutschen Arbeiterklasse zu verbünden. In der Deutschen Demokratischen Republik schufen sie unter Führung der Arbeiterklasse und gemeinsam mit allen anderen antifaschistischen und demokratischen Kräften ein Beispiel für ganz Deutschland. [...]
> Die klassenbewußten deutschen Arbeiter haben in allen großen geschichtlichen Prüfungen, in denen die deutsche Bourgeoisie ihre Untauglichkeit zur Führung der Nation erwies, eine Politik vertreten, die nicht nur den Interessen der Arbeiter, sondern denen des ganzen Volkes diente."

Für die Gegenwart ergab sich daraus:

> „Die Deutsche Demokratische Republik ist also nicht nur völkerrechtlich unter dem Gesichtspunkt der Durchführung des Potsdamer Abkommens und somit als einziger deutsche Friedenstaat der rechtmäßige deutsche Staat. Sie ist auch der einzige rechtmäßige deutsche Staat aufgrund der geschichtlichen Gesetzmäßigkeit und der Tatsache, daß in ihm jene Kräfte an der Macht sind, die von der Geschichte zur Führung des deutschen Volkes berufen wurden und deren Politik mit den Interessen der Nation übereinstimmen." [...]
> „Der Sieg des Sozialismus in der Deutschen Demokratischen Republik liegt also im nationalen Interesse des ganzen deutschen Volkes und ist entscheidende Voraussetzung für die Lösung unserer nationalen Frage. Der Sieg des Sozialismus in der Deutschen Demokratischen Republik und später auch in der westdeutschen Bundesrepublik befreit unser Volk [...] für immer von kapitalistischer Ausbeutung, sichert die Einheit des Vaterlandes und ein glückliches Leben in Frieden und Sozialismus."[60]

---

[59] Vgl. u.a. Rolf Rudolph: Die nationale Verantwortung der Historiker in der DDR, in: ZfG 10 (1962)/2, S. 253 ff.;
Rolf Badstübner: Zur Theorie und Politik der SED in der nationalen Frage, in: ZfG 10 (1962)/3, S. 513 ff.;
Lothar Berthold: Zur Geschichte der nationalen Konzeption der deutschen Arbeiterklasse, in: ZfG 10 (1962)/5, S. 1005 ff.

[60] „Nationales Dokument", ZfG 1962, S. 767, 768, 772, 777.

Der Geschichtsschreibung wurde die Aufgabe gestellt, die Wahrheit dieser Theorie und somit den historischen Führungsanspruch der SED zu beweisen. Die Geschichte des Klassengegners war jetzt überhaupt erstmals auch zu untersuchen, und zwar unter der genannten Prämisse, daß das Bürgertum seine Mission durch mehrfache historische Schuld „verraten“ habe, daß die „Bourgeoisie, die schon 1848/49 ihre Klasseninteressen über die nationalen Belange stellte“ und sich „mit den militaristischen Junkern gegen das Volk“ verbündete, ebenso wie die Parteien der Großbourgeoisie, „die Alldeutschen, die DVP, die Deutschnationalen, die Nazi-Partei und heute die westdeutsche CDU/CSU“ immer ihrem Klasseninteresse den Vorrang vor dem Nationalinteresse gegeben hätten, unterstützt „von den opportunistischen Führern der SPD und der Gewerkschaften“, die „die Volksmassen über den Klasseninhalt der nationalen Frage täuschten“[61]. Die deutsche Geschichte seit Mitte des 19. Jahrhunderts war damit durch die rückwärtige Verlängerung der aktuellen „Kampffront“ holzschnittartig vergröbert, die historische Entwicklung säuberlich in ein Gut-Böse-Schema aufgegliedert, das nicht nur in der politischen Bewertung, sondern „objektiv“ im Ablauf des Geschichtsprozesses vorhanden sein sollte und das die Geschichtswissenschaft jetzt zu „reproduzieren“ hatte. Für den Rest des Jahrzehnts beherrschte diese Theorie das Feld oder besser gesagt: das Ödland der historiographischen Praxis.

Parallel dazu aber bereiteten sich, zunächst im Bereich der theoretischen Diskussion, Veränderungen im Fach vor. Dabei spielten sicherlich auch fachinterne Entwicklungen eine Rolle. So hatte sich in der Sektion Geschichte der Universität Leipzig in den 60er Jahren ein Forschungsschwerpunkt zur vergleichenden Revolutionsgeschichte ausgebildet — 1971 dann als Forschungsgruppe konstituiert, zunächst unter Leitung von Walter Markov, seit 1974 von Manfred Kossok —, wobei der Anspruch, gleichermaßen theoretisch wie empirisch gesichert die bürgerlichen Revolutionen des 18./19. Jahrhunderts zu analysieren[62], über die holzschnittartige Vereinfachung einer „Erfolg-Verrat“-Beurteilung hinauswies.[63] Ausschlaggebend aber waren politische Anstöße.

Der eine bestand in der neuen gesellschaftspolitischen Strategie, die die SED mit dem VI. und vor allem dem VII. Parteitag begründete: Sie bezog die „Wissenschaftlich-Technische Revolution“ in die Entwicklung der sozialistischen Gesellschaft ein und wies den Wissenschaften, zunächst den Technik-, Natur- und Wirtschaftswissenschaften, zunehmend aber auch den sozialwissenschaftlichen Fächern, einen zentralen Rang für die Programmierung und Steuerung wirtschaftlicher und gesellschaftlicher Prozesse zu. Auf dem VI. Parteitag (Januar 1963) wurden die Wissenschaften zur „unmittelbaren Produktivkraft“ erklärt; auf dem VII. Parteitag proklamierte die SED den erreichten Entwicklungsstand als „entwickeltes gesellschaftliches System des Sozialismus“ (ESS), eine gesellschaftliche Formation, der im Geschichtsprozeß keine bloße Übergangsrolle, sondern eine längere Dauer und eine relativ eigenständige Bedeutung zukomme

[61] Rolf Rudolph (damals Chefredakteur der ZfG), in: ZfG 1962 (s.o. Anm. 60), S. 262 f.
[62] Vgl. Kossok, ZfG 1978, S. 5 ff.
[63] Vgl. Schradi 1984, S. 181 ff.

und die in der DDR beispielhaft für hochindustrialisierte sozialistische Gesellschaften ausgeprägt sei. Diese Vorbildrolle wurde auch in den nächsten Jahren bis 1971 betont, in der innerdeutschen Systemauseinandersetzung, aber auch in der sozialistischen Gemeinschaft, und da sowohl gegenüber der Sowjetunion als auch gegenüber den ideologischen „Irrtümern“ und „konterrevolutionären“ Tendenzen in der Tschechoslowakei:

> „Auch in der Geschichtsschreibung der CSSR gewannen schon seit Jahren Kräfte Einfluß, die früher begangene Fehler nicht mit dem Blick auf die Stärkung der sozialistischen Arbeiter- und Bauern-Macht überwinden wollten, sondern die den Marxismus-Leninismus selbst in Frage stellten und ‚Kooperation‘, will sagen, ideologische Koexistenz vor allem mit reaktionären westdeutschen Historikern praktizierten. [...] Wir beschränken uns auf dieses Beispiel aus der jüngsten Zeit, um noch einmal zu verdeutlichen, welche Bedeutung gerade die Geschichtsschreibung bei dem Versuch erlangte, die CSSR aus der Gemeinschaft des sozialistischen Lagers zu lösen.“[64]

Als dem ESS eigentümlich wurde die dialektische Wechselwirkung eigenständiger Teilsysteme (wie Ökonomie, Staat, Recht, Kunst und Wissenschaft) angesehen, die somit je für sich wie auch in ihrem systematischen Zusammenhang der Analyse und Lenkung bedürften.

Für die Geschichtswissenschaft wirkte sich diese neue Auffassung in zwei Richtungen aus. Die eine war ein flexibilisiertes Verständnis historisch-materialistischer Grundkategorien: „So bildet sich in den entwickelten Gesellschaftsformationen ein immer mannigfaltiger gegliedertes und immer schwieriger durchschaubares riesiges Gefüge wechselseitig voneinander abhängiger und aufeinander einwirkender Teilsysteme des gesellschaftlichen Lebens sowohl innerhalb der ökonomischen Basis als auch im ideologischen, politischen und geistig-kulturellen Überbau heraus. Jedes Teilsystem bringt wiederum einen eigenen, relativ selbständigen Struktur- und Entwicklungszusammenhang hervor.“ Ein solches Systemverständnis bedeutete natürlich eine Ausweitung des Basis-Überbau-Zusammenhanges, die Absage an ein relativ enges Determinationsverhältnis als einen „flachen Ökonomismus“ und die Hinwendung zu einer „Untersuchung konkreter Ereignisse“ und des „immer durch mehr oder weniger viele Kettenglieder vermittelte(n) Verhältnis(ses) zwischen der materiellen Grundstruktur und dem zu betrachtenden gesellschaftlichen Teilbereich“[65].

Die zweite war die mit neuem Nachdruck versehene Funktionszuweisung auch an die Geschichte, über Bildung und Erziehung auf die Menschen einzuwirken: „Die Ergebnisse der gesellschaftswissenschaftlichen Forschung schlagen sich also u.E. in der allseitigen Entwicklung des subjektiven Faktors der Produktion, des Menschen, nieder und wirken auf diese Weise — über das Bewußtsein der Menschen — als Produktivkraft.“[66] Intensiver als je zuvor wurde von 1967 bis 1969 unter Historikern und Geschichtspädagogen über Inhalt, Bedeutung und Vermittlungspraxis des „sozialistischen Geschichtsbewußtseins“ disku-

---

[64] Streisand, ZfG 1969, S. 39.

[65] Küttler/Lozek, ZfG 1970, S. 1124 ff.

[66] Hans Klotz, Klaus Rum: Über die Produktivkraft Wissenschaft, in: Einheit 18 (1963)/3, S. 40 ff.; hier: S. 46.

tiert. Dieses sei, so faßte Walter Schmidt die Diskussionserträge zusammen, keine eigenständige Form des sozialistischen Bewußtseins neben anderen, sondern „ein Element desselben, das alle Formen sozialistischen Bewußtseins durchdringt. [. . .] Es gibt kein gesellschaftliches Bewußtsein ohne historische Komponente." Demnach „handelt (es) sich darum, ein konkretes, auf fester Tatsachenkenntnis beruhendes, in sich geschlossenes wissenschaftliches Bild von der geschichtlichen Entwicklung des deutschen Volkes und insbesondere vom Kampf der Arbeiterklasse zu vermitteln". Wesentliche Zielfunktion dabei „ist und bleibt die Verbreitung sozialistischer Ideologie"[67].

Aufbauend auf einem solchen Geschichtsbild, sollte das Geschichtsbewußtsein sich vor allem auf vier Grundüberzeugungen stützen:

1. „die Erkenntnis von der Gesetzmäßigkeit des Übergangs vom Kapitalismus zum Sozialismus und vom Sieg des Sozialismus im Weltmaßstab";
2. die Erkenntnis, daß die Verwirklichung des Sozialismus in der DDR „der Höhepunkt der bisherigen Geschichte des deutschen Volkes und insbesondere des Kampfes der deutschen Arbeiterklasse" sei; „diese Erkenntnis muß [. . .] als konzeptioneller Ausgangspunkt sowohl für die weitere Erforschung und Darstellung der deutschen Nationalgeschichte und der Geschichte der Arbeiterbewegung als auch für die gesamte Geschichtspropaganda gelten";
3. die Erkenntnis, daß die progressive Tradition der deutschen Geschichte einen wesentlichen Bestandteil der sozialistischen Ideologie darstelle; es gelte, verschüttete Traditionen wieder sichtbar zu machen, falsche, von den Ausbeuterklassen gepflegte Traditionen zurückzudrängen und insbesondere Erfahrungen und Lehren aus der DDR-Geschichte als Traditionen zu verankern;
4. die „Grundüberzeugung [. . .] von der historischen Mission der Arbeiterklasse und ihrer revolutionären Partei. [. . .] Diese Grundposition muß auch deshalb besonders klar herausgearbeitet werden, weil die bürgerliche und die der rechten sozialdemokratischen Führung verbundene Historiographie gegenwärtig versucht, die Geschichte der Arbeiterbewegung in entgegengesetztem Sinne darzustellen"[68].

Mit den hier gefundenen Formulierungen lassen sich die Ansprüche der Partei an das „sozialistische Geschichtsbewußtsein" bis in die Gegenwart beschreiben.

Der wichtigste äußere Anstoß für die Verfeinerung des wissenschaftlichen Instrumentariums kam schließlich, wie die ständige Auseinandersetzung in den wichtigsten Diskussionbeiträgen zeigt, aus der westdeutschen Historiographie. In der hier seit Ausgang der 60er Jahre geführten Theoriedebatte lag das Neue nicht so sehr in den struktur- und sozialgeschichtlichen Ansätzen selbst, son-

[67] Schmidt, ZfG 1969, S. 53 ff.
[68] Schmidt, ZfG 1969, S. 57—60.

dern in der Breite, mit der sozialhistorische Fragestellungen, messende Verfahrensweisen, generalisierende und systematisierende Theoriebildungen aufgenommen wurden, teils auch in der Radikalität oder gar Überzogenheit, mit der diese Ansätze vertreten und der individualisierenden und narrativen Vorgehensweise gegenübergestellt wurden. Für die DDR-Geschichtswissenschaft aber bedeutete diese Diskussion in mehrfacher Hinsicht eine Herausforderung: Die mit der Sozialgeschichte in den Vordergrund rückende Geschichte der Arbeiterbewegung, die stärkere historiographische Beachtung von Unterschichtenproblemen, überhaupt das verstärkte Augenmerk auf klassen- und schichtenspezifische Probleme verletzten gewissermaßen einen Monopolanspruch, den die marxistisch-leninistische Historiographie zu haben glaubte. Und die Theorie der industriegesellschaftlichen Modernisierung wertete die Grundsatzunterschiede zwischen den beiden Systemen in einer tatsächlich irrigen, von der kommunistischen Geschichtsschreibung aber als bedrohlich empfundenen Weise ab.

> „Früher ängstlich gemiedene Bereiche der Historie, vor allem bestimmte soziale und ökonomische Entwicklungen [. . .] können nunmehr einbezogen, der geschichtliche Gesamtprozeß jetzt mit noch raffinierteren Mitteln verfälscht werden. [. . .] Auch die strukturelle Methode kann — losgelöst von den grundlegenden historischen Zusammenhängen und Gesetzmäßigkeiten — der Geschichtsfälschung dienen. Entscheidend ist, mit welcher gesellschaftspolitischen Absicht und Zielstellung, im Interesse welcher gesellschaftlichen Kräfte eine Forschungsmethode benutzt, welcher theoretischen und politischen, klassenmäßigen Grundposition sie zugeordnet ist. [. . .]
> Es wäre verfehlt, die genannten theoretisch-methodologischen Erscheinungen in der bürgerlichen Geschichtsschreibung als progressiv zu werten; ungeachtet gelegentlicher Anleihen bedeuten sie keineswegs eine „Annäherung“ an den Marxismus, sondern sind eindeutig reaktionär.“[69]

Auch und besonders diese „Herausforderung“ zwang dazu, die eigenen Zentralkategorien „ökonomische Gesellschaftsformation“ und „Basis-Überbau-Beziehung“, „Klassenkampf“ und „Revolution“ neu und differenzierter als bisher zu begründen.

Es lohnt sich, die wichtigsten theoretischen Neuakzente der damaligen Diskussion vor Augen zu führen, weil sie zwar nicht in der unmittelbaren Folge, aber auf längere Sicht die Forschungspraxis und historische Argumentation bestimmt haben. Auch die seit dem VIII. Parteitag vollzogene Abkehr von der stark systemtheoretisch orientierten Gesellschaftsanalyse hat die damals hervortretende Neuakzentuierung nicht überholt. Die wichtigsten Neuanstöße finden sich in den beiden hier schon mehrmals zitierten Aufsätzen von Ernst Engelberg und Wolfgang Küttler/Gerhard Lozek.

Unverändert blieb das Prinzip des politischen Instrumentcharakters der historischen Wissenschaft und das der Parteilichkeit. „Ob wir es wollen oder nicht, alles, was wir denken und tun für das Heute und Morgen, steht im Zeichen

---

[69] Küttler/Lozek, ZfG 1970, S. 1135—1139.

des Leninschen ‚Wer-Wen'!"[70] Neubestimmt wird hingegen das Verhältnis von Basis und Überbau im Sinne eines eigenständigen Ranges der Institutionen und der ideologischen Bewußtseinsformen:

> „Die primäre Funktion der Dialektik von Produktivkräften und Produktionsverhältnissen und des Klassenkampfes bei der Ausbildung, Reife und Überwindung einer Formation gilt prinzipiell immer, aber nicht für jeden konkreten Zusammenhang im gleichen Maße. [...] Beispielsweise wirken vor allem in revolutionären Übergangsepochen Teilbereiche des Überbaus [...] direkt auf die Entwicklung der Produktivkräfte zurück."[71]

Als Beispiele nennen die Autoren die Rolle des Christentums bei der Ausprägung der Feudalordnung und der Reformation bei der des Frühkapitalismus. Engelberg verweist auf die Klassiker, wenn er zwischen solchen Staatsinstitutionen unterscheidet, die „ziemlich direkt einer Ausbeuterklasse zur Verfügung stehen", und solchen, die als scheinbare Vermittler zwischen etwa gleichgewichtigten Klassen „zeitweise eine gewisse Selbständigkeit" erhalten, wie etwa im Absolutismus und Bonapartismus.[72]

Dem Historiker stellt sich somit jeweils die Aufgabe, den Gesamtstand der Produktivkraft-Entwicklung einzuschätzen, eine genaue Analyse der Klassenwidersprüche vorzunehmen, die Art des Basis-Überbau-Verhältnises konkret zu bestimmen und eine realistische, die allgemeine Gesetzmäßigkeit mit der individuellen Erscheinungsform verbindende Analyse gesellschaftlicher Teilbereiche vorzunehmen. Dabei ist zusätzlich zu berücksichtigen, daß sich die Elemente einer Gesellschaftsformation, je nach Entwicklungsstand, „mit den Resten früherer oder mit den Keimen neuer [...] gesellschaftlicher Verhältnisse" überschneiden.[73] Vor allem aber ist zu beachten, daß der Mensch „nicht nur das Geschöpf, sondern auch der Schöpfer der Gesellschaft" ist[74], daß sich die historischen Gesetzmäßigkeiten nicht als Fatum außerhalb der Geschichte durchsetzen, sondern daß sie in der Geschichte, durch den Menschen hervorgebracht werden. Demnach gehört es „zur besonderen Aufgabe der Historiker, herauszuarbeiten, welchen Charakter und welches Ausmaß die Entscheidungs- und Handlungsfreiheit der Menschen je nach Epoche, je nach dem besonderen Gesellschafts- und Produktionsbereich und nicht zuletzt je nach der Klassenzugehörigkeit annimmt"[75]. Damit ist das Programm konkret differenzierender Gesellschaftsanalyse aufgestellt, nicht nur auf ihren jeweiligen sozialen Inhalt hin, sondern auch auf die politische Form, die sehr unterschiedlich sein kann.[76] Nur eine Geschichtswissenschaft, die Gesetzmäßigkeit und konkrete Gestalt

[70] Engelberg, ZfG 1969, S. 75.
[71] Küttler/Lozek, ZfG 1970, S. 1126.
[72] Vgl. Engelberg, ZfG 1968, S. 1134.
[73] Küttler/Lozek, ZfG 1970, S. 1127.
[74] Engelberg, ZfG 1968, S. 1138.
[75] Engelberg, ZfG 1968, S. 1124.
[76] Vgl. Engelberg, ZfG 1968, S. 1139.

gleichermaßen deutlich mache, könne wirksam Bewußtseinsbildung und zutreffende prognostische Arbeit leisten.

Die „Inhalt-Form-Dialektik" zeigt sich hiernach auch bei der Revolutionsproblematik. Man müsse beim Übergang von einer Gesellschaftsformation in eine andere unterscheiden zwischen der politischen und der sozialen Revolution: „Die politische Revolution bezieht sich auf die Stellung und Lösung der Machtfrage, die soziale auf den Prozeß des Qualitätsumschlages im Gesamtorganismus der Gesellschaft, der evolutionäre oder revolutionäre Formen annehmen kann."[77] Dabei bestehe ein grundsätzlicher Unterschied zwischen den früheren und der sozialistischen Revolution. Während sich bei jenen die Machtfrage zwar mit Notwendigkeit stellt und mit ihrer Lösung die Schwelle zur neuen Formation überschritten wird, der Übergang aber auch unabhängig von ihrer Lösung beginnen kann, ist

> „bei der Überwindung der Ausbeutergesellschaft in ihrer letzten und höchsten Stufe [...] die Lösung der Machtfrage selbst Voraussetzung des Übergangs. [...] der Sozialismus kann sich nur nach der Eroberung der politischen Macht durch die Arbeiterklasse und ihrer (sie) Verbündeten entwickeln"[78].

Damit ist zugleich die Absage an die „Industriegesellschaft"-Theorie ausgesprochen, die „die objektiven Gesetzmäßigkeiten der gesellschaftlichen Entwicklung" und insbesondere die Tatsächlichkeit des Klassenkampfes und die Notwendigkeit der Revolution bestreite.[79]

In diesen theoretischen Ausführungen sind die Möglichkeiten wie die Grenzen der seit der zweiten Hälfte der 70er Jahre sich vollziehenden Erweiterung des parteilichen Geschichtsbildes im Kern schon ausgeprägt.

Das Nebeneinander ideologisch festgelegter Inhalte und theoretisch flexibler werdender Grundbegriffe, wie es ausgangs der 60er Jahre besonders deutlich zu beobachten ist, veranschaulicht das Dilemma der SED-Wissenschaftspolitik, aber auch der DDR-Geschichtswissenschaft. Die Partei verlangt, daß ein weltanschaulich festgelegtes Geschichtsbild in den wesentlichen Zügen bestätigt werde, will aber zugleich, daß diese Bestätigung aus der eigenständigen Forschungsarbeit des Faches hervorgehe. Die Wissenschaft soll aus sich heraus entdecken, was die Partei im Grunde schon gewußt hat. Beide Ziele — Bestätigung des Geschichtsbildes und Eigenständigkeit der wissenschaftlichen Arbeit — sind in Wirklichkeit nicht gleichzeitig zu erreichen. Das eine schränkt immer wieder das andere ein, und die politische Aufgabe — im ideologischen Sprachgebrauch: die Erkenntnis- und Anleitarbeit der Partei — besteht darin, zwischen ihnen zu optimieren. Das Dilemma der marxistisch-leninistischen Geschichtswissenschaft bleibt ihr Verständnis von der Gesetzmäßigkeit des Geschichtsverlaufes; dies ist gewissermaßen das Korsett, das das Fach einengt, ihm aber auch die Gestalt gibt. Es kann nicht abgelegt werden, ohne daß das Ganze in sich zusammen-

---

[77] Küttler/Lozek, ZfG 1970, S. 1141.
[78] Küttler/Lozek, ZfG 1970, S. 1140.
[79] Vgl. Küttler/Lozek, ZfG 1970, S. 1135 ff.

fällt, und was in der theoretischen Diskussion versucht werden kann, bleiben daher immer nur Bemühungen, es hier zu erweitern, dort biegsam zu machen, ohne seine Stützkraft im ganzen zu beschädigen. Die Theoriediskussion hat seit Ende der 60er Jahre angehalten; ohne sie wäre die Erweiterung der „Erbeaneignung" in den 70er und 80er Jahren nicht möglich gewesen.

Die politische Schwelle, die den Beginn der zweiten Hauptphase der SED-Historiographie markiert, war der Macht- und Kurswechsel von 1971 (VIII. Parteitag, Ablösung Ulbrichts durch Honecker). Sein wichtigstes Ergebnis bestand darin, daß die SED wieder eng an die politische Linie der großen Bruderpartei angebunden wurde. Der Vorbildanspruch der DDR für hochindustrialisierte sozialistische Gesellschaften — der in den letzten Jahren Ulbrichts auch dazu geführt hatte, daß in der Geschichte der Staatsgründung die Rolle der einheimischen Kommunisten zu Lasten der Besatzungsmacht aufgewertet worden war — wurde ebenso zurückgenommen wie die damit zusammenhängende These vom Rang des Sozialismus als relativ eigenständige Gesellschaftsformation; die Einordnung der Wissenschaft als Hauptproduktivkraft, die die Tendenz enthielt, die führende Rolle der Partei durch eine Führungsrolle der Wissenschaften zu relativieren, wurde abgewertet und mit ihr das Systemdenken des VII. Parteitags. An ihre Stelle trat wieder die orthodoxe Lehre vom Übergangscharakter des Sozialismus auf dem Weg zum Kommunismus, auf dem der Sowjetunion und ihrer kommunistischen Partei dank ihrem Vorsprung und ihrer Erfahrung die Rolle des Vorbildes und Führers in der eng um sie gescharten „sozialistischen Staatengemeinschaft" unzweifelhaft zukam. Die eigene Gesellschaftsordnung bekam ihren „richtigen" Namen: „entwickelte sozialistische Gesellschaft" zugewiesen; und die führende Rolle der Partei, auch gegenüber den Wissenschaften — in der Geschichtswissenschaft war an ihr ohnehin nie ein Zweifel gewesen —, erhielt wieder unbedingte Priorität.

Für die Historiographie bedeutete dies — auf dem V. Historikerkongreß im Mai 1972 wurde es bestätigt — eine Abkehr von der DDR-zentrierten Sichtweise der 60er Jahre und den Einbau der deutschen allgemeinen Arbeiterbewegungs- und der DDR-Geschichte in die Geschichte des weltweiten Übergangs zum Sozialismus bzw. der sozialistischen Staatengemeinschaft. Die Rolle der Sowjetunion als Führungskraft — z.B. auch bei dem jetzt verkündeten „einheitlichen revolutionären Prozeß von 1945 bis 1961" — erhielt wieder ihr altes Gewicht; der sozialistische Patriotismus wurde, auch in der Geschichtsforschung und -propaganda, wieder verstärkt durch den proletarisch-sozialistischen Internationalismus ergänzt. Und im Zuge der Abgrenzungskampagne gegen die bundesdeutsche Ost- und Deutschlandpolitik und damit auch der Proklamation einer eigenständigen DDR-Nation wurde der unmittelbare gesamtdeutsche Führungsanspruch, wie ihn das „Nationale Dokument" begründet hatte, zurückgestellt.

Zum neuen Interpretationsrahmen wurde statt dessen der „revolutionäre" Weltprozeß unter der Führung der Sowjetunion und der KPdSU. „Die DDR ist das Ergebnis des jahrhundertelangen erbitterten Kampfes der Volksmassen und insbesondere des schließlich siegreichen Ringens der Arbeiterklasse und ihrer revolutionären Partei um eine grundlegende Wende in der deutschen Geschichte. Aber die Geschichte des sozialistischen deutschen Staates wird künftig doch stärker in ihrem Zusammenhang mit dem Kampf der internationalen Arbeiterklasse, vor allem seit der Weltenwende des Jahres 1917, sichtbar zu machen sein, denn die DDR ist auch ein Ergebnis des internationalen Klassenkampfes", heißt es in dem maßgeblichen Anleitartikel nach dem Historikerkongreß.[80] Der Sieg der Oktoberrevolution und die Errichtung der Sowjetmacht wurden so zum Aufhängepunkt auch der jüngsten deutschen Geschichte, weil in der Geschichte des Kampfes der Arbeiterklasse in jedem einzelnen Land auch die Kraft des internationalen Sozialismus zur Wirkung komme.

Die Forderung nach Internationalisierung des Geschichtsbildes ging einher mit der nach verstärkten Anstrengungen zur Hervorbringung eines sozialistischen Geschichtsbewußtseins. Dies sollte verstärkt durch eine inhaltlich angereicherte Geschichtspropaganda geschehen:

> „Dazu gehört, daß man die Geschichte selbst mit all ihren Widersprüchen und Konflikten, mit ihrer Dramatik, mit den Kämpfen, Niederlagen und Siegen der fortschrittlichen Klassen sich angeeignet hat: Das Geschichtsbild besteht nicht aus einer Summe von abstrakten theoretischen Formeln; zu einem Geschichtsbild gehört die Kenntnis des gesetzmäßigen Entwicklungsprozesses der Gesellschaft in ihrer Konkretheit"[81],

und zwar über das Kontinuum der ganzen deutschen Geschichte: „Um [...] die großen geschichtlichen Linien des Klassenkampfes der Gegenwart zum Bewußtsein zu bringen, reichen historische Teilerkenntnisse nicht aus."[82] Einem der wichtigsten historiographischen Forschungsbereiche, der vergleichenden Revolutionsgeschichte, wurde im Zusammenhang dieser programmatischen Neuausrichtung besonderes Gewicht zuteil: Die „frühbürgerliche Revolution" ebenso wie die „bürgerliche Umwälzung in Deutschland von 1789 bis 1871" sollten im Zusammenhang der „bürgerlichen Revolutionen" in den Niederlanden und in England bzw. im Zusammenhang der Revolutionsreihe des 19. Jahrhunderts neu interpretiert und so aus der bloßen Einbindung in die deutsche Geschichte und in das Zwei-Linien-Verurteilungsschema gelöst werden.

Es ist demnach richtig festgestellt, daß die politischen Vorgaben von 1971 – die auch auf den folgenden Parteitagen bestätigt und fortgeschrieben wurden – einer partiellen „Rehistorisierung" des Faches gleichkamen. Eine Absage an den politischen Kampfcharakter des Faches war damit natürlich nicht verbunden; der „Zentrale Forschungsplan" für 1972 bis 1975 stellte als zentrale Aufgabe, „durch die Kritik und Widerlegung bürgerlicher und revisionistischer Geschichtskonzeptionen und durch die Entlarvung der volksfeindlichen Politik und der Verbrechen des deutschen Imperialismus und Militarismus, der Politik und Ideologie des Sozialdemokratismus in Vergangenheit und Gegenwart" „aktiven Anteil an der ideologischen Auseinandersetzung" zu nehmen.[83] Der

---

[80] Bartel/Schmidt, ZfG 1972, S. 809.
[81] Bartel/Schmidt, ZfG 1972, S. 801.
[82] Bartel/Schmidt, ZfG 1972, S. 802.
[83] Forschungsplan 1972, Einheit 1972, S. 180.

Exklusivanspruch auf das Erbe der progressiven Kräfte in der deutschen Geschichte wurde nicht zurückgenommen:

> „Wir dürfen nicht *einen* progressiven Denker und Dichter, nicht *einen* Humanisten dem Gegner überlassen. Die Geschichte muß so geschrieben werden, daß deutlich wird, die DDR, das ist der sozialistische Staat, in dem alle großen progressiven und revolutionären Traditionen unseres Volkes aufbewahrt sind.“[84]

Die methodologische und inhaltliche Neuorientierung der DDR-Geschichtswissenschaft lenkte auch eine neue und verstärkte Aufmerksamkeit bundesdeutscher DDR-Forscher und Historiker auf dieses Arbeitsfeld, nachdem erste Arbeiten schon in den 50er und 60er Jahren erschienen waren.[85] 1970 machte Eckart Förtsch in einer ersten Zwischenbilanz die bundesdeutsche Öffentlichkeit mit den jüngsten Veränderungen bekannt, indem er Funktion, Organisation, Forschungspläne der DDR-Geschichtswissenschaft vorstellte und dann die neuen Tendenzen im Sinne einer sich ausbildenden „Balance zwischen Ideologie und Wissenschaft“ zusammenfaßte. „Sie bestehen offensichtlich darin“, so zitierte er, es auf die DDR anwendend, Dietrich Geyers Urteil über die sowjetische Geschichtswissenschaft, „daß die Partei nicht, wie zu Stalins Zeiten, die Historiker mit groben Postulaten stranguliert, sie zur Selbstaufgabe, zur Selbstentäußerung zwingt und treibt; und von den Historikern wird verlangt, daß sie ihrerseits die Räson der Partei akzeptieren, daß sie auf Entdeckungen verzichten, die dem aktuellen Parteiinteresse zuwider wären.“[86] Den Kontrast zwischen den litaneihaft wiederholten Formeln des sozialistischen Geschichtsbewußtseins einerseits und den Perspektiven der wissenschaftlich-technischen Revolution und ihrer Anforderungen an Ausbildung und Bewußtseinsstand der von ihr betroffenen Menschen hob Frank Reuter in seiner Analyse hervor[87] und referierte die neuen, „internationalistischen“ Akzente seit 1971. In den Folgejahren wurden die Neuakzente in mehreren Skizzen der bundesdeutschen Öffentlichkeit vorgestellt, teils mit geringerer[88], teils mit größerer[89] Gewich-

---

[84] Kurt Hager: Schlußwort auf der Beratung der Gesellschaftswissenschaftler, in: Einheit 27 (1972)/2, S. 188 ff., hier S. 190.

[85] Kopp 1954; Weber 1964; Timm 1957 u.ö.;
Gerhard Koch: Luthers Reformation in kommunistischer Sicht, Stuttgart 1967;
Ulrich Hansen: Die Vorgeschichte des Zweiten Weltkrieges in kommunistischer Sicht, Bonn u. Berlin 1965;
Jürgen von Hehn: Die Sowjetisierung des Geschichtsbildes in Mitteldeutschland, in: Europa Archiv 9 (1954)/19, S. 6929 ff. (Teil 1) und 20, S. 6973 ff. (Teil 2);
Georg von Rauch: Das Geschichtsbild der Sowjetzone, in: Jahrbuch der Ranke-Gesellschaft 1954, S. 101 ff.;
Alexander Fischer: Der Weg zur Gleichschaltung der sowjetzonalen Geschichtswissenschaft 1945–1949, in: Vierteljahreshefte für Zeitgeschichte 10/1962, S. 149 ff.;
Walter Hofer: Geschichtsschreibung als Instrument totalitärer Politik, in: ders. (Hg.): Wissenschaft im totalen Staat, München 1964.

[86] Förtsch (s.o. Anm. 38); das Zitat ist entnommen
Dietrich Geyer: Gegenwartsfragen der sowjetischen Geschichtswissenschaft, in: ders. (Hg.): Wissenschaft in kommunistischen Ländern, Tübingen 1967, S. 228 ff.

[87] Reuter 1973, insbesondere S. 35 ff.

[88] Andreas Dorpalen: Die Geschichtswissenschaft der DDR, in: Bernd Faulenbach (Hg.): Geschichtswissenschaft in Deutschland, traditionelle Positionen und gegenwärtige Aufgaben, München 1974, S. 121–137.

[89] Neuhäußer-Wespy, Aus Politik und Zeitgeschichte 1976; Fischer, GWU 1980.

tung der politischen Lenkung des Faches durch die Partei, durchweg aber mit erhöhter Aufmerksamkeit für die gewachsenen Diskussionsräume innerhalb des Faches. Die unterschiedliche Gewichtung dieser Freiräume, die seither die bundesdeutsche Diskussion über dieses Thema kennzeichnet, charakterisierte auch die Bestandsaufnahme, die das Institut für Gesellschaft und Wissenschaft in Erlangen im Mai 1979 über „Stand und Entwicklung der Geschichtswissenschaft in der DDR" unternahm.[90] Einen Einzelnachweis für die politische Bedeutung historischer, besonders zeithistorischer Aussagen führt Christa von Buxhoeveden, die die verschiedenen Ansätze der von der DDR-Geschichtswissenschaft vorgenommenen Periodisierung der unmittelbaren Nachkriegsgeschichte im sowjetisch besetzten Teil Deutschlands referiert und ihre Implikationen für die jeweils von der Partei verkündete politische Linie herausarbeitet.[91]

Zwei weitere Arbeiten aus den 80er Jahren versuchen, zu umfassenden Neueinschätzungen der DDR-Geschichtswissenschaft vorzustoßen. Günther Heydemann arbeitet in seiner Dissertation[92], deren großen Rahmen „Geschichtswissenschaft im geteilten Deutschland" er füllt, indem er sich inhaltlich streng auf die Zusammenfassung theoretischer und methodologischer Aussagen beschränkt, diejenigen Elemente heraus, die es erlauben, von einer Parallelentwicklung des Faches in beiden Staaten in Deutschland zu sprechen: das auf beiden Seiten seit Ende der 60er Jahre sichtbar gewordene „Theoriedefizit", die daran deutlich gewordene Grundlagenkrise des Faches, wenn auch in unterschiedlichen Ausprägungen, und die beiderseits der Grenze notwendigen Erweiterungen des methodologischen Instrumentariums. Die Ansätze einer zunehmenden Dialogfähigkeit zwischen den Fachvertretern in der Bundesrepublik und in der DDR deutet er schließlich, Werner Conzes These von einer „Kryptoannäherung" der beiden deutschen Geschichtsschreibungen folgend[93], in Frageform an.

Die informativste und für ihren Themenausschnitt gründlichste Untersuchung über die Geschichte der DDR-Geschichtsschreibung hat Johannes Schradi vorgelegt[94], der „das deutsche Bürgertum und die Revolution von 1848 im sozialistischen Geschichtsverständnis" als das ergiebigste und interessanteste Feld der DDR-Geschichtsschreibung und ihrer inhaltlichen Änderungen auswählt. Er analysiert den Erkenntnisfortschritt der DDR-Geschichtsschreibung über die bürgerliche Umwälzung in Deutschland, vor allem aufgrund der Forschungsbeiträge der Leipziger Studiengruppe für vergleichende

---

[90] Die Beiträge (Lades, Ruffmann, Förtsch, Heydemann, Neuhäußer-Wespy, Rumpler, Rüsen) sind in GWU 1980 abgedruckt.

[91] Christina von Buxhoeveden: Geschichtswissenschaft und Politik in der DDR, Das Problem der Periodisierung, Köln 1980.

[92] Heydemann 1980.

[93] Werner Conze: Die deutsche Geschichtswissenschaft seit 1945, in: Historische Zeitschrift Bd. 225 (1977), S. 1 ff., hier: S. 28.

[94] Schradi 1984.

Revolutionsforschung. Seine These von der Entpolitisierung der Geschichtswissenschaft in der DDR – er bleibt freilich in seinen Aussagen hierzu recht ambivalent – bleibt unverständlich[95], doch seine Analyse erbringt einen erhellenden Nachweis der innerwissenschaftlichen Entdogmatisierung des Faches, vor allem hinsichtlich der „bürgerlichen Umwälzung in Deutschland". Wieweit diese Entdogmatisierung gehen kann, ist freilich eine umstrittene Frage; allein mit dem Blick auf die Geschichtsschreibung der bürgerlichen Revolution und Reichseinigung läßt sie sich sicherlich nicht beantworten.

---

[95] Schradi 1984, S. 9 ff.

II. Im Kampf um die sozialistische Nationalgeschichte

1. „Sozialismus und ideologischer Kampf"

Wer die programmatischen Aussagen vom Anfang der 70er Jahre, die Forderungen nach einem konkreteren Geschichtsbild, das auch die Widersprüche des historischen Prozesses nicht verwische, und nach der kämpferischen Aneignung alles Progressiven in der deutschen Geschichte aufmerksam las, wer die Bestätigung dieses Programms durch den IX. Parteitag der SED ernst nahm – „Der Parteitag hat unterstrichen, daß die SED, daß der sozialistische deutsche Staat Erbe alles Progressiven in der Geschichte des deutschen Volkes sind"[96] –, der durfte im Grunde von der Differenzierung und Ausweitung des SED-Geschichtsverständnisses seit der zweiten Hälfte der 70er Jahre nicht überrascht sein, allenfalls von dem Ausmaß, in dem die „Entpreußung" (Alexander Abusch) der ersten drei Nachkriegsjahrzehnte rückgängig gemacht, die Progressivsprechung auch auf bürgerliche und selbst „feudale" Akteure ausgedehnt wurde.

Die anfangs der 70er Jahre von der Partei befohlene „Internationalisierung" (und zugleich Konkretisierung) des Geschichtsbildes bietet ein Beispiel dafür, daß auch die politische Anleitung der Wissenschaft Erkenntnisfortschritte ermöglichen kann, indem sie andere, stärker einengende Vorgaben revidiert. Es wäre aber sicherlich falsch, in der Relativierung der Zwei-Linien-Theorie einen Akt kluger Selbstbeschränkung der Partei zu sehen: Daß die künstliche Verengung des Geschichtsbildes auf ein nationalgeschichtliches und ziemlich grobschlächtiges Schwarz-Weiß-Schema durch eine mehr europa- und welthistorisch eingebundene und flexibler urteilende Geschichtsinterpretation abgelöst wurde, ergab sich teils aus blockpolitischer Notwendigkeit – das demonstrative Ulbrichtsche Selbstbewußtsein mit seinem „Modell DDR" wieder durch demonstrative Untergebenheit unter die Führung und die Vorbildrolle der Sowjetunion abzulösen –, teils aus der richtigen politischen Erkenntnis, daß eine Propagandakonstruktion, die zu offensichtlich biegt und fälscht, selbst den gutwilligsten Geschichtspropagandisten – von den gewissenhafteren ganz zu schweigen – zuviel zumutete und bei den Adressaten kein Interesse fand. Die Geschichtswissenschaft in der DDR ist, auch nach 1971, auch in der Gegenwart, nichts weniger als entpolitisiert:

> „Geschichte vermitteln, das marxistisch-leninistische Geschichtsbild formen – und das ist als wesentliche ideologische Aufgabe zu verstehen –, heißt revolutionäre Haltungen herauszubilden, bewußte Schöpferkraft der Bürger unseres Landes zu aktivieren und diese Bewußtheit bei der weiteren Gestaltung der entwickelten sozialistischen Gesellschaft wirksam zu machen. Geschichte wird wirksam, wird unmittelbare Produktiv-

---

[96] Diehl, ZfG 1977, S. 262.

> kraft, wenn sie Triebkraft für das Handeln der Menschen wird, wenn sie ihnen Mut und Zuversicht gibt, wenn sie zu der Erkenntnis führt, daß unser Weg richtig ist und es sich lohnt, ihn mit aller Kraft fortzusetzen."

Und das ist nicht nur als allgemeine Grundlinie zu verstehen, sondern als konkrete Handlungsanweisung bei Forschung und Lehre:

> „Die Verantwortung des Vermittlers von Geschichte besteht in seinem politischen Engagement, in seiner sich selbst vorgegebenen immerwährenden Frage: Was bringe ich in den gegenwärtigen Kampf um die Stärkung des Sozialismus und um den Frieden ein mit meiner Stunde, meiner Vorlesung, meinem Artikel? Wie kann ich einfach und überzeugend darstellen, daß Sozialismus und Frieden eine Einheit sind, daß Krieg mit dem Imperialismus verbunden war und ist, daß die DDR als Friedensstaat entstand und sich als solcher bewährte [...]?"[97]

Wie das überzeugend darzustellen sei, vor allem, nachdem die Einsicht, daß Frieden mit Freiheit und Menschenrechten zusammenhängt, inzwischen auch in der DDR, besonders im Schutzraum der Kirche, öffentlich laut geworden ist, ist in der Tat ein immerwährendes und, wie es scheint, für den realen Sozialismus unlösbares Program. Und was hat diese Bewußtseinsbildung mit der ideologischen Auseinandersetzung zu tun?

> „Das alles beweist nicht nur den hohen Stellenwert der Ideologie in der sich verschärfenden weltweiten Auseinandersetzung mit Sozialismus und Imperialismus, sondern zugleich den unlöslichen Zusammenhang von Geschichte und Gegenwart. [...]
> All jene Qualitäten, die sich die revolutionäre Partei der deutschen Arbeiterklasse [...] vor allem beim Aufbau der neuen, ausbeutungsfreien Gesellschaft der DDR erwarb, lösen die Wut unserer Feinde aus, sind Gegenstand vielfältigster Verdrehungen und Entstellungen. [...] Das betrifft die tiefe Verwurzelung der Partei in den Massen [...]. Das betrifft ihre Leistungen auf den verschiedensten Gebieten des Lebens [...].
> Der zentrale Forschungsplan der marxistisch-leninistischen Gesellschaftswissenschaften 1981–1985 [...] orientiert unsere Geschichtswissenschaft besonders darauf, im Kampf gegen die bürgerliche Ideologie unser [...] Geschichtsbild weiter auszuarbeiten und noch wirksamer zu seiner Verbreitung beizutragen."[98]

Man könnte in diesem Stil aus fast beliebigen Grundsatzartikeln seitenweise weiterzitieren und noch manche erheiternde Formulierung hinzufügen, doch mögen diese wenigen Beispiele aus Anleitreden genügen, um deutlich zu machen: Die „Einheit von Forschung und Propaganda" gehört aus der Sicht der Partei weiterhin zu den Grundlagen des Faches.

In der Praxis freilich besteht sie nur teilweise, denn in einer Reihe von Forschungsbereichen, wo konkrete Detailforschung geleistet wird, spielen Gesichtspunkte der ideologischen Bewertung zunächst nur eine nachgeordnete Rolle, und das gilt um so mehr, je weniger ein historisches Thema mit den aktuellen Fragen des „weltweiten Übergangs zum Sozialismus" verbunden ist. So verläuft denn die Grenze zwischen ernst zu nehmender Forschung und agitatori-

---

[97] Hörnig, ZfG 1984, S. 670, 676.
[98] Diehl, Einheit 1980, S. 1266, 1267, 1264.

scher Verwendung nicht zwischen Wissenschaft und Propaganda, sondern bereits innerhalb der Wissenschaft selbst und nicht selten innerhalb der einzelnen Publikationen. Je näher ein Thema der KPD/SED- und DDR-Geschichte rückt, desto größer und beherrschender wird die Notwendigkeit, sich den politischen Vorgaben der Partei nicht nur in der großen Linie, sondern auch in den Einzelfragen der Forschung zu fügen.

Im Mittelpunkt der DDR-Geschichtsschreibung und -propaganda steht auch seit dem IX. Parteitag nach wie vor die Sozialismus-Geschichte. Auch die spektakulären Wiederentdeckungen der letzten Jahre haben nichts daran geändert: Die Geschichte der revolutionären Arbeiterbewegung, der KPD, der UdSSR, KPdSU und Komitern sowie schließlich und in erster Linie des eigenen Staates bilden weiterhin und durchaus in Übereinstimmung mit den programmatischen Vorgaben der Partei den Schwerpunkt der wissenschaftlichen wie der propagandistischen Arbeit.[99] Das zeigt, neben den Forschungsplänen, z.B. schon ein oberflächlicher Blick allein auf die Stoff-Verteilung bei historischen Überblickswerken. In Joachim Streisands „Deutscher Geschichte“[100] etwa folgen der siebenseitigen Einleitung „Über historische Gesetze und ihr Wirken in der deutschen Geschichte“ 35 Seiten von der „Urgesellschaft in Mitteleuropa“ (seit dem Homo Heidelbergensis) bis zum 15. Jahrhundert, 50 über die frühe Neuzeit und das 18. Jahrhundert, 150 von der Französischen bis zur Russischen Revolution und noch einmal 200 von 1917 bis zur Gegenwart. Die russische Oktober- und die deutsche November-Revolution nehmen allein mehr Platz ein als das ganze Mittelalter. Nicht viel anders ist die Gewichtsverteilung in „Klassenkampf, Tradition, Sozialismus“, dem „Grundriß“ der Geschichte des deutschen Volkes, der als Vorbereitungswerk für die zwölfbändige Gesamtdarstellung 1974 erschienen ist.[101] Mehr als die Hälfte des Raumes (430 von 800 Seiten) füllt die Zeitgeschichte seit 1917, weitere 150 Seiten dienen der Darstellung der Moderne seit 1789; die verbleibenden 180 Seiten reichen von der Prähistorie bis zum „Verfall des Feudalismus“ am Vorabend der Französischen Revolution. Und auch der Zwölfbänder selbst zeigt dieselbe Zwei-Drittel- zu Ein-Drittel-Aufteilung: Die bisher erschienenen ersten vier Bände[102] reichen von der Vorgeschichte bis 1871; den noch folgenden acht Bänden ist die Geschichte der Ausbildung des Monopolkapitalismus und des Imperialismus und des siegreichen, wenngleich noch nicht abgeschlossenen, revolutionären Kampfes der Arbeiterklasse vorbehalten.

---

[99] Vgl. etwa Benser/Heitzer, Einheit 1978, S. 246 ff.; Schmidt, BzG 1983.
[100] Streisand 1976.
[101] Hg. vom Zentralinstitut für Geschichte der Akademie der Wissenschaften der DDR, Berlin (Ost).
[102] Deutsche Geschichte, 1982 ff.

Dieselben Schwergewichte der Forschung zeigen sich in der fortlaufenden wissenschaftlichen Diskussion in den beiden Fachzeitschriften. Zwar fällt auf, daß in den letzten Jahren in der ZfG die – methodologisch interessantesten – Beiträge zum „bürgerlichen Revolutionszyklus“ und zur vergleichenden Revolutionsforschung einen breiten Raum einnehmen, daß die „frühbürgerliche Revolution“, also die Zeit der Reformation und des Bauernkrieges, gerade um das Jahr 1983 herum einen Schwerpunkt bildete und daß das Mittelalter, offensichtlich im Zusammenhang mit den Forschungsarbeiten am ersten Band der Deutschen Geschichte, weniger stiefmütterlich als vorher behandelt wird, aber das Hauptgewicht der fortlaufenden Diskussion in der ZfG und in den „Beiträgen zur Geschichte der Arbeiterbewegung“ trägt unverändert die Kommunismus-Geschichte.

Besonders hilfreich dabei sind Jahrestage. Die Partei und ihre führenden Geschichtsfunktionäre entwickeln eine bemerkenswerte Findigkeit im Aufspüren gerader oder halbwegs gerader Jahrestage, die zu feiern oder mit wissenschaftlichen Konferenzen oder wenigstens mit Gedenkartikeln zu begehen sind – selbstverständlich nur soweit sie in die politische Landschaft passen; der 30. Todestag des folgenreichsten Traditionsstifters der DDR am 5. März 1983 ist beinahe unbemerkt geblieben. Natürlich werden die Großereignisse begangen wie der 30. oder der 35. Jahrestag der Republik, zu denen die Gesellschaft auf allen Ebenen mobilisiert und der ganze Festlichkeitsritus entfaltet wird: Rück- und Ausblicke, Wettbewerbsverpflichtungen und Erfolgsmeldungen, Ordensverleihungen an die verschiedensten Adressaten, vom Ministerium für Staatssicherheit über den Dresdener Kreuzchor bis zum Eberswalder Tierpark[103], Gedenkveranstaltungen und wissenschaftliche Konferenzen, Publikationen und Zeitschriften-Sonderhefte. Der 40. Jahrestag der Kapitulation des Deutschen Reiches gab Anlaß zu einer großen Kampagne auf Republik- wie auf lokaler Ebene, wobei ein Vierteljahr lang der Vormarsch der Sowjetarmee täglich in der Presse nachgezeichnet wurde. Der 35. und 40. Jahrestag der SED-Gründung, der 40. der Gründung der FDJ, der 30. der Gründung der Nationalen Volksarmee – wie denn überhaupt die Militärgeschichte ein wesentlicher Bestandteil sozialistischer Geschichtsbildformung ist[104] –, der 20. und 25. Jahrestag des

[103] Vgl. Frankfurter Allgemeine Zeitung, 29./30.9.1984.

[104] Vgl. z.B. Vom Bauernheer zur Volksarmee, fortschrittliche militärische Traditionen des deutschen Volkes, Militärverlag der DDR, Berlin 1979. Zuständig für diesen Teil der Traditionserschließung ist vor allem das Militärgeschichtliche Institut in Potsdam, das auch die Zeitschrift „Militärgeschichte“ herausgibt. In der militärischen Traditionspflege sollen, wie es in der 1978 erlassenden Traditionspflegeordnung der NVA und der Grenztruppen heißt, „die besten Traditionen der Geschichte des deutschen Volkes, vor allem der Arbeiterbewegung, verwirklicht, fortgesetzt und bereichert“ werden. Zu diesen Traditionen gehört auch das überkommene militärische Zeremoniell, das aber jetzt von sozialistischen Vorstellungen geprägt werde: „Damit unterscheidet es sich dem Wesen nach grundsätzlich von dem der Armeen bisheriger deutscher Ausbeuterstaaten ebenso wie von dem der Bundeswehr in der imperialistischen BRD.“ – Ein Indiz für die Traditionskette, in die die NVA aus der Sicht der SED eingeordnet werden soll, ist der geänderte Große Zapfenstreich (Februar 1981), in den u.a. Themen aus dem Bauernkrieg, aus den Freiheitskriegen, Lieder aus der Arbeiterbewegung und sowjetische Märsche

Mauerbaus (!), das 60jährige und das 65jährige Jubiläum der Oktober-Revolution, die Gründungsjubiläen der KPD, der 100. Geburtstag Thälmanns und der 110. Wilhelm Piecks bieten Feier- und Erinnerungsanlässe, aber damit nicht genug: Der 100. Jahrestag der Sozialistengesetze, der 125. Geburtstag Clara Zetkins und der 100. Georgi Dimitroffs, der 25. Jahrestag des Warschauer Paktes und der 50. der Veröffentlichung der „Parteierklärung der KPD zur nationalen und sozialen Befreiung des deutschen Volkes" im August 1930, der 90. Jahrestag des ersten deutschen Gewerkschaftskongresses 1892 und der 120. der Inauguraladresse der internationalen Arbeiterassoziation 1862 — kaum eine runde Zahl wird ausgelassen, sofern ihr Anlaß einen pädagogisch halbwegs nützlichen Anknüpfungspunkt bietet. Der Eindruck ist schwer abzuweisen, daß diese Jubiläumsinflation eine Mangelkrankheit ist: In richtiger Ahnung der eigenen historischen Wurzellosigkeit versucht die Partei durch Dauerfeiern und durch permanente Erinnerungsrhetorik Bedeutsamkeit zu simulieren und selbst relativ banalen Ereignissen den Rang historischer Weichenstellungen zu verleihen; historisches Pathos umlohnt die Erhöhung der Arbeitsproduktivität in den 50er Jahren, und der Besuch eines sowjetischen Theaterensembles wird zur unverlierbaren Tradition der sozialistischen Nationalkultur. Ein dauerndes Fortissimo der Superlative soll historischen Rang teils feiern, teils erst zusprechen; immer ist ein Gefeierter der „größte ..." oder doch wenigstens „einer der größten ...", jedes Ereignis ist ein „Wendepunkt ...", oder wenn nicht, dann doch wenigstens Kennzeichen für eine „zutiefst" humanistische oder revolutionäre Politik oder Haltung, wie denn überhaupt jeder und alles irgendwie zutiefst ist und am glücklichen Ende zum „unveräußerlichen Besitz" der Menschheit, der Nationalkultur, der Arbeiterklasse oder sonst eines veräußerungsunwilligen bzw. pflegeentschlossenen Eigentümers wird.

Zu den sterilsten, von der Partei aber wegen ihrer vermuteten bewußtseinsbildenden Wirkung stark favorisierten Arbeitsfeldern der Historiker und Geschichtspropagandisten gehört die Betriebsgeschichte[105], für die eine eigene Fachkommission der Historiker-Gesellschaft eingerichtet worden ist und die insbesondere von den „Geschichtskommissionen" bei den Parteileitungen der Großbetriebe und von den „Kommissionen zur Erforschung der Geschichte der örtlichen Arbeiterbewegung" bei den Kreis- und Bezirksräten der SED (bestehend seit 1956, derzeit etwa 18000 Mitglieder[106] betrieben wird. Der zweifellos richtige Grundgedanke bei der Wertschätzung dieses Forschungsfeldes ist der, daß die Geschichte des unmittelbar erfahrbaren Lebensbereiches dem einzelnen

aufgenommen wurden. In der militärischen Traditionspflege macht sich die DDR, ebenso wie in der Wehrerziehung und der Militärpropaganda, den bequemen Satz zunutze, daß alles, was der Sozialismus tut, ipso facto friedlich ist, so daß der Vorwurf der Militarisierung des Denkens, der in der Sache begründet ist, ohne weiteres zurückgewiesen wird. Auf ein Beispiel aus dem militärischen Zeremoniell angewandt, bedeutet das: Sozialistischer Stechschritt und imperialistischer Stechschritt sehen nur gleich aus; ihrem Wesen nach sind sie grundverschieden.

105 Vgl. Goldmann/Moritz, Einheit 1984, S. 117—121. Die folgenden Zitate sind diesem Aufsatz entnommen.

106 Vgl. Gutsche, Einheit 1984, S. 1119—1123.

zugänglicher ist und auch dem Laien Ansatzpunkte eigener Forschungsarbeit bieten kann – greif zur Feder, Kumpel, und schreib Geschichte. Die anspruchsvollen Worte hingegen

> „Sie [= Aussagen aus der Betriebsgeschichte] tragen dazu bei, die Verbundenheit mit dem Betrieb zu festigen, den Stolz auf das eigene produktive Wirken und die seit Generationen geleistete Qualitätsarbeit, vor allem auf die errungenen Werte des Sozialismus und auf das sozialistische Vaterland zu fördern. (Dieses) Wissen [...] vertieft die Überzeugung von der Gegenwart und Zukunft gestaltenden Kraft der Arbeiterklasse unter Führung ihrer marxistisch-leninistischen Partei. So dient das Vermitteln der progressiven betrieblichen Traditionen dem Ziel, sozialistischen Patriotismus und proletarischen Internationalismus auszuprägen", (S. 117)

scheinen, wie die immer erneuten Appelle zur Intensivierung der Betriebsgeschichte und die immer wieder vorgetragenen Beteuerungen ihres Wertes andeuten, weiterhin mehr Wunsch und Anspruch als Realität zu sein. Denn was leistet die Betriebsgeschichte tatsächlich?

> Sie zeugt „vom unermüdlichen Ringen der klassenbewußten Arbeiter [...] um einen sozialistischen deutschen Friedensstaat",
> sie liefert „unzählige Belege [...] für den Zusammenhang von Imperialismus und Krieg",
> sie „verdeutlicht, daß der Sozialismus Frieden will und Frieden braucht, aber niemals bereit ist, sich ‚im Namen des Friedens erdrosseln zu lassen' (K. Hager)",
> sie trägt „dazu bei, unseren historischen Optimismus weiter auszuprägen",
> sie „bietet viele Möglichkeiten, [...] die Bereitschaft zur Erfüllung und Überbietung der Pläne zu fördern", (S. 118 f.)

sie ist, mit anderen Worten, ein Musterbeispiel von Bestätigungs- und Verifikationsgeschichte, denn sie hat mit allen „Traditionskabinette(n), Ausstellungen, Geschichtskonferenzen, Vorträge(n), Dia-Reihen, Beiträge(n) in Betriebszeitungen, Chroniken, Faktenmaterialien und andere(n) Formen der Geschichtspropaganda" nur zu wiederholen und mit örtlichen Bekräftigungen zu versehen, was die offiziell gelehrte Geschichte der DDR sowieso schon sagt und was jeder bis zum Überdruß schon aus der Tageszeitung kennt. Betriebsgeschichte kann nur da ein eigenständiges Interesse haben, wo die Betriebe ein eigenständiges Wirkungs- und Verantwortungsfeld besitzen; die reibungslose Erfüllung von Plänen, schlimmstenfalls die – selbstverständlich erfolgreiche – Überwindung kleinerer Schwierigkeiten und die letztlich widerspruchslose Einfügung des Betriebes in den staatlichen Wirtschaftsapparat kann gar nichts anderes hervorbringen als die Addition betrieblicher Bekräftigungsformeln für die wohlbekannte allgemeine Staatsgeschichte. Erst die Vorgabe, daß auch progressive Leistungen kapitalistischer Unternehmer in der (älteren) Betriebsgeschichte miterforscht werden sollen, hat diesem Sektor der Geschichte ein – wenngleich kleines – Arbeitsfeld mit eigenständigen Untersuchungsgegenständen verschafft.

Der gleiche Mangel kennzeichnet auch die zeithistorischen Teile (seit 1945) der – ebenfalls von der Partei als Bewußtseinsbildungsinstrument hochgeschätzten – Heimat- und Regionalgeschichte (neben den Komitees zur Erforschung der Geschichte der örtlichen Arbeiterbewegung sind hier mehr als 20000

Mitglieder der „Gesellschaft für Heimatgeschichte im Kulturbund der DDR" aktiv). „Das Gewicht des Regionalen ist keineswegs in der Geschichte konstant"[107], und in Zeiten stark zentralisierter Verwaltung und unter der dogmatisierten Voraussetzung „prinzipieller Übereinstimmung der Bedürfnisse der Regionen mit denen des Gesamtstaates "[108] bleibt auch ihr kein Arbeitsgebiet von unterscheidbarem Eigeninteresse, sondern lediglich die ebenso nutzlose wie langweilige Aufgabe, das Mehl auf der örtlichen Handmühle noch einmal durchzumahlen und

> „durch interessante Schilderungen [...] nachzuweisen, daß der Aufbau des Sozialismus das Werk von Millionen fleißiger Bürger, das Ergebnis schöpferischen, zielstrebigen Wirkens der Werktätigen in Stadt und Land unter Führung unserer Partei ist"[109]

Anders verhält es sich mit jenen Bereichen der Stadt- und Landesgeschichte, in denen auch nach offizieller Auffassung auf diesen Ebenen eigenständige Entwicklungen sich vollzogen oder politische Entscheidungen fielen; und hier liegt offensichtlich — also in der älteren Regional- und Heimatgeschichte — das Arbeitsfeld, auf dem der lokale Laienhistoriker zu interessanten Erkenntnissen gelangen kann, und einer der Bereiche, wo parteilich zugelassene oder verordnete Differenzierungen durchschlagen und wo auch eigenständige Impulse von der historischen Forschung auf das parteioffizielle Geschichtsbild einwirken.[110]

Was die wissenschaftliche Erforschung und Darstellung der DDR-Geschichte angeht, so mag es an dieser Stelle mit dem Hinweis auf einige interessante Tendenzen der 80er Jahre, wie sie in der Zeitschriftendiskussion deutlich werden, sein Bewenden haben.[111] Die Rückbindung der DDR-Geschichte in die des revolutionären Weltprozesses und in den Zusammenhang der Entstehung und Entwicklung der sozialistischen Staatengemeinschaft hat dazu geführt, daß nach 1971, anders als in den letzten Jahren Ulbrichts, die „sozialistische Revolution" in der SBZ/DDR etwas realistischer dargestellt wird: Vorkommende Schwierigkeiten wie z.B. bei der Gleichschaltung der Blockparteien, bei der Gründung der SED[112] oder bei der Kollektivierung der Landwirtschaft[113] werden nicht mehr völlig ignoriert, sondern in vorsichtigen Worten als anfängliche, aber unter Führung der Partei umgehend gemeisterte Schwierigkeiten immerhin erwähnt, ohne daß natürlich Kritik an der Politik der Partei geübt wird. Von „Zwangsvereinigung" zur SED oder von „Zwangskollektivierung" kann na-

---

107 Schultz, ZfG 1985, S. 881.

108 Schultz, ZfG 1985, S. 882.

109 Gutsche, Einheit 1984, S. 1121.

110 Vgl. hierzu auch Peter Sonnet: Heimat und Sozialismus, zur Regionalgeschichtsschreibung in der DDR, in: Historische Zeitschrift Band 235 (1982), S. 121 ff.

111 Vgl. hierzu auch die fortlaufende Diskussion in der Zeitschriftenschau Geschichtswissenschaft des DA und in den einschlägigen Abschnitten der Halbjahresberichte „Wissenschaften in der DDR" des Instituts für Gesellschaft und Wissenschaft, Erlangen; beide von Ulrich Neuhäußer-Wespy.

112 Es ist nicht auszuschließen, daß das verzögerte Erscheinen der zur Zeit in Bearbeitung befindlichen SED-Geschichte auf Unklarheiten und Diskussionen auch hinsichtlich der Tendenz und der Deutlichkeit bei der Darstellung dieses Abschnittes der Parteigeschichte hindeutet.

113 Vgl. z.B. Monika Kaiser: Die Zusammenarbeit der SED mit der DBD, CDU, LDPD und NDPD bei der sozialistischen Umgestaltung der Landwirtschaft in der DDR 1958—1960, in: BzG 26 (1984)/5, S. 628 ff.

türlich keine Rede sein, solche Ausdrücke werden als antisozialistische Propaganda der imperialistischen Forschung entschieden zurückgewiesen; allenfalls sei es gelegentlich notwendig gewesen, „sektiererische" (d.h. übereifrig radikale) Auffassungen in der Partei zu „überwinden" — die übliche euphemistische Formulierung, wenn es darum geht, aus der Rückschau die Politik der Partei selbst richtigzustellen. Ebenso erweist sich z.B. die Darstellung der Kirchenpolitik in den 50er Jahren als eine harmonisierende Einebnung, wenn die Bemühungen der Partei in den 50er Jahren, die praktische Kirchenarbeit faktisch ihrer Leitung nachzuordnen, als „Ringen der SED um die Einbeziehung der Gläubigen in den Aufbau des Sozialismus und den Friedenskampf" dargestellt wird.[114] Wer die Art der damals geleisteten „Überzeugungsarbeit" kennt, die Flüchtlingszahlen der 50er Jahre liest und die Notlage der Kirchengemeinden, vor allem der Jungen Gemeinde in den Phasen des Kirchenkampfes in Erinnerung hat — die Notlage heute ist von anderer, subtilerer Art —, kann in solcher Art von Geschichtsschreibung, die die Widersprüche und Probleme nicht gänzlich leugnet, aber bis zur Unkenntlichkeit verniedlicht, doch bestenfalls Ansätze einer realistischeren Historiographie sehen, die, wenn sie nicht erheblich weiterentwickelt werden, nur eine verfeinerte Art der Geschichtsfälschung darstellen.

Auch die in Wissenschaft und Propaganda immer wieder zu lesende Abhandlung der „Bündnispolitik" der SED, also ihrer „Zusammenarbeit" mit den kleinen Blockparteien und den Massenorganisationen, denen hier, in der Ideologie, eine Bedeutung zugewiesen wird, die sie in der Wirklichkeit nicht entfernt haben, gehört zu diesen Geschichtsverschönerungen.[115] Denn eine realistische Darstellung dieser Politik hätte eine societas leonina zu beschreiben, in der dem einen Bündnispartner die Funktion zufällt, Anweisungen zu geben, und den anderen — einigen erst nach anfänglichem Widerstreben — diejenige, sie auszuführen.

Die Neuansätze seit dem VIII. Parteitag haben in den 70er Jahren dazu geführt, daß für die ersten Jahre kommunistischer Politik nach 1945 der Sowjetarmee und der sowjetischen Militäradministration in Deutschland wieder ein größerer historischer Rang eingeräumt wurde; die Funktion der Sowjetunion als Vorbild und Förderer hatte auch historisch wieder in ihr Recht zu treten. Freilich bot man damit auch der historischen Wahrheit einen Zugang, daß diese „sozialistische Revolution" eine importierte war, und auch die Notwendigkeit, diese Erkenntnis zu unterdrücken, hat inzwischen wieder dazu geführt, die „eigenständige" Rolle der deutschen Kommunisten bei der Umgestaltung der SBZ aufzuwerten und die sowjetischen Besatzer wieder zunehmend in die Rolle von

[114] Vgl. Joachim Heise, Rolf Leonhardt: Das Ringen der SED um die Einbeziehung von Gläubigen in den Aufbau des Sozialismus und den Friedenskampf (1949/50), in: ZfG 31 (1983)/6, S. 483 ff.

[115] Vgl. z.B. Ursula Münch: Zur Einbeziehung der Verbündeten der Arbeiterklasse in den sozialistischen Aufbau; die Zusammenarbeit der SED mit der CDU, der LDPD und der NDPD 1957/58, in: ZfG 32 (1984)/9, S. 753 ff.

nützlichen, in der historischen Situation notwendigen, weil die Voraussetzungen schaffenden, aber für die innere Gestaltung der DDR nicht ausschlaggebenden Helfern zurückzudrängen.

> „Der Aufbau des Sozialismus in der DDR war weder Ergebnis eines angeblichen ‚Exports der Revolution' noch einer dem Volk aufgezwungenen ‚Revolution von oben', wie es bürgerliche Historiker der BRD immer wieder behaupten, sondern das Werk aller Klassen und Schichten, die sich unter Führung der Arbeiterklasse und ihrer marxistisch-leninistischen Partei – die Chance der Befreiung vom Faschismus durch die Sowjetunion nutzend – zur schöpferischen Aufbauarbeit zusammengeschlossen hatten."[116]
> „Diese [= bürgerlichen und revisionistischen antisowjetischen] Historiker [...] werten [...] die volksdemokratischen Revolutionen als sowjetischen Export. Demgegenüber hat die marxistisch-leninistische Wissenschaft im Einklang mit der historischen Wirklichkeit herausgearbeitet, daß die Reife eines Landes für die sozialistische Revolution nicht allein von den ökonomischen Gegebenheiten, sondern von der Gesamtheit der nur komplex zu erfassenden gesellschaftlichen Bedingungen abhängt."[117]

Wenn allerdings die Anwesenheit kommunistischer Besatzungstruppen auch zu der Gesamtheit der komplex zu erfassenden gesellschaftlichen Bedingungen gehört, dann ist ein solches „Heranreifen" von einem bewaffneten „Export der sozialistischen Revolution" mit bloßem Auge nicht mehr zu unterscheiden. Die Besetzung durch sowjetische Truppen ist in dieser Terminologie nichts anderes als ein Reifungsschub der sozialistischen Revolution. Die Kunst der ideologischen Umschreibung erreicht hier die Grenze dessen, was noch ernstgemeinter Kritik unterzogen werden kann.

Die methodologische Begründung für die Korrektur älterer Auffassungen der SBZ/DDR-Geschichte und für die Ersetzung früherer Begradigungen der Geschichte durch neue findet sich in einer „Wortmeldung zur Diskussion um die DDR-Geschichte":

> „Die Geschichte der DDR ‚im Sinne einer Nationalgeschichte' zu schreiben, muß nicht zur Folge haben, daß Alternativen zum tatsächlich eingetretenen historischen Verlauf unausgesprochen bleiben [...]. Es verlangt aber, auch für zurückliegende Geschichtsabschnitte, von den eingetretenen historischen Resultaten auszugehen [...]. Ein solches ‚nationalgeschichtliches Verständnis' unterscheidet sich – vor allem was die erste Hälfte der fünfziger Jahre betrifft – in nicht unwesentlichen Aspekten vom zeitgenössischen Selbstverständnis der DDR."[118]

Wir stehen hier wieder einmal vor dem Problem des „Präsentismus", vor einer Geschichtsschreibung also, die es sich gerade zur Aufgabe macht, die Offenheit historischer Entscheidungssituationen zwar nicht zu leugnen, aber nachträglich unter aktuellen Aspekten zu entwerten. Man sieht dies in vielen Betreffen der DDR-Geschichte; im vorliegenden Text ist die Einstellung der SED zur nationalen Frage gemeint:

> „Denn unsere Publikationen und unsere Lehrtätigkeit gehen davon aus, daß die Geschichte der DDR primär aus ihren inneren Gesetzmäßigkeiten, Triebkräften und Wider-

---

[116] Waltraud Falk: Die Beschaffung der ökonomischen Grundlagen des Sozialismus in der DDR, in: ZfG 27 (1979)/10, S. 915 ff., hier: S. 925.

[117] Wolfgang Ruge: Zum Platz der revolutionären Nachkriegskrise im revolutionären Weltprozeß, in: ZfG 26 (1978)/9, S. 771 ff., hier: S. 771 f.

[118] Benser, ZfG 1983, S. 243 ff., hier: S. 243 f.

sprüchen wie ihren internationalen Verknüpfungen mit dem sozialistischen Weltsystem und nur sekundär aus den Nachwirkungen des einheitlichen deutschen Nationalverbandes und dem Ringen um dessen Erhaltung zu erklären ist. Allerdings meine ich mit sekundär nicht eine Nebensache, die der Historiker getrost vernachlässigen darf. [...] Doch wird eine deutsche marxistisch-leninistische Geschichte ab 1949 gewiß die Eigenstaatlichkeit der DDR als Dominante setzen müssen und die Jahre 1945—1949 als Übergangszeit vom einheitlichen deutschen Nationalverband zum Eigenleben der Deutschen in der DDR und in der BRD unter gegensätzlichen politischen und gesellschaftlichen Bedingungen zu verstehen haben.“[119]

Geschichtsmethodologisch ist der gefährliche Ansatz bemerkenswert, zurückliegenden Ereignissen eine aus der gegenwärtigen Politik abgezogene Teleologie zu unterschieben — konsequent aus der praxisorientierten Sicht der marxistisch-leninistischen Geschichtswissenschaft, prinzipiell problematisch und im konkreten Fall falsch aus der Sicht historischer Forschung im westlichen Verständnis. Politisch zeigt sich hier und an anderen Stellen, daß die DDR-Geschichtsschreibung die Herausbildung der „sozialistischen deutschen Nation“ in der DDR gegenwärtig zur Interpretationsrichtschnur nimmt und den kurzfristig gemeinten gesamtdeutschen Anspruch der SED-Politik der 50er Jahre als historisch begreiflich, aber letztlich doch als — für die damalige Phase der Nationalgeschichte — irrig erklärt.[120]

Zu den realistischsten und politisch zweifellos bedeutendsten Forschungsschwerpunkten in der DDR-Geschichte gehört die in allen einschlägigen Aufsätzen immer wieder betonte Wichtigkeit der Staatsmacht in der sozialistischen DDR, die führende Rolle der Partei, an der in keinem Zusammenhang und unter keinen Umständen Abstriche gemacht werden dürfen:

„Von erstrangiger Bedeutung für das Verständnis des Werdens und Wachsens unseres sozialistischen Vaterlandes ist die Geschichte der Partei und der DDR. Sie ist in ganz besonderer Weise geeignet, geistige und politische Energien [...] für die weitere Erhöhung der Führungsrolle unserer Partei freizusetzen. [...]
Die Geschichte des Werdens und Wachsens unseres sozialistischen Vaterlandes beweist mit zwingender Logik [...]: Die Führung durch die marxistisch-leninistische Partei ist eine der grundlegenden, unverzichtbaren Gesetzmäßigkeiten der sozialistischen Ordnung. [...]
(Die SED hat) stets nach der Erkenntnis gehandelt, [...] daß allein die Diktatur des Proletariats die Freiheit und das Selbstbestimmungsrecht der Werktätigen ausdrückt und gewährleistet.“[121]

Der Geschichte der Partei, ihrer Führungs-, Schulungs- und Organisationsarbeit, kommt daher innerhalb der DDR-Geschichte das Schwergewicht zu; ihr „gesetzmäßiger“ Ausbau stellt denn auch mit Sicherheit den roten Faden der vierbändigen SED-Geschichte dar, die gegenwärtig erarbeitet wird.

Die Geschichte der SED beginnt 1848. Das ist das amtlich verkündete Selbstverständnis der Partei: Sie ist keine Neuschöpfung der zweiten Nachkriegszeit

---

[119] A.a.O., S. 244.
[120] So auch Günter Benser auf dem VII. Historiker-Kongreß, vgl.: SED und sozialistische Staatsmacht, in: ZfG 30 (1982)/10—11, S. 869 ff., hier: S. 879.
[121] Diehl, Einheit 1980, S. 1266 f.

dieses Jahrhunderts, sondern die konsequente und legitime (genau gesagt: die einzig legitime) Fortsetzerin der Politik (bzw. „des Kampfes") der revolutionären deutschen Arbeiterbewegung. Ihre Geschichte, das in die Zukunft weisende Herzstück der Geschichte des deutschen Volkes, fußend auf der revolutionären Vorgeschichte bäuerlicher, „plebejischer" und proletarischer Klassenkämpfe, beginnt mit dem Bund der Kommunisten und dem Kommunistischen Manifest, setzt sich fort in dem revolutionären Teil der Sozialdemokratie, der Hauptmasse dieser Bewegung also, die nicht durch „Opportunismus" oder Revisionismus von der reinen Marxschen Lehre abwich; sie führt über den Spartakusbund und — ein „Wendepunkt" in der Geschichte des deutschen Volkes — die Gründung der KPD 1918/19, die das richtige Leninsche Verständnis der Marxschen Lehre aufnahm und dadurch zum allein legitimen Fortsetzer der revolutionären deutschen Arbeiterbewegung wurde[122], die sich eng an die Partei Lenins und die Kommunistische Internationale anschloß und dadurch zum alleinigen wirksamen und konsequenten Bekämpfer des „Faschismus" wurde, die diesen Kampf konsequent als Hauptkraft des Widerstands in der Illegalität von 1933 bis 1945 weiterführte, die ihre Arbeit nach dem 8. Mai 1945 — der deshalb kein Nullpunkt sein kann — bruchlos, mit der Unterstützung der sowjetischen Genossen, fortsetzte, deren Überzeugungsarbeit es 1946 gelang, die Sozialdemokraten der Sowjetzone auf den richtigen Weg des proletarischen Kampfes zurückzuführen, die als führende Kraft aller Werktätigen den Sieg des Sozialismus im „Geburtsland von Karl Marx und Friedrich Engels"[123] — wenn auch vorläufig nur in einem Teil davon — heraufführte und die mit ihrer Politik des Friedens und des Sozialismus die wahre und einzige zukunftsweisende Kraft in der Geschichte „unseres Volkes"[124] ist. Das ist, kurz zusammengefaßt, der Interpretationsrahmen, in den sich die Geschichte der Arbeiterbewegung und des Kommunismus in Deutschland aus der Sicht der SED einzufügen hat. Und diese Interpretation ist von höchstem politischem Gewicht, denn aus der Geradlinigkeit und Konsequenz der Geschichte einer Partei, die ihrer historischen Mission und ihren ursprünglichen Prinzipien immer treu geblieben ist, ergibt sich die Berechtigung ihres Anspruchs, auch in der Gegenwart die richtige und fortschrittliche politische Linie zu verkörpern. Und aus dem Urteil über kooperierende, konkurrierende und dissentierende Kräfte in der Geschichte (z.B. kooperierende „kleinbürgerlich-demokratische Kräfte"[125], Christen und Pazifisten; da-

[122] Walter Wimmer: Gründung der KPD — Wendepunkt in der Geschichte der deutschen Arbeiterbewegung, in: BzG 20 (1978)/6, S. 803 ff.

[123] Kurt Hager: Geschichte und Gegenwart (Schlußwort auf dem VII. Historiker-Kongreß der DDR 1982), in: Einheit 38 (1983)/2, S. 161 ff., hier: S. 163.

[124] In vielen derartigen Aussagen ist nicht zu entscheiden, ob mit „unser Volk" das deutsche Volk gemeint ist (das in historischen Aussagen nicht selten vorkommt) oder „das Volk der DDR", auf das in politisch-aktuellen Aussagen häufig Bezug genommen wird. Wo sich der Inhalt des Satzes auf die Zukunft bezieht, dürfte die Vermutung richtig sein, daß die Unklarheit beabsichtigt oder bewußt in Kauf genommen ist.

[125] Sie finden neuerdings in der Historiographie zunehmende Aufmerksamkeit, vgl. etwa Fricke (Hg.) 1981.

gegen opportunistische, revisionistische und „objektiv" den „Imperialismus" begünstigende Rechtssozialdemokraten) ergeben sich Aussagen über die aktuelle Bündnispolitik der Partei.

Die Geschichte der eigenen Partei hat nämlich für die SED in zweierlei Hinsicht eine legitimierende Funktion. Sie legitimiert zum einen den eigenen Führungsanspruch — und in dieser Hinsicht ist absolute und kompromißlose Reinheit geboten; die Konsequenz und Prinzipientreue der Partei darf für keine Phase der Geschichte einem Zweifel unterliegen. In diesem Sinne werden interne Auseinandersetzungen in der Partei verschwiegen oder als schnell überwundene Rechts- oder Linksabweichungen von Splittergruppen verharmlost; wo Irrtümer oder Fehler der Parteiführung unleugbar sind, werden sie als subjektiv erklärbare temporäre Fehleinschätzungen — bei natürlich unverändert richtigen Grundpositionen — erklärt und den Zeitumständen oder der fehlerhaften Politik der Verbündeten angelastet. Zum anderen legitimiert die Parteigeschichte die Bündnispolitik der KPD/SED. Aber hier ist das Urteil flexibel, hier gilt es, um es im originalen Vokabular auszudrücken, Dialektik walten zu lassen. Das Beurteilungskriterium für historische Personen und Gruppierungen ist dabei, in welchem Maße sie sich der revolutionären Politik der „Vorhut der Arbeiterklasse" angenähert oder von ihr entfernt haben — so daß beispielsweise bürgerliche, ja selbst konservative Kräfte, die den Kommunisten an sich fernstanden, denen man aber, mit Recht oder Unrecht, Kooperationsbereitschaft mit den Kommunisten unterstellen kann, u.U. eine bessere Note erhalten als demokratische Sozialisten, die, aus der Arbeiterbewegung kommend, die an die Sowjetunion angelehnte Politik der KPD ablehnten oder bekämpften und sich damit der Verdunkelung der reinen Lehre und der Begünstigung klassenfeindlicher Kräfte schuldig machten. Natürlich ist das — so oder so ausfallende — Urteil nur scheinbar aus den geschichtlichen Ereignissen und aus der Rolle solcher Personen oder Gruppen abgezogen. In Wirklichkeit ergibt sich — und das erst macht die Lektüre SED-offizieller Parteigeschichte interessant — aus politisch-aktuellen Erwägungen, ob etwa ein Pazifist am Vorabend des Ersten Weltkrieges als objektiver Verbündeter im Friedenskampf oder als pazifistischer Gegner der einzig richtigen Klassenposition beurteilt wird, oder ob ein bürgerlicher Widerständler in der NS-Zeit als Verbündeter im „Kampf gegen den Faschismus" gelobt oder als bürgerlicher Opportunist verworfen wird.

Ideologisch ist beides begründbar; die puritanische Abweisung aller nichtkommunistischen Kräfte im Namen der unverzichtbaren eigenen Führungsrolle, aber auch ihre großzügige Vereinnahmung im Namen der Bündnispolitik, und umgekehrt läßt sich auch, je nach politischem Bedürfnis, das erstere Verfahren als „Sektierertum", das letztere als „Opportunismus" oder „Reformismus" brandmarken. Diese beiden Legitimationsziele der Parteigeschichte stehen in einem Spannungsverhältnis zueinander. Je stärker die ausschließliche Führungsberechtigung der Kommunisten betont wird, desto schwieriger wird es, eine Bündnispolitik mit anderen, unabhängigen Kräften zu begründen; je mehr die Wichtigkeit der Bündnispolitik betont wird, desto mehr muß der eigene Führungsanspruch eingeschränkt werden. Beide Ziele miteinander zu versöhnen, kann nur gelingen, wo „historische Verbündete“ der kommunistischen Partei sich willig und aus freien Stücken deren Führung unterworfen haben oder wo man ihnen unterstellen kann, daß sie sich auf dem Wege zu dieser richtigen Entscheidung befanden; wo dies nicht der Fall ist, hilft, wenn man will, noch die Konstruktion, daß solche Kräfte, wenn auch aus subjektiv unklaren Gründen oder klassenmäßig begrenztem Blickwinkel, objektiv zu Verbündeten der Arbeiterklasse wurden. Ob aber und in welchem Grade die abgrenzende oder die integrierende Linie der Bündnispolitik für die Geschichtsschreibung gewählt wird, ist eine politische Entscheidung.

So liegen denn viele Diskussionsbeiträge zur SED-Geschichte aus den letzten Jahren durchaus auf der Linie der Rechtfertigung des eigenen Führungsanspruchs und der kritischen Be- und Verurteilung „opportunistischer“ und „revisionistischer“ Tendenzen in der Arbeiterbewegungsgeschichte. Das gilt, um nur einige Beispiele zu nennen, für die Auseinandersetzung mit „rechtssozialdemokratischen“ Politikern vor, während und nach dem I. Weltkrieg[126] und mit USPD-Politikern, die die mit der SPD-Politik unzufriedenen Arbeiter vom direkten Übergang zur KPD abgehalten hätten, von denen aber einige, wenn auch mit zeitlicher Verzögerung, den Weg zur Leninschen Parteiauffassung gefunden hätten[127]; es gilt für die Kritik an der „einheitsfrontfeindlichen“Politik der SPD-Führer in der Weimarer Zeit[128]; in diese Linie gehören ebenso die Forschungsarbeiten über die kommunistische Internationale wie alle Versuche, die Führungs- und Schulungsarbeit der KPD aufzuwerten und nachträglich der Partei den Ruf hervorragender und schöpferischer wissenschaftlich-theoretischer Arbeit zu verschaffen.[129] Selbstverständlich gehören hierhin auch die biographischen Arbeiten über Führer der Arbeiterbewegung und der kommunistischen Parteien: Marx und Engels (mit einem besonderen Schwerpunkt im Marx-Jahr 1983), Bebel, Plechanow, Lenin, Clara Zetkin, Thälmann, vor allem 1986, im Jahr seines 100. Geburtstages. Interessant sind auch hier wieder die Bemühungen, die Arbeiterbewegungsgeschichte zu begradigen und z.B. die Meinungsverschiedenheiten zwischen Rosa Luxemburg und Lenin zu erklären

---

[126] Vgl. z.B. Ernst Diehl: Die SED verwirklicht die Lehren der Novemberrevolution von 1918, in: Neuer Weg 1983/20, S. 771 ff.; Siegfried Ittershagen: Die deutsche Novemberrevolution 1918/19 — eine machtvolle antiimperialistische Volksrevolution, in: Einheit 38 (1983)/11, S. 1028 ff.

[127] Vgl. z.B. Dieter Engelmann: Rätekonzeptionelle Vorstellungen während der deutschen Novemberrevolution, in: BzG 25 (1983)/6, S. 797 ff.

[128] Wimmer, BzG 1983, S. 3 ff.; ders.: Die Errichtung der faschistischen Diktatur und der Kampf der KDP gegen ihren Ausbau, in: Geschichtsunterricht und Staatsbürgerkunde 25 (1983)/1, S. 39 ff.

[129] Vgl. z.B. Klaus Kinner: Methodologische Probleme der Erforschung der theoretischen Arbeit der KPD, in: BzG 24 (1982)/1, S. 3 ff.; ders.: Die Bildungsarbeit der KPD 1919 bis 1923, Voraussetzungen — Grundlagen — Ziele, in: ZfG 29 (1981)/10, S. 894 ff.; Harry Maier: Eduard Alexander — ein bedeutender Wirtschaftstheoretiker der KPD, in: BzG 27 (1985)/1, S. 65 ff.; Peter Altner, Hubert Latiko: KPD und Wissenschaftsentwicklung, Ansatzpunkte und Fragestellungen, in: BzG 27 (1985)/1, S. 18 ff.

oder nachträglich zu entwerten: Da wird darauf hingewiesen, daß in Grundfragen des Klassenkampfes volle Übereinstimmung zwischen beiden geherrscht habe; wo sich Meinungsverschiedenheiten zeigten (etwa in dem berühmten Diktum, daß Freiheit stets die Freiheit des Andersdenkenden ist), da wird dies entweder milde getadelt oder mit mangelhafter Informiertheit Luxemburgs entschuldigt oder einfach als Entstellung oder Mißdeutung durch „imperialistische“ und antisowjetische Propaganda wegerklärt.[130] Milden Tadel erfährt seit einigen Jahren die Bündnispolitik der KPD im „Kampf gegen den Faschismus“, der es nicht gelungen sei, geeignete bürgerliche und sozialdemokratische Bündnispartner genügend anzusprechen[131], im ganzen aber wird der Partei in ihrer Bündnispolitik gegenüber Intellektuellen, Bauern oder gegenüber den sozialdemokratischen Arbeitern eine unwandelbar richtige Grundeinstellung bescheinigt.

Einen neuen Akzent brachte in die Analyse der Bündnispolitik die Betonung der „Friedenspolitik“ der SED in den letzten Jahren und ihr deklariertes Ziel, eine breite „Koalition der Vernunft und des Realismus“ im „Kampf gegen die Bedrohung des Friedens“ zustande zu bringen.

> „Für die Sicherung des Friedens ist es heute unumgänglich, ihn zuverlässig zu schützen, gleichzeitig in politischer Hinsicht jene imperialistischen Kreise zu isolieren und in ihrer Wirkungsmöglichkeit entscheidend einzuschränken, die nach militärischer Gewaltanwendung und Erpressung streben, sowie jene Kräfte zu stärken und zusammenzuführen, die für Frieden, internationale Sicherheit und Zusammenarbeit eintreten. Diese letztgenannten Kräfte sind es, die wir als die im Entstehen begriffene weltweite Koalition der Vernunft und des Realismus betrachten. [...]
> Sie ist Ausdruck der gereiften Erkenntnis der verschiedenen Partner, daß es ein über den Klassen und ihren Antagonismen und Rivalitäten stehendes absolutes Gut gibt, für das es sich lohnt, zusammenzuwirken — den Frieden als anzustrebendes Grundprinzip der Staatenbeziehungen. Die Grenzen der in Fragen von Krieg und Frieden widerstreitenden Kräfte decken sich bei weitem nicht mit nationalen, klassenmäßigen, parteipolitischen oder ideologischen Trennlinien. Es geht nicht um die Durchsetzung spezifischer Klassen- und Staatsinteressen, sondern einzig und allein um die Gewährleistung der politischen Bedingungen für das Überleben der Menschheit.“[132]

Seit Anfang der 80er Jahre spielt diese Friedensdeklaratorik — allerdings mit sehr verschiedenen Akzenten, wie etwa der Vergleich des eben gegebenen mit dem folgenden Zitat zeigt — in allen programmatisch-politischen Aussagen der SED eine zentrale Rolle; nicht eine außenpolitische Grundsatzrede unterläßt es, die Bewahrung des Friedens als alles überragende Aufgabe der Gegenwart hervorzuheben. Derselbe Tenor durchzieht, nicht ohne propagandistische Überzeichnungen, die Innenpolitik: von den Wahlen zu den Parteigremien bis zur

---

130 Vgl. z.B. Eleonora Pfeiffer: Rosa Luxemburgs Kulturkonzeption, zur Entwicklung der Kulturauffassung in der revolutionären deutschen Arbeiterbewegung Anfang des 20. Jahrhunderts, in: ZfG 32 (1984)/8, S. 700 ff.; Annelies Laschitza: Was die Marxistin Rosa Luxemburg auszeichnete, in: ZfG 32 (1984)/2, S. 99 ff.

131 Vgl. z.B. Bernhard Mahlke: Der Beitrag der KPD zur Aufdeckung des Wesens und der Funktion des Faschismus durch die KI in den zwanziger Jahren, in: BzG 24 (1982)/6, S. 824 ff.; Heß, BzG 1982, S. 812 ff.

132 Max Schmidt: Weltweite Koalition der Vernunft — Überlebenschance der Menschheit, in: Horizont 18 (1985)/6, S. 3.

Einsparung von Rohstoffen, vom Wehrunterricht in den Schulen bis zum Ausbau der innerdeutschen Grenzsicherungsanlagen, von der Ausweitung des Braunkohleabbaus bis zur Ableitung des Schmelzwassers im Frühjahr gibt es buchstäblich nichts, von dem nicht versichert wird, daß es der Erhaltung und Befestigung des Friedens diene. Die „Friedenspolitik" ist offensichtlich mehreren politischen Zielsetzungen zugeordnet: innenpolitisch einer stärkeren gesellschaftlichen Integration, auch und insbesondere gegenüber latenter oder offener Unzufriedenheit in der jugendlichen Bevölkerung, wie sie seit Anfang der 80er Jahre in der kirchennahen „Friedensbewegung" hervorgetreten ist[133], außen- und deutschlandpolitisch der Gewinnung eines Profils als (für die Sowjetunion) erfolgreicher Vertreter der Bündnispolitik im Westen, vor allem gegenüber der Bundesrepublik Deutschland, aber auch (für das westliche und neutrale Ausland) als in gewissem Maße eigenständiger und interessanter Ansprechpartner.[134]

Diese politische Linie hat deutliche Akzente auch für die Geschichtsforschung und -propaganda gesetzt. Der eine besteht darin, daß der „friedensschaffende und -erhaltende Charakter des Sozialismus" mit erneuertem Nachdruck betont wird:

> „In der heutigen Situation hängt von der grundsätzlichen Klarheit über die Ursachen der Kriegsgefahr, vor allem aber wie ihr wirksam begegnet werden kann, Leben und Zukunft der Menschheit wie nie zuvor ab. [. . .] Diese Klarheit ist ebenso geboten, um die Bereitschaft für die allseitige Stärkung und den Schutz des Sozialismus, der Hauptkraft des Friedens und des Menschheitsfortschritts, weiter auszuprägen. [. . .]
> Alle Aggressionskriege dieses Jahrhunderts wurden durch imperialistische Mächte ausgelöst oder haben ihren Boden in der Raub- und Profitgier des Imperialismus. [. . .] Zwischen 1945 und dem Beginn der 80er Jahre wurden auf dem Erdball etwa 140 Kriege und bewaffnete Auseinandersetzungen entfesselt. [. . .] Kein einziger dieser Kriege und Konflikte hat Handlungen der Sowjetunion bzw. von Ländern der sozialistischen Gemeinschaft zum Ausgangspunkt. [. . .]
> Von großer Tragweite für die Rolle der DDR als Friedensstaat sind die geistigen Umwälzungen geworden, die sich hier unter Führung unserer Partei im Denken [. . .] vollzogen haben. In den Jahren um die Gründung unserer Republik leistete unsere Partei gemeinsam mit ihren Verbündeten eine bedeutende Arbeit, um in harten geistigen Auseinandersetzungen sowohl mit faschistischen Hinterlassenschaften wie mit der Hetze, die die Initiatoren des kalten Krieges entfesselt hatten, schrittweise die Positionen der revolutionären Arbeiterbewegung, unserer Weltanschauung zu Krieg und Frieden zum Allgemeingut möglichst vieler Bürger zu machen. Ihnen mußte geholfen werden [. . .], Antisowjethetze [. . .] als schlimmstes Verbrechen am Frieden zu durchschauen [. . .]."[135]

Unter politischem Gesichtspunkt drängen sich hier zu jedem einzelnen Satz kommentierende Bemerkungen auf, nicht nur aus der Sicht der Ungarn und Tschechoslowaken oder vieler, denen in der DDR zum richtigen Bekenntnis

---

[133] Vgl. Eberhard Kuhrt: Wider die Militarisierung der Gesellschaft, Friedensbewegung und Kirche in der DDR, Forschungsbericht 35 der Konrad-Adenauer-Stiftung, Melle und Sankt Augustin 1984.

[134] Vgl. hierzu den in Kürze erscheinenden Forschungsbericht der Konrad-Adenauer-Stiftung „Zur Westpolitik der DDR".

[135] Diehl, Geschichtsunterricht und Staatsbürgerkunde 1984, S. 101 f.

„verholfen“ wurde; es wäre auch zu fragen, ob solche Aussagen mit dem Tenor „Frieden schaffen – Frieden gebieten“[136] wirklich geeignet sind, den Ruf nach einer „Koalition der Vernunft“ glaubwürdiger zu machen. Der andere, wissenschaftlich interessantere, Akzent besteht in den Versuchen, diese „Koalition“ historisch zu fundieren, indem den nichtkommunistischen „friedenswilligen Kräften“ größere Aufmerksamkeit zugewandt und eine differenziertere Analyse von Kriegsursachen verlangt wird:

> „Die Grundkonzeption sozialistischen Friedenskampfes ist die Konzeption der friedlichen Koexistenz von Staaten unterschiedlicher Gesellschaftsordnung. Die genauere und differenzierendere Untersuchung des geschichtlichen Prozesses, in dem diese Konzeption entwickelt und der Kampf für ihre politische Realisierung geführt wurde, ist eine wichtige Aufgabe. [...] Notwendig scheint eine genauere Untersuchung von jeweils aggressiven und weniger aggressiven Kräften im Lager imperialistischer herrschender Klassen. Die Politik der friedlichen Koexistenz [...] kann nur realisiert werden, wenn die aggressiven Kräfte in den imperialistischen Ländern zurückgedrängt werden und diejenigen gesellschaftlichen Kräfte sich durchsetzen, die zu Frieden, Entspannung und Koexistenz bereit oder grundsätzlich fähig sind. [...]
> Ein interessantes Feld historischer Forschung ergibt sich aus der Frage nach dem Unterschied zwischen grundsätzlich immer bestehender, systembestimmter Tendenz des Imperialismus zu Gewalt und Expansion und der konkreten Disposition imperialistischer Regierungen zu Krieg oder Nicht-Krieg in konkreten Situationen. [...]
> Auf dem Gebiet der Erforschung der Geschichte nichtsozialistischer Friedenskräfte ist generell eine erhebliche Verstärkung der Arbeit notwendig. Es fehlen größere, selbständige Darstellungen der Geschichte bürgerlicher Friedensbewegungen oder auch wissenschaftliche Biographien ihrer hervorragenden Persönlichkeiten. [...] Was not tut, ist eine ausgewogene Beurteilung bürgerlicher Friedenskräfte, die Schwächen als Schwächen und Illusionen als Illusionen kennzeichnet [...], sich darin aber nicht erschöpft und vorschnell abqualifiziert, sondern Leistungen und Bemühungen ernst nimmt und klar auf der Seite des Kampfes für menschlichen Fortschritt verbucht.“[137]

Auch hier ergeben sich aus einer politischen Zielsetzung Impulse für ein stärker differenzierendes Geschichtsbild, für eine Ausweitung der besonders erforschungswürdigen historischen Gegenstände. Der auffälligste neue Akzent dabei ist die Auffassung des „antifaschistischen“ Widerstands gegen den Nationalsozialismus.

2. Volksfront postum: „Antifaschismus“ und Widerstand

Neu in der historiographischen Behandlung dieses Themas ist die veränderte Bewertung des bürgerlichen und konservativen Widerstands gegen Hitler, wie sie seit dem 40. Jahrestag des 20. Juli in der DDR gilt und die sonstige Sterilität der marxistisch-leninistischen Geschichtsschreibung über den „deutschen Faschismus“[138], den Nationalsozialismus, durchbricht.

---

[136] So der Titel eines Buches von W. Hübner, Berlin (Militärverlag der DDR) 1983.
[137] Fritz Klein: Aufgaben der Historiker im Friedenskampf, in: ZfG 32 (1984)/12, S. 1092 ff.
[138] Auf die Diskussion des Faschismus-Begriffs und der seiner Verwendung zugrundeliegenden

Der „antifaschistische“ Widerstand gehört zu den Angelpunkten der historischen Selbstlegitimierung der SED; ihre Herrschaft über einen Teil Deutschlands (und das Vordringen der Sowjetunion im Weltmaßstab) wird gerechtfertigt aus der historischen Herleitung, daß in Deutschland die KPD und im Weltmaßstab die Sowjetunion die Hauptkraft, genaugenommen die einzig konsequente Kraft des Widerstands gegen den „Faschismus“ gewesen sei. Dieser Anspruch aber wird nicht — oder jedenfalls nicht vorwiegend — aus der empirischen Untersuchung des Widerstands abgeleitet, sondern dogmatisch aus der „Wesensbestimmung“ des „Faschismus“, die sich in ihrer Grundaussage nicht geändert hat, seitdem das Exekutivkomitee der Kommunistischen Internationale (EKKI) 1933 die „Agententheorie“ in die klassische und seither immer wieder zitierte Formel brachte: „Der Faschismus ist die offene terroristische Diktatur der am meisten reaktionären, chauvinistischen und imperialistischen Elemente des Finanzkapitals.“ Der Nationalsozialismus stellt danach — und das gleiche gilt für die verschiedenen kämpferisch antiliberal-antimarxistischen Herrschaftssysteme wie den italienischen Faschismus — keine Staats- und Gesellschaftsordnung eigener Art dar, sondern nur eine von mehreren Formen der Klassenherrschaft der „Monopolbourgeoisie“, von deren parlamentarisch verbrämter Form er sich letztlich nur durch die angewandten Herrschaftsmittel unterscheidet. Als wirklich „antifaschistisch“ kann somit nur eine Bewegung, eine Partei, eine Ideologie gelten, die den „Faschismus“ nicht nur in seinen Formen, sondern in seiner gesellschaftlichen Wurzel, dem Kapitalismus, bekämpft. Als einzige wirklich antifaschistische Kraft — bzw., in der abgemilderten Leseart, als konsequenteste und daher führende unter diesen — müssen also die Kommunisten gelten, die den Gegner radikal bekämpften und ein wirkliches Gegenprogramm besaßen. Diese — im Grunde sehr einfache — gedankliche Konstruktion: „Faschismus“ = (Form der Herrschaft des) Kapitalismus, daher Kommunismus = (einzige oder wenigstens doch führende Kraft des) Antifaschismus — bildet bis heute die Grundlage der einschlägigen Geschichtsschreibung marxistisch-leninistischer Parteien und dient dazu, ihre gegenüber dem Nationalsozialismus falsche Politik nachträglich zu legitimieren und sie mit dem moralischen Titel auszustatten, als einzige politische Kraft das Übel der jüngeren Vergangenheit von Beginn an bekämpft und aus diesem Kampf einzig die richtigen Konsequenzen gezogen zu haben.

In Wirklichkeit hat die kommunistische Faschismustheorie die kommunistischen Parteien und besonders die in Deutschland in die Sterilität geführt: politisch wie — nach 1945 — historiographisch. Die KPD begab sich durch ihren antifaschistischen Exklusivitätsanspruch in den 20er und 30er Jahren selbst in die politische Isolation, aus der heraus ein wirkungsvoller Widerstand gegen den aufkommenden Nationalsozialismus gerade nicht möglich wurde! Sie trug so zu einer Zersplitterung der dem Nationalsozialismus widerstrebenden Kräfte

---

Theorien kann hier nicht eingegangen werden. Der Terminus wird, ebenso wie der Gegenbegriff „Antifaschismus“ und die entsprechenden Adjektive, im folgenden zitierend gebraucht.

bei, durch die dessen Aufstieg tatsächlich erleichtert wurde. Die ultralinke Position der KPD, aus deren Sicht der Gegensatz zwischen liberaler Demokratie und totalitärer Diktatur eingeebnet wurde, wurde die Grundlage einer aus der Rückschau gelobten, damals aber praktisch nur scheinbaren „Bündnispolitik", die zwar Bündnispartner der Kommunisten im Kampf gegen den „Faschismus" suchte, im Grunde aber nur solche akzeptieren konnte, die sich die ideologischen Positionen der Kommunisten zu eigen machten und ihre führende Rolle anerkannten. Gemäß ihrer damaligen Lage-Einschätzung, Ende der 20er Jahre, daß eine revolutionäre Situation in der Entstehung begriffen sei, in der es darauf ankomme, die Arbeiterschaft hinter der kommunistischen Partei zum Kampf um die Diktatur des Proletariats zu vereinen, den Kampf gegen den Staatsapparat zu führen und den Klassengegner in jeder Form seiner Herrschaft zu bekämpfen, wurde es zeitweise zum vorrangigen Ziel, die „Einheitsfront von unten" zu errichten (d.h. die sozialdemokratische Arbeiterschaft für die KPD zu gewinnen) und die sich „faschisierende", in den Staat einpassende und damit den Sieg der proletarischen Revolution verhindernde organisierte Sozialdemokratie zu bekämpfen. Der „Sozialfaschismus" galt (zunächst) als der „Hauptfeind"[139], im Wesen seiner Politik nicht besser als der „Nationalfaschismus" (NSDAP) oder der „schwarze Faschismus" (DVP), in seinen Mitteln sogar als der gefährlichste, weil am besten getarnte Agent der imperialistischen Politik. Ein KPD-Artikel von 1931 ging so weit zu sagen: Eine sozialdemokratische Koalitionsregierung, der ein „kampfunfähiges, zersplittertes Proletariat entgegenstände, wäre ein tausendmal größeres Übel als eine offen faschistische Diktatur, der ein klassenbewußtes, kampfentschlossenes, in seiner Masse geeintes Proletariat gegenübertritt"[140]. Mit taktischen Schwankungen, die nachzuzeichnen hier nicht erforderlich ist, blieb diese Grundlinie – Kampf um die „Einheitsfront von unten", Kampf gegen die sozialdemokratische Führung, Brandmarkung aller anderen Parteien als „faschistisch" oder „sich faschisierend" – beherrschend bis zur Wende zur „Volksfrontpolitik", die der XII. Weltkongreß der Kommunistischen Internationale und die unmittelbar danach in der Nähe Moskaus stattfindende „Brüsseler Konferenz" der KPD (1935) vollzogen. „Antifaschistische" Bündnisse mit gleichberechtigten Partnern mußten aus dieser Sicht ausgeschlossen bleiben – ein Mangel, der aus kommunistischer Sicht, auch aus historisch zurückblickender, allerdings den potentiellen Bündnispartnern anzulasten ist, weil sie den konsequenten Antifaschismus der Kommunisten nicht erkannten. Die Sozialfaschismus-These wird heute nicht mehr vertreten, sondern offen als Irrtum eingestanden; nichtsdestoweniger aber hält die kommunistische Geschichtsschreibung an der zugrundeliegenden Agententheorie im wesentlichen fest. Sie versperrt sich damit, offenbar aus politisch-legitimatorischen Gründen, den Weg zu einer den historischen Tatsachen besser entsprechenden, fruchtbareren Geschichtsschreibung über den Nationalsozialismus.

---

139 Vgl. Weber 1982.
140 Zit. nach Weber 1982, S. 43.

Auch die nach 1935 unternommenen Ansätze einer Einheitsfrontpolitik mit der SPD-Exilführung scheiterten an dem Unfehlbarkeitsanspruch der KPD, die ihre Mitverantwortung für das Scheitern früherer Einheitsfrontansätze nicht zugab und die in ihren Zielen unverändert blieb und damit eine Vertrauensbasis mit der SPD nicht herstellen konnte. Ulbricht erklärte auf dem XII. KI-Kongreß, daß unter Bedingungen, die die Rätemacht noch nicht möglich machen, auch „die Schaffung einer Regierung der antifaschistischen Volksfront möglich sein“ könnte. „Wir arbeiten unter solchen Bedingungen auf die Schaffung einer solchen Regierung in Deutschland hin, um dadurch bessere Bedingungen für die Errichtung der Sowjetmacht zu schaffen, besser den Kampf für die Diktatur des Proletariats vorzubereiten.“[141] Damit war der Weg angekündigt, der nach dem Krieg in den sowjetisch beherrschten Gebieten eingeschlagen wurde.[142] Der Führungsanspruch der kommunistischen Partei im „antifaschistischen Kampf“ (und beim politischen Wiederaufbau nach dem Ende des Kampfes) blieb der zentrale Grundsatz der KPD-Politik auch in Phasen, in denen Einheitsfront- oder Volksfrontpolitik stärker deklariert wurde. Nicht die Niederkämpfung des Nationalsozialismus, sondern die Niederkämpfung des Nationalsozialismus *unter kommunistischer Führung*, nicht die Verhinderung eines Krieges, sondern die Verhinderung des Krieges *gegen die Sowjetunion* waren und blieben die Hauptziele. Daraus erklärt sich auch die taktische Wendung, die die Exilführung der KPD 1939 nach dem Hitler-Stalin-Pakt vollzog und nach der sie nun den Pakt verteidigte. Ulbricht schrieb in einem vielbeachteten Artikel:

> „Wenn Hilferding und die anderen früheren sozialdemokratischen Führer ihre Kriegspropaganda gegen den deutsch-sowjetischen Pakt richten, so deshalb, weil der englische Plan [Deutschland gegen die Sowjetunion aufzuwiegeln] um so weniger zum Ziele führt, je tiefer die Freundschaft zwischen dem deutschen Volke und dem Sowjetvolk in den werktätigen Massen verwurzelt ist. Deshalb sehen nicht nur die Kommunisten, sondern auch viele sozialdemokratische Arbeiter und nationalsozialistische Werktätige ihre Aufgabe darin, unter keinen Umständen einen Bruch des Paktes zuzulassen. Wer gegen die Freundschaft des deutschen und des Sowjetvolkes intrigiert, ist ein Feind des deutschen Volkes und wird als Helfershelfer des englischen Imperialismus gebrandmarkt.“[143]

Mehrmals warnte er davor, die durch den Pakt erschlossenen Möglichkeiten legaler kommunistischer Propaganda durch „primitiven Antifaschismus“ zu stören.[144]

Es ist, am Rande bemerkt, erstaunlich, warum die Exil-KPD-Führung in der Zeit des Hitler-Stalin-Paktes es nicht vermocht hat, den inhaftierten KPD-Füh-

---

[141] Zit. nach Duhnke 1972, S. 169.

[142] Vgl. hierzu auch Manfred Wilke: Einheitsgewerkschaft zwischen Demokratie und antifaschistischem Bündnis, Forschungsbericht 46 der Konrad-Adenauer-Stiftung, Melle und Sankt Augustin 1985, darin besonders Abschnitt 4.3: Ulbrichts Lehrstück kommunistischer Bündnispolitik und seine aktuelle Bedeutung, S. 71 ff.

[143] Zit. nach Duhnke 1972, S. 347.

[144] Herbert Wehner: Zeugnis, Köln 1982, S. 239; Carola Stern: Ulbricht, Köln und Berlin 1963, S. 104.

rer Thälmann, wie andere kommunistische Funktionäre, aus der Haft freizubekommen und in die Sowjetunion ausreisen zu lassen. Die SED-gelenkte Geschichtsschreibung bleibt zu dieser höchst interessanten Einzelfrage bemerkenswert zurückhaltend.

Abgesehen von den irritierenden faktischen Schwankungen von 1939 bis 1941 (irritierend nicht nur für die Parteibasis damals, sondern offenbar auch für die Parteigeschichtsschreibung später), die von den Parteimitgliedern in Deutschland nur zum Teil mitvollzogen wurden, bietet der kommunistische Widerstand gegen den Nationalsozialismus ein zwiespältiges Bild. Auf der einen Seite verleiht die Zahl der kommunistischen Opfer des Nationalsozialismus — ca. 150000 Parteimitglieder wurden zur Flucht ins Ausland gezwungen oder verbrachten lange Zeit in Haft; etwa 20000 zahlten für ihre Aktivität oder ihre Überzeugung mit dem Leben — der kommunistischen Widerstandsgeschichtsschreibung eine gewisse Berechtigung. Auf der anderen Seite kann die Selbsteinschätzung der Kommunisten als führende Kraft des Widerstandes nicht überzeugen. Dagegen spricht ihre Taktik im Ausgang der Weimarer Republik ebenso wie die Tatsache, daß die Blutopfer — unbeschadet der Tapferkeit und Überzeugungstreue vieler, die sie brachten — zum großen Teil Folge eines oft fruchtlosen Aktionismus waren, der durch relativ wirkungslose Demonstrationen die Parteimitglieder der Verfolgung preisgab — ganz abgesehen davon, daß ein großer Teil dieses Widerstandes vor allem darauf zielte, der ideologisch begründeten nationalsozialistischen Verfolgung zu entgehen und Reste einer eigenen Organisation aufrechtzuerhalten. Ausschlaggebend bleibt aus demokratischer Sicht die Tatsache, daß der Widerstand der meisten Kommunisten letztlich dem Ziel galt, diese Diktatur durch eine andere zu ersetzen und daß sie eben dieses Ziel, sobald sie die Möglichkeit dazu hatten, verwirklicht haben. Wer, um es an einem besonders drastischen Beispiel zu veranschaulichen, das KZ Buchenwald 1945 nicht auflöst, sondern — mit Gegnern aus allen Richtungen, einschließlich christlicher und sozialer Demokraten — neu belegt[145], verliert den Anspruch, sich in der „Nationalen Mahn- und Gedenkstätte" als Führer des Befreiungskampfes zu feiern.

Die kommunistische Geschichtsschreibung hält daran fest, daß die illegale Arbeit der KPD der „Massenwiderstand" gegen den Nationalsozialismus gewesen sei, der allein die Basis für ein erfolgreiches Vorgehen gegen die NS-Diktatur geboten hätte. Ihr Hauptaugenmerk gilt daher, neben der berühmtesten kommunistisch/linkssozialistischen Widerstandsgruppe, der „Roten Kapelle" um Arvid Harnack und Harro Schulze-Boysen, dem Nachweis einer breiten, in Deutschland, aber auch in den besetzten Gebieten arbeitenden, unter kommunistischer Führung organisierten Massenbewegung. Aus der Rückschau wird versucht, dem „Nationalkomitee Freies Deutschland", das aus deutschen Soldaten in sowjetischer Kriegsgefangenschaft gegründet und von der Exilführung der KPD gelenkt wurde, eine — historisch-konstruierte — Massenbewegung

---

145 Vgl. Karl-Wilhelm Fricke: Politik und Justiz in der DDR, Köln 1979; Gerhard Finn: Buchenwald; ders.: Sachsenhausen.

gleichen Namens im Reich und in anderen Ländern an die Seite zu stellen.[146] Eine gewisse Bedeutung — wenn auch mehr am Rande des kommunistischen Widerstands — wird dabei auch anderen „Hitler-Gegnern", wie dem Kreisauer Kreis, der „patriotischen Offiziersgruppe um Claus Graf Schenk von Stauffenberg" und dem „Widerstand aus kleinbürgerlichen und christlichen Kreisen", zuerkannt.[147]

Dieser nichtkommunistische Widerstand wird nun seit 1984 mit größerem Gewicht versehen und einer insgesamt positiven Würdigung unterzogen. Die aktuelle Bewertung kann auf die zeitgenössische zurückgreifen. Die damaligen Reaktionen der Exil-KPD deuten nacheinander die beiden Linien der späteren Geschichtsschreibung über den 20. Juli an. Anton Ackermann, nach dem Kriege zunächst einer der führenden KPD-Funktionäre und Verkünder eines „besonderen deutschen Weges zum Sozialismus", sagte am 21. Juli 1944 in einem Radiokommentar:

> „Die Männer, die gehandelt haben, handelten in der Erkenntnis, daß jeder Tag, den die bankrotte nationalsozialistische Staatsführung am Ruder bleibt, verderblich für Volk und Vaterland ist, daß Hitler gestürzt werden muß, unverzüglich gestürzt werden muß und jedes Mittel dazu heilig ist. Wir wissen nicht, wer die Männer alle gewesen sind, die gegen Hitler gehandelt haben. Aber wir fragen nicht danach. Wer gegen Hitler kämpft, wer diesen schlimmsten Feind der Nation stürzen will, dem gehört die aktive Unterstützung aller ehrlichen Deutschen, aller Generäle, aller Offiziere und Soldaten, die Unterstützung des ganzen Volkes. Und dazu rufen wir die Anhänger der Bewegung ‚Freies Deutschland', das schaffende deutsche Volk in erster Reihe, auf."[148]

Am 30. Juli stand auf Seite 1 der Zeitung „Freies Deutschland" (des Organs des Nationalkomitees), daß die innere Front gegen Hitler unter Führung von Generälen und Offizieren der Wehrmacht den ersten Schlag geführt habe, „die nächsten vereinten Schläge werden zum Sturz Hitlers und seines Systems und zur Beendigung des Krieges führen"[149]; und am 20. August schrieb der als Vizepräsident des Nationalkomitees eingesetzte Soldat Max Emendörfer, die Generäle und Offiziere des 20. Juli „haben die Arbeiter dieses Mal an Tatkraft überflügelt; jetzt ist es an der Arbeiterschaft, das Versäumte nachzuholen"[150].

Sehr schnell aber setzte sich eine negative Einschätzung durch. Sie entsprach offenbar stärker den Zielen der Exil-KPD-Führung, die angesichts der zu erwartenden Niederlage und der Möglichkeit eines in ihrem Sinne „antifaschistischen" Deutschlands an einer von ihr unabhängigen antinationalsozialistischen Reichsregierung kaum interessiert sein konnte. Rudolf Herrnstadt (in späteren Jahren Staatssicherheitsminister der DDR) erklärte wenige Tage nach dem Scheitern des Putsches, es habe sich um einen Versuch der herrschenden Klasse in Deutschland gehandelt, sich der nazistischen Prätorianergarde zu entledigen, die sie 1933 zum Schutz vor der Revolution gerufen habe. Diese Kräfte

---

146 Vgl. Schumann u.a. 1984, S. 243—345.
147 Vgl. a.a.O., S. 318—323.
148 Zit. nach Groehler/Drobisch, Einheit 1984, S. 637.
149 Zit. nach Michel, Beiträge zur Konfliktforschung 1984, S. 115.
150 Ebd.

hätten sie nun durch die Generäle stürzen lassen wollen, um den Weg zur kapitalistischen Demokratie zu ebnen.[151]

Diese Auffassung wurde in der Folge die herrschende. Noch das zweibändige „Wörterbuch der Geschichte" von 1983 (Redaktionsschluß Januar 1983) vermerkt unter dem Stichwort „Verschwörung vom 20. Juli 1944":

> „[...] mißlungener Putschversuch führender Kreise der deutschen Monopolbourgeoisie und der reaktionären Militärs mit der Zielstellung, Adolf Hitler zu beseitigen und durch ein antisowjetisches Übereinkommen mit den imperialistischen Westmächten die ökonomischen und politischen Machtpositionen des deutschen Imperialismus zu retten. [...] Die Verschwörer um Generaloberst a.D. Ludwig Beck, Carl Friedrich Goerdeler, Ulrich von Hassell und Johannes Popitz standen in engster Verbindung mit einflußreichen Kräften des Monopolkapitals und des Junkertums und mit führenden Militärs. Sie hatten Kontakte mit der extrem reaktionären Gruppe von Militärs um Wilhelm Canaris und um Hans Oster, mit konservativ gesinnten höheren Beamten und Diplomaten sowie mit einer größeren Gruppe von Stabsoffizieren der deutsch-sowjetischen Front und im Stab des Ersatzheeres. Angesichts der tiefen Krise des faschistischen Regimes und der herannahenden unvermeidlichen Niederlage Deutschlands war das Ziel der Verschwörung, mit Hilfe der imperialistischen Westmächte die Existenz des deutschen Imperialismus zu retten. Deshalb wollten die Verschwörer die Hitlerregierung durch eine Regierung von Vertrauensleuten des Monopolkapitals und der Militaristen [...], die durch den Hitler-Faschismus noch nicht zu sehr kompromittiert waren, ersetzen. Sie beabsichtigten, die uneingeschränkte Herrschaft des Monopolkapitals und der Militaristen in einer parlamentarischen Monarchie oder in einem autoritären Ständestaat zu verwirklichen. Die vorrangige außenpolitische Aufgabe der neuen Regierung sollte der Abschluß eines Sonderfriedens mit den imperialistischen Westmächten sein, um mit den dadurch frei werdenden Truppen das weitere Vordringen der Roten Armee zu verhindern und den Krieg gegen die UdSSR fortzusetzen. Diese Pläne stellten somit lediglich eine andere Variante der antinationalen, antisowjetischen Politik des deutschen Monopolkapitals dar und bedeuteten keine Lösung der nationalen Lebensfragen des deutschen Volkes. An der Verschwörung beteiligten sich auch deutsche Patrioten aus Offizierskreisen und dem Bürgertum, so die besonders aktiv handelnden Offiziere der Stauffenberg-Gruppe und Mitglieder des Kreisauer Kreises sowie die sozialdemokratischen Funktionäre Julius Leber, Wilhelm Leuschner und Adolf Reichwein. Sie lehnten die reaktionäre Konzeption der Kräfte um Beck, Goerdeler, von Hassell und Popitz ab und wollten durch den gemeinsamen Kampf aller Gegner des Nazismus in Deutschland eine Ordnung errichten, die allen Deutschen in einer demokratischen Republik Recht und Gerechtigkeit verbürgen sollte. Da sie in der Minderheit blieben, konnten sie den politischen Gesamtcharakter der Verschwörung nicht entscheidend beeinflussen. Ihre Aktion am 20. Juli 1944, besonders das Attentat des Obersten Claus Graf Schenk von Stauffenberg auf Hitler, war eine antinazistische, objektiv auf die Beseitigung des Hitler-Regimes gerichtete Tat. [...] Die Pläne der reaktionären Verschwörer, einen Keil zwischen die Staaten der Antihitlerkoalition zu treiben, scheiterten, weil sie dem realen internationalen Kräfteverhältnis widersprachen. Die Verschwörung blieb erfolglos, weil sie letztlich gegen die Interessen des deutschen Volkes gerichtet und ohne Verbindung mit der antifaschistischen Widerstandsbewegung und deren führender Kraft, der Vorhut der Arbeiterklasse, vorbereitet worden war."[152]

Diese Darstellung: Differenzierung der Widerständler in die tendenziell fortschrittliche Gruppe um Stauffenberg, die auch Kontakte zu Kommunisten ge-

---

[151] Vgl. Duhnke 1972, S. 390.

[152] Wörterbuch der Geschichte Bd. I/II, Berlin (Ost) 1983, hier: Bd. II, S. 1115 f.; vgl. hierzu auch Winters, DA 1984, S. 903 ff.

sucht habe, und die reaktionäre Gruppe um Goerdeler, die lediglich dazu dienen sollte, ein Instrument der „Monopolherrschaft" und des Krieges gegen die Sowjetunion durch ein anderes zu ersetzen, gilt auch weiterhin in der sowjetischen und polnischen Geschichtsschreibung. So schrieb die sowjetische Armeezeitung „Roter Stern" zum 20. Juli 1984, die Widerständler seien Verschwörer gewesen, die damals „für ein Bündnis mit dem amerikanischen Imperialismus, für die Schaffung einer imperialistischen Einheitsfront gegen die Sowjetunion eintraten"[153]; und in der polnischen Regierungszeitung Rzeczpospolita wird eine Aussage von 1947 zitiert:

> „Wir wissen ausgezeichnet, daß der Putsch kein Ausdruck gesellschaftlichen Aufruhrs, sondern eine Veranstaltung konservativer Generäle war, die Hitler haßten; nicht weil er so war wie er war, sondern weil er den Krieg verlor und sie der Macht beraubte."[154]

Die DDR-Geschichtsschreibung dagegen ist seit dem 1984er Jahrestag des Attentats stärker auf eine positive Beurteilung des Attentatsversuchs und der hinter ihm stehenden Kräfte eingeschwenkt; eine Reihe von Aufsätzen und Artikeln[155], Fernsehsendungen[156] und eine wissenschaftliche Tagung[157] haben die Neubewertung propagiert. Nicht die subjektiven Motive der Akteure, sondern die Übereinstimmung ihres Handelns mit den „objektiven Notwendigkeiten" der Zeit wird, wie in dem Grundsatzartikel in der „Einheit", in den Mittelpunkt gerückt:

> „Angesichts der von der massenvernichtenden Kriegspolitik des deutschen Imperialismus für das deutsche Volk heraufbeschworenen existenziellen Gefahr bestand die politische Hauptaufgabe des deutschen Widerstandes im Sommer 1944 darin, die faschistische Diktatur zu stürzen und den Krieg sofort zu beenden. Das setzte den Kampf aller wahren Patrioten voraus, ungeachtet dessen, welcher Klasse oder Schicht sie angehörten, ungeachtet dessen, welche politischen Absichten oder Ziele sie nach dem Sturz der Diktatur und dem Kriegsende verfolgen würden.
> Im antifaschistischen Widerstand standen während des Zweiten Weltkrieges politische und soziale Kräfte ganz unterschiedlicher weltanschaulicher und klassenmäßiger Natur. In ihm als energischste und bewußteste Kraft führend, waren die Kommunisten stets bestrebt, die Kampfgemeinschaft mit allen anderen Nazi- und Kriegsgegnern dadurch herzustellen, daß über die wichtigsten, unmittelbar dringendsten politischen Tagesaufgaben eine Verständigung erreicht wurde. Geradezu lebensnotwendig für das deutsche Volk war im Sommer 1944 eine breite antifaschistische Übereinkunft der Vernunft, wie sie, initiiert

153 Zit. nach Christian Schmidt-Häuer: Der lange Papierkrieg der roten Brüder, die Chronik der Krise zwischen dem Kreml und den ostdeutschen Kommunisten, in: Die Zeit, 10.8.1984.

154 Zit. nach Frankfurter Allgemeine Zeitung, 20.7.1984.

155 So in: Tribüne 20. Juli 1984; Volksarmee 1984/29 (Interview mit Prof. Kurt Finker); Horst Schötzki: Operation Walküre, in: Horizont 1984/7.

156 Das Attentat auf Hitler, Fernsehen der DDR I, 20.7.1984, 20.00 Uhr (Dokumentation); Der Platz des 20. Juli 1944 in der Geschichte des deutschen antifaschistischen Widerstandskampfes (Historikerdiskussion), Fernsehen der DDR II, 18.7.1984, 22.00 Uhr; „Wir haben nichts zu bereuen" (Dokumentation und Gespräche mit Witwen von Angehörigen des Kreisauer Kreises), Fernsehen der DDR I, 18.7.1984, 20.00 Uhr, hierzu ausführlich Neues Deutschland, 21.–22. Juli 1984 u.a.

157 Wissenschaftliches Kolloquium der Historiker-Gesellschaft der DDR und des Zentralinstituts für Geschichte zum 40. Jahrestag der Widerstandsaktion; vgl. ND 19.7.84: Attentat am 20. Juli 1944 war eine patriotische Tat historischen Ranges.

> von der KPD, mit der Bewegung ‚Freies Deutschland' bereits 1943 angebahnt worden war. In ihrer Erklärung vom 1. Mai 1944 ‚Wir Kommunisten und das Nationalkomitee „Freies Deutschland"' bekräftigte die Landesleitung der KPD in Berlin: ‚Wir Kommunisten reichen jedem Hitlergegner die Hand – und schlagen in jede ehrlich uns gereichte Hand ein – zum gemeinsamen Kampf gegen den Volksfeind Hitler.' [...]
> Antikommunistische Ressentiments und Klassenvorurteile, Befangenheit in antisowjetischen Traditionen erwiesen sich als zähe, von vielen nicht zu überwindende Barrieren ihres Denkens und Tuns. Wozu sich jedoch ein Teil von ihnen, in erster Linie im Kreis um Stauffenberg, durchrang, das war eine realistische Einschätzung der Kraft der UdSSR im Zweiten Weltkrieg, war die Einsicht, daß jede Politik ohne oder gar gegen die Sowjetunion zum Scheitern verurteilt sein mußte. Wortführer der Reaktion, die diesen Ansatz zu einer bürgerlichen Realpolitik der Gruppierung um Stauffenberg in Abrede stellen oder verwerfen und heute alle Appelle zur Vernunft in den Grundfragen der Sicherung des Friedens in den Wind schlagen, haben kein Recht, sich auf die Aktion des 20. Juli 1944 als eigene Tradition zu berufen. Hier erhob sich innerhalb der damals herrschenden Kreise Deutschlands mitten im Kriege in letzter Stunde die Stimme der Vernunft gegen die Unvernunft, begann sich politischer Realismus gegenüber dem bei der Mehrheit der deutschen Monopolbourgeoisie vorherrschenden politischen Abenteurertum Bahn zu brechen.
> Das Attentat in der ‚Wolfsschanze', der Versuch, am 20. Juli 1944 Hitler zu stürzen, war eine antifaschistische Aktion, unabhängig davon, daß ihre Träger mehrheitlich der herrschenden Klasse des imperialistischen Deutschlands angehörten, unabhängig auch davon, daß ein Teil von ihnen mit der Beseitigung Hitlers und seiner Clique darauf bedacht war, das kapitalistische System zu bewahren. Das heldenmütige, aufopfernde Handeln Stauffenbergs und seiner engsten Kampfgefährten war eine Form des Kampfes gegen den Faschismus, war ein mutiger Ansatz, dem Krieg, dem Blutvergießen und der Massenvernichtung ein Ende zu setzen, woran bündnispolitisch von den entscheidenden Kräften der deutschen Widerstandsbewegung angeknüpft werden konnte."[158]

Dabei wird auch Beck (als Repräsentant der „die Situation realistisch betrachtenden Kräfte") und vorsichtig selbst Goerdeler (Er „dürfte im Sommer 1944 nicht mehr derselbe gewesen sein, wie im Herbst 1943, als er noch antisowjetische Pläne hegte"[159] in den Kreis der letztlich positiv zu bewertenden Personen einbezogen. Eigene Würdigungen erhielten 1986 auch Henning von Tresckow anläßlich seines 85.[160] und Dietrich Bonhoeffer anläßlich seines 80. Geburtstages.[161]

Daß die Kommunisten an dem 20. Juli keinen Anteil haben, wird offenbar schmerzlich empfunden. Es soll durch die Wiedergabe der schon genannten positiven zeitgenössischen Kommentare aus kommunistischer Quelle und durch den Aufweis indirekter Verbindungen zwischen Kommunisten und Akteuren des 20. Juli aufgewogen werden.[162] In der rückblickenden Darstellung werden die Verbindungen oft auffallend gewaltsam herbeigezwungen. So z.B. in einem neueren Quellen-Sammelband, der unter der Überschrift „Widerstand aus

---

158 Groehler/Drobisch, Einheit 1984, S. 635 ff..

159 Nach dem Bericht der „Neuen Zeit" vom 20.7.1984 über das wissenschaftliche Kolloquium in Berlin (Ost); vgl. Winters DA 1984, S. 905 f.

160 Wolfgang Gebhardt: Patriotischer Offizier an Stauffenbergs Seite, 85. Geburtstag des Generals Henning von Tresckow, in: Nationalzeitung, 8.1.1986, S. 3.

161 Z.B.: Roland Krayer: Als Theologe wider den faschistischen Ungeist, in: ND 4.2.1986.

162 Vgl. Scheel, ZfG 1985, S. 325 ff.

Glauben" Aussagen zum Widerstand von Bischof Graf Galen, Alfred Delp, Jochen Klepper und Adam von Trott zu Solz bis hin zu Ernst Thälmann, Wilhelm Pieck und Erich Honecker zusammenstellt.[163] Die Subsumierung kommunistischer Selbstzeugnisse unter das Motiv „aus Glauben" ist dabei einigermaßen überraschend, weist aber deutlich auf die darstellerische Absicht hin, nachträglich Ansätze erfolgreicher Volksfrontbildungen im Geschichtsbuch zu konstruieren.

Das Scheitern der Verschwörung vom 20. Juli wird nach wie vor auf die fehlende Verbindung der Widerständler mit der „Massenbewegung" — gemeint ist: mit der Kommunistischen Partei — zurückgeführt; jetzt aber nicht mehr im Sinne eines Vorwurfs, sondern mit der Feststellung einer „Tragik":

> „Chronisten weisen auf die Unentschlossenheit und das Taktieren einiger Offiziere in der Umgebung Stauffenbergs hin, die erst nach einer Bestätigung von Hitlers Tod zum Handeln bereit waren. Das ist gewiß wahr. Die tiefere Ursache aber, die Tragik der Männer vom 20. Juli bestand darin, daß sie es nicht vermochten, sich vollends über jene Schranken und Denkweisen hinwegzusetzen, die sie hinderten, sich mit dem Volk zum Sturz der Hitler-Tyrannei, zur Beendigung des Krieges zu verbinden. Dies hebt unsere Hochachtung für ihr mutiges Handeln nicht auf. Trotz aller klassenmäßigen Grenzen und Barrieren — als es um die physische Existenz des deutschen Volkes ging, befanden sich die zur Tat drängenden Männer des 20. Juli 1944, voran Stauffenberg und seine Vertrauten, im Einklang mit dem wichtigsten Erfordernis ihrer Zeit."[164]

Die Geschichte des Widerstandes wird also geschrieben als eine Geschichte der (verpaßten) Volksfront, als Geschichte eines tragischen Scheiterns, weil die letzte Erkenntnis der Notwendigkeit einheitlichen Zusammengehens unter kommunistischer Führung bei den bürgerlichen und konservativen Widerständlern fehlte. Den Kommunisten wird gewissermaßen postum die Rolle der historischen Führungskraft zugesprochen, die sie, auch wegen ihrer eigenen ideologisch verengten Lageeinschätzung, in der Wirklichkeit nie erreicht haben.

Die schon genannte politische Nutzanwendung, auf die die Würdigung des 20. Juli zielt, fehlt in fast keiner der einschlägigen Veröffentlichungen:

> „Sie [= die bürgerlichen Historiker] versuchen, die Ziele, zu denen sich die am 20. Juli Handelnden durchrangen, aus der Erinnerung zu löschen, denn deren Vermächtnis wie das des antifaschistischen Widerstandes insgesamt an die Gegenwart kann nur lauten, daß sich alle Menschen, alle gesellschaftlichen Kräfte, die den Frieden aufrichtig wollen — ungeachtet politischer, sozialer und weltanschaulicher Unterschiede —, in der Grundfrage unserer Zeit, im Kampf um den Frieden, beizeiten zu einer Koalition der Vernunft die Hand reichen und entschlossen zusammenwirken gegen die von den aggressivsten imperialistischen Kreisen heraufbeschworenen Gefahren für das Leben der Menschen."[165]

Das Attentat gegen den Diktator, der Widerstand gegen den Nationalsozialismus oberhalb weltanschaulicher Gegensätze gilt als historisches Muster der aktuell von der SED verfochtenen Friedensfront-Linie. Implizit enthalten ist die

---

[163] Vgl. Drobisch/Fischer (Hgg.) 1985.
[164] Groehler/Drobisch, Einheit 1984, S. 638.
[165] A.a.O., S. 639.

Aussage, daß wie damals so heute die Kommunisten die konsequentesten Verfechter einer solchen Antifa- bzw. Antikriegsfront und daß daher die friedenswilligen Kräfte, so wie damals die „antifaschistischen", dazu aufgerufen sind, sich der von ihnen geführten Bewegung anzuschließen. Die Bedürfnisse der Bündnispolitik und der exklusive Wahrheitsanspruch der Kommunisten liegen auch weiterhin miteinander im Widerstreit.

Die Neubeurteilung des bürgerlichen, christlichen und konservativen Widerstands gegen den Nationalsozialismus ist ein besonders erhellendes Beispiel der Geschichtsbild-Ausweitung der SED in den letzten Jahren.

Dies gilt zum ersten für das Verhältnis von Wissenschaft und Politik. Die Neuakzentuierung der Widerstands-Geschichte ist politisch initiiert und dient einem politischen Zweck; nichtsdestoweniger ist sie ermöglicht durch differenzierend urteilende und quellenfundierte wissenschaftliche Arbeit. Sie führt zu einer der Wahrheit näheren, die ideologischen Fesseln eines dichotomischen Weltbildes lockernden Geschichtsbetrachtung; sie bleibt jedoch — mit der führenden Rolle der Kommunisten im Widerstand, die post festum konstruiert wird — gebunden an und eingeschränkt durch die ideologischen Axiome des Marxismus-Leninismus. Das legitimatorische Bedürfnis der SED engt die Geschichtsforschung auch weiterhin ein, die politische Nutzbarkeit auch der historischen Wissenschaft bleibt dominant.

Der exemplarische Charakter der „Antifa"-Geschichtsschreibung zeigt sich zweitens an dem Verhältnis von konstanten und variablen Elementen des parteilichen Geschichtsbildes. Konstant geblieben ist der Kernbestand der parteigelenkten Geschichtsauffassung, das Hauptstück des Geschichtsbekenntnisses. Die zentrale Rolle der kommunistischen Arbeiterbewegung für den historischen Fortschritt — in diesem Fall für den „antifaschistischen Kampf" bzw., in der politischen Nutzanwendung, für den „Friedenskampf" — ist nach wie vor von kanonischer Gültigkeit, dogmatisch festgelegt. Was sich gewandelt hat, ist der äußere Ring des Geschichtsverständnisses: die Beurteilung der anderen gesellschaftlichen Kräfte. Sie erscheinen jetzt in größerem Maße als fortschrittsfähig, als bewußte Gefolgsleute oder unbewußte Mitakteure des von der Vorhut der Arbeiterklasse repräsentierten historischen Fortschrittes. Die revolutionär-klassenkämpferischen Kräfte erscheinen nicht mehr als die einzigen Protagonisten des Fortschritts, sondern als Teil eines Ensembles von mehr oder weniger fortschrittlich wirkenden gesellschaftlichen Kräften, unter denen sie die führende Rolle einnehmen. Diese „führende Rolle" aber wird nicht aus den Quellen erschlossen, sondern aus der „objektiven", gemeint ist: der ideologisch festgelegten, Gesellschaftsanalyse (im Beispiel: des „Faschismus" und der „Phase des weltweiten Übergangs zum Sozialismus") dogmatisch abgeleitet. Die führende Rolle der revolutionär-klassenkämpferischen Kräfte ist nicht historischer Befund, sondern historiographisches Konstrukt, sie wird den Quellen nicht entnommen, sondern vorgeschrieben. Die anderen gesellschaftlichen Kräfte aber können nunmehr, nachdem das Verdikt über sie aufgehoben oder gemäßigt ist, quellennäher analysiert, gerechter gewürdigt werden. Die Unterscheidung zwischen Kernbestand und Randbereichen, konstanten und variablen Elementen des Geschichtsbildes wird noch genauer auszuführen sein.

Als exemplarisch erscheint drittens die schon skizzierte politische Zielrichtung dieser historischen Interpretation. Die Selbstdarstellung als führende Kraft des Widerstandes gegen den Nationalsozialismus zielt zweifellos darauf ab, den deutschen Kommunisten eine politisch-moralische Legitimation als berufene Führungskraft in der politischen Ordnung nach der Niederschlagung der NS-Diktatur zu verschaffen. Dabei ist sie, durch den Hinweis auf die kommunistischen Opfer des Nationalsozialismus, für diesen Zweck besonders geeignet. Wie die KPD/SED ihre Bündnispolitik aufgefaßt und verwirklicht hat, welche Opfer sie selbst, sobald sie zur Macht gekommen war, gefordert hat, wird dem DDR-Bewohner nicht historisch vermittelt und wird ihm daher, sofern er diese Dinge nicht selbst erlebt hat, nur schwer zum Bewußtsein kommen. In der Systemauseinandersetzung in Deutschland aber bedeutet diese historische Konstruktion und ihre politische Umsetzung zugleich das Angebot einer „Anti-Kriegs-Koalition“ und den Anspruch auf die führende Rolle darin: einer Koalition, die gegen die angeblich „größte Gefahr für den Frieden“, die in den Waffen liege, gemeinsam auftreten und darüber die „weltanschaulichen Unterschiede“, also den Gegensatz zwischen freiheitlicher Demokratie und totalitärer Unterdrückung, in der die eigentliche Gefahr für den Frieden liegt, zurückstellen soll.

3. Durch „Erbe“ und „Tradition“ „tief verwurzelt in der ganzen deutschen Geschichte“

Der Abschied von dem engen Zwei-Linien-Dogma der 60er Jahre, die „Rehistorisierung“ der Geschichte, die darauf hinauslief, historische Ereignisse und Hervorbringungen nicht mehr *unmittelbar* mit der politischen Praxis der DDR zu verbinden, sondern in ihrer historischen Bedingtheit zu würdigen und so die sozialistische Gegenwart in Deutschland als Resultat eines widersprüchlichen und historisch verschlungenen Prozesses zu interpretieren, der Parteiauftrag, die „allgemeinen Gesetzmäßigkeiten“ der Geschichte stärker in Form konkreter Verläufe zu erforschen und zu lehren und die Traditionen der sozialistischen Gesellschaft ohne Enge zu erschließen[166], warf das Problem auf, wie weit man, etwa bei der Erarbeitung eines neu akzentuierten Preußenbildes, bei den Arbeiten an dem „Zwölfbänder“ oder bei der immerhin dreijährigen Vorbereitung der Luther-Ehrungen, das Geschichtsbild ausweiten könne, ohne die scharfen Konturen des Wertungsstandpunktes und die klaren Umrisse des „gesetzmäßigen“ Geschichtsprozesses zu verwischen.

---

[166] So z.B. Meier/Schmidt, Einheit 1978, S. 1223.

Historische „Gesetze“ sind Abstraktionen, aus westlicher Sicht gesprochen: hypothetische Konstrukte, aber auch aus marxistisch-leninistischer Sicht ist nicht zu bezweifeln, daß sie nicht in der konkreten Beschreibung von Ereignissen anschaulich werden, sondern sich nur dem größere Zusammenhänge erfassenden Blick erschließen. Besteht nicht bei wachsender Konkretheit der Forschung und Darstellung die Gefahr, daß die allgemeinen Gesetzmäßigkeiten nicht mehr deutlich hervortreten, daß sie zum — im Grenzfall: liturgischen — Rahmenwerk herabsinken? Die Vermittlung generalisierender Aussagen mit konkreter Ereignisgeschichte gehört natürlich zu den theoretischen Problemen jeder Geschichtsschreibung, aber wiederum gilt auch hier: sie ist von zentralem Gewicht für eine historische Schule, deren Fundament eine für unzweifelhaft, für wissenschaftlich gesichert ausgegebene materiale Geschichtsphilosophie ist. Eine „grenzenlos“ offene Geschichtsforschung ist ihr nicht möglich, wo aber sind die Grenzen zu ziehen, wenn „ohne Enge“ geforscht und gelehrt werden soll? Wie läßt sich die Hinwendung zum ganzen, „widersprüchlichen“ Geschichtsprozeß verbinden mit der Legitimierungsaufgabe, den eigenen Staat als Alleinerben der „progressiven deutschen Geschichte“ zu rechtfertigen? Kann nicht die positive Bewertung auch nichtproletarischen Erbes dazu führen, den „sozialistischen deutschen Staat“ als Alleinerben in Frage zu stellen und das Bewußtsein von seiner historischen Mission zu schwächen? Die Lösung des Problems kann offensichtlich nur darin bestehen, die ideologischen Grenzen des Geschichtsbildes nicht zu beseitigen, sondern lediglich zu erweitern, um die Wahrung des Klassenstandpunktes auch bei einer „differenzierten Sicht“ auf die deutsche Geschichte zu sichern.

Die Diskussion hierüber wird unter den Historikern der DDR mit den Leitbegriffen „Erbe“ und „Tradition“ geführt; einer ersten öffentlichen Diskussion des Problems (Konferenz des Rates für Geschichtswissenschaft und des Zentralinstituts für Geschichte der Akademie der Wissenschaften) im November 1980 folgte eine weitere Tagung auf hoher Ebene knapp zwei Jahre später (Historisches Erbe und Tradition — Probleme und Konsequenzen, Tagung des Rates für Geschichtswissenschaft, April 1982); das Ergebnis der Diskussion hat Walter Schmidt im Oktober 1984 vorgelegt.[167]

Der Begriff des Erbes ist als Teil der Geschichtsprogrammatik erst wenige Jahre alt; übernommen wurde er aus der seit der kommunistischen Machtübernahme in der SBZ/DDR anhaltenden kulturpolitischen Diskussion über Art und Inhalt der Aneignung des „kulturellen Erbes“, also über die im Sozialismus sich vollziehende Rezeption künstlerischer Werke der Vergangenheit. Ausgangspunkt war die Überzeugung, daß die in den größten Kunstwerken der Vergangenheit abgebildeten Ideale in der antifaschistisch-demokratischen, dann

[167] Die wichtigsten Beiträge der Konferenz von 1980 sind abgedruckt in ZfG 29 (1981); das wichtigste Referat der Tagung vom April 1982 (Bartel/Schmidt) in ZfG 30 (1982)/9, S. 816 ff.; hierzu auch ein Kurzbericht von Helmut Heinz: Historisches Erbe und Tradition, in: ZfG 31 (1983)/3, S. 248 f.; Bestandsaufnahme von Walter Schmidt auf einem Vortrag im Zentralinstitut für Geschichte der Akademie der Wissenschaften am 8.10.1984, überarbeitet abgedruckt in: ZfG 33 (1985/)/3, S. 195 ff.

in der sozialistischen Gesellschaftsordnung ihre Verwirklichung finden, daß ihre Anliegen von dieser Gesellschaftsordnung unter Führung der kommunistischen Partei vollstreckt würden:

> „Am 7. Oktober 1949 konstituierte sich die DDR. Mit der Gründung des Arbeiter- und Bauernstaates wurden zugleich die Voraussetzungen für die Verwirklichung der klassischen Humanitätsideale in einem Teile Deutschlands geschaffen. Eine neue Etappe in der Aneignung und Weiterführung der humanistischen Ziele und Ideale der deutschen Klassik durch die Werktätigen begann.“[168]

Diese „Vollstreckertheorie“ ist anfangs der 70er Jahre, im Zuge der „Rehistorisierung der Geschichte“, die auch die Literaturwissenschaft ergriff, relativiert worden: Da der Sozialismus etwas qualitativ Neues in der Weltgeschichte darstelle, sei es fehlerhaft, eine unmittelbare Verbindung zwischen den Idealen der Klassiker und der politischen Realität der sozialistischen Gesellschaftsordnung herzustellen. Vielmehr komme es, wie es z.B. Kurt Hager, das für Kultur und Wissenschaft und damit auch für ideologische Fragen zuständige Politbüro-Mitglied, 1985 gesagt hat, darauf an, die „humanistischen Intentionen“ anzuerkennen, ohne die ideologische Begrenztheit und auch damit zusammenhängende künstlerische Irrwege solcher Künstler zu übersehen.[169] Damit wird auch eine gewisse Distanz zwischen historischer Gestalt und heutigem Rezipienten hergestellt, die eine *unmittelbare* Vereinnahmung ausschließt und eine freiere Interpretation von Kunstwerken möglich macht. Die DDR aber gilt — insofern wird die alte Vollstrecker-Theorie in gewandelter Form beibehalten — als Erbe des in historischen Kunstwerken formulierten „humanistischen“ Anliegens, das sie nun *in neuer Gestalt und Qualität* aufnehme und verwirkliche.

Das „kulturelle Erbe“ erscheint in den 70er Jahren bei der Mehrheit der Autoren als das Ergebnis eines Auswahl- und Anverwandlungsprozesses:

> „Der Gegenstand der Literaturgeschichte ist [...] mit dem Erbe nicht identisch. Es wäre falsch zu sagen, die Aufgabe der marxistischen Literaturgeschichte besteht darin, das Erbe zu erforschen. Vielmehr ist der literaturgeschichtliche Prozeß zu erforschen mit dem Ziel, aus ihm das freizulegen, was für die sozialistische Gesellschaft als Erbe fungieren kann. Diese als Erbe für uns erschlossene Literatur nennen wir humanistisch [...], weil sie ästhetisch-weltanschauliche Eigenschaften aufweist, die, vom Standpunkt des Marxismus-Leninismus aus gesehen, einen Wert für die Verwirklichung des realen Humanismus durch die sozialistische Bewegung und die sozialistische Gesellschaft haben.“[170]

Nur selten wurde in der kulturhistorischen Diskussion zwischen „Erbe“ und „Tradition“ unterschieden; wo dies geschah, waren die Interpretationen der Terminologie unterschiedlich, sogar gegensätzlich:

---

[168] Klaus Hammer: Um die Erneuerung der deutschen Kultur, in: Tradition und Gegenwart 1964/2, S. 55, zit. nach Dautel 1980, S. 69.

[169] Vor der Akademie der Künste der DDR, 27.3.1985, abgedruckt in: Sinn und Form 37 (1985)/3, S. 437 ff.

[170] Manfred Naumann: Zum Begriff des Erbes bei Lenin, in: Weimarer Beiträge, Zeitschrift für Literaturwissenschaft, Ästhetik und Kulturtheorie, Berlin und Weimar 1970/7, S. 132, zit. nach Dautel 1980, S. 248.

> „*Erbe* wählen und erwerben wir, während wir Traditionen im von Karl Marx verwendeten Sinne des Wortes (‚Alp auf den Gehirnen der Lebenden') *haben*, ob wir wollen oder nicht. Es gibt gute und schlimme Traditionen; die schlimmen bewältigen wir, die guten eignen wir uns als Erbe an."[171]

> „Die Menschen jeder neuen Gesellschaftsformation ‚erben' die lebensfähige Hinterlassenschaft aus früheren Gesellschaftsformationen, und sie führen das ihnen bewußt gewordene Erbe — auf qualitativ höherer Stufe ausgewählt und gewertet — als Tradition weiter fort."[172]

In jedem Falle aber gilt, daß die Gesellschaft der Gegenwart aus der „historischen Hinterlassenschaft" diejenigen Teile auswählt, die sie als verpflichtend versteht, aber auch als kontinuierliche Vorläufer der eigenen Praxis beansprucht. Erben heißt immer auch zugleich: erbberechtigt sein.

Die Kategorie „Tradition" wurde 1964 in die Diskussion eingeführt.[173] Alois Hönig verwendete diesen Begriff, um den geistigen Inhalt des Geschichtsbewußtseins zu bezeichnen: Tradition kann „nicht einfach ideeller Ausdruck der Gesamtheit des Vergangenen sein. Man könnte sie eher als das ideelle Konzentrat des wirksam gebliebenen Teils der Vergangenheit bezeichnen." Diese Wirksamkeit aber ergibt sich nicht von selbst, sondern aus dem traditionsbildenden Willen gegenwärtiger gesellschaftlicher Kräfte:

> „Vergangenes wird nur dann traditionsmächtig, wenn gesellschaftliche Kräfte, und zwar solche, die in der Lage sind, Traditionen zu verbreiten und zu befestigen, an ihm vital interessiert sind. [. . .] Traditionen werden von interessierten Menschengruppen, vor allem von Klassenkräften geschaffen."

Die Arbeiterklasse unterscheide sich dabei von allen früheren erstens dadurch, daß sie als erste ihren Interessen gemäß eine objektive Stellung zur Vergangenheit habe und daher erstmals kein willkürliches, sondern ein in dem objektiven Gang der Geschichte begründetes Traditionsbewußtsein habe, zweitens, daß sie willens und in der Lage sei, „aus der Lebensfülle sozialistischer Gegenwart" bewußt neue Traditionen zu schaffen.[174]

Mit diesen beiden Ansätzen — die freilich noch teils undifferenziert, teils für die allgemeine Geschichtsmethodologie zu eng waren — standen die Ausgangspunkte bereit, an denen die neuere Erbe-Tradition-Diskussion in der DDR-Geschichtsschreibung seit 1979 anknüpfen konnte. In dieser Diskussion wurde der Versuch unternommen, verschiedene Arten der Annäherung an Geschichte in einen systematischen Zusammenhang zu bringen: die Rezeption historisch überlieferter Kunstwerke, die historische Erforschung des Ganzen der deutschen und der europäischen Geschichte und die bewußtseinsbildende propagandistische und pädagogische Verwendung eines näher zu bestimmenden ausgewählten Ausschnitts aus der historischen Überlieferung.

---

171 Hans Kaufmann: Zehn Anmerkungen über das Erbe, die Kunst und die Kunst des Erbens, in: Weimarer Beiträge 1973/10, S. 39, zit. nach Dautel 1980, S. 127.

172 Helmut Bock: Historische Tradition und Erbe-Rezeption bei Marx und Engels, Weimarer Beiträge 1974/1, S. 64, zit. nach Dautel 1980, S. 127.

173 Hönig, Deutsche Zeitschrift für Philosophie 1964, S. 1055 ff.

174 Hönig, a.a.O., S. 1057, 1058 und 1060.

Das Problem hatte sich für die DDR-Geschichtsschreibung in dieser Form nicht gestellt, solange sie sich mit ihrer Forschung und Lehre ohnedies vorwiegend in einem ausgewählten Sektor revolutionärer Haupt- und Staatsaktionen bewegt und den miserablen Rest der Geschichte den bürgerlichen Antiquaren des imperialistischen Lagers überlassen hatte. Die Gesamtheit der historischen Überlieferung war im Grunde für die Pädagogik nicht und damit für die Forschung nur mit Einschränkungen bedeutsam. Relevant war hingegen die Unterscheidung zwischen spontan gewachsenen und subjektiv gewünschten Traditionen. In diesem Sinne unterschied noch Joachim Streisand auf dem VI. Historiker-Kongreß der DDR 1977 zwischen Tradition („die aus der Vergangenheit in die jeweilige Gegenwart fortwirkenden Ideen, Anschauungen und Verhaltensweisen") und Erbe („die Gesamtheit jener Güter der Vergangenheit, die sich eine Klasse in der jeweiligen Gegenwart als Objektivationen von Gehalten aneignet, die der Lösung aktueller Aufgaben zugute kommen")[175].

In dem Augenblick aber, wo die Partei die Erschließung der ganzen Geschichte auf das Programm setzte, erweiterte und komplizierte sich das Problem der Herauspräparierung einer eigenen sozialistischen Vorgeschichte. Es gab dafür die beiden Möglichkeiten, entweder den Bereich des bewußtseinsbildend Nutzbaren in der Geschichte auszuweiten, d.h. größere Teile der Geschichte als revolutionär/progressiv zu deuten, oder eine überzeugende Begründung für die Abgrenzung des pädagogisch verwertbaren Sektors vom Geschichtsganzen zu finden. Das bisher erreichte Ergebnis ist eine Kombination aus beidem.

Nicht gelungen ist es in der bisherigen Diskussion, eine Erbe-Theorie zu finden, die übergreifend den Bedürfnissen der Historiker und der Literaturwissenschaftler gerecht wird. Einen Ansatz dazu lieferte etwa in der Beratung von 1980 der Direktor des Zentralinstituts für Alte Geschichte und Archäologie der Akademie der Wissenschaften, Joachim Herrmann. Er schlug einen Erbe-Begriff vor, der das geistig-kulturelle, das gegenständlich-kulturelle Erbe und die ideologischen Traditionen umfaßte, und unterschied demzufolge verschiedene Wege der Erbe-Aneignung: neben der Ausbildung des historisch-materialistischen Geschichtsbildes die „freie Aufnahme von isolierten Vorlagen aus dem Erbe-Arsenal" im gegenwärtigen Kunstschaffen (wie z.B. in Brechts „Lukullus"), die (unveränderte aber reflektierte) „Übernahme originärer früherer geistiger und kultureller Leistungen" und die „Bewahrung, Nutzung und Darbietung des gegenständlich-kulturellen Erbes"[176]. Solche Definitionsversuche, die die literarische Erbe-Rezeption mit der Geschichtsbildproblematik zu verbinden suchen, lassen allerdings in der Weite des gesteckten Rahmens die spezifischen Probleme einer gleichzeitig umfassend begründeten wie sozialistisch wertenden Geschichtsaneignung verschwinden.

Die wichtigsten Akzente der Erbe-Diskussion setzte 1980 Horst Bartel; die zentralen Aussagen seines Diskussionsbeitrages wurden in der von ihm und

---

[175] Streisand, ZfG 1978, S. 202 f.
[176] Herrmann, ZfG 1981, S. 486 f.

Walter Schmidt zwei Jahre später gezogenen Bilanz bestätigt und dürfen als Richtlinien der seitherigen Diskussion und Forschungspraxis angesehen werden:

„Unter Erbe verstehen wir unser Verhältnis zur gesamten deutschen Geschichte in ihrer Einbindung in den weltgeschichtlichen Prozeß. Entsprechend dem marxistisch-leninistischen Geschichtsverständnis heißt ‚ganze deutsche Geschichte' sowohl die Komplexität, die Formen und die Vielfalt der Klassenauseinandersetzungen, Leistungen und Fehlleistungen aller Klassen und Schichten im gesamten chronologischen Ablauf der deutschen Geschichte als auch die gesetzmäßige Abfolge der Gesellschaftsformationen auf dem Territorium und im ethnischen Rahmen des deutschen Volkes. In diesem Sinne ist die DDR das Ergebnis des gesamten Geschichtsprozesses in diesem räumlich-zeitlichen Rahmen.

Zum historischen Erbe gehören die ‚unmittelbar vorgefundenen, gegebenen und überlieferten Umstände', d.h. das materiell-gegenständliche Erbe wie die Gesamtheit der historisch entstandenen und vergangenen ökonomischen, sozialen, politischen, ideologischen und kulturellen Verhältnisse, die Verhaltensweisen einzelner Klassen und Schichten sowie ihrer Repräsentanten, die Ideen und kulturellen Leistungen. Der Begriff Erbe umfaßt also alles in der Geschichte Existierende, die gesamte Geschichte in ihrer ganzen Widersprüchlichkeit. Diesem Erbe haben wir uns zu stellen, wir können es nicht ungeschehen machen, sondern haben es im kritischen Sinne zu bewältigen. [...]

Demgegenüber gehören zur historischen Tradition oder zum Traditionsbild der DDR nur diejenigen historischen Entwicklungslinien, Erscheinungen und Tatsachen, auf denen die Deutsche Demokratische Republik beruht, deren Verkörperung sie darstellt, die sie bewahrt und fortführt. Tradition und Traditionsbild umfassen also nur einen Teil der Geschichte, nur einen Teil des Gesamterbes.

Die Traditionen der DDR setzen sich im wesentlichen aus drei Bestandteilen zusammen, die in einer dialektischen Beziehung zueinander stehen: Erstens verstehen wir unter Traditionen diejenigen revolutionären historischen Werte und Erscheinungen, die von der Arbeiterklasse, ihrer Bewegung und ihrer revolutionären Partei in ihrer nunmehr annähernd 150jährigen Geschichte selbst hervorgebracht worden sind. Sie bilden das Kernstück des Traditionsbildes und -bewußtseins des real existierenden Sozialismus in der DDR. Zweitens gehören hierzu alle revolutionären, demokratischen, progressiven und humanistischen Erscheinungen, Entwicklungen, Persönlichkeiten und Tatsachen, die im Laufe der Geschichte unseres Volkes entstanden sind, wobei hier weiter zwischen dem revolutionären und dem humanistischen Erbe zu differenzieren ist. Schließlich gehören drittens zu unserem Traditionsbild die positiven Resultate des Wirkens, die von herrschenden Ausbeuterklassen, von Schichten, Gruppen und ihren Vertretern herrühren, Leistungen, Werte, die dem historischen Fortschritt gedient haben, bewahrungswürdig sind und volle Aufmerksamkeit und Pflege verdienen. In der Regel handelt es sich hier um sehr widerspruchsvolle historische Erscheinungen bzw. um sehr widerspruchsvolles Wirken von Schichten, Gruppen und historischen Persönlichkeiten. Bleibende Leistungen herrschender Klassen sind in erster Linie in Perioden ihrer Aufstiegsphase erbracht worden; aber auch in Niedergangsphasen haben Schichten, Gruppen und einzelne ihrer Vertreter Bleibendes geschaffen, vielfach und vor allem unter dem Zwang der Anpassung an den objektiv notwendigen Fortschritt."[177]

Entsprechend dieser umfassenden Definition fügte Walter Schmidt konkretisierend hinzu, daß nicht nur das zu erforschende Erbe, sondern auch der Bereich der positiven Traditionen keine soziale oder territoriale Einengung dulde:

„Die DDR ist Erbe und Vollender aller progressiven Traditionen der deutschen Geschichte. Dazu gehören die Aktionen des deutschen Bauernkrieges von 1525 in Südwest-

[177] Bartel, ZfG 1981, S. 389 f.

deutschland ebenso wie in Thüringen; die Aktivitäten der süddeutschen Jakobiner im Gefolge der Französischen Revolution und die Mainzer Republik von 1793, die erste bürgerlich-demokratische Republik auf deutschem Boden, nicht weniger als der sächsische Bauernaufstand von 1790 und die große Erhebung der schlesischen Gebirgsweber von 1793; die Reichsverfassungskämpfe von 1849 in Elberfeld, in Baden und in der Rheinpfalz gleichermaßen wie die Barrikadenschlachten der Berliner Märzrevolution und in Dresden im Mai 1849; die Rote Ruhrarmee von 1920 und der Hamburger Aufstand 1923 sowie die Aktionen gegen den Kapp-Putsch in Preußen, Thüringen und Mecklenburg und die mitteldeutschen Kämpfe der Arbeiter von 1921. Die Berufung der DDR auf alle diese territorial unterschiedlich angesiedelten, progressiven Traditionen deutscher Geschichte ist ihr legitimes, weil objektiv gegebenes Recht; und es besitzt eine hohe politische Relevanz. Das Geschichtsbewußtsein der Bürger der DDR zielt auf diese weite historische Dimension von Herkunft und Verwurzelung des Sozialismus auf deutschem Boden. Ihr Geschichtsbild umfaßt die ganze deutsche Geschichte, angefangen von der Genesis des deutschen Volkes, und es schließt bis zur Mitte der vierziger Jahre des 20. Jahrhunderts territorial alle deutschen Gebiete ein, soweit sie im Deutschen Reich und vorher im Deutschen Bund bzw. im ‚Römischen Reich deutscher Nation' vor 1806 zusammengeschlossen waren. Diese Sicht ist ein unveräußerliches Element des historischen Selbstverständnisses der sozialistischen deutschen Nation, ist Teil der nationalen Identität. Die Auffassung, daß sich in der DDR eine sozialistische deutsche Nation entwickelt, d.h. eine Nation, die ihrem Charakter nach sozialistisch und ihrer Herkunft nach deutsch ist, hat die Konsequenz, daß diese Nation in ihrem Bewußtsein (als historische Komponente des Nationalbewußtseins) die ganze deutsche Geschichte von der Warte des Sozialismus verarbeiten muß."[178]

Damit sind die Grundlinien eines Geschichtsbildes bezeichnet, das es erlaubt, die ganze Geschichte zu erforschen, ohne auf die positive Wertung und Heraushebung eines „progressiven" Kernbestands zu verzichten. Eine Anzahl von Problemen, die mit diesem Begriffsapparat verbunden sind, wurde in der Diskussion der Folgejahre aufgeworfen. Zum ersten: Ist der so festgelegte Traditionsbegriff nicht zu voluntaristisch? Reicht es aus, als Tradition, d.h. als im engen Sinne wirkungsmächtig für die Gegenwart, genau diejenigen Bewußtseinsinhalte einzustufen, die durch Parteibeschluß dazu erklärt werden? Rolf Badstübner, Leiter der Fachkommission für Nachkriegsgeschichte des Historikerverbandes, plädiert, in Anknüpfung an die ältere Auffassung, dafür, „Tradition" in ihrem weiteren, objektiven Sinn zu verstehen, um auch Bereiche der Lebensweise und des Alltags zu erfassen, und damit denn auch nicht nur bewußt ausgebildete, sondern auch spontan gewachsene, vorgefundene Traditionen zu erfassen, solche also, „die den revolutionären Prozeß begünstigen und begünstigten wie auch solche, die ihn hemmten bzw. hemmen"[179].

Noch weiter gehen mit ihren Fragen die vor allem mit Beiträgen über die deutsche Geschichte des 19. Jahrunderts, die Epoche der „bürgerlichen Umwälzung" hervorgetretenen Wolfgang Küttler und Gustav Seeber, die eine reinliche Scheidung zwischen Erbe und Tradition überhaupt für problematisch, stellenweise für unmöglich halten: „Die Bewertung eines konkreten Ausschnitts aus der Geschichte bzw. aus der Kultur erfordert genauere Umschreibungen, die

---

[178] Schmidt, ZfG 1981, S. 400.
[179] Badstübner, ZfG 1983, S. 428 f.

auch mit der Gegenüberstellung von Erbe und Tradition allein nicht erfaßt werden können, da es in der Geschichte zuviel Widersprüchliches und zu viele Übergänge zwischen Fortschritt und Reaktion gibt."[180] Ohne daß das Prinzip der parteilichen Bewertung selbst in Frage gestellt würde, schlagen sie damit eine weitere Flexibilisierung der Wertungskategorien vor.

Die Zwischenbilanz, die 1982 Bartel und Schmidt gezogen haben, nimmt einen Teil der Einwände auf, rammt aber auch die Grenzpfähle ein, deren Überschreitung die Sauberkeit des Wertungsstandpunktes gefährden würde:

> „Historische Traditionen sind im Bewußtsein der Gesellschaft fest verwurzelte überlieferte historische Erfahrungen mit eindeutigem Klassencharakter. Sie sind im Unterschied zu den Traditionen im Sinne von Lebensgewohnheiten durch bestimmte Klasseninteressen geprägt. H. Scheel traf diesen Kern des Traditionsverständnisses mit der Feststellung: ‚Das Verhältnis zu den historischen Traditionen wird durch den Klassencharakter des Tradierten und durch die Klassenposition des Tradierenden bestimmt.' Die deutliche Kennzeichnung der sozialen und (genauer) der Klassengebundenheit der historischen Tradition ist gegenwärtig besonders wichtig. Die umfassende Aufarbeitung des ganzen historischen Erbes verlangt eine klare, unmißverständliche und im Interesse einer vertieften und differenzierten Betrachtung der historischen Prozesse möglichst präzise Bestimmung dessen, was das für uns Wertvolle im Erbe, eben ‚unser Erbe' ausmacht.
> In öffentlichen Diskussionen wie in Debatten unter Wissenschaftlern und Künstlern um Erbe und Tradition wird immer wieder die Frage nach den Grenzen der Erbe-Aneignung gestellt. Neben einem u.E. richtigen Erbe-Verständnis zeigen sich mangelnde Weite, ja Sektierertum, zum anderen werden anzueignende Traditionen so weit gefaßt, daß die Klassengrenzen des Anzueignenden und zu Pflegenden verschwimmen oder gar verschwinden. Bei der Erschließung des Erbes ist aber Dialektik vonnöten. [...]
> Erbe und Tradition können nicht schematisch voneinander getrennt oder gar einander entgegengesetzt werden. Zwischen beiden gibt es keine ‚Chinesische Mauer'. Oft ist in komplizierten historischen Prozessen, Ereignissen oder Persönlichkeiten Fortschrittliches mit Reaktionärem miteinander verflochten, manchmal so eng, daß es nahezu unmöglich erscheint, sie sauber zu scheiden. Eine differenzierende Wertung solcher außerordentlich widersprüchlichen historischen Erscheinungen muß aber nicht nur dieser Widersprüchlichkeit gerecht werden, sondern auch ihren Platz und Stellenwert im historischen Ringen um den gesellschaftlichen Fortschritt bestimmen. [...] Es bleibt auch in solchen Fällen unverzichtbar, zwischen dem Erbe als Ganzem und dem für die sozialistische Gesellschaft Traditionswürdigen zu unterscheiden."[181]

Der erhobene Zeigefinger, der vor einer Auflösung des Klassenstandpunktes warnt, ist nicht zu übersehen. Besonders schwer tun sich die Autoren mit dem zur Neuerschließung freigegebenen progressiven bürgerlichen Erbe, das dennoch, dem proletarischen Klassenbewußtsein zunutze, nicht in den Traditionsbestand aufgenommen werden dürfe:

> „Aber eine vollständige Identität von geschichtlichem Progreß und Tradition des Sozialismus ist gleichwohl nicht gegeben. Nicht alles Fortschrittliche aus der Geschichte wird unbedingt zu einer Tradition der sozialistischen Gesellschaft. Gewiß ist jeder Fortschritt in der Geschichte, unabhängig davon, von welcher Klasse er bewirkt wurde, positiv zu bewerten, aber er muß damit nicht automatisch eine Tradition der neuen, ausbeutungsfreien Gesellschaft werden. Die bürgerliche ‚Revolution von oben' der sechziger Jahre des 19. Jahrhunderts, in der unter Führung der preußischen Junker der bürgerliche deut-

[180] Küttler/Seeber, ZfG 1981, S. 727.
[181] Bartel/Schmidt, ZfG 1982, S. 822–824.

sche Nationalstaat konstituiert und die bürgerliche Umwälzung in Deutschland im wesentlichen zum Abschluß gebracht wurde, war ohne Zweifel ebenso gesellschaftlicher Fortschritt wie die auf ‚preußischem Wege' erfolgte Agrarumwälzung in Deutschland zwischen 1807 und 1871. Doch wird niemand aus diesen historischen Prozessen Traditionen der sozialistischen Gesellschaft ableiten wollen. Traditionswürdiges für den Sozialismus entstand vielmehr in den geschichtlichen Kämpfen der Arbeiter und demokratischen Kleinbürger gegen die konterrevolutionäre Einigung durch ‚Eisen und Blut' und im Widerstand der Bauern gegen die sogenannten Ablösungen.
Ihre historischen Traditionen schöpft die sozialistische Gesellschaft in erster Linie aus den geschichtlichen Kämpfen der revolutionären Arbeiterklasse [. . .]. Aber es wäre eine sektiererische Verengung, im historischen Wirken von Ausbeuterklassen, die gegen eine überholte Gesellschaftsordnung im Kampf standen und gemeinsam mit dem Volk eine neue gesellschaftliche Ordnung durchzusetzen trachteten, keinerlei Traditionen für unsere Zeit sehen zu wollen. [. . .] Es darf nicht aus dem Blick geraten, daß diese Klassen in solchen Epochen zugleich gesellschaftliche Gesamtinteressen zur Geltung brachten."[182]

Eine Lösung des Problems ist offenbar nur zum Teil möglich; überall, wo der Weg zur umfassenden Erforschung und Lehre der Geschichte beschritten wird, bleibt die Fußangel der parteilichen Bewertung stehen. Zwischen der Scylla des Pluralismus und der Charybdis des „Sektierertums" laviert man hindurch, indem man nun noch eine dritte Kategorie einführt: Neben die Gesamtheit des „Erbes" und die mit dem Prädikat „besonders wertvoll" versehene „Tradition" tritt zusätzlich derjenige Teil der Geschichte, der zwar zum historischen Fortschritt beigetragen hat, aber dennoch nicht zur sozialistischen Bewußtseinsbildung taugt.

Für die Forschungspraxis gliedert sich nunmehr der Gesamtbereich des „Erbes" in drei Sektoren, in denen jeweils verschiedene Arten der Annäherung an den Stoff als richtig gelten. Erstens das *reaktionäre Erbe*. Hierfür gilt von vornherein ein Verurteilungsgebot, das eine nüchterne Analyse sine ira ausschließt. Zweitens die *„Tradition"*, Kernbestand des „geschlossenen sozialistischen Geschichtsbildes", aufgegliedert in die verschieden gewichtigen Teile von der DDR-Geschichte bis hinab zur „humanistisch-progressiven Tradition". Dieser Sektror ist besonders erforschungswürdig, zugleich der wichtigste (wenngleich nicht allein maßgeblich) für die Geschichtspropaganda und daher einer sachlichen Erforschung nur mit einer gewissen Einschränkung zugänglich. Denn hier gilt das Gebot zur Einpassung in die engere oder weitere „DDR-Vorgeschichte", das leicht zu politisch begründeten Begradigungen und Verfälschungen führt, und zwar um so mehr, je mehr die Geschichte des eigenen Staates und der eigenen Partei betroffen ist.

Am interessantesten für die Wissenschaft ist der Sektor des *nicht der Traditionsbildung zugewiesenen und als insgesamt progressiv eingestuften Erbes*. Er unterliegt nur einem eingeschränkten Aktualisierungsgebot — eben in dem Sinne, daß alles Fortschrittliche in der Geschichte letztlich ein Schritt zum Sozialismus, alles Progressive in der deutschen Geschichte einer zur DDR ist —; Forschungsarbeiten auf diesem Gebiet werden also am relativ schwächsten von

[182] A.a.O., S. 824.

propagandistischen Erfordernissen vorgeformt. Wird dann noch das Histomat-Erklärungsschema mit einer gewissen Flexibilität – mit „Dialektik" – gehandhabt, so sind vor allem in diesem Sektor plausible historische Erklärungen und interessante historische Urteile zu erwarten.

Die Grenze zwischen diesem und den beiden anderen Sektoren ist aber offensichtlich unscharf; die Zuordnung eines konkreten Gegenstandes zu einem dieser Sektoren bleibt Aufgabe der politischen Anleitung der Wissenschaft durch die Partei. Und die Art der wissenschaftlichen Annäherung hängt von dieser politischen Vorentscheidung ab, die damit nicht nur in die Didaktik und Propaganda, sondern in die Forschung selbst eingreift.

Die Traditionslinie, die die SED für den von ihr beherrschten Staat konstruiert, reicht, wie schon angedeutet, von der Geschichte der DDR und der sozialistischen Staatengemeinschaft über die der revolutionären Arbeiterbewegung bis hin zur revolutionären Tradition aus vorkapitalistischen Gesellschaftsordnungen:

> „In jeder Hinsicht ist ‚die schwere Arbeit so vieler Generationen' von uns in Erbpacht genommen. ‚Wir' sind zusammen mit Spartakus den schweren Weg auf der Via Appia gegangen, erhoben uns an der Seite Wat Tylers, trugen die Fahne mit dem Bundschuh, tanzten auf den Trümmern der Bastille und wurden Pfingsten 1871 von den Versaillern durch die Gräberstraßen des Friedhofs Père-Lachaise an die letzte Mauer gedrängt, stiegen mit Karl Liebknecht auf zum Jenzig, hörten die Schüsse der ‚Aurora' und den Funkspruch: ‚An alle! An alle!', zogen im Oktober 1949 mit unseren Fackeln die Straße Unter den Linden entlang: ‚Es lebe die Deutsche Demokratische Republik!'"[183]

und über dieses revolutionäre Erbe hinaus weiter zum „humanistischen Erbe", einem Sammelbegriff, der hinreichend unscharf ist, um alle bedeutenden kulturellen Leistungen aufzunehmen:

> „Im Werke Bachs, Händels und Schütz' liegen geniale Leistungen musikalischen Schöpfertums vor, die zu einem Bestandteil der weltweiten Wirkung der europäischen Musik in unserem Jahrhundert geworden sind. In ihm ist die Vision einer Welt des Friedens, der Gerechtigkeit und der Menschenwürde in bezwingender, vollkommener musikalischer Schönheit gestaltet, die über ihre eigene Geschichtsepoche hinausweist. Die vollendete künstlerische Gestaltung solcher Gedanken und Ideale der Menschheit reiht die Komponisten ein in die Traditionslinie des Fortschreitens zur Humanität, deren Weiterführung und produktive Verarbeitung heute ein Wesenszug der sozialistischen Gesellschaft ist. [...].
> Die Pflege großer Werke der nationalen Geschichte und Weltmusikkultur ist in der Verfassung der DDR als gesellschaftlicher Auftrag verankert. Eine solche Wertschätzung großer kultureller Leistungen, wie sie das Werk von Bach, Händel und Schütz verkörpert, das Verhältnis zu den großen Schöpfungen der musikalischen Vergangenheit entspricht dem Sinn des Sozialismus als dem realen Humanismus unserer Epoche. Die sozialistische Gesellschaft ist rechtmäßige Erbin der fortschrittlichen Leistungen der Geschichte, weil sie dieses Erbe als lebendigen Besitz des Volkes verwirklicht."[184]

Der Schlüsselbegriff von Aussagen dieser Art, die sich in Erinnerungsartikeln, Gedenkreden und Aufsätzen über nahezu jeden bedeutenden Künstler

---

183 Koch, Einheit 1985, S. 737.
184 Vermächtnis großer Musik, Einheit 1984, S. 167, S. 177.

und Wissenschaftler der Vergangenheit finden lassen, ist „Humanismus“, es ist sozusagen der Generalschlüssel zur sozialistischen Ahnengalerie; und wo die Zuweisung, etwa aufgrund biographischer Eigenheiten des Gefeierten, nicht völlig unproblematisch erscheint, muß man ihn einige Male öfter im Schloß drehen. So geschieht es z.B. in einem neueren Buch über Händel, dessen Autor die „humanistische Botschaft“ des „Messias“, die „humanistische Zielrichtung“ der Händelschen Concerti grossi, die „humanistisch befreiende Zielsetzung seiner Werke“, die „humanitär-humanistische Ideenwelt“ seiner Oratorien betont, um schließlich, gewissermaßen unvermerkt, zur „revolutionären Transzendenz“ seiner Chöre vorstoßen und das Erbe des Jubilars als unveräußerlichen Besitz der sozialistischen Nationalkultur reklamieren zu dürfen.[185] Auch wo die Notwendigkeiten ideologischer Sollerfüllung weniger deutlich hervortreten, bleibt der Grundgedanke derselbe: Der Sozialismus, als der reale, existierende „Humanismus“, ist der legitime Erbe alles Fortschrittlichen in der Geschichte:

> „*Humanismus* – allgemein: Streben nach Menschlichkeit (Humanität) und menschenwürdiger Daseinsgestaltung. Gesamtheit jener Ideen und Strebungen in der Geschichte der Menschheit, die auf der Überzeugung von der Bildungs- und Entwicklungsfähigkeit des Menschen, auf der Achtung vor seiner Würde und Persönlichkeit beruhen und die auf die allseitige Ausbildung, die freie Betätigung und Entfaltung seiner schöpferischen Kräfte und Fähigkeiten sowie schließlich auf die Höherentwicklung der menschlichen Gesellschaft, auf eine immer größere Vervollkommnung und Freiheit des Menschengeschlechts überhaupt gerichtet sind. [...]
> Der sozialistische Humanismus ist der konsequenteste Humanismus. Die Klassengesellschaft ist geschichtlich überholt und menschenfeindlich. Der Imperialismus kann der Menschheit keine menschlichen Perspektiven bieten. Er ist außerstande, die entscheidenden Probleme im humanistischen Sinne zu lösen. Darum kann sich heute der Humanismus nur im Kampf gegen die imperialistischen Kräfte bewähren. [...]
> Doch während die Humanismus-Auffassungen der Vergangenheit nicht konsequent revolutionär waren, macht der sozialistische Humanismus ernst mit all seinen Forderungen. Er verlangt unversöhnlichen Kampf gegen alles, was Leiden verursacht, und fordert aktives Auftreten für den Fortschritt, für das wahrhaft Menschliche. [...] Dennoch bedarf der Satz: ‚Der Kommunismus ist die Verwirklichung des Humanismus‘ der Ergänzung. Der Humanismus ist nicht das *Bild* des Kommunismus. Das Verhältnis beider ist die Beziehung von *Vor*-Geschichte und Geschichte der Menschheit. Insofern ist der durch die Oktober-Revolution eingeleitete gesellschaftliche Prozeß der Errichtung der kommunistischen Gesellschaftsordnung umfassender als nur die Verwirklichung des Humanismus. Er ist seine Verwirklichung und Götterdämmerung zugleich. [...] Indem sich die Arbeiterklasse in der Oktober-Revolution mit dem Humanismus in der Tat identifizierte, wurden alle humanistischen Bestrebungen der bisherigen Geschichte der Menschheit auf das reduziert, was sie waren: auf das nicht zu realisierende *Vor*-Bild des Kommunismus. Erst die Arbeiterklasse schafft den Sozialismus und Kommunismus in Übereinstimmung mit dem historischen Prozeß nach ihrem und der Menschheit Bilde, nicht nach dem Vorbilde des Humanismus.“[186]

„Humanismus“ ist somit gleichbedeutend mit „Eintreten für den historischen Fortschritt“, der im Sinne der Gesetzmäßigkeit des historischen Materia-

---

[185] Walter Siegmund-Schulze: Georg Friedrich Händel, sein Leben, sein Werk, München 1984; vgl. die Rezension von M. Gregor-Dellin, Frankfurter Allgemeine Zeitung, 11.12.1984.

[186] Philosophisches Wörterbuch (s.o. Anm. 20), Band I, S. 525, 532 f.

lismus verstanden wird. Die Qualifizierung als ,,humanistisch" oder ,,fortschrittlich" wird gewissermaßen zum ,,Ahnenkäscher". Der ,,sozialistische Staat auf deutschem Boden" beruft sich nicht nur auf die historische Ahnenschaft all derer, die eine sozialistische Ordnung (auch) in Deutschland erstrebt oder herbeigeführt haben, sondern er präsentiert sich als Universal- und Alleinerbe alles ,,Humanistischen" in der deutschen Geschichte; er beruft in seine Ahnenreihe jeden Künstler und Wissenschaftler, jeden Philosophen und Politiker, der nicht ausdrücklich Krieg, Misanthropie und gesellschaftlichen Rückschritt, wie immer definiert, verfochten hat. Und er reklamiert das ausschließliche Recht, sie in seine Vor-Geschichte einzuordnen, denn auf Schöpfungen und Bestrebungen, die, in welcher Richtung auch immer, der Verbesserung des menschlichen Daseins dienten, darf sich ausschließlich berufen, wer in der Gegenwart dem ,,real existierenden Humanismus" dient. Beide Staaten in Deutschland verkörpern somit unterschiedliche, gegensätzliche *Traditionen* der deutschen Geschichte. Nur die DDR ist legitimiert, sich als historischer Nachfahre politischer, gesellschaftlicher und kultureller Tendenzen zu betrachten, die am Ideal eines menschenwürdigen Daseins orientiert waren. Insofern ist es nicht falsch, wenn von SED-Historikern der Vorwurf zurückgewiesen wird, die SED usurpiere die *ganze* deutsche Geschichte; richtig ist: sie reklamiert den ,,humanistischen" Teil der deutschen Geschichte als ihre ausschließliche Vorgeschichte, als die ihr geistiges Profil bestimmende Tradition und weist der Bundesrepublik das reaktionäre Erbe der fortschrittshemmenden oder -feindlichen Kräfte unserer Geschichte zu:

> ,,Tatsache ist und bleibt: Während die herrschende imperialistische Ideologie und Kultur der reaktionären Traditionslinie des Erbes verpflichtet ist, sehen wir unsere Aufgabe darin, alles Große und Edle, Humanistische und Revolutionäre in Ehren zu bewahren und weiterzuführen."[187]

Dies ist die Nachfolgekonstruktion der Ulbrichtschen ,,Zwei-Linien-Theorie": An die Stelle einer Tatsachenbehauptung, die die Forschung entweder entscheidend einengte oder von ihr als unhaltbar erwiesen werden mußte, ist ein Traditions- und Legitimationsanspruch getreten, der aus dem Dogma per definitionem abgeleitet und damit der Widerlegung durch wissenschaftliche Forschung entzogen ist. Es ist die Zwei-Traditionen-Doktrin der deutschen Geschichte.

Anschauliche Beispiele für die inhaltliche Füllung dieses Traditionsverständnisses lassen sich allenthalben finden; recht illustrativ war z.B. die ,,Ahnentafel", die die FDJ-Zeitung ,,Junge Welt" zum 35. Jahrestag der DDR veröffentlichte.[188] Offenbar nicht auf Vollständigkeit angelegt — eine Reihe von schon ,,rezipierten" (wie Dürer, Lessing, Stein, Hauptmann) oder rezeptionsfähigen Ahnen (wie etwa die Linken der Paulskirche, als deren einziger Repräsentant hier Robert Blum genannt war) —, reichte sie von Gutenberg, Luther und

---

187 Ministerpräsident Willi Stoph, Dezember 1985, vor dem ,,Nationalen Rat der DDR zur Pflege und Verbreitung des Kulturerbes".

188 Junge Welt, 26.9.1984.

Müntzer, über Kant, Goethe, Schiller und Beethoven, die Brüder Humboldt und die Brüder Grimm, über Marx und Engels bis hin zu Gestalten der Geschichte und Gegenwart der DDR. Bemerkenswert an dieser Traditionsreihe war, abgesehen von ihrer rein nationalgeschichtlichen Konzeption, die auch hier feststellbare DDR/SED/KPD-Lastigkeit: Von der Mitte des vorigen Jahrhunderts an verdichtete sich die Reihe überwiegend (nicht ausschließlich: Zeiss, Virchow, Koch, Rathenau [!], Stauffenberg, Geschwister Scholl u.a.) auf Personen, die der revolutionären Arbeiterbewegung angehörten oder nahestanden, bis hin zu den Helden des sozialistischen Aufbaus in der DDR, auf der Ebene der Politiker (Pieck, Grotewohl, Ulbricht), herausragender Einzelpersonen (Sigmund Jähn, der erste deutsche Kosmonaut), aber auch persönlich bedeutungsloser Gallionsfiguren von Kampagnen des sozialistischen Wettbewerbs. So kam es zu der Merkwürdigkeit, daß in einer Linie mit Goethe und Schiller auch der stalinistische Verseschmied Kurt Bartel, mit Hölderlin und Thomas Mann auch der Jugendbrigadier Peter Kaiser und die Wettbewerbsinitiatorin Ramona Gallus auf der Ehrentafel standen. Und es war keine Grundsatzaussage, sondern offenbar nur Folge der redaktionellen Entscheidung, auf die Aufnahme lebender Politiker in die Reihe der „größten Söhne und Töchter" zu verzichten —, daß noch größere Absurditäten, wie z.B. Erich Mielke in einer Reihe mit Kant und Humboldt, in diesem Fall nicht anschaulich wurden.

Versucht man, die mit der Ausweitung des Geschichtsverständnisses verbundene Differenzierung nach „Erbe" und „Tradition" kritisch zu bewerten, so ergibt sich ein in sich differenziertes Urteil. Für die Geschichtsforschung ist zweifellos ein wissenschaftspolitischer Fortschritt erreicht: nunmehr ist die theoretische Begründung einer umfassenden Erforschung der Geschichte gegeben und durch die Erweiterung der als progressiv bewerteten Teile der Geschichte ein beträchtlich weiteres Feld als im engeren Sinne erforschungswürdig deklariert. Die Forschung kann nun größere Teile der Geschichte erschließen und in das von der Partei gelehrte Geschichtsbild einfügen. Aus SED-Sicht verbindet sich damit allerdings die Gefahr, daß sich die scharfen Konturen des proletarischen Klassenstandpunktes auflösen. Die Differenzierung des Geschichtsbildes bewirkt, kurz gesagt, einen Plausibilitätsgewinn, erkauft mit einem Reinheitsverlust, den die Partei durch Einschärfung des Parteilichkeitsprinzips und mit Hilfe der „Tradition" zu minimieren versucht.

Auf die Funktionen der Geschichtswissenschaft in der DDR bezogen, bedeutet das: Je umfassender, differenzierter und empirisch gesättigter das von der Partei verkündete Geschichtsbild ist, desto größer ist ihre Chance, ihrem Staat eine historische Verortung in der deutschen und europäischen Geschichte zu verschaffen. Im gleichen Maße aber erhöhen sich die Schwierigkeiten, ein ideologisch sauberes, klare proletarische Parteilichkeitsstandpunkte aufrechterhaltendes Geschichts*bewußtsein* zu *bilden*: Die Differenzierung des Geschichtsbildes zwingt dazu, die Reinheit des Wertungsstandpunktes immer wieder wissenschaftspolitisch zu überwachen und ideologisch einzuschärfen, wobei, wie gezeigt, die Partei einen erheblichen Spielraum hat, die Urteile nach politischen

Gesichtspunkten zu fällen. Das gleiche zeigt sich hinsichtlich der *strategiebildenden* Funktion des Faches: Je mehr sich die historischen Gesetze zu Allgemeinstaussagen verflüchtigen, deren konkrete Umsetzung sich in „widerspruchsvollen" Abläufen und unter jeweils singulären Bedingungen vollzieht, desto geringer wird die prognostische Kraft solcher Gesetze und desto größer daher der politische Freiraum bei ihren jeweils aktuellen konkreten Anwendungen. Die Geschichtswissenschaft verliert — auch systemimmanent gedacht — in demselben Maße, in dem sie historische Verläufe konkret untersucht und differenziert beurteilt, ihre prognostische und damit strategiebildende Kraft — bis auf den allgemeinsten Satz natürlich, daß das eigene Gesellschaftssystem unweigerlich dem weltweiten Sieg zustrebe. Aber daß sich dieser Sieg unweigerlich „gesetzmäßig" nähere, das kann, je stärker die historischen Gesetze relativiert werden, um so weniger „bewiesen", sondern nur noch beteuert werden. Die Antinomie zwischen Wahrheitsstreben (empirische Sättigung, Reichweite, Differenzierung des Urteils) und sozialistisch-bewußtseinsbildender Funktion der Geschichtswissenschaft bleibt unaufhebbar, zwischen beiden Zielen kann immer nur ein Kompromiß gesucht und nur außerwissenschaftlich, durch politische Entscheidung gefunden werden.

Entschieden dominiert, wie schon deutlich geworden ist, die außerwissenschaftliche Zweckbestimmung bei der Konstituierung der „Tradition". Das ist an sich nichts Außergewöhnliches. Denn Geschichtsbewußtsein bildet sich nicht auf der Grundlage der gesamten Überlieferung und ihrer gesamten wissenschaftlichen Erforschung (selbst wenn dies vorstellbar wäre). Prägend für das historisch-politische Gegenwartsbewußtsein ist das, was man die „erinnerte Geschichte" nennen kann, der Teil des Ganzen, der als eigene Vorgeschichte, als die eigene Gegenwart betreffend überliefert und angenommen wird. Damit ist die psychologische Frage aufgeworfen, wie die Auswahl zustande kommt, bzw. das didaktische Problem, welche Inhalte in welcher Form als Angebote zum Geschichtsverständnis vermittelt werden sollten. Dabei gilt in freien Gesellschaften selbstverständlich, daß die pädagogisch vermittelten Inhalte nicht auf die Orientierung an der *autonomen* Forschung verzichten können, wenn sie nicht zum manipulierbaren Baustoff, zum bloßen Demonstrationsmaterial politischer Programme absinken sollen.

Eben dies aber ist offensichtlich der Fall bei der Traditionskonstruktion durch die Geschichtspropaganda in der DDR. Die Aufstellung von Ahnenreihen und Traditionslinien ist an und für sich legitim: als *politische* Aussage, als Selbstverständnisdemonstration, um die es sich dabei tatsächlich handelt. Inakzeptabel wird sie da, wo sie behauptet, eine *wissenschaftliche* Aussage, keine subjektiv verpflichtende, sondern eine objektiv richtige zu sein. Denn dieser Anspruch hängt an dem Dogma von dem aus parteilicher Sicht erkennbaren objektiv gesetzmäßigen Geschichtsverlauf. Und grundsätzlich fragwürdig ist die Zuweisung in die „Tradition" der DDR überall da, wo sie nicht nach den subjektiven Anschauungen, sondern nach den „objektiven Wirkungen" einer historischen Gestalt geschieht.

„Zu den progressiven Traditionen, die wir pflegen und weiterführen, gehören das Wirken und das Vermächtnis all derer, die zum Fortschritt, zur Entwicklung der Weltkultur beigetragen haben, ganz gleich, in welcher sozialen und klassenmäßigen Bindung sie sich befanden."[189]

Damit ist die Möglichkeit erschlossen, in die „humanistische", ja selbst in die „revolutionäre" Tradition nahezu beliebig, nach politischen Gesichtspunkten, einzuweisen — und hätte der Betreffende selbst „wider die räuberischen und mörderischen Rotten der Bauern" geschrieben — oder diese Zuweisung zu verweigern. Die Staatsahnenschaft der DDR kann durch Beschluß der dazu befugten politischen Organe verliehen werden.

Dieses Verfahren aber verläßt den Bereich wissenschaftlich kontrollierter Geschichtspädagogik. Denn der Anspruch, sich bei der Verwirklichung eigener politischer Ziele auf das „Wirken und Vermächtnis" z.B. Luthers oder Humboldts berufen zu dürfen, bleibt scheinbar und inhaltsleer, wenn man ihn dadurch einlöst, daß man den Genannten das Wirken für einen „historischen Fortschritt" bescheinigt, dessen Inhalt und Richtung man selbst definiert.

---

[189] Honecker, ZfG 1980, S. 927.

III. Von der frühbürgerlichen zur bürgerlichen Revolution

1. Revolutionen und Revolutionszyklen

„Revolutionen sind die Lokomotiven der Geschichte"[190] – gemäß diesem Marxschen Lehrsatz kommt der Revolutionsgeschichte in der kommunistischen Geschichtsschreibung eine zentrale Bedeutung zu.

> „Natürlich ist historisch-gesellschaftlicher Fortschritt nicht auf Revolutionsgeschichte reduzierbar. Aber: Revolutionen waren und bleiben Sternstunden in der Geschichte der Völker, denn ‚nie vermag die Volksmasse als ein so aktiver Schöpfer neuer gesellschaftlicher Zustände aufzutreten wie während der Revoluion'."[191]

Forschung und Darstellung legen demzufolge höchstes Gewicht auf die Entstehung und Wandlung von Klassen und ihrem Verhältnis zueinander, einschließlich der die Klassenbildung begründenden Entwicklung der Produktivkräfte (Formationsgeschichte) und auf die verschiedenen Formen, von den niedersten bis zu den höchsten, die der Klassenkampf in der Geschichte annimmt. Der a priori zentrale Rang der Revolution (ihre Abfolge aufeinander, ihre jeweilige Vorbereitung und Nachwirkung) ist das deutlichste inhaltliche Unterscheidungsmerkmal marxistisch-leninistischer Geschichtsschreibung gegenüber allen anderen an dem Grundgedanken eines historischen Fortschritts orientierten Geschichtsauffassungen.

In der konkreten Arbeit steht daher die marxistisch-leninistische Geschichtswissenschaft vor der Aufgabe, diesen zentralen Rang der Revolutionen nicht nur deduktiv, mit Berufung auf die Klassiker, zu behaupten, sondern konkret, empirisch aus den Quellen nachzuweisen, und zwar nicht nur an solchen historischen „Knotenpunkten", wo herausragende revolutionäre Einzelereignisse die These belegen oder zu belegen scheinen (1917, 1789), sondern auch für Formationsübergänge, die nicht mit einer geglückten politischen Revolution einhergingen. Gerade hier, wo der Nachweis des „revolutionären" Übergangs schwieriger ist, liegt eine ideologische Problemstelle des historisch-materialistischen Geschichtsbildes, denn eines seiner Hauptcharakteristika wäre preisgegeben, wenn seine Vertreter den evolutionären Übergang von Gesellschaftsformationen zuließen. Das wäre auch ideologisch-politisch gefährlich, denn dann wäre selbst die gesetzmäßige Notwendigkeit der sozialistischen Revolution nicht

---

[190] Karl Marx: Die Klassenkämpfe in Frankreich 1848 bis 1850, in: MEW Bd. 7, 1982, S. 12–107, hier: S. 85.

[191] Kossok, ZfG 1978, S. 593, darin das Zitat von Lenin, aus: Zwei Taktiken der Sozialdemokratie in der demokratischen Revolution, 1905, Werke Bd. 9, 1982, S. 1–130, hier: S. 103.

mehr mit Sicherheit zu begründen, die Lösung der „Machtfrage" durch die Arbeiterklasse in Zweifel gezogen und mit ihr die Unverzichtbarkeit der Konzentration der Macht bei der „führenden Partei der Arbeiterklasse". Mit den Revolutionen als „Lokomotiven" des Fortschritts, mit der zwischen ihnen sich vollziehenden Evolution als „Selbstbewegung der Geschichte" infolge des Kampfes der Gegensätze, der in einen revolutionären Qualitätswandel münden muß, steht und fällt das ganze Geschichtsbild. Ohne dieses Axiom

> „würden wir in die Nähe von Auffassungen kommen, die den evolutionären Wandel eines Gesellschaftssystems als das (auch im moralischen Sinne) Normale und den revolutionären Umbruch als pathologischen Ausnahmefall kennzeichnen, durch den eigentlich nur Versäumtes nachgeholt wird"[192].

Die so gestellte Verifikationsaufgabe — auch für den Übergang zum Kapitalismus in Ländern ohne erfolgreiche bürgerliche politische Revolution und natürlich ebenso für den Übergang zum „Feudalismus" und am Anfang für die revolutionäre Überwindung der „Urgesellschaft" — zwingt die marxistisch-leninistische Geschichtswissenschaft zu einer Vermittlungsarbeit zwischen Quellen und Dogma, durch die vielfältige gesellschaftliche Wandlungsprozesse als „revolutionär" charakterisiert werden. Für den theoretischen Teil der Arbeit bedeutet dies eine Flexibilisierung des Dogmas, indem der Revolutionsbegriff ausgeweitet und in sich differenziert wird. Für den empirischen Teil der Arbeit bedeutet es erstens, daß größere Teile des Geschichtsprozesses zu Elementen revolutionärer Wandlungen aufgewertet und damit als im engsten Sinne forschungswürdig erklärt werden. Es bedeutet zweitens, daß gerade bei der Erforschung tatsächlicher revolutionärer Ereignisse (insbesondere bei den europäischen Revolutionen des 19. Jahrhunderts) die DDR-Geschichtswissenschaft ihren eigentlich originären und interessantesten Diskussionsbeitrag in der deutschen wie der internationalen Geschichtswissenschaft erbringt. Es bedeutet drittens allerdings auch zugleich, daß die auf diese Weise neu- oder wiedererschlossenen revolutionären Wandlungsprozesse in das Kategorieschema des „gesetzmäßig" sich vollziehenden klassenkämpferisch/revolutionären Geschichtsprozesses hineingezwungen werden.

Anknüpfungspunkt für die Ausweitung des Revolutionsbegriffs ist Lenins Unterscheidung zwischen Revolution im engeren und im weiteren Sinne:

> „Allgemein gesprochen, kann man unter dieser Bezeichnung [= ‚Vollendung der Revolution'] zweierlei verstehen. Wenn man sie in weitem Sinne anwendet, so versteht man darunter die Lösung der objektiven historischen Aufgaben der bürgerlichen Revolution, ihre ‚Vollendung', d.h. die Beseitigung unmittelbar des Bodens, der die bürgerliche Revolution hervorzubringen vermag, die Vollendung des *gesamten Zyklus* der bürgerlichen Revolutionen. In diesem Sinne z.B. wurde in Frankreich die bürgerlich-demokratische Revolution erst 1871 *vollendet* (dagegen 1789 begonnen). Gebraucht man jedoch das Wort im engen Sinne, so hat man eine einzelne Revolution im Auge, eine der bürgerlichen Revolutionen, sozusagen eine der ‚Wellen', die gegen das alte Regime anstürmt, es aber nicht ganz hinwegfegt, den Boden für die folgenden bürgerlichen Revolutionen nicht beseitigt. [. . .] Die Revolution des Jahres 1789 in Frankreich wurde, sagen wir, 1794 ‚voll-

---

[192] Engelberg 1972, S. 136.

endet', ohne daß dadurch irgendwie der Boden für die Revolutionen der Jahre 1830 und 1848 beseitigt wurde."[193]

Revolution wird also entweder als Einzelereignis oder als „Revolutionszyklus" (Frankreich: 1789 — 1830 — 1848 — 1871) verstanden, und in der letzteren, der weiteren Bedeutung ist es möglich, auch längerfristige Umbruchsprozesse unter dem Oberbegriff „Revolution" zu subsumieren: solche, die sich über mehrere Jahrzehnte, ja, wenn man den Begriff überdehnt, sogar solche, die sich (wie die „Durchsetzung der feudalen Gesellschaftsordnung") über Jahrhunderte erstreckten. Freilich ist diese Begriffsdehnung auch innerhalb der DDR-Historiographie umstritten, denn es ist sehr zweifelhaft, ob man von einem revolutionären Umbruch sprechen kann, wo überhaupt kein revolutionäres Einzelereignis von Bedeutung und von wesentlichem Zusammenhang mit dem so charakterisierten Prozeß festzustellen ist; und es erscheint bedenklich, den Begriff „Revolution" in solchem Maße auszudünnen, weil er damit nahezu mit „historischem Fortschritt" gleichbedeutend wird. Daher ist im Laufe der Diskussion über die theoretischen Grundlagen der Mediävistik die These vertreten worden, es sei nicht sinnvoll, *mehrere* qualitativ verschiedene vorkapitalistische Ausbeuterordnungen mit revolutionären Schwellen dazwischen anzunehmen, sondern man müsse von einer einzigen vorkapitalistischen Klassengesellschaft sprechen, innerhalb derer es lediglich quantitativ verschiedene Entwicklungsstufen gegeben habe. Diese Konzeption, offenbar geeignet, ideologischen Ballast bei der Erforschung des europäischen Mittelalters abzuwerfen, ist von den meinungsführenden Wissenschaftlern — vor allem von Herrmann und Engelberg — zurückgewiesen worden, mit dem forschungsfremden, aber ideologisch richtigen Argument, daß damit die weltgeschichtliche Gültigkeit der revolutionären Geschichtsinterpretation in Zweifel gezogen würde.[194]

Mit der Erweiterung des Revolutionsbegriffes geht die für die Forschung fruchtbare, die jeweilige Wertung aber erschwerende Erkenntnis von der „Widersprüchlichkeit des Fortschritts in antagonistischen Klassengesellschaften" einher:

„In Übergangsepochen ist die entstehende neue herrschende Klasse Hegemon der revolutionären Klassenkämpfe, auf deren Höhepunkten zeitweise Führer der Volksbewegung und in beiden Beziehungen Repräsentant des gesamtgesellschaftlichen Fortschritts. Zugleich ist sie schon in dieser Phase werdende Ausbeuterklasse, d.h. sie gerät mit dieser inneren Ausprägung der neuen Ordnung und mit der Radikalisierung der diese durchsetzenden Klassenkämpfe in wachsenden Widerspruch zu den Volksmassen und zur Volksbewegung. Durch ihre Ausbeutungsfunktionen neigt sie zum Kompromiß mit alten Klassen und Institutionen, soweit sie ihre ökonomischen, sozialen und politischen Grundinteressen durchsetzen kann. Diese zwiespältige Rolle läßt sich bereits im Prozeß der Genesis des Feudalismus nachweisen; am deutlichsten zeigt sie sich in der Geschichte der bürgerlichen Revolutionen. Mit der vollen Durchsetzung der jeweils neuen Gesellschaft verstärken sich die gegenüber den Volksmassen repressiven Tendenzen bis zum Umschlag in eine ausgeprägt reaktionäre Politik, die vorrangig dazu dient, die errungene Klassenherrschaft nach innen und außen zu sichern."[195]

---

[193] Lenin, Notizen eines Publizisten, 1910, in: Werke Bd. 16, Berlin (Ost) 1972, S. 193—261, hier: S. 200 f.

[194] Vgl. hierzu Herrmann, ZfG 1980, S. 827.

[195] Küttler/Seeber, ZfG 1981, S. 731.

Solange also der Klassenkampf noch nicht die letzte, die ausbeutungsfreie Gesellschaftsformation hervorbringen kann, sondern nur eine Ausbeuterordnung durch eine andere ersetzt, solange demnach auch die unterdrückten untersten Schichten einer Ausbeuterordnung (Bauern, „plebejische" Schichten der Stadtbevölkerung) noch nicht in der Lage sind, mit der nächsten Revolution ihrerseits die neue Gesellschaftsordnung zu gestalten, solange mit anderen Worten „Hegemon" und „Massenbasis" der revolutionären Klassenkämpfe nicht identisch sind und sein können, ist der historische Fortschritt zwiegesichtig. Denn die aufstrebende Klasse (z.B. das Bürgertum) verkörpert und realisiert den gesetzmäßigen historischen Fortschritt, zugleich aber installiert sie eine neue Klassenherrschaft und Ausbeuterordnung, die den Keim ihrer künftigen Überwindung von vornherein in sich trägt. Der historische Fortschritt ist notwendig und vollzieht sich gesetzmäßig, aber er vollzieht sich zugleich von vornherein wieder auf dem Rücken einer sich neu konstituierenden unterdrückten Klasse (hier z.B. des Proletariats), die aus den unterdrückten Massen der überwundenen Ausbeuterordnung (Bauern, „plebejische" Schichten) teils durch Transformation hervorgeht, teils deren neu formierte Nachfolgeklassen und -schichten zu ihrem Verbündeten macht (Verhältnis Arbeiterklasse — Bauern im Kapitalismus). Der Hegemon der Revolution (in diesem Fall also das Bürgertum) ist daher von vornherein bestrebt, die Radikalisierung der Revolution durch die „Volksmassen" zu vermeiden, den revolutionären Übergang in Formen zu vollziehen, die die eigene entstehende Klassenherrschaft nicht nach unten hin gefährden; die abtretende Ausbeuterklasse ihrerseits („Feudaladel") ist bestrebt, die eigene Klassenherrschaft soweit wie möglich, durch Anpassung an die neue aufsteigende Ausbeuterklasse, zu bewahren. So kommt es denn zu „widersprüchlichen" Erscheinungen in der Politik dieser Klassen: Angehörige der untergehenden Herrschaftsklasse fördern den historischen Fortschritt, teils aus begrenzter Einsicht, teils aus dem vergeblichen Bemühen, ihn zu hemmen; Angehörige der aufsteigenden Ausbeuterklasse betreiben, im Rahmen ihrer sozialen Begrenztheit, an der sich ja dadurch in den meisten Fällen nichts ändert, zeitweise, bis zu einem bestimmten Punkt, die richtige, revolutionäre Politik oder entwickeln die dazugehörige Ideologie; gleichzeitig aber legen sie, insofern sich den neuen, den kommenden Fortschrittskräften objektiv entgegenstellend, den Grund für eine neue Ausbeutungsherrschaft und für eine neue der revolutionären Beseitigung verfallene Gesellschaftsordnung.

Man sieht: Das Problem der parteilichen Bewertung wird hier auf eine so flexible Weise gelöst, daß im Einzelfall an die Stelle einer mehr oder weniger grobrastrigen Beurteilung eine durchaus differenzierte Einschätzung der historischen Wirkung treten kann. Dies ließe sich, wenn man wollte, sogar bis zu der Konsequenz führen, daß „fortschrittsfördernde Wirkungen" selbst bei solchen historischen Akteuren diagnostiziert werden könnten, die den revolutionären „Klassenkampf" nicht nur ungewollt oder halbwissend unterstützten, sondern die ihn tatsächlich förderten eben dadurch, daß sie ihn zu unterdrücken suchten (wie z.B. Metternich am Vorabend der 48er Revolution; man könnte sich selbst drastischere Beispiele vorstellen). Auch mit einem solchen Bewertungsverfahren wäre das Klassenkampfschema der Geschichte nicht grundsätzlich preisgegeben; preisgegeben wäre lediglich die politisch-*moralische* Bewertung der historischen Akteure, aber eben darauf will die parteigeleitete Geschichtswissenschaft nicht verzichten — und kann es wohl auch nicht —, weil sie damit die Wichtigkeit eines subjektiv fortschrittlichen Klassenbewußtseins entwerten würde.

Die praktische Anwendung dieser neu bestimmten Kategorien auf die Beispiele der „frühbürgerlichen Revolution" und der „bürgerlichen Umwälzung in Deutschland" wird sogleich genauer auszuführen sein. Hier seien zunächst noch einige kurze Bemerkungen über die Anwendung dieses Interpretationsrahmens auf die vorneuzeitliche Geschichte vorangestellt. Die Diskussion über die Problematik einer „konkreten" Darstellung des gesetzmäßig-revolutionären Geschichtsverlaufs auch für die mittelalterliche und alte Geschichte ist in der DDR erst in den letzten Jahren eingehender geführt worden. Als das Herausgeberkollektiv des Zwölfbänders sich konstituierte, war zunächst überhaupt nur ein Nicht-Neuzeitler darin vertreten (Joachim Herrmann); und bei der Arbeit an den ersten Bänden erwies sich, daß es in vielen Bereichen, vor allem in konzeptionellen Fragen, an Vorarbeiten mangelte, so daß der Argumentationsduktus der Gesamtdarstellung, aber auch der Einbau vieler einzelner historischer Erkenntnisse problematisch war und zum Teil auch geblieben ist.[196]

Die eigentliche Schwierigkeit besteht darin, Herrschaft und Staat im Mittelalter — ebenso wie in den altorientalischen Kulturen und der Antike — in die Begrifflichkeit des Marx-Engelschen Formationsschemas zu fassen. Auf den Historikerkongressen von 1977 und 1982 sind die Grundlinien auch einer revolutionären Interpretation der „vorkapitalistischen" Geschichte gezogen worden.

„Die marxistisch-leninistische Geschichtswissenschaft geht davon aus, daß die Volksmassen durch ihre produktive Tätigkeit und ihre Rolle im Klassenkampf der entscheidende Faktor bei der Durchsetzung des historischen Fortschritts sind."[197] Auf dieser Annahme aufbauend wurde die Rolle der „Volksmassen" im historischen Fortschritt auf dem Historikerkongreß von 1977 diskutiert; eine systematisierende Zusammenfassung des Diskussionsstandes (bezogen auf die feudale Gesellschaftsformation) haben ein Jahr darauf Brendler und Küttler sowie Kossok in einer überarbeiteten Fassung seines Referats gegeben.[198] Als „Volksmassen" werden dabei verstanden im Bereich der Produktion die Gesamtheit der werktätigen Klassen und Schichten, im Bereich des Klassenkampfes allgemein die Gesamtheit der unterdrückten Klassen und Schichten, im Bereich des politischen Klassenkampfes die Gesamtheit der direkt historisch wirkenden, kämpfenden Kräfte. Daraus ergibt sich, daß die Zu-

---

196 Herrmann, ZfG 1980, S. 823 ff.

187 Töpfer, ZfG 1977, S. 1158 ff., hier: S. 1158.

198 Vgl.: Volksmassen und Fortschritt in der Geschichte. Thesen zu den Referaten in den Arbeitskreisen des VI. Historiker-Kongresses der DDR. Aufsätze von mehreren Autoren, Herrmann, in: ZfG 26 (1977)/10, S. 1149 ff.; Brendler/Küttler, ZfG 1978, S. 803 ff.; Kossok, ZfG 1978, S. 593 ff.

gehörigkeit zu diesen „Massen" für jedes Stadium der gesellschaftlichen Entwicklung neu bestimmt werden muß, vor allem aber, daß „Volksmassen" weder mit der Gesamtheit der den Fortschritt fördernden Kräfte noch mit einer bestimmten Klasse identifiziert werden dürfen. Denn auf der einen Seite ist es möglich, daß auch Konterrevolutionen eine Massenbasis haben, auf der anderen dürfen die Klassengrenzen zwischen den verschiedenen den Fortschritt gewollt oder ungewollt, langfristig oder zeitweilig fördernden Kräfte gerade in vorsozialistischen Revolutionen nicht eingeebnet werden. Klar bleiben muß, daß es gesellschaftliche Kräfte gibt, die (zeitweilig) den Fortschritt im Klassenkampf fördern, ohne den „Volksmassen" anzugehören; und nur so läßt sich auch die Unterscheidung zwischen „Hegemon" und „Triebkräften" der Revolution aufrechterhalten, die für alle vorsozialistischen Revolutionen konstitutiv ist.

Den „Volksmassen" (bzw. einem Teil von ihnen) kommt demnach auch in den vorsozialistischen Revolutionen, zu deren Hegemon sie „objektiv" noch nicht berufen waren, die Rolle des Motors zu; sie nämlich nötigen die hegemoniale Klasse erst zur vollen Wahrnehmung ihrer progressiven Rolle. Die Funktion, die Manfred Kossok den Volksbewegungen im „bürgerlichen Revolutionszyklus" zuweist, ist, infolge der klassenbedingten revolutionären Inkonsequenz aufsteigender Ausbeuterklassen, generalisierbar:

> „Die Intervention der Volksbewegung war von entscheidender Bedeutung, um ein ‚Entgleisen' der Revolution, im Sinne des Abgleitens in das gegen eine militante aristokratisch-absolutistische Reaktion verteidigungsunfähige und -unwillige bourgeoise ‚Mittelmaß' zu verhindern und um die objektiv noch progressive Bourgeoisie in Gestalt ihrer vorwärtstreibenden Fraktionen auch gegen den Willen der revolutionsabstinent gewordenen Klassenmehrheit länger an der Macht zu halten, damit weiter in die ‚historische Verantwortung' zu zwingen."[199]

Zwischen „Volksmassen" und „Hegemon" gilt somit in den Umwälzungen vor der sozialistischen Revolution allgemein die Arbeitsteilung, die Lenin für die bürgerlichen Revolutionen feststellt:

> „In den bürgerlichen Revolutionen bestand die Hauptaufgabe der werktätigen Massen in der Durchführung der negativen oder zerstörenden Arbeit, den Feudalismus, die Monarchie, die Mittelalterlichkeit zu vernichten. Die positive oder schöpferische Arbeit, die neue Gesellschaft zu organisieren, besorgte die besitzende, bürgerliche Minderheit der Bevölkerung."[200]

Aus der axiomatisch gültigen Antriebsrolle der „Volksmassen" im Klassenkampf erklärt sich der Arbeitsaufwand, mit dem die DDR-Historiographie sich dieses Themas annimmt; die in der Bundesrepublik schon vertretene These, diese Hervorhebung der „Volksmassen" bedeute eine Abwertung der führenden Rolle der Partei in der sozialistischen Revolution[201], ist dagegen gänzlich

---

[199] Kossok, ZfG 1978, S. 603.
[200] Lenin, Die nächsten Aufgaben der Sowjetmacht, 1918, in: Werke Bd. 27, Berlin (Ost) 1978, S. 229 ff., hier: S. 230.
[201] Rumpler, GWU 1980, S. 178 ff.

irrig. Daß in der proletarischen, der letzten Revolution die Führung der Volksmassen durch die Avantgarde-Partei eine selbstverständliche Notwendigkeit sei, wird in allen einschlägigen Aussagen mit leitmotivischer Beharrlichkeit wiederholt; was herausgearbeitet werden soll, ist vielmehr die progressive, revolutionäre, vorwärtstreibende Rolle der „Massen", die Unentbehrlichkeit ihres Radikalismus selbst für die begrenzten Erfolge der nichtproletarischen Revolutionen.

Nur am Rande sei hier darauf verwiesen, daß die Definition und die Rollenanalyse der „Massen" und der an ihnen beteiligten bzw. mit ihnen kämpfenden Klassen nicht nur ein interpretatorisches, sondern auch ein Quellenproblem ist, insbesondere wo es um die Konkretisierung dieser Begriffe im Frühmittelalter, in der Antike und in der Geschichte der frühen Hochkulturen geht. Viele Aussagen, die den Interpretationsrahmen setzen sollen, bleiben angesichts dessen sehr allgemein, empirisch zweifelhaft und mehr für die ideologische Einordnung als für die Erschließung von Erkenntnissen fruchtbar. Daß die Eigentumsverhältnisse im Rahmen der Polis die Privatsklaverei „erzwangen", daß „die Klassenkämpfe der Volksmassen" „letztlich" „die politische Revolution eines Solon und Kleisthenes" bewirkten[202] — solche und ähnliche Notwendigkeits- oder Zwangsläufigkeitsbehauptungen, die sich in reicher Zahl finden, sind entweder empirisch nicht überprüfbar oder so allgemein gehalten, daß sie „letztlich" gar nichts Spezifisches mehr bedeuten.

So skizziert Herrmann die Formationenfolge in der frühen Geschichte als Übergang aus der Urgesellschaft in die „patriarchalische Ausbeuterordnung" (die erste Ausbeuterordnung der Geschichte, auch asiatische Produktionsweise oder altorientalische Klassengesellschaft genannt; sie geht der Sklavenhaltergesellschaft voraus, und über ihre Einfügung in das Marx-Engelssche Schema besteht in der DDR-Historiographie Konsens) als Folge der „urbanen Revolution": „Die Steigerung der Produktivität der Agrarwirtschaft [. . .] bis zu einer Stufe, auf der Mehrprodukt und Ausbeutung möglich" wurden, habe „tiefgreifende Antagonismen gegen die urkommunistischen Eigentumsverhältnisse" geschaffen. Teile der Gentilaristokratie hätten sich, unter Ausnutzung von Stammesgegensätzen, eine zeitweilige Massenbasis verschafft und mit ihrer Hilfe den Kampf um den Übergang zur Klassengesellschaft geführt. In einer zweiten Phase hätten sich Teile der Gentilaristokratie gegenüber lokalen Interessen durchgesetzt und sich als ausbeutende und herrschende Klasse konstituiert, wodurch die arbeitenden Volksmassen zugleich ausgenutzt, aber auch unter organisierten Schutz gestellt wurden. Zugleich sicherten sich die Volksmassen gemeinschaftliche Besitzrechte an den Produktionsbedingungen. Die Überwindung dieser Ausbeuterordnung wurde durch die „früheisenzeitliche Revolution" eingeleitet (verursacht durch die Weiterentwicklung der Produktivkräfte infolge der Entdeckung und Nutzung des Eisens), ihre Träger waren allerdings nicht die unterdrückten Klassen der Ausbeuterordnung, sondern die noch gentilgesellschaftlich organisierten Bauern und Gewerbetreibenden an den Peri-

[202] Herrmann, ZfG 1977, S. 1152 f.

pherien der Großreiche. Ihr Kampf gegen die Reste der alten herrschenden Klasse und gegen Teile der eigenen Stammesaristokratie brachte die Polisordnung mit der von ihr erzwungenen Privatsklaverei hervor, in deren Rahmen sich die Gesellschaft weiter differenzierte. Diese zweite Etappe der Revolution wurde abgeschlossen in Athen durch die Reformen des Solon und Kleisthenes, in Rom durch „die Maßnahmen des Servius Tullius" und die Rechtskodifizierung in den Zwölf Tafeln.

Erst in der Blüte der Sklavenhaltergesellschaft kam es zu offenen Kämpfen zwischen Sklaven und Sklavenhaltern, die, obgleich konzeptionslos geführt, zur weiteren Entwicklung der Gesellschaft beitrugen. Die Aufstände unterdrückter Klassen zeigten zunehmend die Krise der Gesellschaftsordnung, vermochten aber nicht, diese zu überwinden. Dies leisteten vielmehr Volksmassen in den peripheren Zonen dieser Gesellschaft, die „nur locker mit der Klassenstruktur der Sklavenhaltergesellschaft verbunden" waren; sie übernahmen Errungenschaften der Produktivkräfte der Sklavenhaltergesellschaft und kämpften, „aus subjektiv begrenzten, jedoch objektiv in ihrer sozialökonomischen Entwicklung begründeten Interessen" die verfallende Sklavereiordnung nieder.[203]

Auch die Periodisierung der „feudalen Revolution" bereitet Schwierigkeiten, die Autoren des ersten Bandes des Zwölfbänders gehen von der folgenden Konstruktion aus: Eine erste Etappe, umfassend den „Zusammenbruch der römischen Sklavenhaltergesellschaft und (den) Beginn des revolutionären Übergangs zur feudalen Gesellschaftsordnung (Mitte 4. Jahrhundert bis Ende 5. Jahrhundert)" sei charakterisiert durch die Ausbildung „protofeudaler" Elemente im Rahmen der römischen Sklavenhaltergesellschaft und der sich in Auflösung befindenden Gentilgesellschaft. Die subjektiven Kräfte des Kampfes formierten sich, vor allem gentilgesellschaftlich organisierte Bauernkrieger, geführt von der Stammesaristokratie, die sich jetzt als Foederaten in das politisch-militärische System der Sklavenhaltergesellschaft einbeziehen ließen. Die Etappe endete mit der gebietsweisen Zerschlagung der Sklavenhaltergesellschaft und der Errichtung von Stammeskönigreichen. Als zweite Etappe folgt nun die „Entstehung des Merowingerreiches und die Herausbildung feudaler Produktionsverhältnisse" (Ende des 5. bis Anfang des 8. Jahrhunderts). In den Kämpfen der Franken gegen die Alemannen, Thüringer und Sachsen konstituieren sich die feudalen Grundklassen, „ohne daß diese Kämpfe jedoch als Klassenkämpfe bezeichnet werden können. Aber sie weisen die Tendenz auf, in Klassenkämpfe umzuschlagen." Die dritte Etappe schließlich brachte die „umfassende Herausbildung feudaler Produktionsverhältnisse" (Anfang des 8. bis erste Hälfte des 9. Jahrhunderts).[204]

Man sieht: Die spezifische Schwierigkeit der marxistisch-leninistischen alten und mittelalterlichen Geschichte liegt nicht eigentlich — das heißt nicht mehr als in der westlichen Geschichtsschreibung — in der Erschließung und Befragung

---

[203] Herrmann, ZfG 1977, S. 1150, S. 1154.
[204] Herrmann, ZfG 1980, S. 832.

der Quellen. Hierbei ist sie sogar in der Einzelarbeit von den Vorgaben des Dogmas um so weniger eingeschränkt, je mehr diese sich auf allgemeinste Grundsatzaussagen zurückziehen. Die Schwierigkeit liegt darin, zwischen diesen im Dogma vorgegebenen Fundamental-Sätzen und den Befunden der Arbeit an den Quellen zu vermitteln, die Forschungsergebnisse sinnvoll in die Kategorien des historischen Materialismus einzuordnen. Läßt sich z.B. die These vom revolutionären Übergang zum „Feudalismus" aufrechterhalten, auch ohne einzelne Revolution (im engeren Sinne)? Denn die Sklavenaufstände hatten ja anerkanntermaßen nur den Rang eines „Krankheitssymptoms", aber keine Bedeutung für den Aufstieg der Feudalordnung selbst. Oder was ist mit der Feststellung gewonnen, die Kämpfe der Franken hätten die „Tendenz" aufgewiesen, „in Klassenkämpfe umzuschlagen"? Bei Aussagen dieser Art ist das leitende Interesse offenbar nicht Erkenntnis, sondern Verifikation. Und auch die scheint nicht gelungen, denn sie geschieht ganz einfach dadurch, daß den tatsächlichen Erkenntnissen die Terminologie des Dogmas übergestülpt wird, ungeachtet der Frage, wieweit sie hier überhaupt sinnvoll anwendbar ist.

Das eigentlich Interessante an der Grundlagendiskussion in diesem Fachbereich ist, daß auch hier eine Flexibilisierung des Dogmas versucht wird und daß die in der Diskussion dazu gemachten Vorschläge, auch wenn sie sich nicht durchsetzen konnten, wie schon gesagt, so weit gingen, das Grundschema selbst partiell zur Revision zu stellen. Im übrigen ist die Diskussion über diese Fragen keineswegs abgeschlossen; Herrmann weist in seinem Bericht über die Arbeit am ersten Band der „Deutschen Geschichte" darauf hin, daß bei einer Reihe zentraler Fragen (z.B.: ob die Klassenkämpfe der Bauern für die Ausbildung der Feudalgesellschaft konstitutiv, irrelevant oder gar hinderlich gewesen seien; Herrmann spricht sich konsequenterweise für ihren konstitutiven Rang aus, um die Triebkraftwirkung der „Volksmassen" auch für diesen revolutionären Prozeß zu retten[205]) Einigkeit noch nicht erreicht werden konnte.

Zu den „konservativen" Elementen der Mittelalter-Geschichtsschreibung in der DDR gehört es denn, wenn, wenigstens bei den Historikern, die an der unbedingt progressiven Wirkung der „Volksmassen" auch im „Feudalismus" festhalten, Aufstandsbewegungen, jede Art von Unzufriedenheitsartikulation bis hin zu „niederen Formen des Klassenkampfes" einen weitaus größeren Rang einnehmen als in der westlichen Geschichtsforschung, vom „Stellinga-Aufstand der sächsischen Bauern" (Deutsche Geschichte, Band I, Seite 348 ff.) über „lokale und regionale bäuerliche Klassenkämpfe" (z.B. im 10. Jahrhundert, Deutsche Geschichte Band I, Seite 381 ff., gemeint sind Markstreitigkeiten sowie individuelle Abgabenverweigerungen oder Flucht) bis hin zu den spätmittelalterlichen Bauernunruhen. Ebenso gilt große Aufmerksamkeit der Sozialgeschichte der Städte, dem aufkommenden Bürgertum als der „dynamische(n) Kraft, die in der Kommunebewegung der Feudalherrschaft erfolgreich entgegentrat und ihr einen gesellschaftlichen Entwicklungsraum abtrotzte, der nicht mehr voll feudal integriert war", und den „innerstädtischen Klassen-

---

205 Herrmann, ZfG 1980, S. 833.

kämpfen", die weiter als Fortschrittskraft" wirkten.[206] In der Sozialgeschichte liegen denn auch die bisherigen ergiebigsten Felder der DDR-Mediävistik.

Problematisch geblieben ist trotz der Arbeit an dem Zwölfbänder die Vermittlung von Struktur- und Ereignisgeschichte, die Integration der politischen Geschichte in den formationshistorischen Prozeß und damit auch die Frage nach Gewicht und Bedeutung einzelner historischer Gestalten. Ein Diskussionsbeitrag von Evamaria Engel (1980) weist darauf hin, wie viele Möglichkeiten bis heute nicht oder wenig genutzt worden seien, und gibt den Ausblick frei auf die Möglichkeit eines relativ wenig dogmatisch eingeengten Bereiches der mediävistischen Forschung. Die Rolle der Könige bei der Entstehung des Feudalstaats und bei der Herausbildung der deutschen Nation, ihre „Bündnispolitik mit verschiedenen sozialen Kräften, nicht nur mit dem Städtebürgertum" (aus marxistisch-leninistischer Sicht besonders interessant) werden als Themen der zu vertiefenden Forschungsarbeit genannt. „Nachzugehen ist" weiterhin „den friedenssichernden Idealen und praktischen Maßnahmen mittelalterlicher Könige", die „partiell durchgesetzte Friedenswahrung mit ihren günstigen Auswirkungen auf Produktion, Handel und Lebenslage des Volkes sollte sich in der Gesamtbeurteilung eines mittelalterlichen Königs positiv niederschlagen", womit denn auch Königsdomänenpolitik, Hausmachtpolitik, „wie überhaupt alle Maßnahmen der Zentralgewalt zur wenn auch nicht endgültigen, so doch zeitweisen Stärkung ihrer Positionen sowie der Abwehr äußerer Feinde [...], aber auch territoriale Abrundung und Ausweitung als Mittel feudaler Herrschaftsbegründung oder -festigung in bestimmten Perioden" unter die erforschungswürdigen und -bedürftigen Gegenstände eingereiht sind. Daß die Verbindung zur „Formationsgeschichte" dabei oft nur indirekt herstellbar ist, wird der weiteren Bearbeitung dieses Forschungsfeldes wohl nicht im Wege stehen:

> „Bei der Bestimmung des von mittelalterlichen deutschen Königen hinterlassenen Erbes werden wir in stärkerem Maße auf das Ereignis und auf das Singuläre gestoßen als auf Strukturen und Entwicklungen. [...] In dieser auf das Singuläre, auf die vorrangig auf die historisch handelnde Persönlichkeit und das Ereignis hinzielenden Richtung liegen Chance und Verpflichtung zugleich für den Historiker. Eine Chance insofern, als er an Wissen und Vorstellungen breiterer Kreise über mittelalterliche Könige anknüpfen kann, also auf ein reges Interesse mit seiner Fragestellung stößt. Eine Verpflichtung in dem Sinne, als er diesem punktuellen, splitterhaften und sicher einseitigen Wissen ein Gerüst, einen Halt geben kann und muß, indem er die jeweilige historische Persönlichkeit in größere gesellschaftliche Zusammenhänge einbettet, Ereignis, Struktur und Entwicklung in ihrem objektiven Zusammenhang zeigt und klarstellt, daß diese Persönlichkeit selbst durch Strukturen und Bewegungen ihrer Zeit geprägt ist."[207]

Damit ist der mittelalterlichen Geschichte, auch in dem traditionellen Sinne einer ereignis- und personenbezogenen Geschichtsschreibung, ein legitimer Platz im Geschichtsbild der deutschen Kommunisten zugewiesen. Die positive Beurteilung Karls des Großen, Ottos des Großen (dem allerdings sein Beiname

[206] Brendler/Küttler, ZfG 1978, S. 806.
[207] Engel, ZfG 1981, S. 820 ff., hier: S. 823.

verweigert wird), Friedrich Barbarossas oder Karls IV. (im 1. Band der Deutschen Geschichte, im Falle Karls IV. auch durch ein Colloquium anläßlich seines 600. Todestages)[208] weist auf die weiter zu verfolgende Richtung hin.

2. Luther und die „frühbürgerliche Revolution"

Der Übergang vom „Feudalismus" zum „Kapitalismus" vollzog sich nach der gültigen Auffassung der DDR-Historiographie in einem längeren Prozeß, der von zwei revolutionären Schüben eingeleitet und abgeschlossen wurde: der „frühbürgerlichen Revolution" im 16. und der bürgerlichen Revolution seit Ende des 18. und im 19. Jahrhundert. Dazwischen liegt eine Übergangs- und Vorbereitungsphase, die widersprüchlich beurteilt wird, für die sich aber zunehmend eine Interpretation durchsetzt, die auch die „progressiven" Elemente zu würdigen beginnt; in welchem Maße dies geschieht, hängt auch davon ab, ob diese Zwischenphase stärker unter europäischem Gesichtspunkt oder aus dem Blickwinkel der deutschen Entwicklung beurteilt wird.

Der Ausdruck „frühbürgerliche Revolution" ist in der DDR seit Beginn der 50er Jahre eingeführt, seit den 60er Jahren Gegenstand umfassender Diskussion und gilt als feststehende und unbezweifelbare Kategorie zur Bezeichnung von Reformation und Bauernkrieg, die als Einheit, als Versuch zur revolutionären Überwindung der Krise des Feudalismus, verstanden werden.

> „Die Reformation wurde wesentlicher Bestandteil der beginnenden Revolution, bildete die ideologische Klammer für die sie tragenden höchst unterschiedlichen Klassenkräfte und gab im weiteren Verlauf des revolutionären Prozesses den Rahmen für deren rasche Differenzierung ab. Die Revolution kulminierte im deutschen Bauernkrieg von 1525, der jedoch mit einer Niederlage endete. Ihr historischer Platz im beginnenden Übergangsprozeß vom Feudalismus zum Kapitalismus – unter noch unausgereiften objektiven und subjektiven Bedingungen – bestimmt den Charakter der Revolution als frühbürgerlich."[209]

Voraussetzung dieser Interpretation von Reformation und Bauernkrieg ist die Auffassung einer zusammenhängenden, wirtschaftlich-sozial bedingten allgemeinen Krise um die Jahrhundertwende. Die kommunistische Geschichtsschreibung postuliert für die vielfachen krisenhaften Umbrüche im sozialen, geistigen und politischen Leben, die die Schwellenzeit zwischen Mittelalter und Neuzeit kennzeichnen, einen gewissermaßen systematischen Zusammenhang, hergestellt durch die gemeinsame Ursache im Wandel der ökonomischen Basis.

---

[208] Vgl. auch Konrad Fritze: Rezension zu Evamaria Engel (Hg.), Karls IV. Politik und Ideologie im 14. Jahrhundert, in: ZfG 32 (1984)/10, S. 915 f.

[209] Thesen, Einheit 1981, S. 981.

Das vereinheitlichende Element dieser Erscheinungen stellten demnach die gesellschaftlichen Widersprüche infolge des sich entwickelnden Frühkapitalismus dar, der die Feudalgesellschaft zersetzte — mit allen Konsequenzen auch im ideologischen Überbau —, ohne den Zeitgenossen als eigentliche Krisen-Ursache erkennbar zu sein. Die Lösung der Krise mußte zunächst in dem Bereich ansetzen, der ideologisch wie institutionell das gesellschaftliche Leben beherrschte, bei der Kirche und der christlichen Religion, mußte dann aber über deren Umwandlung oder Erschütterung hinausgehen:

> „Martin Luther lebte in einer Zeit voll tiefer gesellschaftlicher Widersprüche. Unter dem Einfluß kapitalistischer Entwicklungstendenzen im ‚Heiligen Römischen Reich Deutscher Nation', das in Hunderte Territorien und feudale Herrschaften zersplittert war, spitzten sie sich am Anfang des 16. Jahrhunderts zu einer umfassenden gesellschaftlichen Krise zu. Der entstehende und sich rasch entwickelnde frühe Kapitalismus zersetzte die Feudalgesellschaft. [...] In den Mittelpunkt der Kritik geriet insbesondere die Papstkirche, die sich während des Mittelalters zu einem der wichtigsten internationalen Machtzentren des Feudalismus entwickelt hatte. [...]
> Nur von innen heraus, durch einen grundsätzlichen Angriff auf ihre dogmatischen Grundlagen, war die Kirche zu erschüttern. [...] Er sc. Luther führte diesen Angriff und begründete durch sein neues Verständnis der Beziehungen zwischen Mensch und Gott [...] einen neuen Kirchenbegriff, der die Grundlagen der alten Kirche geistlich überwand und deren Struktur und Machtausübung insgesamt in Frage stellte. [...] Damit schuf Martin Luther theologische Grundlagen für die Herausbildung einer reformatorischen Ideologie, die unter den gegebenen gesellschaftlichen Bedingungen revolutionäre Wirkung erlangte; denn Reformation bedeutete nicht nur eine Reform der Kirche, sondern eine mehr oder weniger weitgehende Veränderung der Gesellschaft. [...]
> Zugleich entwickelte sich eine zunächst von der bürgerlich-städtischen Opposition getragene reformatorische Volksbewegung, deren Kräfte sich begeistert hinter Luther stellten. [...] Indem Luthers Ideen den verschiedensten gesellschaftlichen Kräften Anknüpfungsmöglichkeiten zur Begründung, Rechtfertigung und Artikulierung eigener Interessen, Vorstellungen und Ziele gaben, wirkten sie nicht nur integrierend, sondern legten den Keim für die spätere Legitimierung ganz unterschiedlicher, ja zuweilen gegensätzlicher Bestrebungen durch die Berufung auf Luther. [...] Die Volksbewegung, der Luther mit der Bibelübersetzung — nach den Worten von Friedrich Engels — ‚ein mächtiges Werkzeug' in die Hand gab, verselbständigte und radikalisierte sich. Neben der städtisch-bürgerlichen trat zunehmend eine bäuerlich-plebejische Komponente der Volksbewegung in Erscheinung. [...] Mit dem Bauernkrieg eröffnete sich die Chance, das Feudalsystem entscheidend zu schwächen und dem bürgerlichen Fortschritt in Deutschland unter den damaligen Bedingungen größeren Spielraum zu schaffen."[210]

Der Grundgedanke dieser Interpretation — der unauflösbare Zusammenhang von Reformation und Bauernkrieg, die sich wechselseitig bedingen, die Einheit „des Herauswachsens des Bauernkrieges aus der Reformation und des Bauernkrieges als des Versuchs der Weiterführung, Erfüllung und Aufhebung der Reformation, jeweils in Anknüpfung an europäische Bewegungen und unter Bedingungen der anhebenden kapitalistischen Ära"[211] — ist, ohne daß der Terminus „frühbürgerliche Revolution" gebraucht würde, schon bei dem späten Engels vorgegeben, der sich zur Umarbeitung seiner Bauernkriegsschrift 1884 das Stichwort notierte:

---

[210] Thesen, Einheit 1981, passim.
[211] Steinmetz 1977, S. 24 f.

„Reformation – Lutheranische und Kalvinistische – Revolution Nr. 1 der Bourgeoisie, worin Bauernkrieg die kritische Episode. [...] Charakter der Reformation als einzig möglichen, *populären* Ausdruck der allgemeinen Bestrebungen usw."[212]

Diese und seine Notizen von 1892, denen viele der Reformation und vor allem Luther gegenüber sehr kritische Aussagen Marx' und des jüngeren Engels gegenüberstehen, werden heute vor allem herangezogen, wenn die DDR-Historiographie den tatsächlichen Wandel ihrer Reformationsauffassung als kontinuierliche Weiterentwicklung unter konstanter Orientierung an den Klassikern darzustellen versucht. Gegenüber neueren Ansätzen, die den „Begriff der frühbürgerlichen Revolution" als ein „Interpretament" der letzten beiden Jahrzehnte, also als ein Verständigungsmittel der nachträglichen Geschichtsdeutung, verstehen wollen[213], hält die Mehrheit der Fachvertreter an der in den 60er Jahren entwickelten Auffassung fest, dieser Terminus sei „nicht nur erläuternde Redeweise, keine bloße Andeutung oder Metapher, sondern eine wissenschaftlich exakte Bezeichnung für die unentwickelte frühe Form der bürgerlichen Revolution in Europa"[214].

Diese Hypothese bleibt jedoch – ganz abgesehen davon, daß sie eben nicht als Hypothese, sondern als unbezweifelbarer Grundsatz gilt – fragwürdig.[215] Sie bleibt empirisch unbestätigt, da der „Hegemon" dieser „Revolution", das aufstrebende Bürgertum, als revolutionärer Akteur nicht nennenswert hervorgetreten und ein revolutionäres Bewußtsein nicht vorhanden ist. Daß das Bürgertum „objektiv" zum Hegemon dieser „Revolution" berufen gewesen sei, ist nichts anderes als ein aus dem Dogma abgeleitetes Postulat. Es scheint kaum überzeugend und ausreichend

„festzuhalten, daß für die Beurteilung des Charakters von Reformation und Bauernkrieg als frühbürgerlicher Revolution insgesamt nicht in erster Linie die subjektive Haltung bzw. Beteiligung der bourgeoisen Kräfte entscheidend war, sondern die objektive Wirkung des Klassenkampfes in Richtung auf eine weitere Zersetzung und Untergrabung des Feudalismus und die Förderung des kapitalistischen Fortschritts. Insofern ist an unserer Grundauffassung von der entscheidenden Rolle des Kampfes der Volksmassen in der Revolution kein Abstrich zu machen."[216]

---

212 Engels, Zum „Bauernkrieg", 1884, in: MEW Bd. 21, 1984, S. 402 f.

213 Gerhard Brendler: Zur Auffassung von Reformation und Bauernkrieg bei Friedrich Engels, in: Horst Bartel u.a. (Hgg.): Evolution und Revolution in der Weltgeschichte Bd. 1, Berlin (Ost) 1976, S. 247 ff.; nach Wohlfeil, Einführung, 1982, S. 174.

214 Steinmetz 1965, zit. nach ebd.

215 Vgl. Wohlfeil, Einführung, 1982, besonders S. 188 ff.

216 Adolf Laube: Die Herausbildung von Elementen einer Handels- und Manufakturbourgeoisie und deren Rolle in der deutschen frühbürgerlichen Revolution, in: Jahrbuch für Geschichte des Feudalismus Bd. 1, 1977, S. 273–303, hier: S. 303, zit. nach Wohlfeil 1982, S. 196.

Selbst die marxistisch-leninistische Geschichtsschreibung kann mit dieser Lösung, die von dem subjektiven Handlungswillen und Bewußtsein der Akteure weitgehend absieht, nicht ganz zufrieden sein:

> „Wenn es uns jedoch gelingt, im Hinblick auf die Rolle des Bürgertums in der frühbürgerlichen Revolution über die bis jetzt noch recht verschwommene Einschätzung einer allgemeinen Bürgerlichkeit der Reformation hinauszukommen und ein aktives antifeudales Auftreten der entstehenden Bourgeoisie der frühbürgerlichen Revolution zur weiteren Durchsetzung und Beschleunigung der kapitalistischen Entwicklung nachzuweisen — wofür einige Anhaltspunkte gegeben wurden —, dann vermag das unsere Auffassung von der frühbürgerlichen Revolution als einer Revolution transformatorischen Typs im beginnenden Übergang vom Feudalismus zum Kapitalismus auch vom subjektiven Faktor her zu bekräftigen."[217]

Dasselbe Problem betrifft die „Ideologie" dieser Revolution, wenn man den Bauernkrieg als ihr Kernereignis ansieht: Kann man die Aussagen der Reformatoren dann als Formulierungen eines „revolutionären Programms" bezeichnen, wenn sich — bestenfalls — sagen läßt, daß sie, „unter den gegebenen gesellschaftlichen Bedingungen", revolutionär wirkten oder wirken „mußten"? Und kann man dann schließlich Luther als Ideologen dieser Revolution in Anspruch nehmen und vielleicht gar — wie es manche Autoren, der herkömmlichen kommunistischen Betrachtungsweise noch näher, tun — seine positive historische Bedeutung in seiner Rolle als Initiator dieser Revolution aufgehen lassen?

In der Beurteilung der „frühbürgerlichen Revolution" zeichnet sich in den letzten Jahren eine bemerkenswerte Modifikation des Geschichtsbildes ab, anknüpfend an eine Diskussion zwischen Ernst Engelberg und Günter Vogler in den 70er Jahren, die zugleich exemplarisch beweist, welchen Rang Periodisierungsfragen gerade für die marxistisch-leninistische Geschichtsschreibung besitzen, da sich in unterschiedlichen Periodisierungsansätzen auch unterschiedliche Grundaussagen über „Wesen" und Ergebnisse einer historischen Epoche dokumentieren.[218]

In den 60er Jahren hatte es einen breiten Konsens unter den Fachgenossen gegeben, die „frühbürgerliche Revolution" mit dem Jahre 1526 für abgeschlossen zu erklären: ihr Zentralereignis war der Bauernkrieg, in dessen Vorbereitung, aber auch Niederschlagung die Reformation eine zwiegesichtige Rolle gespielt hatte. Die Revolution endete demnach in einer Niederlage, als deren Konsequenz dreihundert Jahre Stagnation oder gar Reaktion zur Misere bzw. zur reaktionären Klassenlinie der deutschen Geschichte beitrugen. Die meisten Aussagen der Klassiker unterstützten diese Interpretation. Marx sah im Bauernkrieg die „an der Theologie" gescheiterte „radikalste Tatsache der deutschen Geschichte"; der Reformation billigte er zu, daß sie die theoretisch gebliebene „revolutionäre Vergangenheit" der Deutschen darstelle; an ihrer Einstellung zum Bauernkrieg gewogen aber befand er diese Reformatoren, und d.h. in erster Linie Luther, als zu leicht:

---

[217] Ebd.

[218] Engelberg 1972, S. 121 ff.; Vogler, ZfG 1972, S. 444 ff.; Engelberg, ZfG 1972, S. 1285 ff.

„Luther hat allerdings die Knechtschaft aus Devotion besiegt, weil er die Knechtschaft aus Überzeugung an ihre Stelle gesetzt hat. Er hat den Glauben an die Autorität gebrochen, weil er die Autorität des Glaubens restauriert hat. Er hat die Pfaffen in Laien verwandelt, weil er die Laien in Pfaffen verwandelt hat. Er hat den Menschen von der äußern Religiosität befreit, weil er die Religiosität zum inneren Menschen gemacht hat. Er hat den Leib von der Kette emanzipiert, weil er das Herz in Ketten gelegt. Aber, wenn der Protestantismus nicht die wahre Lösung, so war er die wahre Stellung der Aufgabe [. . .]“[219]

Die meisten marxistisch-leninistischen Historiker haben in den 60er Jahren dieses im wesentlichen negative Urteil übernommen.

Auch in den früheren Schriften Engels' überwog der kritische Aspekt (obgleich der später wichtiger werdende positive schon anklingt):

„Während die Lutherische Reformation in Deutschland versumpfte und Deutschland zugrunde richtete, diente die calvinische den Republikanern in Genf, in Holland, in Schottland als Fahne, machte Holland von Spanien und vom Deutschen Reich frei und lieferte das ideologische Kostüm zum zweiten Akt der bürgerlichen Revolution, der in England vor sich ging.“[220]

„Wie unter den allgemein gesellschaftlichen und politischen Verhältnissen der damaligen Zeit die Resultate jeder Veränderung notwendig den Fürsten zugute kommen und ihre Macht vermehren mußten, so mußte die bürgerliche Reform, je schärfer sie sich von den plebejischen und bäuerischen Elementen schied, immer mehr unter die Kontrolle der reformierten Fürsten geraten. Luther selbst wurde mehr und mehr ihr Knecht, und das Volk wußte sehr gut, was es tat, wenn es sagte, er sei ein Fürstendiener geworden wie die anderen und wenn es ihn in Orlamünde mit Steinwürfen verfolgte.“[221]

In seiner Bauernkriegsschrift von 1850, der das letzte Zitat entnommen ist, zog Engels die Analogie zwischen dem 16. und 19. Jahrhundert; es ging ihm darum, mit der Parallelität der beiden revolutionären Ereignisse auch die Parallelität des Verhaltens der Bürger hervorzuheben, die die Revolution, die zu ihrem Nutzen ausgefochten wurde, selbst verrieten. Es ist verständlich, daß gerade dieses Konzept in die Zwei-Linien-Theorie der DDR-Geschichtsschreibung in den 1960er Jahren gut hineinpaßte.

Einen Neuansatz seiner Auffassung der „frühbürgerlichen Revolution“ fand Engels bei den Überlegungen zur Umarbeitung seines „Bauernkriegs“. War er zunächst davon ausgegangen, daß Deutschland um 1500 ökonomisch rückständig gewesen sei (und daher auch kein progressives Bürgertum besitzen konnte), so fand er seinen Neuansatz unterstützt durch Karl Kautskys Studie über die Bergarbeiter in Thüringen, aus der er entnahm, daß Deutschland, dank seiner Silbererzeugung, „ökonomisch an die Spitze Europas“ getreten und „damit zum Mittelpunkt der ersten bürgerlichen Revolution, in religiöser Verkleidung, der sogenannten Reformation“, geworden sei.[222] 1892 faßte er seine Interpretation in diese Formulierung:

---

[219] Karl Marx: Zur Kritik der Hegelschen Rechtsphilosophie, Einleitung, in: MEW Bd. 1, 1983, S. 378–399, hier: S. 386.

[220] Friedrich Engels: Ludwig Feuerbach und der Ausgang der klassischen deutschen Philsophie, in: MEW Bd. 21, 1984, S. 259–307, hier: S. 305.

[221] Friedrich Engels: Der deutsche Bauernkrieg 1850, in: MEW Bd. 7, 1982, S. 327–413, hier: S. 349.

[222] Friedrich Engels: Brief an Karl Kautsky, 15.9.1889, in: MEW Bd. 37, 1976, S. 274.

„Der große Kampf des europäischen Bürgertums gegen den Feudalismus kulminierte in drei großen Entscheidungsschlachten. Die erste war das, was wir die Reformation in Deutschland nennen. Dem Ruf Luthers zur Rebellion gegen die Kirche antworteten zwei politische Aufstände; zuerst der des niedern Adels unter Franz von Sickingen 1523, dann der große Bauernkrieg 1525. Beide wurden erdrückt, hauptsächlich infolge der Unentschlossenheit der meistbeteiligten Partei, der Städtebürger – eine Unentschlossenheit, deren Ursachen wir hier nicht untersuchen können. Von dem Augenblick an entartete der Kampf in einen Krakeel zwischen den Einzelfürsten und der kaiserlichen Zentralgewalt und hatte zur Folge, daß Deutschland für 200 Jahre aus der Reihe der politisch tätigen Nationen Europas gestrichen wurde. Die lutherische Reformation brachte es allerdings zu einer neuen Religion – und zwar zu einer solchen, wie die absolute Monarchie sie gerade brauchte. Kaum hatten die nordostdeutschen Bauern das Luthertum angenommen, so wurden sie auch von freien Männern zu Leibeigenen degradiert.
Aber wo Luther fehlschlug, da siegte Calvin. Sein Dogma war den kühnsten den damaligen Bürger angepaßt. [...] Dazu war Calvins Kirchenverfassung durchweg demokratisch und republikanisch; wo aber das Reich Gottes republikanisiert war, konnten da die Reiche dieser Welt Königen, Bischöfen und Feudalherrn untertan bleiben. Wurde das deutsche Luthertum ein gefügiges Werkzeug in den Händen deutscher Kleinfürsten, so gründete der Calvinismus eine Republik in Holland und starke republikanische Parteien in England und namentlich in Schottland.
Im Calvinismus fand die zweite große Erhebung des Bürgertums ihre Kampftheorie fertig vor. Diese Erhebung fand statt in England."[223]

Hier wird die Reformation also als europäisches Ereignis verstanden, und Luther rückt damit als – auch – Vorläufer Calvins in die Rolle eines Wegbereiters eines Revolutionszyklus ein: Der Bauernkrieg, obgleich weiterhin zentral, verliert damit seine konstitutive Bedeutung und wird zu einer Stufe in der „Revolution Nr. 1", die am Ende, europäisch gesehen, erfolgreich war. Und daß es sich um eine *bürgerliche* Revolution gehandelt habe, ist zwar immer noch eine problematische Aussage, aber im Hinblick auf die Genfer Reformation, auf den Aufstand der Niederlande und auf die revolutionären Ereignisse in England, von der Cromwell-Rebellion bis 1688, immerhin plausibler als der bürgerliche Charakter des Bauernkrieges.

An diese Ansätze des späten Engels knüpft Engelberg mit seinem Periodisierungsvorschlag an, wobei er Engels' kritische Sicht auf den deutschen Anteil an dieser europäischen Revolution stillschweigend als den minder gewichtigen Teil des Gesamturteils behandelt. „Unter dem Gesichtspunkt der frühbürgerlichen Revolution als einer *europäischen* Revolution kann man sie nicht mit der *Niederlage* des deutschen Bauernkrieges 1526 oder der Täuferbewegung in Münster 1535, sondern nur mit dem Sieg der Calvinschen Reformation in Genf 1536 enden lassen. Unmißverständlich sprach Engels vom ‚Sieg der Revolution Nr. 1, die viel europäischer als die englische und viel rascher europäisch wurde als die französische, in Schweiz, Holland, Schottland, England.' [...] Ohne Luther

[223] Friedrich Engels: Einleitung (1982) zu „Die Entwicklung des Sozialismus von der Utopie zur Wissenschaft", in: MEW Bd. 19, 1982, S. 524–544, hier: S. 533 f.

kein Calvin, ohne Calvin nicht jene Form des Protestantismus, die der aufkommenden Bourgeoisie als religiöse Ideologie am besten diente — nicht allein im ideologisch-politischen Kampf, sondern auch bei der Entwicklung der unternehmerischen Impulse."[224]

Dieser Auffassung trat Günter Vogler mit einer Bekräftigung der konservativen Sicht entgegen, indem er auf diejenigen Aussagen Engels' abhob, die die zentrale Bedeutung des Bauernkrieges in der deutschen Geschichte bekräftigen, und vor allem, indem er mit Recht darauf beharrt, Engels habe in seinen wichtigsten Aussagen auch weiterhin Luthertum und Calvinismus im wesentlichen nicht als Einheit verstanden, sondern kritisch voneinander abgesetzt, auch in dem Zitat von 1892, das Engelberg in der Tat nur unvollständig und damit im Sinne seines Verständnisses akzentuiert wiedergegeben hat. Engelberg setzte die Klassiker-Exegese mit einer Erwiderung fort, in der er auf dem wörtlichen Schriftsinn seiner Belegstelle beharrte — geschrieben steht „Revolution Nr. 1 der Bourgeoisie". Man sieht an diesem Beispiel besonders deutlich: Zu den Problemen der marxistisch-leninistischen Geschichtsforschung gehört auch die Bindung an die Klassiker und damit die Notwendigkeit, eigene Meinungsverschiebungen auch durch Belege aus den Heiligen Schriften abzusichern. Inhaltlich aber ging es hier um mehr als um Engels-Philologie: um die Suche nach einem Interpretationsrahmen, der den Bauernkrieg nicht als gescheiterten revolutionären Versuch und die Reformation nicht als Durchsetzungsinstrument der Reaktion, sondern beide als Etappe des tatsächlichen historischen Fortschritts aufzufassen erlaubt und damit eine flexiblere Interpretation als bisher ohne offene Widerrufung der Klassiker ermöglicht.

In diesem Sinne akzentuierte Engelberg den europäischen Charakter des Gesamtphänomens, die für seine Auffassung entscheidende Verbindung zwischen Lutherscher und Calvinscher Reformation, gestiftet auch durch die „revolutionäre Bewegung" im Volk, und — methodologisch — das Prinzip, auch diese Revolution nicht anachronistisch an den späteren zu messen, sondern an den zu ihrer Zeit gegebenen Möglichkeiten und sie daher auch nicht unter dem Aspekt des (noch) nicht Erreichten, sondern unter dem der Vorbereitung späterer revolutionärer Phasen und Epochen zu beurteilen. Er ging dabei sogar so weit, selbst den terminologischen Hinweis auf die „Unreife" dieser Revolution zu unterlassen und ihr das Beiwort *„früh"*-bürgerlich ausdrücklich zu entziehen.[225]

Eine bundesdeutsche Analyse der in der DDR geführten Diskussion der 70er Jahre zog den Schluß, es habe eine totale Revision des Geschichtsbildes gegeben, durch die die „national-materialistische" von einer „welthistorisch-dialektischen" Betrachtungsweise abgelöst worden sei.[226] Diese Einschätzung geht zu weit: sie macht — erst recht für das vorige Jahrzehnt — aus einer Tendenz eine schon abgeschlossene Entwicklung und übersieht, daß die Mehrheit der Fachgenossen sich damals nicht der Engelbergschen Linie anschlossen, und

---

[224] Engelberg 1972, S. 143.
[225] Engelberg, ZfG 1972, S. 1303.
[226] Foschepoth 1976, S. 146.

ebenso, daß beide Positionen nicht konträr zueinander stehen, sondern mittlere Positionen zulassen.

Eine solche wird heute von den maßgeblichen Forschern in der DDR gesucht: Man dürfe, schreiben Bartel und Schmidt in einer Zwischenbilanz der Diskussion 1984[227], das Scheitern der frühbürgerlichen Revolution in Deutschland nicht abwerten — erst die Durchdringung von Reformation und „revolutionärer Massenbewegung" macht ja die „frühbürgerliche Revolution" aus —, gleichwohl müsse dieses nationale Ereignis in den europäischen Rahmen eines siegreichen Revolutionszyklus gestellt werden und müsse weiterhin klar bleiben, daß auch in Deutschland das Scheitern dieser Revolution positive Fernwirkungen nicht ausschließe. Dieses Zwischenresümee, das durch den Rang seiner Autoren als die derzeit öffiziöse Auffassung gelten darf, steht der seinerzeitigen Engelbergschen Position offenbar näher als der konventionellen (ohne daß alle damals gemachten Anregungen aufgegriffen würden): Die Diskussion der 70er Jahre müsse wieder aufgenommen, die Epochengrenze 1526 in Frage gestellt werden; unter den Forschungsgegenständen, deren Bearbeitung dabei verstärkt werden müsse, werden folgerichtig die Weiterentwicklung der Reformation nach 1526 und die progressiven Traditionen des Protestantismus genannt. Mit Engelberg wird damit der aus kommunistisch-nationalhistorischer Sicht zentrale Bauernkrieg in die Rolle einer wichtigen, aber nicht mehr der entscheidenden Phase des revolutionären Ereignisses gerückt, an seine Stelle tritt die Reformation (auch schon die Luthersche) als ideologischer Ausgangspunkt des siegreichen Revolutionszyklus, der seinen Anfang, den Denkformen der Zeit gemäß, in „religiösem Gewande" nahm. Wenn Bartel und Schmidt fordern, daß — auch im Zusammenhang mit dem bevorstehenden 500. Geburtstag Müntzers 1989 — die Theologie Müntzers verstärkt in die Forschung einzubeziehen sei, so deutet dies in dieselbe Richtung, allerdings auch in die Richtung eines ideologischen Theologieverständnisses.

Daß allerdings die Diskussion über diese Periodisierungs- und damit Einordnungsfrage noch nicht abgeschlossen ist, zeigt sich unter anderem in dem betreffenden Band der 12bändigen „Deutschen Geschichte". Während Gerhard Brendler in dem von ihm verfaßten Abschnitt „Reformation und Bauernkrieg — die frühbürgerliche Revolution" den europäischen Rahmen andeutet:

> „In vergleichender revolutionsgeschichtlicher Sicht erscheinen Reformation und Bauernkrieg als erste Welle von Klassenkämpfen beim beginnenden Übergang vom Feudalismus zum Kapitalismus, die schon über das Maß innerfeudaler Systemauseinandersetzungen hinausweisen und damit den bürgerlichen Revolutionszyklus eröffnen, ohne indes schon jene Resultate zeitigen zu können, die später reifere Wellen dieses Zyklus aufweisen"[228],

verharrt Günter Vogler auch hier („Der Bauernkrieg, Höhepunkt der „frühbürgerlichen Revolution") bei der enger nationalgebundenen und damit das Scheitern betonenden Sicht: „Der großartigste Revolutionsversuch des deut-

---

[227] Bartel/Schmidt, ZfG 1984, S. 291 ff.
[228] Deutsche Geschichte Bd. III, S. 101.

schen Volkes endigte mit schmählicher Niederlage und momentan verdoppeltem Druck", zitiert er Engels und fährt fort:

> „Die damit entstandenen Bedingungen ermöglichten nicht, die frühbürgerliche Revolution als Gesamtbewegung weiterzuführen, den Kampf um die Verwirklichung der revolutionären Ziele in ihrer Komplexität erneut zu organisieren. Insofern war die Niederlage des Bauernkrieges identisch mit dem Ende der frühbürgerlichen Revolution, was nicht ausschloß, daß ihr Klasseninhalt partiell auch künftige Klassenauseinandersetzungen prägte."[229]

Nach dem jetzigen Stand der Diskussion scheint die Vermutung begründet, daß der von Engelberg und Brendler vorgeschlagene positiv-revolutionäre Interpretationsrahmen zur allgemeinen Auffassung werden wird. Dafür spricht erstens das Gewicht seiner Befürworter — auch die „Thesen", die das Problem nicht ausdrücklich diskutieren, legen ein früher nicht gewohntes Gewicht auf Luthers Versuch, in seinen beiden letzten Lebensjahrzehnten „mit Hilfe der Fürsten die bürgerlich-gemäßigte Reformation ‚von oben' weiter voranzutreiben"[230] und greifen damit, auch für das deutsche Teil-Ereignis, über die „klassische" Epochengrenze 1526 hinaus. Dafür spricht zweitens und hauptsächlich die damit verbundene Möglichkeit, die deutsche Reformationsgeschichte als positiv-progressiv und damit als Teil des historischen Wurzelwerks der DDR einzuordnen.

Und dafür spricht auch drittens die schon vollzogene positive Neueinschätzung Luthers, die sich mit einer am „Scheitern" orientierten Sicht der „frühbürgerlichen Revolution" nur schwer harmonisieren ließe. Sie sei im folgenden kurz, zunächst durch einen Vergleich mit den älteren Urteilen über die Person des Reformators, verdeutlicht.

Die ältere Sicht Luthers knüpfte an seine Verurteilung durch Marx und den jüngeren Engels, Börne und Mehring an, beurteilte ihn vorwiegend aus seiner Stellung zum Bauernkrieg und fügte ihn somit ein in die Irrweg-Auffassung der deutschen Geschichte. Luther habe die in ihn seit 1517 gesetzten Hoffnungen seit 1522, mit seinen Predigten gegen die volksreformatorische Bewegung in Wittenberg, und erst recht 1525 verraten und sei so zum „offenen Fürstendiener", ja zum „Fürstenknecht" geworden.[231] In seiner Stellung zur reformatorischen Bewegung handelte er als „Realpolitiker"[232]. Selbst seine „progressiven" Leistungen der vorherigen Jahre erweisen sich aus der Rückschau von 1525 als taktische Maßnahmen im Dienst der herrschenden Klasse:

---

229 Deutsche Geschichte Bd. III, S. 184; Engels nach MEW Bd. 7, S. 409.

230 Thesen, Einheit 1981, S. 897.

231 Alfred Meusel: Thomas Müntzer und seine Zeit, Berlin (Ost) 1952, S. 100; Leo Stern: Martin Luther und Philipp Melanchthon — ihre ideologische Herkunft und geschichtliche Leistung. Eine Studie der materiellen und geistigen Triebkräfte und Auswirkungen der deutschen Reformation, Berlin (Ost) 1953; hier beide zit. nach Wohlfeil, Lutherbild, 1982, S. 26.

232 Stern, a.a.O., zit. nach Wohlfeil, a.a.O., S. 27.

„Luthers Haltung im Jahre 1525 entschleierte auch – ob er es wollte oder nicht – den objektiven Sinn seines Auftretens in den voraufgegangenen Jahren. Nun war klar: als er gegen den Wucher gedonnert hatte, war es nicht die Not der Ausgebeuteten, die aus ihm sprach, sondern das illusionäre Bestreben des bürgerlichen Moralisten, einen sauberen ‚ehrlichen' Kapitalismus zu entwickeln. Sein Hinweis auf den bevorstehenden ‚Aufruhr' war keine Drohung an die herrschenden Klassen gewesen, sondern der Warnruf ihres treuen Wächters. Und wenn er auf der Wartburg – wie vordem und später – die deutsche Sprache erneuerte, indem er ‚dem Volke aufs Maul sah', so war das bei aller Größe dieser Leistung sein Anteil an der für das Bürgertum lebensnotwendigen Entdeckung des Gesichts der profitspendenen Masse. Wer konnte für die werdende Bourgeoisie brauchbarer sein, als dieser Geistliche, der die breitesten Massen in die antifeudale Schlacht zu führen verstand und bereit war, sie in dem Augenblick zu opfern, in dem ihre Aktivität das bürgerliche Interesse zu bedrohen begann? Hier erklärt sich Luthers ungewöhnliche Laufbahn. Keiner war in solchem Maße Universalgelehrter wie er. Keinem gehorchte besser die Gewalt der Sprache. Und vor allem: keiner war im Sinne des Bürgertums so verläßlich wie er. Als sich alle Welt [. . .] von den mordenden Ausbeutern abwandte, den Massen zu, blieb Luther mit untrüglichem bürgerlichem Klasseninstinkt auf der Seite der Bajonette. Mit solchen Talenten war er für die werdende Bourgeoisie der goldene Schnitt."[233]

Diese Sicht war in den 50er und 60er Jahren die herrschende, auch wenn die DDR-Geschichtswissenschaft dies aus dem Rückblick zu relativieren sucht. Man bemüht sich heute, die bloße Verurteilung Luthers als zeitbedingte und bald überwundene Verengung des marxistisch-leninistischen Geschichtsbildes zu erklären, und verleiht nachträglich den vereinzelten Versuchen einer stärker differenzierenden Bewertung ein größeres Gewicht.[234] So wird auf die Tagung des Wissenschaftlichen Rates des Museums für Deutsche Geschichte im Oktober 1952 verwiesen, auf der vor allem Kurt Hager und Jürgen Kuczynski dafür plädierten, Luther auch in seiner „Bedeutung für die nationale Erziehung unseres Volkes, für die Schaffung des Nationalbewußtseins"[235], aber auch in seiner Rolle als Auslöser einer frühbürgerlichen Revolution zu würdigen. An dem negativen Gesamturteil in der wissenschaftlichen und pädagogischen Praxis änderte sich aber dadurch wenig.

Eine Neueinschätzung bahnte sich 1967 mit der Luther-Biographie von Gerhard Zschäbitz an. In seiner Darstellung wandelten sich die Gravamina des historischen Materialismus wider den Fürstenknecht zu Wittenberg in die Analyse eines gesellschaftlich-historisch erklärbaren Klassenstandpunktes, in dessen Grenzen Luther handelte:

„Sein objektives Handeln [. . .] wurde diesem oppositionell-vorsichtigen Streben bürgerlicher Bildungschichten weitestgehend gerecht. [. . .]
Es war das besitzende und gebildete Bürgertum in seinem unausgereiften Zustand, das sich der Schlagkraft der Volksmassen für die Durchsetzung eigener Ziele noch nicht zu bedienen wußte und sich aus der daraus resultierenden Unsicherheit gegen die eigenen potentiellen Verbündeten wandte. Das sind objektive Tatsachen, mit denen wir Men-

---

233 Rudolf Herrnstadt: Die Entdeckung der Klassen, die Geschichte des Begriffs Klasse von den Anfängen bis zum Vorabend der Pariser Julirevolution 1830, Berlin (Ost) 1965, S. 37 f., zit. nach Wohlfeil, a.a.O., S. 30 f.

234 Vgl. Bartel/Schmidt, ZfG 1984, S. 291 ff.

235 Kurt Hager, zit. nach Wolfgang Büscher: Die große Kontur gewinnt Farbe, in: Kirche im Sozialismus 8 (1982)/6, S. 9 ff., hier: S. 11; vgl. auch Bartel/Schmidt, ZfG 1984, S. 297.

schen des 20. Jahrhunderts nicht rechten können, wenn wir nicht Gefahr laufen wollen, dem objektiven Geschichtsverlauf von der Konstruktion eines Idealmodells her Zensuren zu erteilen. Luthers Stellungnahme gegen die Bauern ist von seiner Klassenbindung und von der Konsequenz seiner mit dieser verknüpften Lehre her verständlich. Bedauerlich bleibt die Art und Weise, *wie* sie dieser im Kampf um sein Evangelium allzu häufig Maß und Grenze vergessender Wittenberger Professor abgab. Ein ‚Bauernverräter' aber war er nicht. Er handelte als bürgerlicher Gelehrter seines Jahrhunderts."[236]

Indem die aus „revolutionärer" Sicht tadelnswerten Züge Luthers seiner — subjektiv nicht vorwerfbaren — Klassenbindung zugerechnet wurden, blieben für seine Beurteilung vor allem die positiven Leistungen maßgebend: die Bibelübersetzung, der Thesenanschlag und die Reformschriften, vor allem die „An den christlichen Adel deutscher Nation", die nach marxistisch-leninistischer Auffassung als die zentrale gilt, weil sich in ihr Luthers reformatorisches Anliegen aufs engste mit den praktischen Forderungen im Volke verband. Folgerichtig bewertete Zschäbitz Luther als einen der „großen Repräsentanten" deutscher Vergangenheit.[237]

Mit diesen Neuansätzen aber blieb Zschäbitz isoliert; ihre Fernwirkung nach mehr als einem Jahrzehnt hat er nicht mehr erlebt. Zu sehr lenkte die Berufung der Partei auf die revolutionäre Tradition den Blick auf Müntzer als den Gegenspieler Luthers, zu groß war das politische Bedürfnis nach Verurteilung des bürgerlichen „Versagens" auch in der frühbürgerlichen Revolution, um die „Analyse" dieses „Klassenstandpunkts" von einer absprechenden Bewertung freizumachen.

„Die Verwandlung in den Junker Jörg war mehr als eine nur äußerliche Verkleidung zum Schutz gegen die Verfolger. [...]: Seine 1522 erschienene ‚Treue Vermahnung zu allen Christen, sich zu hüten vor Aufruhr und Empörung' zeigt Luther als einen ‚Gegner der Gewalt, die die Unterdrückten anwenden, um mit den Unterdrückern fertigzuwerden', zugleich aber als einen ‚Anhänger der Gewalt, welche die Unterdrücker anwenden, um die Unterdrückten niederzuhalten oder niederzuwerfen' ",

zitiert Joachim Streisand 1970 Alfred Meusel.[238] Und noch der „Grundriß" zum Zwölfbänder von 1974 hält an der alten Bewertung fest: der eigentliche Revolutionär im Denken und Handeln ist Müntzer; Luthers positive Bedeutung liegt darin, daß er — wenngleich nur auf theologischem Gebiet — die Revolution auslöste; dem gegenüber steht aber seine „schändliche Rolle" bei der Rechtfertigung des „Terrors der Feudalgewalten".[239] Der Eindruck ist schwer von der Hand zu weisen, daß die Akzentuierungen in der Beurteilung Luthers in Verbindung stehen mit den wechselnden Phasen der SED-Kirchenpolitik, von dem entschiedenen Kirchenkampf der 50er und frühen 60er Jahre über die Versuche vorsichtiger Annäherung in den späten Jahren Ulbrichts, die Stagnation in den ersten Regierungsjahren Honeckers bis hin zur „Konkordatspolitik" seit der zweiten Hälfte der 70er Jahre.

---

236 Gerhard Zschäbitz: Martin Luther, Größe und Grenze, Teil I (1483—1526), Berlin (Ost) 1967, S. 208.
237 Zschäbitz, a.a.O., S. 197.
238 Streisand 1976, S. 63 f.
239 Klassenkampf ... 1974, S. 146—159.

Die Durchsetzung der neuen Linie vollzog sich erst in der Vorbereitung der 500-Jahr-Feiern; die wichtigsten Indikatoren waren die Rede Erich Honeckers bei der Konstituierung des Martin-Luther-Komitees der DDR und die ebenfalls schon zitierten „Thesen über Martin Luther", erarbeitet von einer Historiker-Kommission unter Leitung von Horst Bartel. Die Thesen entwickelten, anknüpfend an die älteren Vorläufer, die Grundzüge der neuen positiven Luther-Deutung durch die SED. Eingerahmt in den Grundsatz:

> „Luthers progressives Erbe ist aufgehoben in der sozialistischen deutschen Nationalkultur.
> ,Zu den progressiven Traditionen, die wir pflegen und weiterführen, gehören das Werk und das Vermächtnis all derer, die zum Fortschritt, zur Entwicklung der Weltkultur beigetragen haben, ganz gleich, in welcher sozialen und klassenmäßigen Bindung sie sich befanden.' (Erich Honecker)
> In diesem Sinne würdigt die DDR die historischen Leistungen Martin Luthers und pflegt das von ihm hinterlassene progressive Erbe"[240];

stellen sie die historische Skizze Luthers als des Auslösers und Ideologen der „frühbürgerlichen Revolution" dar. These I interpretiert zunächst den gesellschaftlichen Hintergrund als eine „umfassende gesellschaftliche Krise", begründet durch die Zersetzung der Feudalgesellschaft durch den frühen Kapitalismus und angezeigt durch vergebliche Reformversuche, „eine Welle von städtischen Unruhen, bäuerlichen Verbündnissen [...] und Aufständen", künstlerische Sozialkritik und apokalyptische Prophetien. In den Mittelpunkt gesamtgesellschaftlich fundierten Kritik sei die „Papstkirche" geraten, die als „zentrale geistige Macht" und „der größte aller Feudalherren" zu „einem der wichtigsten internationalen Machtzentren des Feudalismus" geworden sei: Ihre Autorität zu brechen, sei Voraussetzung jeder grundlegenden Veränderung der Verhältnisse gewesen; dies aber konnte nur von innen, durch einen Angriff auf ihre dogmatischen Grundlagen erfolgreich bewirkt werden. Diesen Angriff geführt und mit Erfolg beendet zu haben, sei das eigentliche revolutionäre Verdienst Luthers gewesen.

> „Er [...] begründete durch sein neues Verständnis der Beziehungen zwischen Mensch und Gott – der Rechtfertigung des Menschen vor Gott allein durch den Glauben – einen neuen Kirchenbegriff, der die Grundlagen der alten Kirche geistig überwand und deren Struktur und Machtausübung insgesamt in Frage stellte. Er verband die auf die Bibel gestützte Kirchenkritik mit politischen, sozialen und ökonomischen Forderungen. Damit aber war ein ganzes Bündel von Problemen angesprochen, die unter den Bedingungen der tiefen gesellschaftlichen Krise breite Schichten berührten. Die auf Veränderung drängende gesellschaftliche Bewegung sah sich durch Luthers reformatorische Theologie legitimiert; sie einte sich unter seinem Namen im Kampf gegen Rom und nahm bald selbst revolutionäre Züge an. [...]
> Martin Luther löste durch seinen Kampf gegen das ,internationale Zentrum des Feudalsystems' (Friedrich Engels) die Reformation aus. Darin liegt sein bleibendes historisches Verdienst. [...]
> Die Revolution kulminierte im deutschen Bauernkrieg von 1525, der jedoch mit einer Niederlage endete. Ihr historischer Platz im beginnenden Übergangsprozeß vom Feudalismus zum Kapitalismus – unter noch unausgereiften objektiven und subjektiven Bedingungen – bestimmt den Charakter der Revolution als frühbürgerlich."[241]

---

240 Thesen, Einheit 1981, S. 890.
241 These I, Einheit 1981, S. 891.

Erich Honecker war in seiner Rede von 1980 sogar so weit gegangen, die Reformation als eine „bürgerliche Revolution" (also ohne Hinweis auf ihre „Unreife") zu bezeichnen.[242]

Diese grundsätzliche Bewertung wird in den folgenden Thesen näher ausgeführt, wobei der Kern des Arguments bei Luthers Kirchenkritik und bei der Verbindung theologischer und sozialreformerischer Forderungen in den Schriften von 1520 liegt.

> „Luther verwarf den gesellschaftlichen und politischen Herrschaftsanspruch der Kirche und verwies sie auf die Predigt des Evangeliums als auf ihre eigentliche Aufgabe. Er negierte die Herrschaft des Papstes und der Priester über das Gewissen, wollte den Glauben von klerikaler Bevormundung befreien und ihn allein an das Gotteswort in der Bibel binden. In allen nicht den Glauben betreffenden Fragen sollte der Christ der ‚natürlichen Vernunft' und der weltlichen Obrigkeit unterstellt sein. Damit schuf Martin Luther theologische Grundlagen für die Herausbildung einer reformatorischen Ideologie, die unter den gegebenen gesellschaftlichen Bedingungen revolutionäre Wirkung erlangte; denn Reformation bedeutete nicht nur eine Reform der Kirche, sondern eine mehr oder weniger weitgehende Veränderung der Gesellschaft. Dieses Fundament zäh und unbeirrt verteidigt zu haben, ist jene persönliche Leistung Martin Luthers für die Entfaltung der frühbürgerlichen Revolution, die ihm von seinen Gegnern immer wieder abgenötigt wurde."

Mit dem moralischen Sieg von Worms trieb er die Gesamtbewegung der frühbürgerlichen Revolution voran; mit der Bibelübersetzung auf der Wartburg vollbrachte er seine größte kulturelle Leistung (These IV).

Seine Ideen boten zugleich „den verschiedensten gesellschaftlichen Kräften Anknüpfungsmöglichkeiten zur Begründung und Artikulierung eigener Interessen, Vorstellung und Ziele". Damit ermöglichten sie, daß sich später unterschiedliche, sogar gegensätzliche Bestrebungen auf Luther berufen konnten (These III). Früh wurde dies in der reformatorischen Volksbewegung deutlich, die über die Lutherschen Forderungen hinausging, sich verselbständigte, radikalisierte und differenzierte. Neben der städtischen Komponente gewann zunehmend die bäuerlich-plebejische Gewicht; „der Höhepunkt der antifeudalen revolutionären Volksbewegung, der deutsche Bauernkrieg, ging weit über die von Luther vertretenen Ziele hinaus" (These VI). Mit ihm „eröffnete sich die Chance, das Feudalsystem entscheidend zu schwächen und dem bürgerlichen Fortschritt in Deutschland unter den damaligen Bedingungen größeren Spielraum zu verschaffen". Luther, der zunächst versucht hatte, zwischen Teilen der volksreformatorischen Bewegung und Bauern einerseits und der adligen Ständeopposition andererseits zu vermitteln, „verstieg sich", als diese Bemühung scheiterte, zu seiner Schrift gegen die Bauern.

> „Die Tragik Luthers bestand darin, daß er in den Widerspruch geriet zwischen seiner Rolle als Initiator einer breiten, alle oppositionellen Klassen und Schichten einbeziehenden revolutionären Bewegung und seiner eigenen begrenzten Zielstellung, die letztlich in seiner bürgerlich gemäßigten, auf das Landesfürstentum orientierten Klassenposition begründet war."[243]

[242] Honecker, ZfG 1980, S. 927.
[243] Thesen, Einheit 1981, S. 896.

Seine letzten beiden Lebensjahre sind gekennzeichnet von dem Versuch, die Reformation „von oben" mit Hilfe der Fürsten fortzusetzen (These VII).

Die folgenden Thesen behandeln die kulturelle Wirkung der Reformation in Deutschland und Europa (VIII und IX), ihre geistigen Wirkungen in Pietismus, Aufklärung und Klassik (X und XI) und die Kontroversen der Luther-Historiographie im 19. und 20. Jahrhundert (XII bis XIV), wobei „fortschrittliche Christen" (wie Otto Nuschke, der den Sowjets gefügige dritte Vorsitzende der SBZ- und DDR-CDU) und religiöse Sozialisten positiv abgesetzt werden gegen „deutschnationale antirepublikanische" Kräfte, die „orthodoxes Luthertum [...] als ideologisches Kampfmittel" benutzten (XIV). Erst in der DDR seien „die gesellschaftlichen Voraussetzungen dafür geschaffen, Martin Luther allseitig wissenschaftlich begründet und gerecht zu würdigen" (XV).

Der Kerngedanke der in dieser Skizze umrissenen Luther-Interpretation ist die Unterscheidung zwischen seinen subjektiven Intentionen und seiner objektiven Wirkung. Sie erlaubt es, ihn für die Initiierung einer Revolution in Anspruch zu nehmen, die er selbst weder gewollt noch vorausgesehen hat, ohne sein theologisches Anliegen selbst zu verzerren. Sein Wirken erscheint, dank der ideologischen Bedeutung, die in seinem reformatorischen Programm enthalten war, positiv, allerdings tragisch eingeschränkt durch die Grenzen seines Klassenstandpunktes. Der Reformator erscheint in erster Linie als Kirchenkritiker, der Kirchenkritiker als „objektiv revolutionär" wirkend. Kann diese Lösung befriedigen? Bedarf nicht die Einschätzung eines Denkers als „revolutionärer Ideologe" auch des Nachweises eines subjektiven revolutionären Willens? Und geht eine Würdigung Luthers, die ausschließlich auf seine gesellschaftliche Wirkung abstellt, schließlich nicht doch an seinem eigentlichen, ursprünglichen, den Quellen entnehmbaren theologischen Anliegen vorbei? Muß nicht eine aus den Quellen gesicherte Interpretation Luthers subjektive Wirkungsabsicht ernster nehmen?

Die Geschichtswissenschaft der DDR hat sich in den letzten Jahren diesem Problem gestellt und das Verhältnis von „Theologie und Revolution" bei Luther thematisiert. Der wichtigste Beitrag hierzu und vielleicht der bemerkenswerteste wissenschaftliche Ertrag der Luther-Ehrung in der DDR überhaupt ist die Luther-Biographie von Gerhard Brendler.[244] Zwar schließt sie nicht, wie vor ihrem Erscheinen erwartet, die von Zschäbitz hinterlassene Lücke — dessen Luther-Biographie endete 1526, und die für die neue Luther-Sicht wichtigen zwei Jahrzehnte bis 1546 blieben zunächst unbearbeitet —; auch Brendler widmet dieser Phase in Luthers Leben nur 3 von 15 Kapiteln. Aber sie ist der, wenn auch vielleicht nicht repräsentative, so doch weitestgehende Versuch, aus marxistisch-leninistischer Sicht Luthers Theologie zu verstehen und in den Zusammenhang der postulierten „frühbürgerlichen Revolution" einzuordnen. Die potentielle Reichweite der Luther-Rezeption durch den historischen Materialismus wird, wenn irgendwo, dann an ihr deutlich. Es scheint daher gerecht-

[244] Brendler 1983. Die Zitate aus diesem Buch werden auf den folgenden Seiten durch Klammerangaben im Text nachgewiesen.

fertigt, sie an dieser Stelle etwas ausführlicher selbst zu Worte kommen zu lassen und kritisch an ihrem Anspruch zu messen.

Das Neue und Wichtige an Brendlers Luther-Biographie ist, daß er zunächst den Theologen Luther in den Blick nimmt („Wir müssen endlich begreifen, daß Sozialismus bei uns in einem getauften Land stattfindet") und den Versuch macht, ihn aus seiner Zeit zu verstehen und zu beurteilen („schließlich kann man es ihm doch nicht vorwerfen, daß er kein Parteibuch besaß").[245]

> „Wenn wir ihn verstehen wollen, dann sollten wir ihm glauben, daß er die Probleme hatte, von denen er sprach, und daß er es so meinte, wie er es sagte." (S.7 f.)
> „Er nahm seine Quelle, die Bibel, gerade in dem ernst, worin wir sie nicht als historischen Bericht, sondern nur als Poesie nehmen: sie enthält die Offenbarung Gottes, eine unumstößliche und ewig gültige Wahrheit. Und gerade um diese Wahrheit ging es ihm. Sie wollte er erkennen und zur Sprache bringen. Wenn wir ihm dies nicht glauben, können wir ihn nicht verstehen. Ihm glauben, um ihn zu verstehen, heißt nicht, seinen Glauben teilen, wohl aber, diesen Glauben kennen und als Zentrum seiner Persönlichkeit anerkennen." (S. 53)

Damit macht Brendler nun auch einen wichtigen methodologischen Schritt über die ältere kommunistische Luther-Deutung hinaus: er interpretiert ihn nicht aus denjenigen Teilen seines Schaffens, die für die revolutionäre Interpretation der Reformation besonders wichtig sind oder die einen direkten Bezug zum Bauernkrieg haben, sondern versucht, Luther aus seinem Selbstverständnis heraus zu verstehen. Er setzt sich also ausdrücklich gegen jede Luther-Deutung ab, die von vornherein davon ausgeht, Luthers theologisches Anliegen nur als „theologischen Ausdruck für politisch-ökonomische Kämpfe des aufständischen Bürgertums gegen die fortschrittshemmende Papstkirche" gelten zu lassen[246] und so Luther unmittelbar als revolutionären Ideologen in Anspruch zu nehmen. Vor einer solchen Verflachung Luthers hatte auch 1982 schon Max Steinmetz gewarnt, der selber in den letzten 20 Jahren zur Revision des Luther-Bildes wesentliche Beiträge geleistet hat:

> „Was ich mir wünschen würde, ist ein Doppeltes: eine vertiefte Behandlung des weltanschaulich-religiös-theologischen Komplexes durch die marxistischen Historiker und Philosophen. Das Wort von der religiösen ‚Verkleidung' der Klassenkämpfe ist abgegriffen und klingt nach Maskerade und Mummenschanz. Im Grunde ist alles um einige Grade ernster und schwieriger [. . .]. Und mein zweiter Wunsch ist es, die Widersprüchlichkeiten, Zwiespältigkeiten und Spannungen im Leben und Werk Luthers stärker deutlich zu machen, nichts zu glätten, nichts zu beschönigen."[247]

Brendler beweist, daß ein solches Vorgehen bis zu einem gewissen Grade möglich ist. Gerade weil die Einordnung Luthers in das „Interpretament" der frühbürgerlichen Revolution deduktiv, apriorisch gewonnen ist, ist es möglich,

---

[245] Beide Zitate aus einem Interview mit D. Strothmann, Die Zeit, 1. April 1983.
[246] Wolfgang Landgraf: Martin Luther, Reformator und Rebell, Berlin (Ost) 1982, S. 83.
[247] Max Steinmetz: Betrachtungen zur Entwicklung des marxistischen Lutherbildes in der DDR, in: Mühlhäuser Beiträge 1982/5, hier: zit. nach Büscher (s.o. Anm. 235), S. 12.

empirische Arbeit, Quelleninterpretation bis zu einem gewissen Grad unabhängig davon, mit freierem Blick auf die Quellen zu leisten und ihnen ihre Aussagen nicht vorzuschreiben, sondern abzunehmen. Aus diesem partiell hermeneutischen Ansatz weist Brendler die Interpretation Luthers als revolutionärer Programmatiker, aber auch die als reaktionärer „Realpolitiker" zurück.

> „Subjektiv war es ihm nicht um eine Veränderung der gesellschaftlichen und politischen Verhältnisse zu tun, sondern um die Freiheit für die Predigt des Evangeliums [. . .] Sofern die Predigt in diesem Kampf [= gegen das Papsttum] nicht ausreichte und Gewalt vonnöten war, den Mißständen zu steuern, so war das seiner Auffassung nach Sache jener Kräfte, denen das Amt der Gewalt übertragen war: eben den Obrigkeiten [. . .]
> Dem Volk predigte er, um es zum Glauben zu erziehen. Es war für ihn mehr ein Rohstoff, den es zu bearbeiten galt, als eine Kraft, auf die man in der Politik bauen konnte." (S. 198)
> „Die Fürsten, die ihn als Spielball benutzen wollten, hatten es schon in Worms erfahren müssen und erfuhren es im Abendmahlsstreit wieder, daß er das gerade nicht war, was man ihm seit dem Bauernkrieg von katholischer Seite — und nicht nur von dieser — nachsagte: ein Fürstenknecht." (S. 376)

Es ist offenkundig, daß diese Kritik nicht nur und nicht einmal in der Hauptsache die ältere katholische Luther-Auffassung betrifft.

In der Darstellung der Lutherschen Theologie kommt Brendler zu einer beachtlichen Zahl richtiger Einschätzungen; weiter als marxistische Hirstoriker vor ihm dringt er in das Verständnis theologischer Fragen ein. Luthers reformatorisches Kernanliegen: die Rechtfertigung des Menschen allein durch den Glauben, seine gewissermaßen gewaltsame Lösung des Prädestinationsproblems durch das unbedingte Vertrauen auf die Gnade Gottes, die Erkenntnis, daß Sünde primär keine moralische, sondern eine theologische Kategorie ist, Luthers Auffassung der Sakramente und des allgemeinen Priestertums der Gläubigen, seine Auffassung von der entscheidenden Wirkung des Wortes, aus dessen rechter Lehre alles weitere an rechtem Handeln folgt, um nur einige Beispiele zu nennen, sind zutreffend erfaßt und einleuchtend dargestellt. Dies muß festgehalten werden, auch wenn Brendler in einer Reihe anderer Fragen (wie etwa dem Abendmahlsstreit und dem Verständnis der Schrift „Vom geknechteten Willen") nicht zu derselben Klarheit des Verständnisses vordringt oder gar („Feudalisierungsprozeß der Sündenvergebung", S. 112) zu merkwürdigen Urteilen gelangt.

Luthers revolutionäre Bedeutung wird, auch in diesem Buch, nicht aus seinem subjektiven Willen, sondern aus der Wirkung seiner Schriften in ihrem sozialen Umfeld abgeleitet:

> „Seine Motive kommen aus einer christlichen Theologie. Sie koinzidieren mit gesellschaftlichen Interessen, von denen aus auch ohne sein Zutun manches an der Kirche auszusetzen war. In diesem Sinne wirkt seine Theologie als Ferment oder Katalysator in den ideologischen Prozessen des Bürgertums, ohne je selbst ganz in bürgerlicher Ideologie aufzugehen oder sich auf eine solche reduzieren zu lassen." (S. 205)

Damit stehen wir auch hier wieder vor dem zentralen Argument der jüngeren marxistisch-leninistischen Luther-Deutung. Das Urteil über ihn wird hauptsächlich aus seiner „objektiven Wirkung“ abgeleitet, die nicht allein empirisch aus den Quellen der reformatorischen Bewegung erschlossen wird, sondern auch apriorisch aus den Dogmen der historisch-materialistischen Geschichtsauffassung.

> „[...] dafür, ob ein geschichtliches Ereignis Revolutionsqualität aufweist oder nicht, sind nicht die subjektiven Intentionen auschlaggebend, sondern die Bewegungsrichtung und Entwicklungstendenz der von dem betreffenden Ereigniskomplex bewirkten gesellschaftlichen Veränderungen. Dies enthebt uns freilich nicht der Verpflichtung, die Frage zu beantworten, welche Rolle Martin Luther für die frühbürgerliche Revolution und in ihr gespielt hat, legt es uns aber nahe, dabei zu unterscheiden zwischen dem subjektiven Wollen Luthers und seiner objektiven Wirkung bzw. Funktion.“[248]

Mit diesem Argument wird nun Luthers revolutionäre Wirkung entfaltet, durchaus im Sinne der „Thesen“: ein zunächst individuell entstandenes, theologisch gemeintes Anliegen verbindet sich mit den gesellschaftlichen Konflikten und entfaltet seine Verständnisangebote auch für die reformatorische Volksbewegung, die sich mit ihnen identifizierte und auf Luther berief, selbst da, wo sie über seine Ziele und Anliegen hinausging. In diesem Sinne spezifiziert Brendler Luthers „Tragik“, wie sie schon in den „Thesen“ grob skizziert ist: Luther wird revolutionär gegen seine ursprüngliche Absicht und gerät in den Konflikt zwischen seinen Wirkungen und seinen klassenmäßig begrenzten Zielen:

> „Der Universitätsprofessor Luther, Schützling des sächsischen Kurfürsten und seiner Räte, mit dessen Angelegenheiten sich Papst, Kaiser, Fürsten, Reichstag und Reichsregiment beschäftigten und dessen Name die ganze gebildete Welt in Atem hielt, hatte darüber nachgedacht, wie weit man weltlicher Obrigkeit Gehorsam schuldig sei. Er hatte den entscheidenden geistigen Durchbruch für die Ingangsetzung der Reformation erzielt. Die sollte ihren Fortgang haben; doch ohne Poltern und Brechen, ohne Aufruhr und Empörung [...]
> Thomas Müntzer hingegen war in ein ganz anderes soziales Milieu hineingewachsen. Über Gelehrsamkeit und Universitätsbildung verfügte er auch, doch über keinerlei soziale Sicherheit, über keine Gunst der Fürsten, über kein Wohlwollen städtischer Räte. Und wenn ihm ein solches doch einmal zuteil wird, wie etwa vorübergehend 1520 in Zwickau, so verscherzte er sich dieses bald wieder; wohl kaum und jedenfalls nicht nur aus purer Unverträglichkeit des Charakters, sondern weil er auf ideologische Bahnen des Denkens und Empfindens geraten war, die überall über kurz oder lang zu Konflikten mit den etablierten Gewalten führen mußten.“ (S. 319/320)
> „Die Klassenposition Luthers bestand darin, daß er durch seinen Platz in der gesellschaftlichen Arbeitsteilung, seine ganz persönliche Entwicklung sowie seine objektive Stellung und Wirkung im Kampf der Klassen zu einem Vertreter der dem Bürgertum nahestehenden, vom Territorialfürstentum abhängigen Intelligenz geworden war. Diese Klassenposition erklärt auch seine Haltung im Bauernkrieg. [...] Aber die reformatorische Bewegung und die mit ihr verbundenen Klassenkämpfe hatten eine Richtung eingeschlagen, die Luther nicht mehr mitmachen wollte, ja, die er auch nicht mitmachen konnte, ohne mit der ihm zugewachsenen Klassenposition zu brechen. Aber so wandlungsfähig war er nicht. Er sprang zwar aus der Kutte, nicht aber aus der Klassenposition. [...]“ (S. 345 f.)

248 Brendler, in: Löwe/Roepke 1983, S. 172 f.

> „Das Bild vom Zauberlehrling drängt sich auf. Es spiegelt die Wirklichkeit nur halb und schief: diese Geister hatte Luther, so wie sie waren, nicht gerufen; aber sie kamen. Vor allem aber: was sich jetzt ereignete, hing längst nicht mehr von dem ab, was Luther je gedacht, gesagt, geschrieben, gepredigt oder verwehrt hatte. Einmal in Gang gesetzt, folgte die Reformation ihren eigenen Gesetzen. Und diese Gesetze waren die einer Revolution: aus einem scheinbar geringfügigen Anstoß heraus breitet sich eine Wellenbewegung über die ganze Gesellschaft aus, erfaßt eine soziale Klasse, Gruppe, Schicht nach der anderen, lädt sich dabei mit deren Forderungen, Hoffnungen, Wünschen und Groll auf, gewinnt so die Wucht historischer Notwendigkeit und brandet schließlich gegen das bestehende System politischer Macht und sozialer Verhältnisse. Wenn es bei der Beobachtung der Phänomene der Reformation für die ersten Jahre ihrer Entfaltung noch füglichen Zweifel daran geben mag, ob diese Bewegung sachgerecht als Revolution zu bezeichnen sei, so zeigt doch spätestens der Ausbruch des Bauernkrieges, daß dem so ist." (S. 331)

Das Bild des Zauberlehrlings, der die Geister, die seinem in anderer Richtung ausgestoßenen Ruf folgten, nicht mehr loswird: bleiben wir damit nicht doch bei dem schon geläufigen Bild des Revolutionärs wider Willen stehen, bei einer Dichotomie aus Quellenbefund und Geschichtskonstrukt? Die bisher referierten Argumente zeigen lediglich, daß die *funktionale* Interpretation Luthers breiten Raum gibt für eine daneben verlaufende hermeneutische Annäherung. Brendler bemüht sich jedoch, das revolutionäre Element in Luther deutlicher hervorzukehren und bedient sich dazu zweier Mittel. Zum einen wird Luthers theologische Leistung selbst als revolutionär erklärt; teils in ihrem eigenen Anliegen, teils durch die Implikationen, die sie *notwendigerweise* von Anfang an enthalten habe.

> „Die Offenbarung Gottes in der Bibel war das Thema seines Lebens. Zu ihr zog es alle seine Gedanken hin und von hier gingen sie aus. Daß sie dabei nicht stehenblieben und vom Gottesgedanken aus so ziemlich alles mitbedachten, was in der damaligen Gesellschaft von Belang war, macht sie geschichtsträchtig und zu einem Teil von Weltsicht und Ideologie." (S. 53)
>
> „Kirche und Gesellschaft waren so eng miteinander verbunden, daß tiefgreifende Veränderungen in der Kirche nicht ohne Auswirkungen auf die Gesellschaft bleiben konnten, und andererseits konnte sich keine gesellschaftliche Bewegung entfalten, ohne zugleich Kirchenprobleme zu berühren und mehr oder minder auf die Kirche einzuwirken. In ähnlicher Weise wie man in späteren Jahrhunderten beim Heranreifen revolutionärer Umwälzungen darüber debattierte, wie denn eigentlich die Gesellschaft oder die Gesellschaftsordnung beschaffen sein und was man an ihr ändern müsse, so diskutierte und disputierte man in den letzten Jahrzehnten des 15. und zu Beginn des 16. Jahrhunderts darüber, was die Kirche sei und was man tun müsse, um sie zu reformieren. So war die Kirche als geheiligte Institution zugleich die allgemeinste Zusammenfassung der Gesellschaft, ihr ideeller Nenner. Wer einigermaßen geistig regsam war, konnte nicht gleichgültig bleiben, wenn von der Kirche die Rede war. Zustimmung und Unterstützung, Ablehnung und entschiedene Gegenwirkung mußten die unausbleibliche Antwort auf Luthers Beginnen sein." (S. 123)
>
> „So saugte die Gesellschaft auf den Kanälen der sozialen Kontrolle gleichsam die zunächst individuellen Ideen Luthers in sich ein. Sein Anstoß hatte eine Schwingung im Gesellschaftssystem hervorgerufen, die sich in Zustimmung, Ablehnung und kritischer Prüfung äußerte und sich zu immer größerer Amplitude aufschaukelte. Individuelles amalgamierte sich mit Gesellschaftlichem und umgekehrt. Die Theologie wurde revolutionär und die Revolution theologisch." (S. 125)

Das ist nicht besonders klar, weder in der Formulierung noch im Gedanken, aber es zeigt deutlich die Argumentationsabsicht: die theologische Diskussion wird gewissermaßen zum Aggregatzustand erklärt, in dem jegliche gesellschaftliche Auseinandersetzung stattfinden mußte — der theologische Revolutionär wird damit von Anfang an und mit Notwendigkeit eo ipso auch zum sozialen.

Damit ist die Bahn der hermeneutischen Luther-Erschließung verlassen, und von diesem Grundsatz aus werden nun die theologischen Aussagen des Reformators denn doch und entgegen der ursprünglichen methodischen Absicht als Ideologie gedeutet. Herangezogen wird dabei das zweite Hilfsmittel: Luthers theologische (= ideologische) Aussagen werden mit Hilfe einer Revolutionstypologie erklärt, als charakteristische Frühausformungen revolutionärer Ideologie und zugleich als zeittypische Ausformulierungen emanzipatorisch-revolutionärer Grundanliegen:

> „Luther geht es um den rechten Glauben, nicht um das rechte Leben. Ist der Glaube wirklich echt und recht, dann wird er sich seiner Meinung nach mit Notwendigkeit auf das Leben auswirken. Damit steht Luthers Reformationsidee von vornherein in einer unaufhebbaren Spannung: er traut der menschlichen Natur prinzipiell nichts Gutes zu, erwartet aber zugleich, daß die Menschen plötzlich von der Predigt des Gotteswortes ergriffen werden, zum rechten Glauben gelangen und dann das Gute tun. Letzten Endes hofft er auf ein Wunder, auf das Eingreifen Gottes. Und doch verdammt er den Menschen nicht zur Untätigkeit und zum passiven Abwarten der Dinge, die da kommen sollen. Im Gegenteil, mit der Aufforderung zur Predigt und zur Verbreitung der rechten Lehre hat er auf seine Weise genau die Aufgabe getroffen, die in der Vorbereitungs- und Aufschwungsphase einer jeden revolutionären Bewegung gelöst werden muß: die Ausstattung der veränderungswilligen Kräfte mit einem neuen Bewußtsein." (S. 185)

Hier macht sich Brendler das Verfahren zunutze, das er kurz zuvor, im Zusammenhang mit der Scholastik, erläutert hat: Er unterlegt den Schriften Luthers einen zwar nicht vierfachen, aber doppelten Schriftsinn und befragt sie nicht nur nach ihrer literalen, der wörtlichen, sondern auch nach ihrer revolutionstypologischen Bedeutung. Noch deutlicher wird dieses Verfahren, wo er Luthers Aussagen in die Marxsche Terminologie „rückübersetzt":

> „Wenn dieser Glaube [= an die gerecht machende Gande Gottes] echt und nicht nur geheuchelt oder herbeigedacht sei, so forme er den ganzen Menschen von innen heraus neu und um. Christus sei dann in uns und wir würden mit ihm geistig wiedergeboren als neue Menschen. Dieser neue im Christenglauben wiedergeborene Mensch sei dann so ‚genaturet', wie Luther es nennt, daß er von diesem seinem neuen Wesen her gar nicht mehr anders könne, als das zu tun, was Gott gefalle.
> Fassen wir diesen Grundgedanken Luthers einmal in säkularisierter Form, so heißt das: Gebt dem Menschen ein neues Bewußtsein seiner selbst und seiner Stellung in der Welt, und er wird von innerer Qual befreit so handeln, daß die Menschheit zu sich selbst zurückfindet. Die Entfremdung des Menschen von Gott, die Sünde, ist nur die theologische Fassung von dem, was wir mit Karl Marx die Entfremdung des Menschen von seinem Gattungswesen nennen. Freilich ist diese Fassung von einem mythologischen Rankenwerk umgeben, das man sich nicht ohne weiteres wegdenken soll, aber von seinem historischen Ursprüngen her verstehen kann, dann aber auch in seinem poetischen Glanze genießen darf. Christliche Theologie ist systematisierte Dichtung über Wesen und Weg des Menschen; Martin Luther einer ihrer Meistersinger." (S. 71 f.)

Mit diesem einfachen Übersetzungsverfahren („Sünde" = „Entfremdung", „Glaube" = „neues Bewußtsein") gelingt es nun, das Christentum, wenigstens partiell, als metaphorische oder poetische Formulierung der zeitlos gültigen Grundgedanken des historischen Materialismus aufzufassen — und damit auch den theologischen Reformator als revolutionären Ideologen:

> „Seine Leistung in der Theologie reichte aus, die reformatorische Bewegung auszulösen und in Gang zu setzen, nicht aber dazu, sie bis zu ihren radikalsten Konsequenzen ideologisch zu bedienen und zu rechtfertigen. So korrespondieren seine theologischen Auffassungen mit seiner Klassenposition." (S. 444)

Und aus diesem Verständnis der lutherischen Schriften wird nun doch sein eigentliches Anliegen in wesentlichen Punkten grob mißverstanden. Dies geschieht z.B. da, wo der Autor die Abschaffung der Ohrenbeichte revolutionärtaktisch erklärt („sollte der Kampf um den einzelnen gewonnen werden, dann mußte der Hierarchie dieses Instrument aus der Hand geschlagen werden" [S. 250]). Ähnlich erklärt er Luthers Schrift über die Obrigkeit und die beiden Regimenter als Beschwichtigung der Fürsten gegen die revolutionären Potenzen der Reformation: „Theologisch ‚umgedacht' ging es bei dieser Problemlage darum, inwieweit Jesu Bergpredigt Gültigkeit haben sollte..." (S. 302), als wenn Luther hier eine taktische Frage ins Medium der Theologie übersetzt hätte. Die Aussagen über die Bergpredigt auf den folgenden Seiten — sie werde bei Luther aus dem weltlichen Leben „hinauskomplimentiert" — gehören zu den oberflächlichsten des ganzen Buches.

Die revolutionäre Uminterpretation Luthers hebt den urspünglich hermeneutischen Ansatz auf und erzwingt nun doch, partiell, ein Luther-Verständnis, das aus den Quellen nicht belegbar ist und ihnen zum Teil drastisch widerspricht.

> „Revolutionierend wirkte dieses lutherische Denken [. . .] dadurch, daß es die Autorität und Entscheidungsbefugnis einer jeglichen wie auch immer gearteten gesellschaftlichen Instanz in Glaubensdingen in Frage stellte. Dies berührte die Grundfrage jeglicher gesellschaftlicher Organisiertheit: Überordnung und Unterordnung, Gehorsam und Disziplin. Letzten Endes ging es um die Macht."[249]

Aber um die Macht ging es letzten Endes nicht. Es ging vielmehr um die Unmittelbarkeit des Gläubigen zu Gott: um die Bindung des Gewissens nicht an menschliche Satzungen, sondern an die unverfälschte Offenbarung (so wie Luther sie aufgrund seines Schriftverständnisses erschloß).

Auch Luthers Stellung zu den Bauernaufständen wird auf diese Weise als Verstoß gegen den eigenen theologischen (= revolutionären) Ansatz mißdeutet: den „Sieg des Klasseninstinktes über die guten Vorsätze des Glaubens" (S. 330) nennt Brendler Luthers Stellungnahme — so als hätte seine Glaubenslehre keine andere als die zustimmende Stellung zu den Bauernaufständen möglich gemacht. Und so geraten ihm unter der Hand alle Bemühungen Luthers, sein theologisches Anliegen von der Verweltlichung und Instrumentalisierung für poli-

---

[249] A.a.O., S. 174.

tische Zwecke freizuhalten, zu dem Bemühen des *bürgerlichen*, des gemäßigten Revolutionärs, das *radikale* Potential seiner Gedanken einzudämmen.

Am drastischsten wird die Umdeutung da, wo sie in der Form der „Übersetzung" geschieht. Mit seinem Lied „Ein feste Burg", in dem es doch ganz lutherisch heißt „Mit unserer Macht ist nichts getan" ließ Luther, so Brendler,

> „das Hohelied eines Lebensgefühls (singen), das in seinem Gottvertrauen und in seiner Siegeszuversicht auf seine Weise einen Geist zum Ausdruck brachte, den spätere Jahrhunderte in ganz entgegengesetzte Worte kleideten: ‚Es rettet uns kein höheres Wesen, kein Gott, kein Kaiser noch Tribun. Uns aus dem Elend zu erlösen, können nur wir selber tun.'" (S. 395 f.)

Nein. Trotz Engels' Wort von der „Marseillaise des 16. Jahrhunderts": Entscheidend ist nicht, daß beide Lieder Zuversicht zum Ausdruck bringen, sondern worauf sie diese Zuversicht gründen. „Ein feste Burg" spricht nicht nur in anderen Worten als die „Internationale", sondern aus einem anderen Geist. Das Wort sie sollen lassen stan!

Brendlers Buch ist — insofern es Luthers Theologie zu verstehen sucht und insofern es eine Wirkungsgeschichte dieser Theologie schreibt — ein ernst zu nehmender — und daneben auch ein gut lesbarer — Beitrag zur Luther-Forschung. Dies unterscheidet es von vielen früheren Luther-Interpretationen aus kommunistischer Feder. Aber es kommt letztlich an den selbst auferlegten Problemen des historischen Materialismus nicht vorbei. Es unternimmt den Versuch eines quellengesättigten Luther-Verständnisses und kommt darin weiter als andere Werke vor ihm. Aber es kann den ideologischen Panzer nicht durchstoßen. Luther als Theologen ernst nehmen, dies gelingt *zum Teil*, aber schließlich bleibt es unvermeidlich, den Theologen denn doch wieder zum bürgerlichen Ideologen zurückzuverwandeln, seine Theologie denn doch wieder als zeitgemäße Aussageform sozialer Konflikte umzudeuten. Es ist nicht falsch, es ist legitim, die historische Wirkung dieser Theologie zu untersuchen, aber es ist falsch und irreführend, ihre Bedeutung auf die einer historischen Ideologie einzuschränken. Luther als Theologen ernst nehmen, würde bedeuten, sein Grundanliegen nicht nur als historisch, sondern auch als gegenwärtig relevant aufzufassen; es würde bedeuten, Glauben und Theologie nicht (nur) als historische Elemente gesellschaftlich bedingter Bewußtseinsformen, sondern (mindestens auch) als autonome Bereiche geistigen Wirkens — auch in der Gegenwart — anzuerkennen. Diese Sicht aber ist einem historischen Materialisten, der seine Geschichtsphilosophie und seinen Atheismus ernst nimmt, unmöglich! Dies kann ohne Vorwurf, lediglich als Feststellung, gesagt werden: Hier liegt die Grenze jeder marxistisch-leninistischen Luther-Deutung. Freilich: Sie liegt auch erst hier. Jenseits dieser Grenze ist ein historisches Verständnis Luthers möglich, das weit unbefangener als frühere kommunistische Deutungen sein eigenes Anliegen zur Kenntnis nehmen und zur Sprache bringen kann. Auch dies ist eine Erkenntnis aus Brendlers Luther-Biographie.

Unabhängig von diesem — besonders interessanten — Einzelbefund läßt sich als Ergebnis festhalten: Die kommunistische Geschichtsschreibung in der DDR hat in der Vorbereitung des Luther-Jubiläumsjahres zu einer realistischeren, quellengesättigteren Sicht der Reformation gefunden und damit auch zu einem weniger verstellten Blick auf deren wichtigsten Akteur. Die einstige Abwertung Luthers zugunsten der Handelnden des Bauernkrieges, vor allem Müntzers, ist aufgegeben. Für manche Autoren kann man sogar feststellen: Luther ist unter den Akteuren der „frühbürgerlichen Revolution" an die erste Stelle gerückt, und es gibt Stimmen, die das Lob für Müntzers zukunftsweisende Positionen mit dem Hinweis auf seinen gewissermaßen subjektivistischen Utopismus relativieren.[250] Einhellige Zustimmung in der Partei hat das nicht gefunden, wenngleich aus offenbar unterschiedlichen Gründen.

Jürgen Kuczynski antwortet auf eine Umfrage „Was erbrachte die Luther-Ehrung"[251]:

> „Das Lutherjahr hatte für mich als Gesellschaftswissenschaftler eine besondere Bedeutung. Luther ist doch eine ganz große Gestalt unserer Geschichte, und nach 1945 wurde er ‚zugunsten' von Thomas Müntzer nicht nur verkleinert, sondern geradezu zu einem Reaktionär umgeformt. Vergeblich wehrte ich mich dagegen, vergeblich berief ich mich auch auf Marx und Engels, die sehr wohl seine Größe und seine Grenzen erkannt hatten. Diese so negative Einschätzung Luthers änderte sich mehr und mehr im Laufe der Zeit, und das Lutherjahr begann in seinen ersten Vorbereitungen unter dem genau umgekehrten Zeichen — Luther erschien als ein fast fleckenloser Held. Doch wurde diese fast schon hagiographische Haltung schnell korrigiert [. . .] Wie schön wird es sein, wenn es uns gelingt, diesen beiden Helden unserer Kultur gleichzeitig die ihnen gebührende Verehrung zuteil werden lassen!"

Eine solche Heldenverehrung geht dem eher der traditionellen Sicht zuneigenden Historiker Vogler zu weit:

> „Unübersehbar sind allerdings auch Fragen, die im Gespräch gestellt wurden und einer vertieften Beantwortung bedürfen. Da wird beispielsweise gefragt, ob Luther tatsächlich revolutionierend gewirkt habe, wo doch die Gehorsamspredigt, die Obrigkeitsauffassung, die Bauernverteufelung und manches andere nicht zu unterschlagende Elemente seines Werks ebenso existieren und dem zu widersprechen scheinen. Und mancher denkt dann weiter: Ist Luther wirklich eine Persönlichkeit, die in das Traditionsbild der sozialistischen Gesellschaft paßt?"

Der CDU-Volkskammerabgeordnete Prof. Gerd Wendelborn antwortet in derselben Umfrage:

> „Die marxistischen Wissenschaftler wären zu fragen, ob nicht in einzelnen ihrer Darlegungen Luther zu undifferenziert positiv gesehen wird, so daß das Pendel gegenüber pole-

---

[250] So Hans Hofmann: Zu einigen ökonomischen, politischen und sozialen Aspekten der Reformation bei Martin Luther, in: Staat und Recht, 32 (1983)/3, S. 231 ff., S. 236: Luthers Eintreten für die Aufrechterhaltung der feudalen Gesellschafts- und Staatsordnung [. . .] bei gleichzeitiger Förderung des Übergangs der Verwaltungsfunktionen an bürgerliche Beamte [. . .] entsprach den objektiven Interessen der historisch zur Führung bestimmten Klasse, der Bourgeoisie, deren Mission nicht die Beseitigung der Ausbeutung, sondern nur die Veränderung der Form der Ausbeutung sein konnte. Es ist nicht haltbar — wie es nicht selten geschieht —, Luther Verrat an den Bauern vorzuwerfen. Den von Müntzer geführten Bauern konnte dies so erscheinen. Doch die von Müntzer vertretenen Ziele waren utopisch.

[251] In: Standpunkt, 1984/2, S. 40—57, hieraus auch die beiden folgenden Zitate.

> mischen Beurteilungen der Vergangenheit zu einseitig nach der anderen Seite ausgeschlagen ist. Wenn ich recht sehe, ist das Werk des späteren Luther differenzierter zu werten, wie ich es auch in meiner Gesamtbiographie versucht habe. Luther hielt in der Tat einerseits beharrlich bis zu seinem Lebensende an seiner reformatorischen Zielsetzung fest; er stellte andererseits aber auch selbst Weichen, die in die lutherische Orthodoxie führten, die weder gesellschaftlich noch theologisch mehr als progressiv gelten kann. Es stellt sich hier dem Theologen aber auch eine Grundfrage, die den meisten von ihnen freilich noch kaum zum Bewußtsein gekommen ist: Wir müssen kritischer über unsere eigene Geschichte urteilen als die Marxisten, statt in eine vordergründige Apologetik zu verfallen [...] Es wäre eindeutig zu zeigen, daß diese evangelische Freiheit durch Welten von spätbürgerlicher Libertinage getrennt ist, im politischen Bereich aber sehr wohl für die Gestaltung konkreter sozialistischer Freiheit genutzt werden kann."

Diese Stimme eines Luther-Biographen aus der christlichen Blockpartei in der DDR ist geradezu pikant. Sie veranschaulicht die Gefahr, die eingeht, wer sich einer verordneten Linie anpaßt: Er kann durch deren allzu starken Wechsel plötzlich desavouiert werden. Eindrucksvoller erscheint daneben das Verhalten der evangelischen Kirchen in der DDR, die das Gespräch mit den marxistischen Luther-Interpreten suchten, gleichzeitig aber ihre eigenen Luther-Feiern und Kirchentage deutlich mit ihren eigenen Fragestellungen und Anliegen gestalteten. Joachim Rogge, Kanzleipräsident der evangelischen Kirche der Union und ebenfalls Luther-Biograph, sprach bei seinem Festvortrag über „Luther als Ausleger der Heiligen Schrift" u.a. über das Bibelwort: „Es ist gut auf den Herrn trauen und sich nicht verlassen auf Fürsten."

Fragt man nach den Gründen für die politische Entscheidung zur Aufnahme Luthers in die „Tradition", so wird kaum zu bestreiten sein, daß dabei kurzfristige pragmatische Gründe offenbar eine nicht geringe Rolle gespielt haben: etwa der Wunsch, sich bei dieser Gelegenheit gegenüber der Bundesrepublik und dem westlichen Ausland als toleranter und kulturell zu beachtender Staat darzustellen. Die Restaurierung der Luther-Gedenkstätten und die Begrüßung zahlreicher — auch zahlender — Gäste aus der Bundesrepublik und aus dem westlichen und neutralen Ausland gehören zweifellos zu den positiven Erträgen des Luther-Jahres für die SED. Und daß beim staatlichen Festakt schließlich nicht der Komiteevorsitzende Erich Honecker selbst, sondern sein Stellvertreter, CDU-Vorsitzender Gerald Götting, die Festansprache hielt, hängt vermutlich auch damit zusammen, daß bei dieser Veranstaltung nicht, wie erhofft, der Bundespräsident und die Staatsoberhäupter protestantischer westlicher und neutraler Länder zugegen waren und damit der protokollarische Rahmen kleiner blieb als erhofft.

Ein zweiter politischer Grund für die SED-Luther-Feiern liegt ebenso zweifelsfrei in der Pflege des Verhältnisses zwischen Staat und evangelischer Kirche in der DDR. Die SED bemüht sich bekanntlich seit den späten 70er Jahren darum, ein kooperatives Verhältnis mit den Kirchen auszubauen, ohne die Grundsätze der Innen- und besonders der kommunistischen Erziehungspolitik preiszugeben. Die Feier des Reformators auch von Staats und Partei wegen war zweifellos auch als Signal für die fortgesetzte Bereitschaft der Partei zu dieser

Kirchenpolitik und als Konzession an die evangelischen Kirchen in der DDR gedacht. Ob dabei im Bewußtsein der DDR-Bewohner die Partei oder die evangelische Kirche der eigentliche Nutznießer gewesen ist, läßt sich nicht leicht feststellen. Immerhin gibt es Mahnungen von CDU-Funkionären in der DDR, die Christen sollten jetzt nicht in die Selbstgerechtigkeit dessen verfallen, der nach langen Bemühungen endlich recht behalten hat.

Schließlich und hauptsächlich dürfte es bei der staatlichen Luther-Ehrung in der DDR um eine Verbreiterung der historischen Legitimation der Partei und des Staates gehen. Darauf verweisen alle Versuche, die Traditionslinie von Luther bis zum SED-Staat zu ziehen. So Gerald Götting in seiner Festrede am 9. November 1983: Sowohl die von Luther verkörperte „humanistisch-progressive Traditionslinie" als auch die von Müntzer repräsentierte „proletarisch-revolutionäre Traditionslinie der deutschen Geschichte" seien,

> „je auf ihre Weise – in das historische Erbe eingegangen, das der deutsche Arbeiter- und Bauernstaat angetreten hat und das er auf der gesellschaftlich neuen Stufe des Sozialismus schöpferisch fortsetzt"[252].

Und der Staatsratsvorsitzende hatte dasselbe Anliegen bei der Wiedereröffnung der restaurierten Wartburg in die Worte gekleidet, ein Besuch der Burg werde für viele Bürger damit verbunden sein, „sie in ihrem National- und Heimatgefühl zu bestärken, ihren Sinn um die Kämpfe vergangener Zeiten zu bereichern, was die besten Kräfte unseres Volkes für den Fortschritt geleistet haben"[253].

Hier, in der identitätsstiftenden Wirkung der historischen Erinnerung an die Reformation für das politische Gegenwartsbewußtsein als „DDR-Bürger", dürfte das Hauptmotiv der SED für die Wiederentdeckung Luthers liegen. Kaum ein einschlägiger Aufsatz unterläßt es, gemäß den „Thesen" darauf hinzuweisen:

> „Zum ersten Male in der Geschichte gibt es nunmehr den Typus eines Staates, dessen Handeln nicht in der Fiktion, sondern in der Wirklichkeit auf das Wohl aller seiner Bürger gerichtet ist – der also tatsächlich das tut, was Martin Luther als die Aufgabe der Obrigkeit angesehen hat. Und der Lutheraner, der aktiv am Aufbauwerk dieses wahrhaft humanistischen Staates mitwirkt, tut dies in völligem Einklang mit der Lutherschen Staatslehre. Er handelt dabei zugleich im Sinne der christlichen Nächstenliebe und des historischen Fortschritts."[254]

Und eine Broschüre des DDR-Kulturbundes stellt kurzerhand fest: „Die Hauptfrage ist also die Legitimität der DDR als Sachwalter des Erbes von Luther."[255]

---

[252] Neues Deutschland, 10.11.1983, vgl. auch: Ulrich Neuhäußer-Wespy, Zum Abschluß der staatlichen Luther-Ehrung in der DDR, in: IGW-Informationen, Nr. 3/1983, November 1983.

[253] Nach Frankfurter Rundschau, 6. März 1983.

[254] Fesser, Staat und Recht 1983, S. 864.

[255] Kulturbund der DDR: Martin Luther und das Mansfelder Land, zit. nach Frankfurter Allgemeine Zeitung, 19. September 1983.

Die legitimatorische und propagandistische Absicht des Staates und der Staatspartei bei der Luther-Ehrung ist unübersehbar. Die Wirkungen aber dürften sich wahrscheinlich in einer anderen Richtung zeigen. Denn der Anspruch des realen Humanismus, den dieser Staat repräsentieren will, wird durch die tägliche Erfahrung seiner Bewohner widerlegt. Daß aber hier ein Stück deutscher — und damit notwendigerweise gesamtdeutscher — Selbstbesinnung stattfindet und gleichzeitig ein Stück Revision und Selbstkorrektur der angeblich unfehlbaren Partei — das könnte der bleibende Eindruck sein, den die Deutschen in der DDR, was immer die Parteiführung subjektiv intendiert hatte, tatsächlich davontragen.

3. Friedrich und die „zwei Gesichter Preußens"

Für eine historisch-materialistische Sicht der Geschichte stellt das Urteil über den Ausgang der „frühbürgerlichen Revolution" — Fehlschlag oder letztlich doch Erfolg — die Weichen für die Einschätzung der folgenden Jahrhunderte bis zur französischen Revolution. Es ist daher nicht verwunderlich, daß eine auch positive, auch fortschrittliche Elemente entdeckende Einschätzung des 17. und 18. Jahrhunderts in Deutschland als Mehrheitsmeinung jungen Datums und ebenfalls erst eine Frucht der Neueinschätzung der deutschen Geschichte seit Beginn der 70er Jahre und insbesondere seit dem IX. Parteitag der SED 1976 ist. Dabei ist es nicht entscheidend, daß in der Abfolge der Auffassungs-Wandlungen die differenziertere Einschätzung des territorialstaatlichen Absolutismus — vor allem Preußens — vor der Neueinschätzung Luthers stattgefunden hat: Beides sind Indizien für dieselbe Differenzierung des Geschichtsbildes und sind, wissenschaftlich wie politisch, von denselben Anstößen in Bewegung gesetzt.

Eine interessante Präsentation der deutschen Geschichte der Neuzeit unter dem Aspket eines sektoralen Revolutionszyklus, nämlich im Sektor der Ideologie, hat Ernst Engelberg Ende der 70er Jahre im Anschluß an Heines Schrift „Zur Geschichte der Religion und der Philosophie in Deutschland" vorgelegt.[256] Es ist die Konstruktion einer geisteshistorischen („ideologiegeschichtlichen") Wirkungslinie der Reformation als „ideologischer Revolution" „von Luther über Kant und Hegel bis zu Marx":

> „Luther begann in Deutschland mit einer Revolution, die sich international ausweitete und gerade deswegen nicht mit einer Niederlage, sondern mit einem Sieg endete. Aber auch den Bauernkrieg und Thomas Müntzer mit seiner Theologie der Revolution haben wir nicht nur unter dem Gesichtspunkt ihrer Niederlage zu betrachten, sondern auch unter dem ihrer objektiven Funktion, nämlich die Resultate der kirchlich-institutionellen und

[256] Engelberg, BzG 1979, S. 643 ff. Die folgenden Zitate sind diesem Aufsatz entnommen.

ideologischen Umwälzung zu sichern. Engels sprach von einem Gesetz, wonach in jeder bürgerlichen Revolution weiterführende, aber zum tragischen Scheitern verurteilte Bewegungen notwendig seien, um nicht das Ganze zum Scheitern zu bringen."

Die „ideologische" Fernwirkung Luthers sieht Engelberg, in der Nachfolge der liberalen und demokratischen Luther-Interpretation des 19. Jahrhunderts, vor allem in seiner „aufklärerischen" Wirkung:

„So schrieb Heinrich Heine: ‚Indem Luther den Satz aussprach, daß man seine Lehre nur durch die Bibel selber oder durch vernünftige Gründe widerlegen müsse, war der menschlichen Vernunft das Recht eingeräumt, die Bibel zu erklären, und sie, die Vernunft, war als oberste Richterin in allen religiösen Streitfragen anerkannt.' So war mit Luther – trotz allem – ein Stück Ratio gewonnen."

Mit der Toleranzlehre Lessings leitet er auf Kant als nächsten Vertreter dieser ideologisch-revolutionären Traditionslinie über. Es geht ihm dabei nicht so sehr um ein zutreffendes Verständnis Kants – seine Bemerkungen über die „Wiederentdeckung des lieben Gottes für das einfache Volk" in der „Kritik der praktischen Vernunft" sind in ihrer Unangemessenheit selbst durch den Wunsch nach essayistischer Schnoddrigkeit nicht erklärbar –, sondern darum, die „Kritik der reinen Vernunft" mit Heine als „Hinrichtung des Deismus" und „eine geistige Revolution in Deutschland" herauszustellen.

Nächste Stufe dieser geistesgeschichtlichen Ableitung ist selbstverständlich Hegels Geschichtsphilosophie:

„Es ist meine tiefe Überzeugung, daß die ‚deutsche Dialektik' als ideologische Revolution in ihrer weitausgreifenden Entstehung wie Auswirkung ein ebenso wichtiges Generalthema der Forschung werden müßte wie das über das Verhältnis von Aufklärung, Klassik und Romantik. Wenn Engels 1869 schrieb: ‚Von allen Nationen haben die Deutschen den meisten, ja fast allein historischen Sinn [. . .]', dann ist dies heute leider weniger eine Feststellung als eine Mahnung, alle Möglichkeiten, die wir in der Deutschen Demokratischen Republik haben, auszunutzen, um das sowohl durch den antihistorischen Positivismus als auch durch den idealistischen Historismus Verschüttete wieder freizulegen und lebendig zu machen."

An sie anknüpfend stellt dann Marx mit dem Übergang vom objektiven Idealismus zum historischen Materialismus den Höhe- und Wendepunkt der Traditionslinie dar, indem er die bürgerliche Revolution kritisiert:

„Die in der bürgerlichen Revolution proklamierten Menschenrechte bringen keine wirkliche Befreiung des Menschen von all seinen inneren und äußeren Schranken: ‚Der Mensch wurde daher nicht von der Religion befreit, er erhielt die Religionsfreiheit. Er wurde nicht vom [. . .] Eigentum befreit. Er erhielt die Freiheit des Eigentums. Er wurde nicht vom Egoismus des Gewerbes befreit, er erhielt die Gewerbefreiheit'",

die humanistische Zielsetzung nicht abstrakt moralisierend predigt, sondern aus der Geschichte entwickelt. Das kommunistische Manifest ist der Januskopf, der gleichzeitig in die Vergangenheit blickt, deren humanistische Tradition es aufnimmt und in wissenschaftlicher Gestalt neu formuliert, und in die Zukunft, deren sozialistische Revolutionen (1917, 1945) von ihm prognostiziert werden und die Zielrichtung erhalten.

Es wäre interessant, die hier gezogene Grundlinie immanent-ideologiegeschichtlich zu verorten — erinnert sei etwa an die Diskussion der 50er Jahre über die Bedeutung Hegels für Marx — oder sie kritisch zu diskutieren: etwa hinsichtlich der Frage, wieweit es zulässig ist, Luther als Ausgangspunkt der Aufklärung in Anspruch zu nehmen, wieweit es eine problematische Einebnung bedeutet, Kants Philosophie vorwiegend unter dem Gesichtspunkt ihrer Vorbereitungsrolle für Hegels Geschichtsmetaphysik zu interpretieren, inwiefern es problematisch erscheint, die Hegelsche Geschichtsphilosophie *formal* zu übernehmen, ihre philosophischen Grundlagen dabei aber „vom Kopf auf die Füße" umzustülpen. Aber das hieße, nichts Geringeres zu versuchen als eine historische und systematische Kritik des dialektischen und historischen Materialismus. Hier muß es genügen, auf die bemerkenswerte Tatsache hinzuweisen, daß die Historiographie der DDR, anknüpfend an die demokratische Luther-Rezeption des 19. Jahrhunderts, dazu ansetzt, mit der Entdeckung des siegreichen frühbürgerlichen Revolutionszyklus auch die — in ihrem Sinne — progressiven fortwirkenden Elemente seiner „revolutionären Ideologie" zu betonen und so Luther geisteshistorisch („ideologiegeschichtlich") in die Tradition des dialektischen und historischen Materialismus einzureihen.

Aber auch für die Einschätzung der politischen Geschichte des 16. bis 18. Jahrhunderts und damit auch der Geschichte der deutschen Territorialstaaten ist die Neueinschätzung der „frühbürgerlichen Revolution" bedeutsam:

> „Nach der Niederlage des Bauernkrieges aber wurde vollends klar, daß eine reale Alternative zum partikularen Fürstenstaat in der deutschen Geschichte [. . .] nicht mehr gegeben war. Es fehlte die für den Zusammenschluß aller zentralisierenden Elemente notwendige Integrationskraft in Gestalt eines nationalen Königtums. Dieser realgeschichtliche Tatbestand hat Folgen für die Bewertung von Luthers Orientierung auf das territorialstaatliche Fürstentum. In diesem einzelstaatlichen Rahmen realisierte sich der gesellschaftliche Fortschritt zum Kapitalismus — wenn auch in verkrüppelter, gehemmter Weise. Die einseitig vergröberte These vom sogenannten Fürstenknecht erfährt dadurch eine wesentliche Relativierung."[257]

Und mit ihr relativiert wird die ausschließlich kritische Beurteilung des territorialstaatlichen Absolutismus in Deutschland von 1648 bis zum Ende des 18. Jahrhunderts; hier findet die These vom widersprüchlichen Charakter des (in dieser Zeit gebremsten, aber doch immerhin sich vollziehenden) historischen Fortschritts Anwendung und erschließt zur Neueinschätzung ein weites, von der früheren DDR-Geschichtsschreibung fast ganz vernachlässigtes Feld.

Dabei stellt sich auch die weitere Frage nach der Art und den Trägern des Fortschritts in den deutschen Territorialstaaten. Aufschlußreich ist dafür eine Kontroverse zwischen Jürgen Kuczynski und einigen seiner Rezensenten über die von ihm verfaßte Alltagsgeschichte des deutschen Volkes.[258] Das Werk ist, wie auch sein Untertitel „Studien" andeutet, keine durchkomponierte Geschichts-

---

[257] Bartel/Schmidt, ZfG 1984, S. 300.

[258] Jürgen Kuczynski: Geschichte des Alltags des deutschen Volkes, Studien Bd. 1, 1600—1650, Berlin (Ost), 1981; Bd. 2, 1650—1810, Berlin (Ost), 1981; Bd. 3, 1810—1870, Berlin (Ost), 1981; Bd. 4, 1871—1918, Berlin (Ost), 1981; Bd. 5, 1918—1945, Berlin (Ost), 1982.

erzählung, sondern mehr eine datenreiche Materialsammlung, aber eben dadurch über weite Passagen informativ, ungeachtet der ideologischen Prämissen, die der Autor zugrunde legt. An einer davon aber entfaltete sich die Diskussion: Kuczynski entwickelt im zweiten Band, der die Zeit von 1650 bis 1810 behandelt, die Grundannahme: „das ganze Land war eine lebende Masse von Fäulnis und abstoßendem Verfall" (Engels 1845)[259] und kontrastiert die Stagnation und „Refeudalisierung" in Deutschland, die dem Kapitalismus erst infolge des Zusammenbruchs gegen die französischen Revolutionsheere gewichen seien, mit dem Fortschritt des Kapitalismus in England. Kulturelle Kreativität sei in dieser Zeit nicht bei den vorkapitalistischen ausgebeuteten Klassen vorhanden gewesen; und wo optimistische Beurteiler etwa in Klagen von Bauern beim landesherrlichen Gericht gegen ihre lokale Herrschaft „niedere Formen des Klassenkampfes" erkennten, müsse man in Wirklichkeit von einer Unterwerfung unter die Rechtlichkeit dieser Klassengesellschaft sprechen.[260]

Demnach wertet er auch die „Ausbeutungserscheinungen" im Alltag gegensätzlich, je nachdem, im Rahmen welcher Gesamtentwicklung sie stehen:

> „Der Rote Terror, möge er gleich grausam sein wie der Weiße, er dient doch einer gerechten Sache. Und so waren die Kinder in England Opfer einer fortschrittlichen Entwicklung, die Kinder in Deutschland in ihrer Mehrzahl Opfer eines parasitären, verfaulenden Gesellschaftssystems. Für die Kinder Englands und Deutschlands mag der Alltag in vielem gleich schlimm gewesen sein. Der philosophische Historiker sieht ihr Schicksal verschieden."[261]

Diese Passage ist zwar für unser engeres Thema, die Ausweitung des parteibestimmten Geschichtsbildes in der DDR, nicht erheblich, gleichwohl verdient sie auch hier für einen Augenblick Aufmerksamkeit, weil sie ein wesentliches Charakteristikum auch der kommunistischen Geschichtsscheibung berührt.

Derjenige „philosophische Historiker", von dem Kuczynski hier spricht, vertritt die Philosophie des Totalitarismus; er ist, um es mit aller Deutlichkeit zu sagen, in der Konsequenz der Rechtfertiger des Massenmordes. Denn es gibt in der Geschichte, jedenfalls in der neueren, keinen Terror, der sich nicht auf eine „gerechte Sache" berufen hätte, und der „philosophische Historiker", der dieselbe „gerechte Sache" vertritt, macht es sich zu leicht, wenn er mit ihr die Leiden des Terrors rechtfertigt. Videatur et altera pars, etwa die geschätzt 20 Millionen Opfer des stalinistischen Terrors in der Sowjetunion bis hin zu den knapp 100.000 Todesopfern der Internierungslager in der SBZ/DDR bis 1950 (Buchenwald, Sachsenhausen u.a.), oder die Opfer des politischen Strafvollzugs im realen Sozialismus.

---

[259] Jürgen Kuczynski: Zur „Geschichte des Alltags des deutschen Volkes", Bemerkungen zu drei Rezensionen in der „Zeitschrift für Geschichtswissenschaft", in: ZfG 31 (1983)/8, S. 730 ff., hier: S. 732, das Zitat nach F. Engels, Deutsche Zustände, I, 1845; MEW Bd. 2, 1985, S. 566.

[260] Kuczynski, a.a.O., S. 730.

[261] Kuczynski (s.o. Anm. 258) Bd. 2, S. 216.

Es soll hier gar nicht versucht werden, das Problem des historischen Fortschritts auch nur anzudiskutieren. Das ist auch nicht erforderlich. Denn das Teilproblem, das Kuczynski hier anspricht, ist viel leichter lösbar. Die Anwendung und — historische oder aktuelle — Rechtfertigung des (roten) Terrors ist genau der Punkt, an dem der real existierende Sozialismus seinen Anspruch, den „Humanismus" der Gegenwart darzustellen, verwirkt.

Für die Flexibilisierung des Geschichtsbildes in der DDR, um auf unsere Hauptfrage zurückzukommen, ist der vorhergenannte Aspekt: die Bewertung der gesamten Epoche von 1526 bis 1789, bedeutsam. Kuczynskis Anliegen ist es dabei auch, gerade für jene Phasen, in denen die geistige Lethargie der ausgebeuteten Klassen festzustellen sei, die kulturell fortschrittlichen Leistungen „herrschender Ausbeuterklassen" in der ihnen zukommenden Gewichtung darzustellen.

Dem halten Wolfgang Küttler und Ingrid Mittenzwei ihre revidierte Interpretation dieser beiden Jahrhunderte entgegen, die offenbar von der Mehrheit der Fachgenossen geteilt wird:

> „Datiert man aber mit Marx [. . .] die ‚Ära des Kapitalismus' in das 16. Jahrhundert, so stehen die Entwicklungen in Deutschland, den Niederlanden und England — unabhängig von den unterschiedlichen Ergebnissen — zweifellos zusammen am Beginn der neuen Epoche, wird also Deutschland in deren allgemeine Tendenz miteinzuschließen sein, und in diesem Kontext kommt der frühbürgerlichen Revolution unstreitig europäische Bedeutung zu."[262]

Kuczynski dividiere diesen im großen und ganzen zusammenhängenden Prozeß künstlich in verschiedene nationale Prozesse auseinander, er verkenne, daß die in der bürgerlichen Revolution des 19. Jahrhunderts so erfolgreiche Bourgeoisie ihre damalige Leistung nicht ohne die inneren Voraussetzungen der Entwicklungen im Spätfeudalismus hätte vollbringen können. „Ist es nicht vielmehr so, daß eine Gesellschaft nur die Einflüse von außen aufnehmen kann, für die im Inneren die Bedingungen herangereift sind?"[263] Ohne die Vielfalt der Bedingungen in den einzelnen Ländern zu verkennen, müsse man doch die Einheitlichkeit des Fortschritts zum Kapitalismus in Europa zum Rahmen nehmen und innerhalb der deutschen Geschichte diejenigen Elemente betonen, die die Revolution des 19. Jahrhunderts vorbereiten halfen; der „alltägliche Klassenkampf" sei die Hauptursache für die Weiterentwicklung des Feudalismus:

> „Abgesehen von den theoretischen Einwänden gegen die Prämissen der von Kuczynski vertretenen Auffassung, wonach frühere Übertreibungen der Rolle der Volksmassen mit einer Verabsolutierung des Beitrags der herrschenden Klassen zum historischen Fortschritt beantwortet werden, bleibt zu fragen, wer denn eigentlich die für den späteren Kapitalismus günstigen Veränderungen im Feudalsystem vor 1800 bewirkt hat, die — wie oben zitiert — auch der Verfasser nicht leugnet. Die herrschende Feudalität tat dies sicher nicht freiwillig, sonst könnte von einer ‚negativen' Niedergangsphase keineswegs gesprochen werden. Wenn es ausschließlich äußere Zwänge waren, dann gingen diese jedenfalls

---

[262] Küttler/Mittenzwei, ZfG 1982, S. 623.
[263] A.a.O., S. 627.

vom entstehenden Kapitalismus aus und würden nur einmal mehr beweisen, wie sehr Deutschland bereits in der Übergangsepoche einbezogen war. Bliebe schließlich noch die innere Klassenkonstellation, wie sie Marx und Engels als typisch für die Ausgangsbedingungen des Absolutismus gezeigt haben, daß der Widerstand von Bürgern und Bauern ebenso wie das zunehmende Angewiesensein der Herrschenden auf Handel, Gewerbe und den Ertrag von Agrarexporten im Zusammenspiel mit äußeren Faktoren das alte Regime zu Maßnahmen der Anpassung zwang. Unser Bild ist zweifellos noch sehr fragmentarisch; schon beim gegenwärtigen Forschungsstand läßt sich jedoch mit Gewißheit sagen, daß die Voraussetzungen für die spätere bürgerliche Umwälzung im Wirken dieser Faktoren und Kräfte allmählich entstanden. Sie trugen zur Auflösung der alten Verhältnisse bei und bereiteten den Boden für den späteren Übergang zum Kapitalismus vor. Sie gehörten zu den notwendigen inneren Voraussetzungen für die Wirkungen, die die französische Revolution auf Deutschland ausüben konnte."[264]

Als die ideologisch engere Sicht erscheint in dieser Auseinandersetzung die der beiden Rezensenten, insofern als sie auch da, wo der Quellenstand dies nicht hergibt, an der allein fortschrittsfördernden Rolle des Klassenkampfes, in diesem Fall in „niederen Formen" stattfindend, festhalten wollen. Nichtsdestoweniger ergibt sich für beide Autoren die forschungspolitisch fruchtbare Annahme, daß die Geschichte des territorialstaatlichen Absolutismus grundsätzlich als eine Geschichte eines — wenn auch widersprüchlichen, verzögerten und gehemmten — Fortschritts zu schreiben ist. Diese Auffassung dürfte sich als die in der DDR-Geschichtswissenschaft herrschende durchsetzen:

„Die Herausbildung des Absolutismus war das Ergebnis von sozialökonomischen Veränderungen im internationalen und nationalen Maßstab, die [. . .] zu strukturellen und instrumentellen Veränderungen der Klassenherrschaft drängten und in den meisten Ländern auch führten. Der realistisch und politisch weitblickende Teil der Feudalklasse führte einen Kampf gegen die an altfeudalen, separatistischen und ständeegoistischen Prinzipien festhaltende Fraktion der Aristokratie, mit dem Ziel, sie politisch zu entmündigen und die machtpolitische Sicherung der sozialen Privilegien und der feudalen Produktionsverhältnisse einem Dynasten und ‚Staat' zu übertragen. [. . .]
Die Formierung des territorialstaatlichen Absolutismus [. . .] geschah verspätet und im Nachvollzug, weil die materiellen Grundlagen nicht voll ausreichten. [. . .] Trotzdem löste die neue Herrschaftsform partiell und tendenziell das machtpolitische Grundproblem der Übergangsepoche zugunsten der Feudalklasse: ihre Einordnung in einen zentralistisch-bürokratisch ausgerichteten Staat, der bürgerlich-kapitalistischen Entwicklungsbedürfnissen entgegenkam. [. . .]

Für die Dorfbevölkerung brachte der Staat neben und über der eigenen Herrschaft die Belastung mit der zentralisierten Feudalrente (Steuern, zivile und militärische Leistungen für den Staat) mit sich, vermittelte ihr aber auch die (oft chimärische) Möglichkeit, mit Hilfe des Herrschers die Ansprüche der örtlichen Herrscher abzuwehren. Besonders deutlich zeigt sich das Janusgesicht des Absolutismus im Reich in seiner ‚aufgeklärten' Phase während der zweiten Hälfte des 18. Jahrhunderts. Eine Reihe von Monarchen führte Reformen durch angesichts extrem niedriger Produktivität in Landwirtschaft und Gewerbe. Sie standen im Banne des stürmischen Fortschritts in England und der faszinierenden Ideen der englischen und französischen Aufklärung, vor allem der gemäßigten Richtung. Da die Handels- und Manufakturbourgeoisie weder zu einem Revolutionsversuch noch zur Machtergreifung gereift war, erscheinen die Maßnahmen der ‚aufgeklärten' Herrscher als Wegbereiter der späteren bürgerlichen Umwälzung. [. . .]

---

[264] A.a.O., S. 631.

Bei aller Berechtigung des vernichtenden Urteils über die ‚Kleinstaaterei' sollte der dialektische Aspekt nicht unbeachtet bleiben, daß Entwicklungspotenzen nicht nur in der nivellierenden Einheitlichkeit [...], sondern auch in der regionalen Vielfalt wirksam werden können."[265]

Am auffälligsten und folgenreichsten ist diese Neueinschätzung bei der Erforschung und Darstellung der preußischen Geschichte vor 1806, insbesondere also auch der Regierungszeit und der Person Friedrichs des Großen. Auch hier sei zunächst, als Kontrastmittel, ein Rückblick auf die ältere Preußen-Geschichtsschreibung geworfen: Sie zeigt, bis in die 70er Jahre hinein, das Festhalten an einer Stereotypie und Sterilität, die es heutigen Wissenschaftlern schwermacht, die Veränderungen der letzten Jahre als bloße „Erweiterungen" zu erklären. Nicht nur in der unmittelbaren Nachkriegszeit, in der die Miseretheorie von der Partei akzeptiert und verkündet wurde, auch in den folgenden beiden Jahrzehnten gab es überwiegend historische Darstellungen, die die historische Verantwortung Preußens für den Absturz in den Nationalsozialismus lehrten. Die „reaktionäre Klassenlinie" der deutschen Geschichte, die von der preußischen Politik über den „deutschen Imperialismus" bis zum „deutschen Faschismus" reiche und darüber hinaus bis zum Imperialismus in der Bundesrepublik, blieb der Interpretationsrahmen, „Militarismus", „Aggressivität" und „Unterdrückung" waren die Leitbegriffe der Preußen-Geschichtsschreibung:

„All diesen Publikationen gemeinsam war ihre zweiseitge Stoßrichtung: die Abrechnung mit der reaktionären Vergangenheit und die Orientierung auf die revolutionären Traditionen des Volkes, dessen schöpferische Rolle." „Die Schwäche der in dieser Entwicklungsetappe geübten Kritik, die in den folgenden Jahren überwunden wurde, bestand in der nicht ausreichenden Einordnung preußischer Geschichte in den Gesamtzusammenhang der deutschen und europäischen Entwicklung. Da wurde als ‚preußische Perfidie' gewertet, was in Wirklichkeit die spätfeudalen Fürsten im territorial zerrissenen Reich allgemein kennzeichnete, nur daß deren Taten nicht die gleichen Folgen zeitigten und auch nicht derart schamlos verherrlicht worden waren. Und da wurde das monströse Gebilde des Reiches, das seit Jahrhunderten schon keine Alternative zum Territorialstaat mehr darstellte, mit Deutschland gleichsetzt, an dem Preußen Verrat geübt hätte",

schreibt Ingrid Mittenzwei über die Historiographie der unmittelbaren Nachkriegszeit und erklärt das Preußenbild der 50er Jahre so:

„Die Behandlung der reaktionären Politik herrschender Klassen war in den 50er Jahren genauso notwendig wie eine Beschäftigung mit den Volksmassen. Durch die Konzentration auf beide Extreme – auf die schöpferischen Potenzen des Volkes und die reaktionäre Rolle der Herrschenden – gerieten aber Aufgaben und Funktionen letzterer – etwa in Aufstiegsphasen von Gesellschaftsordnungen – oder deren begrenzt progressive Leistungen in anderen Etappen in den Hintergrund."[266]

Doch auch noch das Preußenbuch von Vogler und Vetter 1970 verharrte im wesentlichen bei der alten Sicht:

---

[265] Langer, ZfG 1982, S. 937–939.
[266] Mittenzwei/Noack 1983, S. 30.

„Im Preußen des 18. Jahrhunderts gab es gewiß Fortschritte in mancherlei Richtung, entstanden neue Produktivkräfte, wuchsen kapitalistische Produktionsverhältnisse, zwang der Klassenkampf zu Modifizierungen in den Ausbeutungsverhältnissen und im Unterdrückungsapparat, forderte die bürgerliche Ideologie auch die herrschenden Klassen zur Stellungnahme heraus. Aber die Konservierung der spätfeudalen sozialen und ökonomischen Verhältnisse, die Entfaltung des expansiven Militarismus, die Verzerrung der bürgerlichen Entwicklung und die Deformierung des gesellschaftlichen Bewußtseins erlauben es nicht, im Zusammenhang mit Preußen vom Werden einer progressiven Position für die Lösung der nationalen Probleme in Deutschland zu sprechen, die preußische Politik mit den nationalen Interessen zu identifizieren."[267]

Sie begann sich erst im folgenden Jahrzehnt zu wandeln. Als exemplarisch für die von der Partei gutgeheißene Linie können die einschlägigen Veröffentlichungen von Ingrid Mittenzwei, Abteilungsleiterin im Zentralinstitut für Geschichte und leitende Fachvertreterin für die preußische Geschichte vor 1789, angesehen werden. Die wichtigsten Aussagen ihrer Friedrich-Biographie und einiger vorbereitender bzw. zusammenfassender Aufsätze[268] werden hier kurz rekapituliert.

Die Neuentdeckung Preußens in der DDR-Geschichtsschreibung beginnt, Ende der 70er Jahre, gewissermaßen mit einer Entschuldigung dafür, daß dieses Thema überhaupt aufgegriffen wird:

„Was soviele Spuren bis in unsere Gegenwart hinterließ, und seien sie auch nur aus Stein, bedarf der Erklärung, soll nicht Verwirrung aufkommen. [...]
Andererseits kann man gegenwärtig in der BRD einer Neuauflage des Preußenkultes und der Friedrich-Verehrung begegnen, die eindeutig reaktionär motiviert ist. [...] In diesem Zusammenhang werden alte und neue Legenden um Friedrich II. von den Massenmedien verbreitet, die auch manchen DDR-Bürger erreichen. Da genügt keine bloße Polemik von unserer Seite. Da darf man sich nicht einfach mit der Widerlegung alter und neuer Legenden begnügen, da bedarf es eines eigenen, nämlich materialistisch-dialektischen Bildes von der preußischen Geschichte."[269]

In dieser und zahlreichen ähnlichen Aussagen wird klar, daß die Preußen-Erschließung durch die SED(-Geschichtsschreibung) zu einem erheblichen Teil reagierend ansetzt, Antwort gebend auf Bedürfnisse historischer Selbstvergewisserung bei den Bewohnern ihres Staates und damit zugleich abwehrend gegen die westdeutsche wissenschaftliche und publizistische Aufarbeitung des Themas, die freilich mit den Worten „Preußenkult" und „Friedrich-Verehrung" bis ins Absurde übertrieben dargestellt wird.

Unverändert bleibt zunächst der Blick auf das „reaktionäre" Gesicht Preußens, und insofern wird das alte Verdikt bestätigt:

„Preußen verkörperte im Ringen um die Zuendeführung der bürgerlichen Umwälzung und die nationale Einigung die antirevolutionäre, undemokratische Alternative. Tatsächlich bekamen durch die mit Blut und Eisen unter Führung Preußens vollzogene Eini-

---

267 Vogler/Vetter 1970/1981, S. 116.

268 Mittenzwei 1980, dieselbe ZfG 1970; Forum 1978 (= DA 1983), Standpunkt 1982, zwei Beiträge in Mittenzwei/Noack 1983 u.a.

269 Mittenzwei, Forum 1978 (= DA 1983), S. 216 f.

gung all jene Kräfte Oberhand, die im Innern auf eine Unterdrückung jeder demokratischen, geschweige denn revolutionären Regung orientierten und die in der Außenpolitik das Rasseln mit dem Säbel zu ihrem Hauptgewerbe machten. [...] Mit diesem Preußen gibt es für uns heute nur die Möglichkeit der Auseinandersetzung. Freilich wurde den gesellschaftlichen Kräften, die es trugen, auf dem Boden der DDR für immer das soziale Fundament entzogen. Sie sind indes nicht tot. Man kann ihre Nachfahren jenseits der Grenze wiederfinden."

Aber das „zweite Gesicht" Preußens erhält nun ein stärkeres Gewicht,

„Ja, Preußen war Reaktion, war Militarismus, war Aggressionsbereitschaft oder — besser gesagt — war es *auch* [...]"[270],

und dieses der Zukunft zugewandte, positive Gesicht Preußens — Schauplatz der, wenngleich „von unten" gescheiterten bürgerlichen Revolution und Hochburg der entstehenden Arbeiterklasse — erhält nun breitere Züge durch mannigfaltige bürgerliche und adlige „Fortschrittskräfte", deren Wirken sich auch die preußischen Monarchen nicht völlig entziehen konnten:

„Preußen war auch [...] die Wirkungsstätte der liberalen Adelsreformer von 1807–1813, das Land, in dem die kapitalistische Entwicklung im Deutschland des 19. Jahrhunderts sich am raschesten vollzog und die größten Ausmaße annahm. [...] Auch Ausbeuterklassen haben in bestimmten historischen Entwicklungsabschnitten bzw. in bestimmten Bereichen zum Fortschritt in Preußen — wie in allen anderen klassenantagonistischen Staaten — beigetragen. [...] Was die Geschichte Preußens betrifft, so geht es vor allem um die Rolle der preußischen Bourgeoisie im Prozeß der bürgerlichen Umwälzung in Deutschland. Zu fragen ist aber auch nach den Leistungen von Vertretern der preußischen Adelsklasse, die sich mit der Durchsetzung der bürgerlichen Gesellschaft zu einer kapitalistischen Junkerklasse wandelte, bei der Ingangsetzung wie die Zuendeführung der bürgerlichen Umgestaltung. [...] In Brandenburg-Preußen entwickelten führende Vertreter der herrschenden Klasse — wenngleich aus egoistischen Klasseninteressen — eine relativ hohe Bereitschaft zur Anpassung. Sie war hier bis zum letzten Drittel des 18. Jahrhunderts größer als in vielen anderen deutschen Territorialstaaten und reichte von der Nachahmung und Umfunktionierung progressiver Entwicklungen in weiter fortgeschrittenen Staaten über die Adaption bürgerlicher Ideologien an die rückständigen Feudalverhältnisse bis zum Ausbau der Staatsmaschinerie. [...]
Wie Ziel der Anpassungspolitik nie die Wohlfahrt des Volkes war, so ging es Kurfürsten und Königen auch nicht um gesellschaftlichen Fortschritt in Richtung auf die kapitalistische Gesellschaftsformation. Preußens Herrscher betrieben eine dynastische Machtpolitik, sie wollten ihren Staat stärken. [...] Aber in der Geschichte der Ausbeutergesellschaften sind Absicht und Wirkung nicht identisch. Zwar erreichten die Hohenzollern ihr Ziel und wurden im Verlaufe des 18. Jahrhunderts neben den Habsburgern die mächtigsten Fürsten im Reich. Zugleich aber lockerten sie durch diese Politik ungewollt bestehende feudal geprägte Strukturen auf."[271]

Dies ist das Interpretationsmuster, nach dem Ingrid Mittenzwei auch die Biographie Friedrichs des Großen erzählt: die Förderung des historischen Fortschritts über den Feudalismus hinaus, gegen den Willen des führenden Vertreters des Feudalismus, des absoluten Herrschers, durch die List der Geschichte. Der Feudalismus, genauer gesagt: der weniger reaktionäre Teil der herrschen-

[270] Beide Zitate a.a.O., S. 215.
[271] Bartel/Mittenzwei/Schmidt, Einheit 1979, S. 639 ff.

den Feudalklasse, an ihrer Spitze in Preußen der König, wurde durch die gesellschaftliche Entwicklung, durch den aufkommenden bürgerlichen Kapitalismus, zu Anpassungsmaßnahmen gezwungen, die der Intention nach das Feudalsystem stützen und aufrechterhalten sollten, der Wirkung nach aber über es hinauswiesen.[272]

Friedrich der Große, oder richtig: II., denn den Beinamen verweigert ihm die Autorin wie alle marxistisch-leninistischen Historiker, erscheint in der Biographie als der widersprüchliche Herrscher, der er war; aber die wichtigsten Widersprüche werden nicht als Folge der Persönlichkeit des Königs erklärt, sondern als Widerspruch zwischen seiner klassengebundenen Politik und dem Versuch, den sich entfaltenden gesellschaftlichen Wandel zum Kapitalismus politisch und ideologisch aufzufangen. Der König ist von Ideen der Aufklärung ergriffen, aber er adaptiert sie nur zum Teil und setzt sie zu einem noch geringeren um. Gewiß klingt es neu, wenn er sich als den ersten Diener seines Staates bezeichnet und die Wohlfahrt der Untertanen zur Aufgabe der Fürsten erklärt, aber der „Hochmut des intellektuellen Höflings" läßt den theoretischen Menschenfreund zum praktischen Menschenverächter (S. 69 ff.) werden, der das Volk für dumm, ungebildet und der Aufklärung unfähig hält (S. 98), es als unmündig ansieht und daher nur als Objekt der Politik verstehen kann (S. 64). Und die Erkenntnis, daß man mit „milden" besser als mit „harten und tyrannischen" Gesetzen regieren könne, weil diese die Gefahr der Empörung heraufbeschwören, ist schon ein Zeichen von Unsicherheit:

> „Friedrichs Abhandlung [nämlich „über die Gründe, Gesetze einzuführen oder abzuschaffen" von 1749] offenbart ein Gefühl schwindender Sicherheit, noch ehe der amerikanische Unabhängigkeitskrieg und die Französische Revolution den Monarchen Europas die Gefahr ihres eigenen Untergangs vor Augen führten. Wie ein Seismograph registrierten er und andere Vertreter der herrschenden Klasse die noch kaum spürbaren Veränderungen ihrer Zeit." (S. 90)

Dementsprechend zeigt sich in seiner Innenpolitik der Widerspruch zwischen aufklärerischer Ideologie und „feudalkonservativer" Praxis: Die Ideen der Aufklärung, soweit der König sie überhaupt aufnimmt, werden entweder für die Stabilisierung des Staates und seiner Sozialordnung eingesetzt oder müssen deren Interessen weichen. Die zeitweilige Aufhebung der Vorzensur der Presse – weil die „Gazetten nicht geniret" werden dürfen, wenn sie interessant sein sollen – ist zugleich taktische Maßnahme der Außenpolitik und wird, ebenfalls aus außenpolitischen Rücksichten, alsbald wieder eingeschränkt (S. 42 f., S. 67). Die Rechtspolitik – Justizreform, Einschränkung der Folter, Verzicht auf Machtansprüche, Eingriff zugunsten vermeintlich oder wirklich benachteiligter Untertanen wie im Müller-Arnold-Prozeß, Erarbeitung des allgemeinen Landrechts – ist zwar von aufklärerischen Antrieben geleitet, schrickt aber vor einer wirklichen Einschränkung der Adelsrechte zurück und befestigt vielmehr die bestehende Klassenordnung (S. 195 u.ö.), sie wird nicht durchgeführt, wo

---

[272] Auf die Belegstellen in Mittenzwei 1980 wird auf den folgenden Seiten durch Klammerangaben im Text verwiesen.

es um vermeintliche staatliche Interessen geht (S. 42) oder wo die Disziplin in der Armee angetastet werden könnte; sie bleibt deklamatorisch, weil Rechtsgleichheit ohne politische Gleichheit nicht erreichbar ist (S. 192), und vor allem: Sie zielt nicht auf die Besserstellung der Untertanen, sondern ausschließlich auf die Stabilisierung des Staates, auch da, wo sie faktische Verbesserungen für die Untertanen bringt (S. 87 f.). Dies gilt überhaupt für alle Maßnahmen der Innenpolitik; auch wo es etwa um die Straffung der Verwaltung (S. 45) oder um das Retablissement nach dem Siebenjährigen Krieg geht (S. 132): Nicht das Wohl der Regierten ist das Ziel, sondern das bessere Funktionieren des Staates, die Sicherung seiner Steuereinkünfte und die Aufrechterhaltung auch seines Militärapparates. Dieses Ziel bestimmt auch die Agrarpolitik (Unterbindung des Bauernlegens 1749; Problem der Abschaffung der Leibeigenschaft 1763 ff.): Aufklärerische Rhetorik verdeckt das eigentliche Interesse an der Festigung des Staatsapparates; und die Interessen des Adels geben im Zweifelsfalle den Ausschlag (S. 157 f.):

> „Nur dann, wenn es für das Gesamtinteresse des Staates unabdingbar war, griff der König regulierend in die Vorrechte des Adels, darunter auch in die Beziehungen zwischen Gutsherren und Bauern, ein. [...]
> In Friedrichs Agrarpolitik flossen vielfältige Motivationen und Einflüsse zusammen. Da war zunächst das Interesse an der Aufrechterhaltung des sozialen Status quo und an der bestehenden Militärverfassung. Da waren andererseits aber auch die Kämpfe der Bauern selbst, die auf den Monarchen einwirkten, und daneben schließlich Einflüsse, die von der bürgerlichen Aufklärungsbewegung ausgingen.“ (S. 82 f.)

Auch solche Maßnahmen wie die Kultivierung des Oderbruchs waren keineswegs von menschenfreundlichen, sondern nur von fiskalischen Motiven geleitet:

> „Bürgerliche Historiker haben die Binnenkolonisation daher als ein Ruhmesblatt in der Geschichte der Hohenzollern und Friedrichs II. bezeichnet. Zu den guten Seiten friderizianischer Wirtschaftspolitik gehörte sie tatsächlich. Das stellte bereits Franz Mehring fest. Aber was wäre Friedrich II. ohne die vielen Arbeiter, beim Kanalbau beschäftigten Soldaten und Einwanderer gewesen, die – unter elenden Bedingungen, nur notdürftig untergebracht und häufig sogar krank, beim damaligen vergleichsweise niedrigen Stand der Technik – in harter Arbeit das Land entwässerten und urbar machten? Sie gilt es zu preisen. Andererseits zeigt sich, daß in der Klassengesellschaft Vertreter der herrschenden Klasse auch dann Bleibendes bewirken, wenn das Ziel ihrer Maßnahmen vordergründig von einem engen Klasseninteresse diktiert wird.“ (S. 77 f.)

Zentrales Charakteristikum des Staates ist — hierin weicht auch die jüngere Sicht Preußens nicht von der älteren ab – sein Militarismus, der die Aussagen des Königs kennzeichnet (etwa in seinen politischen Testamenten [S. 91, S. 133]), der ein Motiv der sozialen Stabilisierungspolitik zugunsten des Adels ist und der die Außenpolitik des Königs kennzeichnet (Schlesische Kriege, Siebenjähriger Krieg, der aus preußischer Sicht ein Eroberungskrieg gewesen sei [S. 102]).

Die Etablierung Preußens als Großmacht sei das Ziel gewesen, nicht etwa aus nationalen, sondern ausschließlich aus dynastischen Motiven und letztlich zum Unheil Deutschlands:

„Tatsächlich hatten die beiden Schlesischen Kriege ein einschneidendes Ergebnis: Sie veränderten das politische Kräfteverhältnis im Reich; es entstand der preußisch-österreichische Dualismus, der bis weit ins 19. Jahrhundert hinein die politische Szene bestimmte und die Entwicklung der deutschen Nation belastete. Die Stärkung Preußens durch die Annexion Schlesiens leitete die spätere ‚Verpreußung' Deutschlands ein." (S. 73)

„Die Entwicklung der bürgerlichen Nationen, die trotz aller Hemmnisse gerade in dieser Zeit Fortschritte machte, verlangte dringend nach den ihr gemäßen staatlichen Formen. Das Reich, von inneren Gegensätzen zerrissen, vom preußisch-österreichischen Dualismus ausgehöhlt, konnte diese Form nicht bieten; es war nicht reparabel, weder durch Bündnisse noch durch eine Stärkung der Kaisermacht. Daher kann die Politik Friedrichs II. ebensowenig als national gelten wie die der Habsburger. Sie widersprach im Gegenteil den Interessen der werdenden Nation. Die Situation schien in den 80er Jahren hoffnungslos verfahren. Die Fürsten waren unfähig, die nationale Frage zu lösen, das Bürgertum nicht entwickelt genug, um ihre Lösung auf die Tagesordnung der Geschichte zu setzen. Erst die Erschütterungen der Französischen Revolution weckten Kräfte für eine spätere nationalstaatliche Entwicklung, wenn auch auf dem für die Nation ungünstigen Wege einer ‚Verpreußung' Deutschlands." (S. 181 f.)

Eine einfache Linie von Friedrich über Bismarck zu Hitler gibt es nicht, „wie nach dem Zweiten Weltkrieg mitunter festgestellt wurde, aber eine gebrochene Kontinuität gibt es doch". (S. 209)

In einigen folgenden Aufsätzen hat die Autorin dieses neuen DDR-„Klassikers" über Friedrich den Großen das Bild weiter „aufgehellt", die Verurteilung abgeschwächt: Militaristische und expansive Tendenzen habe es im 18. Jahrhundert in allen absoluten Monarchien gegeben, Preußen sei in dieser Hinsicht lediglich ein besonders ausgeprägter, aber kein exzeptioneller Fall.[273]

Nur am Rande sei darauf hingewiesen, daß einige Kritikpunkte, die dem Preußen des 18. Jahrhunderts und insbesondere Friedrich vorgehalten werden, sich aus dem Mund einer kommunistischen Autorin merkwürdig ausnehmen. Daß das Volk, für dessen Wohlfahrt vorgeblich regiert wurde, in Wirklichkeit als unmündig und führungsbedürftig angesehen wurde, sollte jemand, der die führende Rolle der Partei der Arbeiterklasse für richtig hält, jedenfalls nicht als Vorwurf formulieren. Und nicht ohne Pikanterie ist es, daß eine Autorin, die gelegentlich auch im „Neuen Deutschland" abgedruckt wird, nachträglich den Vorwurf erhebt, mit der Pressefreiheit sei es nicht weit her gewesen, Friedrich habe sie allein schon aus Rücksicht auf Rußland wieder eingeschränkt (S. 67).

Das neue Friedrich-Bild der kommunistischen Geschichtsschreibung in der DDR bestätigt drei Einsichten, die Ingrid Mittenzwei an anderer Stelle als die wesentlichen Neuerungen der marxistisch-leninistischen Preußen-Geschichtsschreibung präsentiert.[274] Erstens: Das alte Reich wird nicht mehr mit der Nation gleichgesetzt, die preußische Politik des 18. Jahrhunderts daher nicht mehr als nation-feindlich qualifiziert. Zweitens: Preußen wird nicht mehr unmittelbar für den Absturz in den Nationalsozialismus verantwortlich gemacht: „Es gab keine geradlinige oder gar zwangsläufige Entwicklung vom absolutistischen Preußen des 18. Jahrhunderts zur Hitler-Diktatur, und das Preußentum

---

[273] Mittenzwei, Standpunkt 1982, S. 47 ff.
[274] In: Mittenzwei/Noack 1983, S. 43.

kulminierte nicht im deutschen Faschismus. Dennoch nahm mit der Entwicklung des absolutistischen Preußens jene Militarisierung der Gesellschaft ihren Anfang, die sich aufgrund ganz bestimmter sozialer und politischer Ursachen im 19. und 20. Jahrhundert zum imperialistischen Militarismus preußisch-deutscher Prägung fortentwickelte."[275] Drittens: Der Blick der Historiker konzentriert sich, wie schon dargelegt, nicht mehr allein auf die „Volksmassen", sondern auch auf Fortschrittspotenzen bei den aufsteigenden (Bürgertum im 18. und 19. Jahrhundert) und selbst bei Einzelvertretern herrschender „Ausbeuterklassen". So wird es möglich, das historische Erbe in einem breiten Maße für den heutigen „fortschrittlichen" Staat in Deutschland in Anspruch zu nehmen. Dies zeigt sich besonders deutlich bei der Darstellung der bürgerlichen Revolution des 19. Jahrhunderts.

Was aber an der Friedrich-Darstellung durch die parteiliche Geschichtsschreibung der DDR mindestens ebenso wie die Differenzierung des Urteils auffällt, sind einige Schwierigkeiten, die sie sich bei der Beurteilung des Königs und des Absolutismus selber macht. Z.B. wird immer wieder darauf hingewiesen, daß auch bei Maßnahmen, die den gesellschaftlichen Fortschritt (auch im Sinne des historischen Materialismus) förderten, selbstverständlich eigennützige Klassenmotive zugrunde gelegen hätten — während doch etwa im Falle Luthers seine subjektiven Motive zugunsten seiner objektiven Wirkungen weitgehend vernachlässigt werden — und daß alle tatsächlich vorgenommenen Reformen selbstverständlich im Rahmen der Klassengrenzen ihrer Initiatoren blieben (was ja an und für sich aus marxistisch-leninistischer Sicht eine platte Selbstverständlichkeit ist). Oder es wird der Militarismusvorwurf breit ausgeführt, obgleich man andererseits erkennt, daß der so definierte Militarismus keine preußische und keine deutsche Eigentümlichkeit im 18. Jahrhundert war.

Man wird vermuten dürfen, daß einige dieser Bewertungsprobleme sich aus dem Übergang von einem Interpretationsschema zu einem neuen erklären. Die zutreffendere Beurteilung der deutschen Territorialstaaten nach 1648 — die sich z.B. auch in der Würdigung Augusts des Starken[276] oder des Großen Kurfürsten zeigen — der 300. Jahrestag des Ediktes von Postdam ist 1985 wissenschaftlich und publizistisch sehr beachtet worden[277] — und die insgesamt schließlich doch positive Einschätzung der Reichsgründung von 1866/71, wie sie am markantesten Ernst Engelberg vorträgt, könnten dazu beitragen, das Bild auch des absolutistischen Preußen weiterhin aufzuhellen.

Die wichtigsten Unstimmigkeiten in der Wertung aber ergeben sich aus einem politischen Argument. Denn auffällig ist insbesondere an dem neuen Friedrich-Bild auch und gerade in den Mittenzweischen Darstellungen die merkwürdig defensive und polemische Argumentation, die keine Reform erwähnt ohne den

---

275 A.a.O., S. 15.

276 Artikel in der „Neuen Zeit" zum 250. Todestag, 8.2.1983 u.a., vgl. auch F.K. Fromme, in Frankfurter Allgemeine Zeitung, 5.3.1983.

277 Vgl. auch Bruno Gloger: Friedrich Wilhelm, Kurfürst von Brandenburg, eine Biographie, Berlin (Ost) 1985.

sofortigen Hinweis auf ihren systemimmanenten Charakter. Hier nämlich liegt der Kern des Darstellungsproblems:

> „Der preußische Absolutismus – Sonderfall oder Norm? Auf diese Frage werden, wie immer, wenn es um die Geschichte Preußens geht, einander ausschließende Antworten gegeben. Man kann in der BRD gegenwärtig sowohl die eine wie die andere Auffassung finden. Während viele das Einmalige, von der Norm westeuropäischer Entwicklung Abweichende in Preußens Historie betonen, bagatellisieren andere die tatsächlich vorhandenen Besonderheiten. Der Streit ist kein rein akademischer. In ihm geht es immer auch um heutige Interessen, um die Ablehnung oder Befürwortung des ‚Preußischen Modells' für die Lösung von Aufgaben der Gegenwart."[278]

Es geht um die Widerlegung westlicher Interpretationen, die „modernisierungstheoretisch" den aufgeklärten Absolutismus als Beginn des Umwandlungsprozesses zum bürgerlich-kapitalistischen Staat ansehen. Demgegenüber hält die marxistisch-leninistische Geschichtsschreibung aus dogmatischen Gründen daran fest, daß der Übergang zur kapitalistischen Gesellschaftsformation auch in Deutschland nur durch eine Revolution bewerkstelligt worden sein könne; und wenn auch diese Revolution in Deutschland schließlich „von oben" vollendet worden ist, so kann ihr Antrieb und Auslöser doch nicht eine von oben verordnete Reformpolitik, sondern muß ein revolutionäres Ereignis „von unten" sein: die Französische Revolution. Deshalb darf die Reformpolitik Friedrichs nicht als Initiation eines Modernisierungsprozesses erscheinen, sondern nur als (vergeblicher) Versuch, die überholte Gesellschaftsordnung zu konservieren. Ihre „vorbereitende" Funktion für die Umgestaltungen des 19. Jahrhunderts allerdings kann nicht bestritten werden.

Die Urteile im einzelnen, die Ingrid Mittenzwei in diesem argumentativen Zusammenhang abgibt, erscheinen nicht selten gewaltsam, gelegentlich anachronistisch. Die Fortschritte etwa in der Rechtsprechung, in der Auffassung des Staates, in der Staatsverwaltung, in der inneren Kolonisation, in der religiösen Toleranz werden nicht gemessen an dem Hintergrund ihrer Zeit und an den Zuständen, die sie ablösten, sondern an den Erfordernissen einer bürgerlichen Revolution, die in allen diesen Hinsichten viel weiter hätte gehen müssen. Mit diesem Maßstab beurteilt, kann freilich die Politik auch des aufgeklärten Absolutismus nur als „zu wenig" erscheinen; aber der Maßstab ist falsch: er verabsolutiert ein theoretisches Modell und leitet aus ihm Kriterien ab, denen nur eine entschiedene revolutionäre Politik genügen könnte. Friedrich aber war kein bürgerlicher Revolutionär und kein deutscher Nationalpolitiker; kann es sinnvoll sein, ihn an solchen Ansprüchen zu messen?

Selbst innerhalb ihres Ansatzes können manche Argumente der Biographie nicht überzeugen. Wieso ist z.B. eine Außenpolitik als „feudal" zu qualifizieren, der „freilich auch die aufkommende Bourgeoisie zustimmte"?[279] Mit welchen empirischen Feststellungen läßt sich die Behauptung belegen, der reformerisch-aufklärerische Teil der friderizianischen Politik sei die Reaktion auf einen

[278] Mittenzwei, Standpunkt 1982, S. 47.
[279] Mittenzwei/Noack 1983, S. 283.

Druck von unten, Anpassung aus Sorge vor gesellschaftlicher Umwälzung gewesen? In der preußischen Geschichte scheint es dafür sehr wenig Evidenz zu geben, und die Autorin selbst weist wiederholt darauf hin, daß eine zur Revolution fähige Klasse oder Schicht in Preußen eben nicht bestanden habe. In der Hauptsache aber scheint selbst der Ansatz der Kritik verfehlt. Ingrid Mittenzwei argumentiert über ein Scheinproblem, und sie tut es auf falsche Weise. Denn ob der Modernisierungsprozeß in Preußen, der schließlich in die deutsche Nationalstaatsbildung einmündete, als evolutionär oder revolutionär zu qualifizieren sei, ist überhaupt kein Problem in der Sache, sondern allein eines in der Begrifflichkeit. Und das gleiche gilt für die Teilfrage, ob — die Qualifizierung als „revolutionär" einmal vorausgesetzt — der aufgeklärte Absolutismus diesem revolutionären Weg zuzurechnen oder von ihm abzusetzen sei. Dies sind selbstgemachte Probleme der historisch-materialistischen Geschichtsschreibung. Und Ingrid Mittenzwei löst sie hier auf falsche Weise. Denn ob und in welchem Maße die preußischen Reformen nach Tilsit auch als Anknüpfung an die friderizianische Politik zu bewerten seien, ist eine interpretatorische Frage, die sich allein mit dem Blick auf die Motive Friedrichs gar nicht beantworten läßt. Darüber hinaus scheint es wenig sinnvoll, bei den Ursachen der preußischen Reformpolitik sorgfältig zwischen endogen und exogen, evolutionär und revolutionär zu unterscheiden. Daß die preußischen Reformen ohne den Zusammenbruch des Staates 1806/7 nicht oder nicht so stattgefunden hätten, ist höchst wahrscheinlich. Aber daß dieser Zusammenbruch die einzige und ausschließliche Ursache der Reformpolitik gewesen sei, erscheint als eine sehr unhistorische Konstruktion. Wieder einmal steht das Dogma der Erkenntnis im Weg.

Ingrid Mittenzweis Friedrich-Buch ist an und für sich, als historische Darstellung, ohne herausragendes Interesse; von einem westdeutschen Historiker geschrieben, hätte es kein erhebliches Echo gefunden. Denn es bietet keine neue Sachinformation, es ist literarisch nicht mehr als durchschnittlich, und in seinen Wertungen und Interpretationen bietet es, wie gezeigt, einen teils unklaren, teils durch dogmatische Vorannahmen eingeengten Blick auf Preußen. Die Aufmerksamkeit, die es mit Recht gefunden hat, verdankt es allein seiner Herkunft. Und da ist es in der Tat bedeutsam. Es zeigt die Möglichkeiten einer kommunistischen Annäherung auch an eine differenziertere Sicht des Absolutismus und in diesem besonderen Falle: der Geschichte Preußens. Es zeigt freilich — auch hier wieder — die Grenzen dieser Annäherung, solange bestimmte dogmatische Vorannahmen gültig bleiben und verifiziert werden müssen.

Die wichtigsten Hindernisse bei der Neuerschließung der älteren preußischen Geschichte liegen allerdings weniger in dogmatischen Kernsätzen als in der fortdauernden Wirkung der Tradition einer herkömmlich preußenfeindlichen Geschichtsschreibung. Von dieser scheint sich die DDR-Historiographie zunehmend frei zu machen. Und da die Geschichte des territorialstaatlichen Absolutismus einerseits nur zu einem geringen Teil für die bewußtseinsbildende Traditionspropaganda nutzbar ist, andererseits aber — im Sinne eines „widerspruchsvollen Fortschritts" geschrieben — zur Verbreiterung der historischen Basis der DDR beitragen kann, wird man annehmen dürfen, daß die Möglichkeiten der wissenschaftlichen Neuerschließung dieses historischen Areals durch die bisherigen Veröffentlichungen noch nicht ausgeschöpft sind.

4. Bismarck und die „Revolution von oben"

Noch stärker als im Hinblick auf das absolutistische Preußen hat sich im Laufe des letzten Jahrzehnts das Urteil über Preußen im 19. Jahrhundert und insbesondere über seine Rolle bei der deutschen Nationalstaatsbildung gewandelt. In der älteren Sicht, also etwa bis zur Mitte der 70er Jahre, waren, was die staatliche Politik Preußens betraf, allein die preußischen Reformer, die seit der ersten Hälfte der 50er Jahre als fortschrittliche Kräfte gewürdigt wurden, von dem Verdikt ausgenommen, das die Geschichte des preußischen Staates unter dem Gesichtspunkt der militaristisch-reaktionären Kontinuität verurteilte:

> „Erstmals wurden in Anknüpfung an die Anschauungen von Marx und Engels, unter Einbeziehung der Schriften von Franz Mehring sowie mit Unterstützung sowjetischer Arbeiten das reaktionäre Preußentum und dessen verhängnisvolle Auswirkungen bis hin zum Faschismus charakterisiert. Zerschlagen wurde auch die Legende vom ‚nationalen Beruf' Preußens.
> Inhaltlich standen die Entwicklung des Militarismus und seiner junkerlichen Grundlagen sowie die bei Weiterbestehen der altpreußischen Militärtraditionen erfolgten Veränderungen im Imperialismus im Vordergrund. [. . .] Mittelpunkt blieb weiterhin die Kennzeichnung der verhängnisvollen antidemokratisch-obrigkeitsstaatlichen Tradition sowie der damit verknüpften reaktionären politisch-ideologischen Erscheinungen. Schließlich schenkte man besonders stark der Eroberungspolitik Preußens Beachtung, prangerte die Aggressivität des junkerlich-bourgeoisen Imperialismus und dessen Unterdrückungspolitik gegenüber anderen Völkern an."[280]

Der „Imperialismus" wurde zum Bindeglied, das den in ihn einmündenden „preußischen Militarismus" mit dem aus ihm hervorgehenden „deutschen Faschismus" zu einer Einheit verband und das „Irrweg"-Urteil stützen sollte. Preußische Reformzeit, 48er Revolution, Arbeiterbewegung in Preußen und Deutschland waren aus dieser Sicht zukunftsweisende, aber zunächst gescheiterte Versuche progressiver Weichenstellungen. Bürgerliche Politiker wurden vorwiegend unter dem negativen Vorzeichen des „Verrats an der bürgerlichen Revolution" beurteilt; positive Elemente etwa an Vertretern der „Junkerklasse" zu entdecken, war unvorstellbar — was heute die rückblickende Selbstkritik der Einseitigkeit begründet.[281] Die preußische Geschichte erschien in schlichtem Schwarz-Weiß.

---

[280] Gustav Seeber: Preußen seit 1789 in der Geschichtsschreibung der DDR, in: Seeber/Noack (Hgg.) 1983, S. 22 f.

[281] A.a.O., S. 26.

Die Verurteilung umfaßte, allerdings mit bestimmten Einschränkungen, auch die Reichseinigung und damit zugleich die Person und Politik des Reichsgründers: Die Ablehnung des Heeresetats durch das preußische Abgeordnetenhaus im September 1862

> „war nach dem bisher Geschehenen, nach dem Verrat der Bourgeoisie von 1848, nach den Anbiederungen beim König und nach der Ablehnung der Volksbewegung für die nationalstaatliche Einigung wahrhaft keine heroische Tat. Aber sie stellte klar, daß selbst eine so inkonsequente Klasse wie die preußische Bourgeoisie in bestimmten Situationen über ihren Schatten springen mußte, wenn die Sicherung ihres bescheidenen Machtanteils das verlangte. Hier tat sie es einmal, sie sprang – und provozierte damit die ratlose preußische Regierungspartei zu dem Schritt, der mit der Berufung Otto von Bismarcks konsequent auf den Weg der Revolution von oben führte. [...]
> Wie seine Politik aussehen werde, sprach Bismarck in der Debatte während der 94. Sitzung der Budget-Kommission des Abgeordnetenhauses am 30. September 1862 aus. [...]: ‚Nicht auf Preußens Liberalismus sieht Deutschland, sondern auf seine Macht; [...] Preußen muß seine Kraft zusammenfassen und zusammenhalten auf den günstigen Augenblick, der schon einige Male verpaßt ist; Preußens Grenzen nach den Wiener Verträgen sind zu einem gesunden Staatsleben nicht günstig; nicht durch Reden und Majoritätsbeschlüsse werden die großen Fragen der Zeit entschieden – das ist der große Fehler von 1848 und 1849 gewesen – sondern durch Eisen und Blut.‘
> Die Erklärung bewies, daß die herrschenden Kreise nicht auf ihre Staatsstreichpläne zu bauen brauchten, wenn dieser Mann sein Programm realisierte. Der Staatsstreich wurde vielmehr auf ganz legalem Wege vollzogen: Er begann mit der Einsetzung Bismarcks als Ministerpräsident.
> Mit Otto von Bismarck trat [...] ein echter preußischer Junker an die Spitze des Kabinetts. Er hatte in verantwortlichen Funktionen [...] die Probleme der deutschen und der internationalen Politik gründlich kennengelernt, seinen Blick geweitet und geschärft sowie gelernt, die Realitäten zu beachten. Dazu gehörte auch, daß dieser Gegner des Liberalismus und der Demokratie zu beurteilen wußte, wo die Bourgeoisie gefaßt werden konnte und wie ihr beizukommen war. [...] ‚Es handelte sich aber um einen Junker, der in den eineinhalb Jahrzehnten seit der Revolution 1848/49 gelernt hatte, wie die Interessen seiner Klasse durchzusetzen seien.‘ (Joachim Streisand)“[282]

Dieses Zitat kann in doppelter Hinsicht als repräsentativ gelten. Es veranschaulicht zum einen das ältere, absprechende Urteil der kommunistischen Geschichtsschreibung über Bismarck; es zeigt zum anderen aber auch eine gewisse Uneindeutigkeit, denn daß die nationalstaatliche Zusammenfassung Deutschlands auch von „demokratischen und proletarischen Kräften“ gewollt worden sei und daß dieser „Junker“ diese Aufgabe gelöst habe, indem er, klüger als viele seiner Standesgenossen, die Liberalen nicht bekämpft, sondern durch eine Mischung aus Druck und Entgegenkommen zum „Klassenkompromiß“ bewogen habe, gehört auch zu den Auffassungen der älteren kommunistischen Geschichtsschreibung. Diese Zwiespältigkeit charakterisiert auch schon das Urteil der Kirchenväter über die Reichseinigung, das bis heute in den einschlägigen Darstellungen immer wieder zitiert wird:

> „Jeder Sieg der Reaktion hemmt die gesellschaftliche Entwicklung, entfernt unfehlbar den Zeitpunkt, wo die Arbeiter siegen können. Jeder Sieg der Bourgeoisie über die Reaktion dagegen ist nach einer Seite hin zugleich ein Sieg der Arbeiterklasse, trägt zum end-

[282] Vogler/Vetter 1970/1981, S. 260 f.

lichen Sturz der kapitalistischen Herrschaft bei, rückt den Zeitpunkt näher heran, wo die Arbeiter über die Bourgeoisie siegen werden. [...]
Die arbeitende Klasse gebraucht zur vollen Entfaltung ihrer politischen Tätigkeit ein weit größeres Feld als es die Einzelstaaten des heute zersplitterten Deutschlands darbieten. Die Vielstaaterei wird für das Proletariat ein Bewegungshindernis sein, aber nie eine berechtigte Existenz, ein Gegenstand des ernsthaften Denkens."[283]

Und daraus ergibt sich, wenn das „größere Feld" durch einen „Sieg der Reaktion" eröffnet wird:

„Die Sache hat das Gute, daß sie die Situation vereinfacht, eine Revolution dadurch erleichtert, daß sie die Krawalle der kleinen Hauptstädte beseitigt und die Entwicklung jedenfalls beschleunigt. Am Ende ist doch ein deutsches Parlament ein ganz anderes Ding als eine preußische Kammer. Die ganze Kleinstaaterei wird in die Bewegung hineingerissen, die schlimmsten lokalisierenden Einflüsse hören auf und die Parteien werden endlich wirklich nationale, statt bloß lokale. Der Hauptnachteil ist die unvermeidliche Überflutung Deutschlands durch das Preußentum, und das ist ein sehr großer [...] Wir können also meiner Ansicht nach gar nichts anderes tun, als das Faktum einfach akzeptieren, ohne es zu billigen, und die sich jetzt darbieten müssenden größeren Facilitäten zur nationalen Organisation und Vereinigung des deutschen Proletariats benutzen, soweit wir können."[284]

In diesem entschiedenen Sowohl-Als-auch ist, wie man sieht, beides enthalten: die Kampfansage gegen die „Reaktion", aber auch die Akzeptierung der positiven Auswirkung ihrer Einigungspolitik. Die ältere kommunistische Geschichtsschreibung hat daraus vor allem die Kampfansage betont, womit sie zugleich die Politik August Bebels und Wilhelm Liebknechts rechtfertigen konnte, die das antipreußische Bündnis mit der kleinbürgerlichen Demokratie suchten.[285] Daß Marx und Engels selbst die Reichseinigung als solche positiv einschätzten, blieb bei dieser Sichtweise im Grunde außerhalb des Blickfeldes.

Erst die sich seit Mitte der 70er Jahre durchsetzende Sichtweise und die Erkenntnis eines unter Umständen bestehenden „relativen Eigengewichtes des Staates", in dessen Politik sich nicht immer direkt die Interessen der herrschenden Klassen oder Klassenfraktionen widerspiegeln[286], führten dazu, auch den Abschluß der bürgerlichen Umwälzung in Deutschland „von oben" in einem neuen und positiveren Licht zu sehen. In vielen einschlägigen Veröffentlichungen wird dabei das poltische Motiv dieser differenzierten Sicht deutlich ausgesprochen: Der westdeutschen Geschichtsschreibung und Publizistik „geht es letztlich darum, dem imperialistischen Staat BRD ein historisches Fundament zu schaffen und der sozialistischen Deutschen Demokratischen Republik gewissermaßen nur eine Außenseiterrolle in der deutschen Geschichte zuzuweisen"[287]. Die Verbreiterung der historischen Basis, auch durch eine neuakzentuierte Bewertung der Reichsgründung, soll demnach der DDR diese — von der

[283] Friedrich Engels: Die preußische Militärfrage und die Deutsche Arbeiterpartei, 1865, in: MEW Bd. 16, 1981, S. 37—78, hier: S. 70 bzw. S. 66.
[284] Engels an Marx, 25.7.1866, in: MEW Bd. 31, 1973, S. 241.
[285] Z.B. Vogler/Vetter 1970/1981, S. 270.
[286] Vgl. Seeber/Noack 1983, S. 44.
[287] A.a.O., S. 46.

SED mit Recht empfundene — „Außenseiterrolle" nehmen und ihr, in den Augen der Deutschen wie des Auslandes, historische Legitimität verschaffen.

Von Partei wegen, gewissermaßen offiziell zur auch positiven Neueinschätzung freigegeben wurde Bismarck seit 1983. Am 10. Februar 1983 veröffentlichte die FDJ-Zeitung „Junge Welt" einen Aufsatz von Heinz Wolter (vom Zentralinstitut für Geschichte), der den Reichsgründer als „Staatsmann von hohem Rang" bezeichnete, die These zurückwies, daß man ihm „alle Verantwortung für den verhängnisvollen Verlauf der preußisch-deutschen Geschichte persönlich aufladen" könne und insbesondere den Realismus Bismarcks lobte. Er erklärte es für möglich, daß Bismarcks Erinnerungswerk in der DDR neu erscheinen könnte — in der Sowjetunion sei es 1940 auch erschienen; die Sowjetunion habe damals Bismarcks Einsicht, daß es nie zum Krieg mit Rußland kommen dürfe, erneut bewußtgemacht. Genauer, über diese Anspielung hinaus, werden allerdings die politischen Rahmenbedingungen von 1940 nicht erläutert.

In dieselbe Richtung wies eine Rede von Politbüro-Mitglied Kurt Hager im Dezember 1983: Zu der widersprüchlichen Rolle Bismarcks in der bürgerlichen Umwälzung in Deutschland gehörten auch positive Aspekte, u.a. der, daß Bismarcks Realitätssinn ihn zu nüchterner Kalkulation besonders in der Außenpolitik befähigt habe; Beispiel dafür sei sein Plädoyer für gute Beziehungen mit Rußland. Die politische Nutzanwendung für die Gegenwart, daß Realitätssinn und Vernunft sich auch heute in den herrschenden Kreisen „imperialistischer" Staaten durchsetzen müßten, beweist: Auch bei der Wiederentdeckung Bismarcks hat die friedenspolitische Deklaratorik der SED eine erhebliche Rolle gespielt.[288] Diese politisch-pädagogische Wirkungsabsicht kennzeichnet auch weitere Artikel, z.B. von Sigrid Wegner-Korfes, Historikerin und Tochter des Mitbegründers des Nationalkomitees Freies Deutschland, General Otto Korfes, über Bismarcks Rußland-Politik[289] oder von Werner Neubert über „Bismarcks Lektion" in der „Weltbühne", wo als weitere Beispiele für „imperialistischen Realismus" u.a. Erzberger, Churchill und Nixon genannt werden.[290]

---

[288] Vgl. Neues Deutschland, 14.12.1983.

[289] Wegner-Korfes, National-Zeitung, 19.8.1984.

[290] Neubert, Weltbühne 1984, S. 1196 ff. Nur am Rande sei hier darauf verwiesen, daß bei diesen Versuchen, Bismarck als Kronzeugen einer engen deutsch-russischen (bzw. -sowjetischen) Kooperation in Anspruch zu nehmen, natürlich nicht ausgeführt wird, daß Bismarck das Bündnis oder das einvernehmliche Verhältnis mit Rußland zwar als wesentlichen Rückhalt seiner Politik betrachtete, aber nur unter bestimmten Bedingungen für möglich hielt: einer nicht einseitigen Abhängigkeit, der Beachtung des Grundsatzes der Gleichberechtigung und der Fortdauer gemeinsamer Interessen, die er etwa Ende der 70er Jahre, vor Abschluß des Zweibundes, durch panslawistische Tendenzen in Rußland gefährdert sah („Mit der unberechenbaren Elementargewalt dieser slawischen Revolution ist für uns keine Verständigung möglich", Schreiben an Kaiser Wilhelm, 7.9.1879, in: Große Politik der Europäischen Kabinette, Bd. 3, 1922, S. 52).

Die Rehabilitierung Bismarcks durch die SED und die von ihr gelenkte Geschichtswissenschaft ist ein Beispiel für die Konvergenz von tagespolitischem Erfordernis und wissenschaftsimmanentem Erkenntnisfortschritt, ermöglicht durch eine mittelfristige Forschungsplanung, die aus politischen Gründen die breite historische Fundierung der DDR in der deutschen Geschichte betreibt. Am weitesten in dieser Richtung geht die 1985 erschienene Bismarck-Biographie von Ernst Engelberg, der bisher wohl bemerkenswerteste veröffentlichte Ertrag der neuen Aneignung der deutschen Geschichte durch die SED. Die Erarbeitung dieses Buches ist ein gutes Beispiel dafür, daß die ideologischen Vorgaben des historischen Materialismus, entsprechend interpretiert, quellengesättigte Forschung und lesenswerte Darstellung nicht ausschließen; seine Veröffentlichung zeigt, wie weit die SED ihren bisherigen historischen Interpretationsrahmen zu flexibilisieren bereit ist, um als Erbe und Fortsetzer des historischen Fortschritts in Deutschland glaubwürdig zu werden. Die Reaktion des mitteldeutschen Lesepublikums — das Buch war im Handumdrehen vergriffen — zeigt, daß die Tragweite der hier vorgenommenen Geschichtsbildrevision durchaus verstanden, vielleicht sogar weiter als von der Partei gewünscht aufgefaßt worden ist. Bei einer Diskussionsveranstaltung auf der Leipziger Frühjahrsmesse 1986 mit dem Autor stellte ein Teilnehmer die Frage:

> „Unser Geschichtsbild hier hat in den letzten 20 Jahren überraschende Veränderungen erfahren. Ich denke da an Luther, Friedrich den Großen und Bismarck. Könnte es sein, daß diejenigen, die früher in Opposition zum offiziellen Geschichtsbild geraten waren und sich jetzt aber bestätigt sehen, die eigentlichen Träger des gesellschaftlichen und wissenschaftlichen Fortschritts sein können?“[291]

Betrachten wir die beiden wichtigsten Leitbegriffe der kommunistischen Bismarck- und Reichsgründungsgeschichtsschreibung zunächst anhand einiger zentraler wissenschaftlicher Diskussionsbeiträge: Es sind dies die miteinander zusammenhängenden, in den Heiligen Schriften festgelegten Kategorien der „Revolution von oben“ als Bezeichnung der Reichseinigung 1864—1871 und des „Bonapartismus“ als Bezeichnung des Bismarckschen Regierungssystems und somit des institutionellen Instrumentes dieser „Revolution“. Ihre Bewertung und ihre Reichweite sind allerdings Gegenstand der wissenschaftlichen Diskussion. Der erstere ist der Themenbegriff eines Aufsatzes, in dem Engelberg schon 1974 wichtige Grundzüge seines Bismarck-Bildes vorstellte.[292]

Der Terminus „Revolution von oben“, so legt Engelberg dort zutreffend dar, ist zeitgenössisch; seit 1866 wurde Bismarcks Vorgehen von einer Anzahl politischer Freunde und Feinde als revolutionär bezeichnet: „Die Revolution, in der wir stehen, kommt von oben“ (Treitschke), „deutsche Revolution in Kriegsform“ (Johann Caspar Bluntschli), „Versinken in die Revolution“ (Ludwig von Gerlach), „Revolution von oben“ (österreichischer Feldmarschall von Hess) — Disraelis Wort von der „German revolution“ entgeht ihm. Friedrich Engels griff den Ausdruck sinngemäß oder wörtlich auf, so, wenn er Bismarck

[291] Vgl. Die Welt, 21.3.1986.
[292] Engelberg, ZfG 1974, S. 1183 ff.

als „Revolutionär wider Willen“ oder als „königlich preußischen Revolutionär“[293] bezeichnete. In der Vorbemerkung zum „deutschen Bauernkrieg“ 1874 schreibt er: „Somit hat also Preußen das sonderbare Schicksal, seine bürgerliche Revolution, die es 1808—13 begonnen und 1848 ein Stück weitergeführt, Ende dieses Jahrhunderts in der angenehmen Form des Bonapartismus zu vollenden“[294], in einem Brief an Bebel 1884: der bestehende Zustand in Deutschland beruhe „auf der Revolution, die mit 1848 anfing und mit 1866 abschloß; 1866 war eine vollständige Revolution“[295]; und in dem schon zitierten Fragment „Die Rolle der Gewalt in der Geschichte“ gebraucht er für Preußens Siege von 1866 ausdrücklich den Terminus „Revolution von oben“, wobei er Bismarck klassenbedingte revolutionäre Inkonsequenz vorwirft“.[296] Daß Wilhelm Liebknecht im Norddeutschen Reichstag (9. Dezember 1870) den Rechtsbruch anklagte, der dem Bund zugrunde liege, sei, so referiert Engelberg, angesichts dessen als Mangel an dialektischer Gewandtheit in seiner Denkweise anzusehen.[297] Marx und Engels dagegen „kritisierten nicht als Moralisten, sondern als scharfsinnige Dialektiker, nicht als kleinbürgerliche Demokraten, sondern als proletarische Revolutionäre“.

Was rechtfertigt, nach Engelberg, diese revolutionäre Qualifizierung der Reichsgründung in der Sache? Erstens die Tatsache, die auch von den Zeitgenossen so erkannt wurde, daß 1866 ein gewaltsamer Bruch von Rechtsinstitutionen vollzogen wurde, in dem „der Deutsche Bund und einige Mittel- und Kleinstaaten so katastrophenartig und gewaltsam vernichtet wurden“. Zweitens die Tatsache, daß hier nicht nur ein staatlicher Wandel stattfand, sondern ein sozialökonomischer; Engelberg faßt zusammen:

> „Zerstörung des alten Staatensystems, das in Form des Deutschen Bundes nicht nur objektiv entwicklungshemmend, sondern auch subjektiv verhaßt war; Übergang zu einer Monarchie, die immer mehr bürgerliche Charakterzüge bekommen mußte; Vereinfachung der Klassenfronten in Richtung auf eine bürgerliche Gesellschaft und bessere Organisations- und Agitationsmöglichkeiten für das Proletariat in einem größeren nationalstaatlichen Rahmen; andererseits als Ergebnis einer von oben, sozusagen königlich-preußisch vollzogenen Revolution die Verpreußung Deutschlands im Sinne der weiteren Militarisierung.“

Die Revolution von oben vollzog also den Übergang, der durch die Entwicklung kapitalistischer Produktivkräfte und Produktionsverhältnisse erzwungen wurde:

---

[293] Friedrich Engels an Vera Sassulitsch 23.4.1885, in: MEW Bd. 36, 1979, S. 307; Engels: Die Rolle der Gewalt in der Geschichte (1887/88, aus dem handschriftlichen Nachlaß), in: MEW Bd. 21, 1984, S. 405—461, hier: S. 438.

[294] Friedrich Engels: Ergänzung der Vorbemerkung von 1870 zu „Der deutsche Bauernkrieg“ (1874), in: MEW Bd. 18, 1981, S. 512—517, hier: S. 513.

[295] Friedrich Engels: Brief an August Bebel 18.11.1884, in: MEW Bd. 36, 1979, S. 238.

[296] Friedrich Engels (s.o. Anm. 293), S. 432 f. „Kurz, es war eine vollständige Revolution, mit revolutionären Mitteln durchgeführt. Wir sind natürlich die letzten, ihm daraus einen Vorwurf zu machen. Was wir ihm vorwerfen, ist im Gegenteil, daß er nicht revolutionär genug, daß er nur preußischer Revolutionär von oben war, daß er eine ganze Revolution anfing in einer Stellung, wo er nur eine halbe durchführen konte, daß er, einmal auf der Bahn der Annexionen, mit vier lumpigen Kleinstaaten zufrieden war.“

[297] Engelberg, ZfG 1974, S. 1187, nach MEW Bd. 31, S. 412. Die folgenden Zitate sind demselben Aufsatz (Über die Revolution von oben, Wirklichkeit und Begriff) entnommen: ZfG 1974, S. 1188, 1189, 1191, 1194, 1197, 1199.

„Der rasche Vormarsch der kapitalistischen Produktionsweise in Industrie und Landwirtschaft, besonders nach 1850, bildete die Grundlage dafür, daß in Preußen, dem größten und fortgeschrittensten Land im Zollvereinsdeutschland, der Klassenkampf zwischen dem Proletariat und *allen* ausbeutenden Klassen den alten Kampf zwischen Adel und Bourgeoisie — trotz Weiterbestehens fraktioneller Gegensätze — allmählich verdrängte."

Der sozialökonomische Wandel erzwang die Revolution; die Verbürgerlichung des Adels und die Furcht des Bürgertums vor einer unkontrollierbaren revolutionären Entwicklung der Arbeiterklasse ermöglichten es, daß sie „von oben" stattfand, daß Bismarck eine kompromißbereite Bourgeoisie vorfand, die bereit war, auf der Hegemonie einer bürgerlich-*demokratischen* Revolution zu verzichten, wenn ihr Minimalprogramm der nationalstaatlichen Einigung und damit der Herstellung eines kapitalistischen Wirtschaftsraumes in ganz Deutschland erfüllt wurde. Somit war die Revolution von oben notwendig, aber auch möglich als — drittes Element — vorbeugende Abwehr gegen eine Revolution von unten, durchgeführt durch eine Staatsgewalt, die sich das Klassengleichgewicht zwischen einem verbürgerlichenden Adel, einer nicht mehr hegemoniewilligen Bourgeoisie und einer noch nicht hegemoniefähigen Arbeiterklasse zunutze machte:

„Die Gegensätze zwischen Adel und Bourgeoisie waren in den sechziger Jahren noch so stark, daß die beiden Ausbeuterklassen nicht von selbst die Kraft aufbrachten, einen stabilen Ausgleich ihrer gegenseitigen Interessen zu finden. Diese Situation konnte Bismarck ausnutzen, um seine Diktatur auszubauen und die Hauptmethode des Bonapartismus zu praktizieren: das Lavieren der sich auf das Militär stützenden Staatsmacht zwischen den feindlichen Klassen und Kräften, die sich gegenseitig mehr oder weniger die Waage hielten."

Bismarck stützte sich demnach je nach Situation auf unterschiedliche gesellschaftliche Kräfte: Die „Urkonservativen" gingen bis 1866 mit ihm, bis sie „merkten, daß Bismarck sie doch an ein Ziel geführt hatte, das nicht ihrem dumm-dreisten Geist entsprach, da wurden sie störrisch"; er stützte sich auf das liberale Bürgertum, das zu keiner historischen Tatkraft kam, vor allem aus Angst vor den „Volksmassen": Der Liberalismus

„benutzte das Volk in begrenztem Maße und mit ängstlichem Herzen als Druckmittel gegen die Dynastien und ihre Ministerien, war aber gleichzeitig gegen die Revolution von unten, also gegen die Gewalt der Volksmassen".

Dies ermöglichte den Kompromiß zwischen Staatsgewalt und Bürgertum:

„Gegenüber allen Bestrebungen der Liberalen nach politischer Machterweiterung zeigte er [Bismarck] Unnachgiebigkeit, in der national-bürgerlichen Frage kam er ihnen entgegen — wohl wissend, daß er den Bogen nicht überspannen dürfe."

Die vergleichsweise fortschrittliche Position seiner Politik gegenüber der nur reaktionären Politik Österreichs bedeutete im Deutschen Krieg Preußens historische Legitimation. Die eigentlich fortschrittliche Gegenposition, die revolutionär-demokratische, war 1866 zur Revolution von unten zu schwach. Die lavierende Position zwischen den Klassen, gestützt auf das Militär, rechtfertige die Charakterisierung der Herrschaft Bismarcks als bonapartistisch: „Weil keine Klasse zur politischen Hegemonie mehr (oder wie das Proletariat noch nicht) fähig war, wurde der Bonapartismus zur historischen Notwendigkeit.“[298]

Engels hat schließlich, so resümiert Engelberg weiter, den Gedanken der Revolution von oben dadurch ausgeweitet, daß er 1894 von einer Zeit der Revolutionen von oben sprach, die von Deutschland ausging.[299] Man könne daher, so folgert Engelberg in einem späteren, weiterführenden Aufsatz[300], der die Bemerkungen Engels' freilich in einem Ausmaß systematisiert, das den Originaltext wohl doch überbelastet, die europäische Geschichte von der französischen Revolution 1789 bis zum Abschluß der deutschen 1871 in eine Folge einander abwechselnder Phasen von Revolutionen von unten und von oben (1789—1794/ 1794—1830/1830—1850/1851—1871) einteilen, so den revolutionären Gesamtcharakter der Epoche deutlich machen und die Lehre bürgerlicher Historiker zurückweisen, daß nicht die Revolution, sondern die Reform den normalen Weg des historischen Wandels darstelle. Dieser Auffassung und damit zugleich auch der Einschätzung der preußischen Reformen als „Revolution von oben„ ist u.a. Walter Schmidt entgegengetreten mit dem Vorwurf, Engelberg weite den Revolutionsbegriff zu stark aus, und mit dem Vorschlag, neben der „Revolution von unten“ und der „Revolution von oben“ die „gesellschaftswandelnde Reform“ als gleichberechtigte Kategorie anzuerkennen.[301] Dabei seien solche systemwandelnden Reformen selbstverständlich von systemstabilisierenden zu unterscheiden — ohne daß man vergessen dürfe, daß auch letztere „objektiv Tendenzen der Auflösung dieser Gesellschaft fördern und so deren spätere Umgestaltung vorbereiten können“[302]. Die Tatsache, daß die preußischen Reformen den bürgerlichen Revolutionszyklus in Deutschland, also, mit Lenin gesprochen, die Revolution im weiteren Sinne, eingeleitet hätten, genüge nicht, um sie selbst als „Revolution“ zu qualifizieren, für diese sei vielmehr, mit Engels, die Gewaltsamkeit der Mittel als konstitutiv anzusehen; und für die Revolution von oben darüber hinaus ihr Herauswachsen aus der Konterrevolution, ihr Doppel-Charakter als Gegner und Erbe einer gescheiterten Revolution von unten. Demgegenüber hält Engelberg in der Diskussion an seinem umfassenden Begriff fest.[303] Entscheidend für die Revolution von oben sei, daß sie einen Komplex systemumgestaltender Reformen darstelle, der unter dem Druck oder der Drohung einer Revolution von unten verwirklicht werde. Verzichte man auf diese Definition, so müsse man mit Walter Schmidt zu der Konsequenz gelangen, daß die die Revolution, wenngleich von oben, abschließenden Junker der Zeit nach 1848 als positiver einzustufen seien als die die Revolution einleitenden Reformer vom Jahrhundertanfang.

---

298 F. Engels, Nachwort (1894) zu „Soziales aus Rußland“, in: MEW Bd. 18, 1981, S. 661—674, hier: S. 672.
299 Engelberg, ZfG 1985, S. 732.
300 Engelberg, Geschichtsunterricht und Staatsbürgerkunde 1983, S. 305 f.; vgl. hierzu auch Heinrich Scheel, ZfG 1983, S. 824 ff.
301 Schmidt, ZfG 1984, S. 986 ff.
302 A.a.O., S. 990.
303 Engelberg, ZfG 1985.

Einen Versuch, die beiden Positionen zusammenzuführen, macht Wolfgang Küttler, indem er vorschlägt, die „Revolution von oben“ als Element des „reformerischen Weges der bürgerlichen Umwälzung“ zu klassifizieren.[304] Ob damit eine Klärung erreicht wird, erscheint zweifelhaft. Nur als erheiternde Beobachtung am Rande sei eine etwas verwirrende terminologische Variante vermerkt: Helmut Bock charakterisiert den Unterschied zwischen der Reformzeit und der Reichsgründungspolitik so:

> „Die preußischen Reformer waren objektiv und zum Teil sogar subjektiv – wie gerade Clausewitz sagte – die Wegbereiter einer ‚großen und allgemeinen Revolution‘ des deutschen Volkes, und sie verdienen unter diesem Aspekt unsere grundsätzlich positive Würdigung. Bismarck hingegen verfocht eine ‚konterrevolutionäre Fortschrittsstrategie‘ gegen die bügerlich-demokratische Revolution der Volksmassen und verdient unsere akzeptierende, aber grundsätzlich negative Beurteilung.“[305]

Der konterrevolutionäre Fortschritt und die akzeptierende Ablehnung sind besonders schnurrige Beispiele für die Verwicklungen, die sich aus der Vermischung von faktennahen Wirkungsanalysen mit vorgegebenen Wertungen ergeben können.

Engelberg löst das Problem, indem er sich zu einer positiven Bewertung auch des historischen Fortschritts durch die Revolution von oben entschließt und dafür eine so starke Ausweitung des Revolutionsbegriffs in Kauf nimmt, daß bei ihm am Ende die Geschichte – jedenfalls im 19. Jahrhundert – in Revolutionen aufgeht. Es ist an dieser Stelle weder möglich noch notwendig, Engelbergs Bismarck-Biographie im einzelnen zu untersuchen. Um die Reichweite und die Grenzen seiner Neubeurteilung Bismarcks zu erhellen, ist es ausreichend, Inhalt und Stellenwert der beiden soeben vorgestellten Termini, die auch die Leitbegriffe seines Buches sind, kritisch zu untersuchen. Zunächst zu den wichtigsten Aussagen des Buches über den „Bonapartismus“[306]:

> „Bei allen sonstigen Einwänden [= gegen Bismarcks Berufung als Ministerpräsident] übersah die Königin, daß sie es nicht allein mit dem Gesandten und Ministerkandidaten Bismarck zu tun hatte, sondern in erster Linie mit der Elite der mächtigen Armee. Bismarck war ihr Kandidat und nicht der einer Partei. Damit war die Partei der Königin von vornherein verloren.“ (S. 518)
>
> „Es zeichnete sich jedoch Ende 1862 bereits das ab, was Constantin Frantz 10 Jahre früher umrissen hatte: ‚Links geht es in den Parlamentarismus, rechts in die Restauration, gerade in den Napoleonismus.‘ Mag man dem letzteren Begriff [. . .] auch skeptisch gegenüberstehen, eines kann nicht geleugnet werden: Der von Bismarck ins Auge gefaßte Staatstyp war weder feudaler Absolutismus noch bürgerlicher Parlamentarismus.“ (S. 526f.)
>
> „Mochten die Repressionsmaßnahmen und -versuche Bismarcks [im Verfassungskonflikt] in vielem junkerlicher Restaurationspolitik ähneln, so lagen die Dinge historisch doch anders. Wenn Bismarck nämlich alle Pläne der sogenannten Staatsstreichpartei [. . .] ablehnte, so ging es ihm nicht darum, die bestehende Verfassung abzuschaffen, sondern für seine Machtstellung auszunutzen. Er wollte nicht den offenen, sondern den ver-

---

304 Küttler, ZfG 1985, S. 899 ff.

305 Helmut Bock: Reform und Revolution, in: Seeber/Noack (Hgg.) 1983, S. 81.

306 Auf Belegstellen in Engelberg 1985 wird auf den folgenden Seiten durch Klammerangaben im Text verwiesen.

hüllten Staatstreich. [...] Der Weg ging in die preußische Form des Bonapartismus, der sich zwar stets auf das Heer, d.h. auf junkerliche Beamte und Militärs, stützte, aber möglichst die Interessen aller Besitzenden vertreten wollte." (S. 533f.)

„Der Kern dieser Gespräche [mit Lassalle] betraf die taktische Orientierung Bismarcks in seiner Innenpolitik, sein Bemühen, die Arbeiter und ihre Führer gegen die Bourgeoisie zum Zwecke seiner eigenen Herrschaft auszuspielen. Das wurde zwar im Jahre 1863 noch nicht wirksam, aber am Vorabend des Krieges mit Österreich 1866 und danach sollte dies doch politischen Nutzen tragen. Damals bildeten sich im preußisch-deutschen Bonapartismus jene Züge heraus, die Karl Marx im Kaisertum Napoleon III. symbolhaft erkannt hatte: ‚Der Staatsstreich als Geburtsschein, das allgemeine Stimmrecht als Beglaubigung und der Säbel als Zepter.'" (S. 539)

„So verschieden einzelne Erscheinungen des Napoleonismus und des preußisch-deutschen Hegemonialsystems waren, sie zeigten doch gleiche Wesenszüge. Beide übernahmen objektiv die Aufgabe, den Industriekapitalismus der freien Konkurrenz durchzusetzen, stützten sich vornehmlich auf die Armee und versuchten, somit machtgeschützt, zwischen den sozialen Kräften und politischen Institutionen zu lavieren und sie im Gleichgewicht zu halten. Die Voraussetzung dieser modernen bonapartistischen Diktatur war die Schwäche der einzelnen Klassen. [...] Die soziale und politische Entwicklung des preußisch-deutschen Bonapartismus brachte eine bemerkenswerte Eigenart hervor. Sein Bonaparte hatte, wie Engels es einmal ausdrückte, drei Köpfe, ‚wie der alte slawisch-pommersche Götze Triglaw'. In diesem Dreierverhältnis war der König der unvermeidliche Repräsentant, Moltke der gebildete moderne Heerführer, Bismarck der ‚Majordomus', der ‚moderne Richelieu'." (S. 760)

Was an diesen Aussagen zum Bismarckschen „Bonapartismus" auffällt, ist, auch hier, daß es ihr an begrifflicher Schärfe mangelt, daß sie mehr durch assoziative Verknüpfung mit dem französischen Bonapartismus als durch die klare Beschreibung verifizierbarer Strukturelemente gekennzeichnet sind. So schwierig es in der Tat ist, das Regierungssystem Bismarcks mit seinem für einen konstitutionellen Minister außergewöhnlichen persönlichen Gewicht auf einen Begriff zu bringen und so interessant daher zunächst der Versuch erscheint, es mit einer Bonapartismus-Theorie zu erfassen: die Ergebnisse sind bei Engelberg ebenso wie bei westdeutschen Vertretern dieses Ansatzes wenig überzeugend.[307] Was bleibt etwa von den Bemerkungen, die hier an dritter Stelle zitiert sind, übrig, wenn die bonapartistische Stützung auf das Heer erläutert wird mit „junkerlichen Beamten und Militärs" — jeder Staat stützt sich schließlich auf seinen Verwaltungsapparat und der preußische dürfte für die 1860/70er Jahre nicht mehr als „junkerlich" zu charakterisieren sein. Und wenn man die „Interessenvertretung aller Besitzenden" sachlich zutreffend erweitert um die im Kaiserreich unternommene Sozialgesetzgebung, so ergibt sich eher das Bild eines Modernisierungsprozesses.

Mit den Spezifika des bonapartistischen Systems hat das im wesentlichen nichts zu tun. Die Anwendung der von Marx aus dem französischen Bonapartismus abgezogenen Kriterien auf die preußischen Verhältnisse nach 1862 und die deutschen nach 1871 bringt nur sehr äußerliche Ähnlichkeiten zutage. Das allgemeine Stimmrecht für den norddeutschen bzw. den deutschen Reichstag,

---

[307] Vgl. Rein 1957, vor allem Kapitel 3; Gall, HZ 1976, S. 618 ff. mit der Erwiderung von Hans Ulrich Wehler in HZ 225 (1977), S. 347 ff.; Gall 1980, passim.

auch die etwa im Verfassungskonflikt von Bismarck gemachten kritischen Aussagen zum Zensuswahlrecht zeigen sicherlich eine gewisse Ähnlichkeit mit der populistischen Legitimation der Bonapartes. Doch ist in der politischen und sozialen Ordnung Preußens noch in den 60er und 70er Jahren des 19. Jahrhunderts und, dementsprechend, in den Motiven Bismarcks bei der Einführung des allgemeinen Wahlrechts das konservative Element offenbar das ausschlaggebende. Es kam Bismarck, wie er mehrfach sagte, darauf an, mit einem solchen Wahlrecht eine Ausdrucksform für den intakten traditionalen Royalismus der breiten, vor allem ländlichen Bevölkerung Preußens zu finden; es ging, mit anderen Worten, nicht um die Legitimierung einer neu konstituierten Gewalt aus dem Prinzip der Volkssouveränität, sondern um die politische Umsetzung des traditionalen, „hausbackenen" Monarchismus[308] der ländlichen Schichten in einer auch durch die 48er Revolution in ihrem Bestand nicht gefährdeten Monarchie:

> „In Preußen aber sind neun Zehntel des Volkes dem König treu, und nur durch den künstlichen Mechanismus der Wahl um den Ausdruck ihrer Meinung gebracht. Die Träger der Revolution sind die Wahlmänner-Kollegien. [. . .] Ich stehe nicht an, die indirecten Wahlen für eines der wesentlichen Hülfsmittel der Revolution zu erklären, und ich glaube, in diesen Dingen practisch einige Erfahrung gesammelt zu haben."[309]

Man muß dabei den Unterschied zwischen der französischen und der preußischen Gesellschaft in der Jahrhundertmitte im Auge behalten, der von der marxistischen Historiographie nicht hinreichend beachtet wird und auf den Lothar Gall wiederholt hingewiesen hat. Der ursprüngliche Bonapartismus ist ein postrevolutionäres Phänomen in dem spezifischen Sinne, daß eine vorausgegangene Revolution die traditionale Autorität beseitigt hat. Die Begründung einer neuen Autorität auf der Grundlage des Plebiszits ist eine Eigentümlichkeit der französischen Situation nach der dritten revolutionären Beseitigung des Königtums bzw. des regierenden Königs und angesichts der Erfahrung einer latenten und in der Junischlacht 1848 ausgebrochenen Bürgerkriegs- und Klassenkampfsituation. Ohne das Gewicht des preußischen Verfassungskonfliktes 1862 zu unterschätzen, wird man doch urteilen müssen, daß diese französische Situation 1848/1852 im Preußen von 1862ff. keine Entsprechung findet.

Aus gleicher Ursache ist die Herleitung der bonapartistischen Gewalt aus dem Staatsstreich auf Preußen nicht anwendbar; und alle Versuche, einen solchen in die Politik Bismarcks hineinzuinterpretieren, eröffnen nicht den Blick auf historische Realitäten, sondern verbauen ihn. Der „verdeckte Staatsstreich" ist eine aus dem Dogma herbeigezwungene Konstruktion, die übersieht, daß die Politik Bismarcks sich eben gerade nicht auf den Staatstreich begründet hat. Der Verfassungskonflikt wurde bekanntlich 1866 nicht durch eine oktroyierte Verfassungsrevision, sondern, gegen einen Teil der Konservativen, durch die

---

[308] Nach Rein 1957, S. 119.

[309] Bismarck, Erlaß an Redern, Petersburg, April 1866, Gesammelte Werke V, S. 455 ff., wieder in: Werke in Auswahl Bd. III/1, Darmstadt 1965, S. 688 ff., hier: S. 689 f.; im selben Sinne an Bernstorff, London, 19.4.1866, in: Werke in Auswahl Bd. III/1, S. 692.

Indemnitätsvorlage beendet, die, wie die innere Gesetzgebung während des folgenden Jahrzehnts zeigt, einen echten Kompromiß mit der Mehrheit der Liberalen darstellte. Dieser Kompromiß begründete in der Tat ein Drittes zwischen Absolutismus und Parlamentarismus: eine Verfassungsordnung, die auf dem Kompromiß zwischen alten Eliten und Bürgertum beruhte und sich daher, wie auf Reichsebene die Gewichtszunahme des Parlamentes in den Folgejahrzehnten erwies, mit dem sozialen Wandel weiterentwickelte. In dem Verfassungskonflikt und seiner Lösung zeigen sich die Ähnlichkeiten, aber eben auch die — gewichtigeren — Verschiedenheiten im Vergleich zum französischen Bonapartismus besonders deutlich.

Und auch nicht übertragbar ist das dritte von Marx genannte Strukturelement: „Der Säbel als Zepter“ ist kein Charakteristikum des preußisch-deutschen Verfassungssystems im 19. Jahrhundert. Daß Bismarck bei Regierungsantritt der „Kandidat des Militärs“ gewesen sei, ist nicht einleuchtend, und seine Auseinandersetzungen mit König und Heeresleitung 1866 waren keineswegs so geringfügig, wie Engelberg sie gewichten will. Die Stellung des Militärs war überhaupt von anderer Art als in dem nach-revolutionären Frankreich: Es war nicht der verbliebene Ordnungsfaktor, sondern die unveränderte traditionale Machtbasis der Krone! Exercitus non fecit imperatorem — neque cancellarium. Bismarck blieb der absetzbare Minister in einer konstitutionellen Monarchie. Und die Konstruktion eines dreiköpfigen Bonapartismus[310] ist allenfalls ein geistreiches Aperçu; wenn man den Begriff inhaltlich konkret zu fassen sucht, so merkt man, daß er verschwimmt.

Schließlich scheint auch die sozialökonomische Grundlegung der Bonapartismus-Theorie durch Engelberg und andere marxistisch-leninistische Autoren nicht überzeugend. Die Regierung Preußens und des Reiches beruhte nicht auf der Delegation der politischen Herrschaft durch ein revolutionsgeschrecktes Bürgertum, das dafür wirtschaftlich entlohnt wurde, sondern, wie bereits ausgeführt, auf einem labilen und dem sozialen Wandel unterliegenden Verfassungskompromiß unter politischer Beteiligung und wachsendem Gewicht des Bürgertums.

Für die Bonapartismus-Theorie, hypothetisch bezogen auf Preußen und den entstehenden deutschen Nationalstaat, ergibt sich insgesamt der Befund, daß ihr erkenntnisfördernder Wert vor allem darin liegt, negative Befunde hervorzubringen und den Unterschied zum tatsächlichen, dem französischen Bonapartismus zu verdeutlichen. Ihre dennoch dogmatische Geltung in der kommunistischen Geschichtsschreibung ergibt sich aus der Notwendigkeit, die Heiligen Schriften zu verifizieren. Sie hat allerdings für einen historisch-materialistischen Geschichtsschreiber dennoch — und man ist versucht zu sagen: paradoxerweise — eine erkenntnisfördernde Wirkung, dadurch nämlich, daß sie eine andere dogmatische Festlegung partiell aufhebt. Sie konstituiert eine Staatsmacht, die nicht unmittelbar auf bestimmte Klasseninteressen bezogen, sondern als zwischen verschiedenen Klassenkräften lavierend und in gewissem

---

[310] Nach Engels, Brief an Bebel 12.4.1888, in: MEW Bd. 37, S. 51.

Grade von ihnen unabhängig dargestellt wird. Damit eröffnet sie die Möglichkeit, politische und diplomatische Geschichte zu schreiben, ohne die Grundbegriffe des historischen Materialismus zu verletzen. Indem sie eine gewisse Eigenständigkeit des politischen Überbaus lehrt, erlaubt sie einen freieren Blick auf den Bereich der politischen Geschichte im engeren Sinne. Das zeigt sich sehr deutlich in Abhandlungen über Bismarcks Außenpolitik. Beispielsweise begründet Heinz Wolter einen überwiegend diplomatiegeschichtlichen Ansatz in seinem Buch über Bismarcks Außenpolitik auch mit der „bonapartistischen“ Struktur des damaligen Herrschaftssystems — wobei er sich kritisch absetzt gegen zu enge, „undialektische“ Auffassungen des Basis-Überbau-Bezugs durch einige westdeutsche Historiker, die zu einseitig von einem Primat der Innenpolitik ausgingen.[311] Somit hat die marxistisch-leninistische Bonapartismus-Theorie nicht wie der pommersche Gott Triglaw drei, sondern wie der römische Gott Janus zwei Gesichter: Sie ermöglicht auch der historisch-materialistischen Geschichtsschreibung Fragestellungen, die bei einem engen Basis-Überbau-Bezug unmöglich wären; sie engt aber den Blick auf die sozial- und verfassungshistorische Wirklichkeit nichtsdestoweniger ideologisch ein. Dieser Mangel betrifft auch das Bismarck-Buch Engelbergs.

Ob man die Gründung des deutschen Nationalstaates als Revolution von oben bezeichnet oder nicht, ist eine Frage der Terminologie mit auch politischen Implikationen; aus der Sicht wissenschaftlicher Geschichtsschreibung ist sie im Grunde unerheblich. Daß sich zwischen dem Beginn und dem Ende des 19. Jahrhunderts in Deutschland fundamentale Veränderungen, im geistigen wie im wirtschaftlichen Leben, in der politischen wie in der sozialen Ordnung, vollzogen haben, ist eine Selbstverständlichkeit, und wenn man diesen Wandlungsprozeß als Revolution bezeichnen will, so wird dagegen nichts einzuwenden sein. Ob die gleiche Qualifikation dem Einzelereignis in Deutschland von 1864 bis 1871 zuzusprechen sei, ist viel schwerer zu beantworten. Die Entthronung regierender Fürsten und Annexion ihrer Territorien durch Preußen war zweifellos ein Verstoß gegen die bestehende Rechtsordnung; und daß die Gründung des Norddeutschen Bundes und seine Erweiterung zum Deutschen Reich und die erste Verfassungsgebung für dieses neue, rechtlich bis heute existierende Staatswesen wesentlich an das kleindeutsche Programm der Paulskirche anschloß, ist nicht zu bestreiten. Dennoch scheint die Verwendung des Begriffes „Revolution“ — wenn es mehr als ein geistreiches Bonmot sein soll — problematisch. Denn der Gedanke ist schwer von der Hand zu weisen, daß zur Revolution (im Sinne eines umstürzenden Einzelereignisses, nicht im Sinne eines säkularen Prozesses) auch das revolutionäre Bewußtsein der Akteure gehört, daß man also im Falle der Reichseinigung insbesondere die programmatischen Überlegungen, die Ziel- und politischen Normvorstellungen Bismarcks mit heranziehen muß, um in dieser Bewertungsfrage zu plausiblen Vorschlägen zu kommen.

Für die marxistisch-leninistische Geschichtsschreibung ist dieses Kategorisierungsproblem insofern erheblich, als seine positive Beantwortung offenbar (notwendige, allerdings nicht hinreichende) Voraussetzung einer weniger durch

[311] Vgl. Heinz Wolter: Bismarcks Außenpolitik 1871—1881, außenpolitische Grundlinien von der Reichsgründung bis zum Drei-Kaiser-Bündnis, Berlin (Ost) 1983, hier insbesondere S. 17 ff.

negative Vorurteile vorgeprägten Geschichtsschreibung über Bismarck und die Reichseinigung ist. Für die wissenschaftliche Forschung und Darstellung kann es darüber hinaus dann belangvoll werden, wenn der Nachweis des Revolutionscharakters dieses Vorgangs zu einem erkenntnisleitenden Interesse wird. Eben dies ist in Engelbergs Bismarck-Biographie der Fall; der Nachweis, daß die Reichsgründung eine Revolution von oben, daß sie als solche unter den damaligen historischen Voraussetzungen ein Fortschritt gewesen und daß sie daher — mangels der tatsächlichen Möglichkeit einer erfolgreichen Revolution von unten — insgesamt positiv zu beurteilen sei, ist die Leitidee seines Buches.

> „Die schwäbischen Demokraten sahen in der Bismarck'schen Revolution von oben fast nur die Militarisierung, aber nicht jene historische Vernunft, die mit der Schaffung des Norddeutschen Bundes die Kleinstaaterei verringerte und mit der liberalen Wirtschaftsgesetzgebung die bürgerliche Umgestaltung voranbrachte." (S. 690)

Mit dieser Kritik an den damaligen Gegnern der Reichseinigung trifft Engelberg zugleich die sozialistischen Kritiker Bismarcks in den 1860/70er Jahren, aber auch in unserem Jahrhundert. Als entscheidend tritt in seiner Bewertung nicht die bisher von der SED und ihren Historikern in den Vordergrund gerückte „reaktionäre", „militaristische" und „obrigkeitsstaatliche" Seite dieses Vorgangs, sondern seine historische Notwendigkeit und „Fortschrittlichkeit" in den Vordergrund: „Der historische Fortschritt konnte sich danach [= nach 1848/49 und 1866] nur in der Form der Revolution von oben vollziehen." (S. 759 f.); und ihr Vollzug ist damit im ganzen positiv zu werten, ebenso wie ihr Vollstrecker. Damit gelangt Engelberg zu einer Position, die er selbst in seinen frühen Jahren abgelehnt hat.[312] Mit sichtbarer Freude polemisiert er gegen die Reaktionäre, die sich diesem historischen Fortschritt widersetzten:

> „die meisten Demokraten Süddeutschlands", die sich, „revolutionär bramarbasierend, auf die Seite des finanziell, politisch und moralisch bankrotten Kaiserstaates schlugen", (S. 600)

die halbherzigen Liberalen, die sich zu keiner entschieden „fortschrittlichen" Strategie aufraffen konnten:

> „Die große Stunde war gekommen [1864], doch nur Festredner, Aufmarsch-Enthusiasten und Geldsammler verstanden sie zu nutzen. Wie der badische Demokrat Ludwig Eckardt nachbetrachtend schrieb, machten die Liberalen ‚eine Frage des Schwertes zu einer des Klingelbeutels';" (S. 547)

und vor allem den „antinationalen Fürstenbund" und die „partikularistische Niedertracht ehemaliger Rheinbundstaaten" (S. 86):

> „Das Beharren auf der klein- und mittelstaatlichen Souveränität begründeten die Fürsten juristisch mit dem Bundesrecht von 1815 und ideologisch entweder mit einem fast mystisch-christlichen Gottesgnadentum, wie beim König von Hannover, oder mit einem rationalistisch anmutenden, zynischen Staatsegoismus, wie beim württembergischen König, ihrem Nestor. Die Fürsten pochten auf die Landessouveränität wie die Spießbürger auf ihr Erbgut. Mochten sich manche mit respektablem Bildungsgut brüsten können und es ausbreiten wie Kronjuwelen; mochten andere wähnen, sie machten über verwandtschaftlichen und sonstigen Konnexionen mit den kaiserlichen Höfen in St. Petersburg, Paris und Wien europäische Politik – ihr politisches Dasein bewegte sich auf dem Niveau deutschen Philisterums. Sie waren unfähig zu historisch vorwärtsweisenden Initiativen,

[312] Vgl. Helas, ZfG 1985, S. 794 ff.

aber auch hasenherzig und mitunter repressiv bei der Abwehr der nationalen Bewegung selbst in der gemäßigten Form des Nationalvereins. [. . .] Beiden deutschen Großmächten mißtrauend, konnten manche deutsche Fürsten und deren Minister kaum ihre Gelüste verbergen, sich etwa in der Form des alten Rheinbundes an Frankreich anzulehnen.“ (S. 500 f.)

Polemik kommunistischer Historiker gegen antinationale und antiliberale Kleinstaatspolitik im Vormärz und in der Zeit nach 1848/49 ist nicht neu; neu ist aber, daß sie dem Gegner dieses politischen „Philistertums“ gutgeschrieben wird, etwa unter Berufung auf sein Diktum, dem die eben zitierte Passage nachempfunden ist, von dem „ganz unhistorischen gott- und rechtlosen Souveränitätsschwindel der deutschen Fürsten“[313].

Probleme hat Engelberg dabei mit Liebknecht und Bebel, deren Opposition gegen die Bismarcksche Politik bisher von der DDR-Geschichtsschreibung gelobt und geteilt wurde. Engelberg macht sich jetzt die Kritik Marx’ und Engels’ an der „illusionären“ (S. 697) Politik der beiden Arbeiterführer und an Liebknechts Tendenz, „süddeutsch-borniert“ zu handeln (S. 695), zunutze, nicht ohne allerdings ein Lob für beider „revolutionären Eifer“ hinzuzufügen. Die härtesten Worte von Marx[314] zitiert Engelberg nicht; die Stimmenthaltung Liebknechts und Bebels bei der Abstimmung über die Kriegsanleihe 1870 beurteilt er moralisch als „mutige Tat“, ohne die Kritik Franz Mehrings[315] zu erwähnen. In der Sache ist seine Kritik an der Position Bebels und Liebknechts hart, aber die Konsequenz, sie gemäß seiner sonstigen Position offen zu verurteilen, zieht er nicht.

Um so deutlicher fällt sein Lob für Bismarck aus; Engelberg macht aus seiner Bewunderung an vielen Stellen keinen Hehl. Daß dieser — königlich preußische — Revolutionär auch revolutionäre Mittel gebraucht habe, ist aus seiner Sicht eine Selbstverständlichkeit; die liberale (und früher auch sozialistische) Kritik an dem Wort von „Eisen und Blut“ übernimmt er nicht (S. 527 ff.). Vielmehr hebt er Bismarcks diplomatische Meisterschaft, etwa in der Schleswig-Holstein-Frage (S. 553 ff.) seine realistische Politik gegenüber Rußland (S. 426/27), seine Sprachgewalt (S. 376 u.ö.), seinen Scharfblick und Mut zum Um- und Neudenken hervor:

„Die Größe Bismarcks liegt darin, daß er vieles von dem ausgeschöpft hat, was die illusionslose Erkenntnis der Wirklichkeit leisten kann; seine Grenze hängt mit der Schranke eben dieses letzten Endes bürgerlichen Empirismus zusammen. Insofern Bismarck jedoch dem Grundsatz huldigte, daß man mit Tatsachen und nicht mit ideologischen Fiktionen wirtschaften müsse, war er ‚bis 1871 nie [. . .] konservativ‘, wie Friedrich Engels in den achtziger Jahren meinte.“ (S. 456)

---

313 Zit. nach Hermann Oncken: Die Baden-Badener Denkschrift Bismarcks über die deutsche Bundesreform, in: HZ 145 (1932), S. 120.

314 Vgl. Engels, Brief an Marx, MEW Bd. 33, S. 42.

315 „In der Tat war die Stimmenthaltung Liebknechts und Bebels keine praktische Politik, sondern eine moralische Kundgebung, die, so berechtigt sie sein möchte, den politischen Anforderungen der Lage nicht entsprach.“ Franz Mehring: Karl Marx, Geschichte seines Lebens, 1918, in: Gesammelte Schriften Bd. 3, Berlin (Ost) 1962, S. 445, hier: zit. nach Motschmann 1979, S. 92.

Bismarck setzte, um Engelbergs Lob zusammenzufassen, die Gründung des bürgerlichen Nationalstaates mit Scharfblick, Realismus und Geschick durch, auch unter Verwendung von Gewalt und unter Bruch des Legitimitätsprinzips, er vollzog damit, wenngleich mit den Mitteln staatlicher Politik, einen Übergang, der als revolutionär eingestuft werden kann, und er verdient dafür das Lob, den historischen Fortschritt, auch gegen den Widerstand seiner Standesgenossen, objektiv und subjektiv gefördert zu haben.

Dies aber, und damit kommen wir zum anderen Kriterium der ,,Revolution von oben", konnte und mußte er tun, um, mit den Mitteln staatlicher Politik, durch eine revolutionäre Politik von oben der Revolution von unten zu begegnen, ihr vorzubeugen oder entgegenzuwirken.

> ,,Auch wenn die Massen der Wähler noch über keine eigene Organisation verfügten und die Wahlbeteiligung zwar größer als früher, aber immer noch geringer war, so begann mit diesem Spätherbst 1858 die erste Phase der neuen politischen Bewegung in Preußen-Deutschland – eine Bewegung, die ökonomisch in der Industrialisierung mit ihrer Weltwirtschaftskrise von 1857 wurzelte, in den folgenden Jahren immer vielfältiger und schließlich so kräftig wurde, daß Bismarck 1866 vor der Frage stand, entweder die Revolution zu erleiden oder sie selber zu machen." (S. 448)

In diesem Ziel: die Revolution (von unten) zu verhindern, sieht Engelberg Bismarcks eigentliches Motiv; seine ganze Politik führt er darauf zurück. Die Reichseinigungspolitik durch den Einsatz der preußischen (militärischen und politischen) Macht im Kompromiß mit dem revolutionsscheuen liberalen Bürgertum als Funktion einer sozialkonservativen Innenpolitik: unter dieser Klassifikation beschreibt Engelberg die Reichsgründung durch den ,,Urpreußen". Bismarck habe vor dem Hintergrund der Klassenauseinandersetzung zwischen der alten feudalen Herrschaftsklasse einerseits, dem Bürgertum und dem hinter ihm nachrückenden Proletariat andererseits die ,,objektive" historische Aufgabe seiner Zeit, die Durchsetzung der bürgerlichen Revolution, durch eine von oben durchgeführte Revolutionspolitik gelöst, die aber zugleich, ihrem klassenmäßigen Inhalt nach, antirevolutionär begründet war und eine bessere, radikalere revolutionäre Lösung dieser Aufgabe verhindern sollte:

> ,,Bismarck hat spätestens seit Ende der fünfziger Jahre, allmählich immer deutlicher, erkannt, daß die ostelbischen Grundbesitzer in der zentralen Machtfrage den Liberalismus um so wirksamer bekämpfen könnten, je mehr sie ihn in einigen wichtigen ökonomischen und nationalstaatlichen Aspirationen unterstützten; er begann zu begreifen, daß die Gefahr einer Revolution von unten am besten durch eine Revolution von oben zu bannen sei. Die subjektive Entscheidung Bismarcks, die er mit der Festlegung seiner politischen Strategie und Taktik traf, war dazu angetan, später die objektive Kräftekonstellation so zu verändern, daß sich die sozialökonomische Gesetzmäßigkeit mit Hilfe merkwürdiger Demiurgen und in der für die Volksmassen ungünstigsten Form durchsetzte." (S. 442)

Diese These aber ist außerordentlich problematisch. Denn so gewiß es ist, daß eine antirevolutionäre Grundeinstellung in Bismarcks politischem Denken eine bedeutende Rolle gespielt hat, so wenig läßt sich doch die hier von Engelberg konstruierte gegenrevolutionäre Kalkulation Bismarcks in den Quellen nachweisen. Der stärkste Beleg, der sich in Bismarcks eigenen Worten findet und den Engelberg wiederholt zitiert, ist ein Satz aus einem Erlaß von 1866: ,,Soll Revolution sein, so werden wir sie lieber machen als erleiden."[316] Aber dieser Satz

---

[316] Telegramm an Manteuffel, Petersburg, 11.8.1866, Gesammelte Werke Bd. VI, S. 120.

muß in seinem Kontext, den Engelberg nicht erläutert, verstanden werden: Er ist eine diplomatische Aussage in der spezifischen Situation des Sommers 1866, eine Warnung an den die Revolution fürchtenden russischen Kaiser, sich nicht vermittelnd — und das hieß den preußischen Sieg schmälernd — in den Deutschen Krieg einzumischen. Kurz zuvor heißt es in dem Erlaß: „Pression des Auslandes wird uns zur Proclamierung der Reichsverfassung von 1849 und zu *wirklich revolutionären* Maßnahmen treiben."[317]

Sicherlich war im Jahre 1866 durch den Krieg, der von preußischer Seite für die Bundesreform geführt wurde, die national-liberale Bewegung in einen Aufschwung geraten, der gegen eine ausländische Verkürzung des erfolgreichen Schrittes zum Nationalstaat hätte aufgerufen werden können — aber es darf nicht übersehen werden, daß diese Bewegung ja gerade von der preußischen Politik, also von Bismarck durch den Bundesreformvorschlag und den dann geführten Krieg, hervorgerufen worden war, daß er hier nicht Geführter, sondern Auslöser dieser Bewegung gewesen war, vermutlich in der dann als richtig erwiesenen Kalkulation, diese Bewegung kanalisieren zu können. Engelbergs grundlegende These (Revolution von oben zwecks Prävention einer Revolution von unten) bleibt nicht nur aus den Aussagen Bismarcks unbestätigt, sie hängt auch an der von ihm nicht bewiesenen und in der Tat nicht beweisbaren, weil irrigen Annahme, es habe 1866 (ff.) die Gefahr einer Revolution von unten in Preußen (/Deutschland) tatsächlich bestanden.

Darin, daß Engelberg die gesamte Reichseinigungspolitik in das Raster „Revolution von oben versus Revolution von unten" einordnet und Bismarcks Politik ausschließlich auf das sozialkonservative Motiv zurückführt, liegt der entscheidende Mangel seines Buches. Sicherlich ist die Abwehr einer Revolution auch ein Motiv Bismarckscher Politik gewesen, das ist leicht beweisbar, und die einschlägigen Aussagen Bismarcks — über 1848 (auch rückblickend), gegenüber Leopold von Gerlach u.a. — führt Engelberg auf; aber daß hier der Generalschlüssel zu Bismarcks Politik liege, ist eine zu enge Interpretationsbasis und überdies aus den Quellen nicht zu belegen.

Und hier ist Engelberg auch ein methodologischer Fehler vorzuwerfen: Er bemüht sich zuwenig, das politische Denken Bismarcks zu analysieren und Grundstrukturen darin aufzusuchen. Richtig stellt er eine im wesentlichen planvolle, strategische Konsequenz in Bismarcks Politik bis zur Reichseinigung fest:

> „Österreich in der deutschen Hegemonie-Frage auf Distanz zu halten, dann in die Defensive zu drängen und schließlich niederzuringen — das war und blieb das außenpolitische Grundmotiv Bismarcks", (S. 425 und in gleichem Sinne öfter)

aber er sucht für diese politische Strategie Bismarcks keine Motive in seinem politischen Denken, sondern wiederholt nur seine These:

> „In seiner deutschen Politik ging Bismarck nicht von gesamtnationalen Volksinteressen, sondern von preußisch-junkerlichen Partikularinteressen aus." (S. 412)

---

[317] Ebd., Hervorhebung d. Verf. Vgl. Gall 1980, besonders S. 373 ff.; Rein 1957, Kapitel 4.

Daß preußische und deutsche Interessen in Bismarcks Einschätzung zusammenfielen, entgeht ihm, obgleich er Bismarcks entsprechende Worte zu Hans Viktor von Unruh selbst zitiert (S. 486)[318] – die noch deutlichere Aussage zu Robert von der Goltz 1865 „Deutschland oder Preußen, das ist mir einerlei"[319] übersieht er. In der Aufhellung des politischen Denkens Bismarcks bleibt Engelberg, der im übrigen die vorhandene Literatur gründlich benutzt hat, hinter dem erreichten Forschungsstand zurück. Er zitiert zentrale Aussagen wie die folgenden:

> „Dies [eine „friderizianische" Politik 1848] wäre eine nationale preußische Politik gewesen. Sie hätte Preußen im ersten Falle in Gemeinschaft mit Österreich, im anderen Falle durch sich allein die richtige Stellung gegeben, um Deutschland zu der Macht zu verhelfen, die ihm in Europa gebührt." (S. 345)[320]
> „Ich glaube mich nicht zu täuschen, wenn ich annehme, daß wir [...] über kurz oder lang dahin kommen werden [...], auf eine organische Entwicklung deutscher Politik in ihm [= dem Bundestag] zu verzichten, und eine Befriedigung unserer Bedürfnisse in letzterer Beziehung mehr auf dem Wege der Separatverträge [...] zu suchen, innerhalb des uns durch die Natur angewiesenen geographischen Gebiets" (S. 390)[321],

er zitiert Aussagen Bismarcks über den Großmachtegoismus als rationales Motiv außenpolitischen Handelns, er weist im Zusammenhang mit den Ereignissen von 1859 („selbst er wünschte keine Vernichtung Österreichs" [S. 481]) und von 1866 auf kooperative Elemente in Bismarcks Österreich-Politik hin; aber daß in solchen Aussagen und Handlungen ein politisches Grunddenken deutlich wird, ein politisches Normensystem, das, europäisch gedacht, an Stabilität und Gleichgewicht orientiert war – dies bleibt in dieser Darstellung, obwohl es für die Motivierung der Bismarckschen Reichsgründungspolitik wesentlich ist, unberücksichtigt. Es ist zu hoffen, daß diese Elemente der Bismarckschen Politik wenigstens in dem vorgesehenen zweiten Band Berücksichtigung finden.

Auch andere Bereiche Bismarckschen Denkens bleiben in der Beleuchtung durch Engelberg unterbelichtet: Bismarcks christliche Fundierung ist, gleichgültig, wie der Biograph selbst über das Christentum denken mag, mit dem bloßen Hinweis auf gesellschaftliche Erfordernisse (S. 192) und auf ein der eigenen Subjektivität angepaßtes Christentum (S. 238) nicht zu erfassen – bei allem Verständnis für den Wunsch des Autors, sich von der herkömmlichen Literatur abzugrenzen.

Mit diesen Bemerkungen soll der Gesichtspunkt, der für Engelberg der leitende ist, Bismarck und seine Stellung zur Revolution, in seiner hermeneutischen Bedeutung nicht abgewertet werden. Und es ist sicherlich richtig, daß Bismarcks Politik, gerichtet auf die Stabilisierung einer „organischen" Entwicklung, ein starkes konservatives Element enthalten hat. Aber eine Darstellung seiner Person und Politik wird schief oder falsch, wenn sie die gesamte Politik

---

[318] „Soviel stünde fest, Preußen sei vollständig isoliert. Es gäbe nur einen Alliierten für Preußen, wenn es denselben zu erwerben und zu behandeln verstände. [...] Das deutsche Volk.", Bismarck, Gesammelte Werke VII, S. 38.

[319] Zit. nach Rein 1957, S. 95.

[320] Bismarck, Gesammelte Werke X, S. 39.

[321] Bismarck, Gesammelte Werke I, S. 17.

Bismarcks mit dem Interpretationsansatz des „Sozialkonservativismus" zu erklären hofft.

Trotz dieser Mängel bleibt Engelbergs Buch aufsehenerregend. Nicht so sehr wegen seines wissenschaftlichen Ertrags — seine Hauptthese ist problematisch, und was es den vorhandenen faktischen Kenntnissen hinzufügt, sind eher Ergänzungen am Rande (was bei dem Forschungsstand billigerweise nicht vorgeworfen werden kann), sondern, weil sie eine gut geschriebene, passagenweise eine fesselnde Biographie ist, weil sie viele Aspekte der Biographie und Politik Bismarcks deutlich und faßbar macht, und zwar für ein Publikum, das bisher nur pauschale, in Histomat-Terminologie verfaßte Verurteilungen zu lesen bekommen hat, und weil sie den Widerruf eines bisherigen Standardurteils der parteigelenkten Geschichtsschreibung vollzieht. Auch hier wird, an einer entscheidenden Stelle, die frühere Interpretation eines geradlinigen Abstiegs von der preußischen Politik zu Hitler aufgegeben. Nicht die Reichseinigung von oben selbst wird mehr für die Wilhelminische Politik oder für den späteren Absturz in die Diktatur als ursächlich angesehen. Aus dem — im Sinne des Dogmas folgerichtigen, aber angesichts der Tradition der kommunistischen Geschichtsschreibung überraschenden — Satz

> „Auch eine siegreiche bürgerlich-demokratische Revolution im 19. Jahrhundert hätte Deutschland nicht vor der Entwicklung zum Imperialismus bewahren können"[322],

wird damit die praktische Konsequenz gezogen. Mit Engelbergs Buch wendet sich die kommunistische Geschichtsschreibung in Deutschland einer bejahenden Sicht der deutschen Nationalstaatsgründung als eines notwendigen Schrittes in der Entwicklung der deutschen Nation zu, zu einer Zeit, da bei manchen westdeutschen Historikern und Pädagogen die Auffassung Raum gewinnt, der deutsche Nationalstaat sollte eher als eine Episode der deutschen Geschichte aufgefaßt werden.

Man darf auf den Folgeband, der die Zeit nach 1871 behandelt, gespannt sein. Es ist nicht zu erwarten, daß er zu dem früheren vorwiegend negativen Urteil zurückkehrt. Anzunehmen ist, daß auch für den 2. Band Engels' Aufsatz „Über die Gewalt in der Geschichte" den Grundgedanken bieten wird:

> „Wie die Dinge 1871 in Deutschland lagen, war ein Mann wie Bismarck in der Tat auf eine zwischen den verschiedenen Klassen lavierende Politik angewiesen. Und soweit ist ihm nichts vorzuwerfen. Es kommt nur darauf an, auf welches Ziel diese Politik gerichtet war. Ging sie, einerlei in welchem Tempo, aber bewußt und resolut auf die schließliche Bourgeoisieherrschaft los, so war sie im Einklang mit der geschichtlichen Entwicklung, soweit sie dies vom Standpunkt der besitzenden Klassen überhaupt sein konnte. Ging sie los auf die Erhaltung des altpreußischen Staats, auf die allmähliche Verpreußung Deutschlands, so war sie reaktionär und zum schließlichen Scheitern verdammt, Ging sie los auf die bloße Erhaltung der Herrschaft Bismarcks, so war sie bonapartistisch und mußte enden wie aller Bonapartismus."[323]

---

[322] Bleiber, ZfG 1977, S. 319.
[323] Engels (s.o. Anm. 293), S. 454.

IV. Auswertung: Geschichtswissenschaft zwischen Wahrheitsanspruch und politischer Aufgabe und die unentrinnbare deutsche Frage

Der Wandel im parteikontrollierten Geschichtsbild der DDR-Historiographie läßt sich im wesentlichen unter einem Begriff zusammenfassen: Es handelt sich in der Hauptsache – neben einem weniger streng deterministischen Verständnis historischer „Gesetzmäßigkeiten" – um eine Flexibilisierung der Wertungskriterien für die „parteiliche" Beurteilung. Nicht das Prinzip der wertenden, der „prozessierenden" Geschichtsschreibung selbst hat sich gewandelt, wohl aber der Maßstab, nach dem die Fortschrittlichkeits-Bewertung zugemessen wird. Diese Flexibilisierung ist ermöglicht und nahegelegt durch die Erkenntnisfortschritte und die theoretisch-methodologischen Erfordernisse der Geschichtsschreibung; sie wurde vollzogen und sanktioniert durch politischen Beschluß im Sinne einer sachgerechteren Anleitung und plausibleren politischen Nutzung der Wissenschaft.

Das die Forschung konstituierende Zusammenwirken von empirischer Quellenarbeit und axiomatischen, methodologischen und hypothetischen Vorannahmen verschärft sich im sozialistischen Weltanschauungsstaat, infolge des ideologischen Monopolanspruchs der Partei, zum Spannungsverhältnis von wissenschaftlicher Forschung einerseits, außerwissenschaftlicher Anleitung und Instrumentalisierung andererseits. Hieran hat sich auch seit Beginn der 70er Jahre nichts geändert. Die Funktionen des Faches – Legitimierung des eigenen Staates, d.h. der Parteiherrschaft der SED, und sozialistische Bewußtseinsbildung – sind unverändert geblieben. Lediglich seine strategiebegründende Funktion, soweit eine solche in der Tat je bestanden hat, tritt in dem Maße zurück, in dem die „historischen Gesetze" zu Allgemeinstsätzen werden, die sich in einem „widerspruchsvollen" Geschichtsprozeß verwirklichen.

Die politische Lenkung und Instrumentalisierung der Geschichtswissenschaft kann – grundsätzlich einsichtig und von der Erfahrung bestätigt – kein einseitiges Einwirkungsverhältnis begründen. Die Rücknahme der Zwei-Linien-Theorie der deutschen Geschichte, die den Anspruch erhob, das „Versagen" des deutschen Bürgertums im 19. und 20. Jahrhundert und selbst in der weiteren Vergangenheit empirisch beweisen zu können, und ihre Ersetzung durch die Zwei-Traditionen-Lehre, die statt dessen einen der empirischen Überprüfung entzogenen Legitimationsanspruch erhebt, bietet dafür ein anschauliches Beispiel. Die politische Anleitung der Wissenschaft ist, wenn sie funktionstüchtig bleiben soll, gebunden an sachlogische Erfordernisse des Gegenstandsbereiches. Und die politische (pädagogisch-propagandistische) Nutzung des Faches ist gebunden an die Notwendigkeit, plausible Lehrsätze zur Propagierung zu gewinnen. Die Partei hat sich die Einsicht zu eigen gemacht, daß auch bei einer teleologischen Geschichtsauffassung, die in den Grundsätzen ihrer Urteilsfindung dogmatisch festgelegt ist, simplifizierend-moralische Urteile oft weder möglich noch, wo versucht, überzeugend sind und daß es daher in der Forschung notwendig und in begrenztem Umfang selbst in der Propaganda nützlicher ist, auch „widersprüchliche" Bewertungen im Fortschrittsprozeß, mit anderen Worten: subtiler wägende Wirkungsanalysen zuzulassen. Sie wendet diese mit begrenzter Gültigkeit sanktionierten Urteilskategorien an, um ein überzeugenderes, insgesamt wiederum geschlossenes Geschichtsbild glaubhaft machen zu können, das eine gesetzmäßige und konsequente Entwicklung auch der deutschen Geschichte zum Sozialismus und damit zu ihrem einstweiligen Höhepunkt, der DDR, suggerieren soll und das jetzt in verfeinerter Form, „positive" und „negative" Anteile an der deutschen Geschichte legitimatorisch bzw. denunziatorisch der DDR und der Bundesrepublik Deutschland zueignet. Die Geschichtsbildausweitung besteht also in einer partiellen Entdogmatisierung der Forschung zum Zweck seiner effektiveren politischen Instrumentalisierung.

Stellt man für eine abschließende Auswertung die Frage nach dem Gewicht und insbesondere nach den politischen Ursachen und Konsequenzen dieser Geschichtsbildausweitung, so kann die Antwort daher nicht eindeutig sein. Sie wird unterschiedlich ausfallen, je nachdem, ob sie sich in der Geschichtsanleitung stärker an den vollzogenen Richtigstellungen und Flexibilisierungen oder an den verbliebenen Verzerrungen und dogmatischen Einengungen orientiert. Und sie muß, sit venia verbo, differenziert gegeben werden, je nachdem, ob der Blick sich auf die gewachsenen wissenschaftlichen Freiräume für das Fach oder auf seine politische Indienstnahme richtet.

Was die Forschungsmöglichkeiten in der Wissenschaft angeht, so ist unübersehbar, daß sich hier ein nennenswerter Fortschritt in den letzten Jahren vollzogen hat und weiter vollzieht. Die Ausweitung des „humanistischen", die Freigabe des „widersprüchlichen" und damit auch die Konstituierung eines dem historischen Fortschritt letztlich zuzurechnenden, gleichwohl aber nicht „traditions"-fähigen Erbes hat dazu geführt, daß in Teilen des Faches der Freiraum zu relativ unvoreingenommener Forschung sich vergrößert hat. Die präformierende Kraft des Dogmas ist in der Einzelforschung und zum Teil in der Behandlung ganzer Geschichtsabschnitte eingeschränkt worden.

Zugleich hat die Partei damit eingestanden, daß ihre früheren dogmatischen Festlegungen insoweit falsch waren, und hat ihren Führungsanspruch, an dem sie grundsätzlich festhält, in wesentlichen Teilen dieses ideologisch wichtigen Bereiches tatsächlich relativieren müssen. Daß man im atheistischen Weltanschauungsstaat Luther wieder lobt, daß man in dem sich revolutionär legitimierenden kommunistischen Staat des 200. Todestages Friedrichs des Großen gedenkt, daß die christlichen und konservativen Widerständler gegen den Nationalsozialismus von der Partei geehrt werden — dies kann die Öffentlichkeit nicht anders aufnehmen denn — trotz allen gegenteiligen Beteuerungen der Partei — als Widerruf der früheren Beurteilungen. Die Geschichtsbildrevision ist insofern trotz ihres Einbaus in ein insgesamt dogmatisches und partiell aggressives Geschichtsbild, doch auch ein Schritt in die richtige Richtung, ein Stück eingeräumter Freiraum innerhalb der DDR (wenn auch nur im Bereich der Wissenschaft) und ein Schritt, wenngleich ein vorsichtiger, zur offeneren Diskussion mit der freien, pluralistischen deutschen Geschichtswissenschaft.

Es ist anzunehmen, daß diese Differenzierung und damit Verwissenschaftlichung des historischen Urteils noch ein erhebliches Stück weitergeführt werden kann, nämlich in all denjenigen Bereichen des Faches, die nicht direkt mit der sozialistischen, proletarischen und revolutionären Tradition zusammenhängen (also z.B. weiterhin für die Geschichte des Mittelalters, des Absolutismus und der ,,bürgerlichen Umwälzung"). Die neuere Geschichtsschreibung über den 20. Juli gibt ein Beispiel dafür, daß politische Bedürfnisse (hier der ,,Bündnispolitik" der Kommunisten) sogar zu Umwertungen in der Zeitgeschichte führen können; sie zeigt allerdings im selben Augenblick, daß dieselben politischen Bedürfnisse (hier die Legitimierung der Kommunisten als Führungskraft des Bündnisses) den Berichtigungen der Geschichtsschreibung Grenzen setzen und die Aufrechterhaltung alter oder Aufstellung neuer Legenden oder Verzerrungen begründen.

Nicht zu erwarten ist allerdings eine Entpolitisierung der Wissenschaft in dem Sinne, daß das Prinzip des beurteilenden Lehrens aufgegeben würde. Denn dies hieße, auf die ,,Einheit von Theorie und Praxis", d.h. auf die politische Instrumentalisierung der Geschichte zu verzichten, und dafür gibt es keinerlei Anzeichen. Im Gegenteil: Die Ausgrenzung der engeren und weiteren Tradition aus dem Geschichtsganzen und die Einschärfung des sozialistischen Klassenstandpunktes in den Anleitartikeln der führenden Ideologen und Geschichtsfunktionäre beweist, daß die Partei an dieser Funktion des Faches unbedingt festhält. Die Erweiterung von Freiräumen in der Forschung findet ihre Grenzen in den Vorgaben der Geschichtspropaganda und in den inhaltlichen Festlegungen des parteilichen, in den Grundaussagen von der Parteiführung und den Anleitinstitutionen festgelegten Geschichtsbildes.

> ,,Unsere Geschichtswissenschaft schreibt die deutsche Geschichte als Nationalgeschichte der DDR, d.h., sie schreibt sie von der Warte des siegreichen Sozialismus auf deutschem Boden. Sie bringt damit zur Geltung, das mit der Durchsetzung einer ausbeutungsfreien Gesellschaftsordnung in der Deutschen Demokratischen Republik die deutsche Geschichte nicht nur hier eine neue Qualität annahm, sondern auch die ganze vorausgegangene geschichtliche Entwicklung einen neuen, bisher nicht gekannten Sinn erhalten hat. [...]
> Die marxistische Linienführung der deutschen Geschichte durch die DDR-Geschichtswissenschaft, ihr Konzept einer selbständigen deutschen Nationalgeschichte der DDR umschließt zumindest fünf Grundelemente.
> Es geht erstens davon aus, daß die DDR seit mehr als einer Generation bereits ihre eigene unverwechselbare Geschichte hat. [...]
> Wenn wir von einer eigenen Nationalgeschichte der DDR sprechen, dann bringen wir auch den objektiven Tatbestand zur Geltung, daß in der DDR die deutsche Nationalentwicklung eine höhere Stufe erreichte, eine neue, sozialistische Qualität annahm, sich eine sozialistische deutsche Nation mit allen ihren Attributen bildet. Das ist ein im Gange befindlicher objektiver historischer Prozeß. [...]
> Zweitens: Unsere Nationalgeschichte muß auch die durch den Sieg des realen Sozialismus

> auf deutschem Boden möglich und notwendig gewordene neue Sicht auf die ganze deutsche Geschichte zur Geltung bringen. [...]
> Die Nationalgeschichte der DDR beginnt nicht erst mit der unmittelbaren Genesis der DDR, sondern umschließt zeitlich die deutsche Geschichte seit dem Formierungsprozeß des deutschen Volkes. [...]
> Für die gesamte nicht erlebte Geschichte aber ist das jeweils vermittelte Geschichtsbild entscheidend. [...] Dessen Ausarbeitung und Verbreitung aber wird nicht von nationaler Gemeinsamkeit, sondern von Klasseninteressen bestimmt. [...] Die gegensätzliche Sicht auf die deutsche Geschichte [sc. in der Bundesrepublik und in der DDR] ist also nichts Willkürliches, sondern hat objektive Ursachen. Sie wird letztlich durch die grundsätzlich verschiedenen gesellschaftlichen Verhältnisse bestimmt, von denen aus der Blick auf die Geschichte gerichtet wird. Die gleiche Geschichte bedeutet eben nicht dasselbe, wenn sie von verschiedenen Menschen unter verschiedenen gesellschaftlichen und staatlichen Bedingungen betrachtet und angeeignet wird. [...] Sie [sc. die Bürger der DDR] eignen sich das wissenschaftliche Geschichtsbild der sozialistischen Gesellschaft an, das den Sozialismus auf deutschem Boden als Fortsetzung aller progressiven Tendenzen in der deutschen Geschichte und als deren bisherigen Höhepunkt begreift. [...]
> Drittens läßt sich die marxistische Linienführung der deutschen Geschichte davon leiten, daß beide deutschen Staaten zwar aus einer deutschen Geschichte kommen, aber nicht nur gegenwärtig gegensätzliche Gesellschaftsordnungen auf deutschem Boden vertreten, sondern auch entgegengesetzte historische Traditionslinien fortführen."[324]

Konstitutiv für dieses Geschichtsbild sind (mindestens) die folgenden Aussagen:

- Die deutsche Geschichte ist, wie jede Geschichte, von Kämpfen und Widersprüchen gekennzeichnet; insgesamt aber zeigt sie einen gesetzmäßigen Fortschritt, eine notwendige Aufwärtsentwicklung, die gegenwärtig in der Existenz und in der Politik der DDR gipfelt.
- Die Träger des historischen Fortschritts haben sich, je nach dem Stand der Gesellschaftsformation und des Klassenkampfes, gewandelt. Heute liegt diese Rolle bei den Kommunisten und bei der von ihnen geführten Staatsmacht. Alle fortschrittlichen Kräfte der deutschen Geschichte zählen zu ihren legitimen Vorfahren, denn sie haben je zu ihrer Zeit und in den Begriffen und mit den Mitteln ihrer Zeit und ihrer Klasse das „humanistische" Anliegen verfochten, das heute, in neuer Qualität, von der SED und dem von ihr geführten Staat vertreten wird.

Für die Zeitgeschichte gilt:

- Der „deutsche Faschismus" ist keine notwendige Konsequenz der deutschen Geschichte. Er wurde allerdings durch eine bestimmte Traditionslinie in der deutschen Geschichte erleichtert. Nicht von der Schuld an ihm betroffen sind diejenigen Kräfte, die dieser negativen Traditionslinie nicht angehören. Historisch als führende Kraft nach dem Faschismus legitimiert sind die Antifaschisten, an ihrer Spitze und als ihre führende Kraft die konsequentesten Antifaschisten, die Kommunisten.

---

[324] Schmidt, BzG 1983, S. 332 ff.
Als vierter und fünfter Gesichtspunkt wird in diesem Grundsatzaufsatz erwähnt, daß die Territorien, die das Gebiet der DDR ausmachen, natürlich nicht vernachlässigt werden dürfen, und daß einer marxistisch-leninistischen Nationalgeschichte eine organische Verbindung von Nationalem und Internationalem eigentümlich sei.

– Für die Gegenwart ist aus den jüngeren Erfahrungen der deutschen Geschichte die Konsequenz zu ziehen, daß nun die Kriegsgefahr, die Gefahr des atomaren Holocaust, durch eine „Friedensfront" gebannt werden muß, an deren Spitze wiederum die konsequenteste Friedenskraft, die Kommunisten und das heißt in Deutschland die SED, stehen muß.

Die SED erklärt selbst diese Geschichtsbildausweitung für ein Zeichen einer gewachsenen „Souveränität"; manche westdeutsche Beobachter folgen dieser Einschätzung:

> „Mit den tiefgreifenden Umwälzungen vom Kapitalismus zum Sozialismus wurde in unserem Lande zugleich auch ein radikaler Bruch mit der reaktionären Vergangenheit sowie mit allen Formen fortschrittfeindlicher Ideologie vollzogen. Die sozialistische Ideologie wurde dominierend, das Geschichtsbild der Arbeiterklasse zum Herrschenden; es entwickelte sich bei unseren Bürgern sozialistisches Geschichtsdenken. Damit entstanden auch neue objektive und subjektive Bedingungen für das Herangehen an die Geschichte. Von der Warte des Sozialismus, der die Wurzeln des Reaktionären in der gesellschaftlichen Realität wie im geistigen Leben beseitigt hat, wurde es möglich und notwendig, die verschiedenen Bereiche der geschichtlichen Vergangenheit tiefgründiger, ausgewogener, differenzierter zu erschließen. [. . .] Mit der Durchsetzung des Sozialismus in der DDR erreichte auch die nationale Entwicklung in unserem Lande eine höhere Stufe, nahm sie eine neue, sozialistische Qualität an. In der DDR formiert sich ein neuer Typ deutscher Nation, die sozialistische deutsche Nation. Das impliziert auch eine eigene deutsche Nationalgeschichte des Volkes der DDR, die ebendiese vom siegreichen Sozialismus in unserem Lande geprägte neue Sicht auf die gesamte deutsche Geschichte zur Geltung bringt."[325]

Diese Selbsteinschätzung ist falsch. Sie ist unnütze Spiegelfechterei zur Aufrechterhaltung des eigenen Unfehlbarkeitsanspruches. Richtig ist, daß die differenziertere Sicht der deutschen Geschichte notwendig geworden ist, weil die schlichte Schwarz-Weiß-Malerei der 50er und 60er Jahre sich für die Wissenschaft als unfruchtbar und für die Propaganda und Pädagogik als unproduktiv erwies. Die Ausweitung des parteigelenkten Geschichtsbildes ist ein therapeutischer Versuch gegen die Insuffizienz der herrschaftslegitimierenden Ideologie. Sie ist allerdings nicht dazu gedacht, diese zu ersetzen, sondern dazu, sie auf eine breitere historische Grundlage zu stellen. An die Stelle eines Geschichtsbildes, das dem Wissen der meisten Deutschen in der DDR widersprach, und von Leitbildern, die der Mehrheit der Bevölkerung die Identifikation mit diesem Staat nicht erleichterten, sondern erschwerten, soll eine Geschichtsbildpropaganda treten, die den revolutionären und sozialistischen Kernbestand der Geschichte nicht preisgibt, aber ihn in einen weiteren „humanistisch"-progressiven Rahmen stellt und dem Staat damit eine verbesserte Legitimation bei den eigenen Einwohnern, gegenüber der Bundesrepublik und – last not least – gegenüber dem Ausland verschafft.

Es wäre aber unzutreffend, die Geschichtsbild-Revision als eine Art ideologisches Rückzugsgefecht der SED aufzufassen. Denn mit der legitimatorischen Funktion verbindet sich eine emanzipatorische, die auch eine offensive Zielrichtung hat.

---

[325] Bartel/Schmidt, Einheit 1984, S. 111.

Diese emanzipatorische Funktion besteht darin, die Bundesrepublik Deutschland, den konkurrierenden deutschen Staat, in den Schatten des historischen Niedergangs zu stellen. Daß die DDR der – bisherige – Höhepunkt der deutschen Geschichte sei, ist das Hauptstück des historischen Credos, daß in der Bundesrepublik Deutschland ein historisch rückständiger Überrest der ehemaligen Gesamtnation ein anachronistisches Dasein friste, ergibt sich notwendigerweise als Nebenprodukt. Die DDR figuriert als Erbe und Fortsetzer aller historischer Leistungen, die als Schritte des historischen Fortschritts verstanden werden können; alle Gestalten unserer Geschichte, deren Wirken positiven Werten der europäischen Denktraditionen zuzuordnen ist, werden eo ipso zu „objektiven" Vorläufern und zeitversetzten Verbündeten der heutigen herrschenden Kommunisten ernannt. Die deutsche Geschichte teilt sich auf nach dem Muster „unser Goethe – euer Mengele".[326]

Diese Selbstlegitimation ist gegenüber der Bundesrepublik Deutschland zunächst abgrenzend gemeint. Kaum ein einschlägiger Grundsatzartikel versäumt es, darauf hinzuweisen, daß die Erschließung des Erbes in den beiden Staaten Deutschlands aus gegensätzlichen Positionen geschehe und daher keine Gemeinsamkeiten begründen könne:

> „Allein ein Blick in Lehrbücher für die Schulen oder Aufzählung der verbreitetsten Namen von Straßen und Plätzen, Universitäten oder auch Kasernen veranschaulichen, daß in der BRD ganz andere Traditionen bewahrt werden und lebendig sind als bei uns. Schon deshalb ist der von Historikern und Politikern der BRD erhobene ‚Vorwurf', wir würden der BRD die reaktionären Traditionen ‚überlassen', an die falsche Adresse gerichtet. Wir sind es doch nicht, die verhindern, daß Universitäten in der BRD nach Heinrich Heine oder Carl von Ossietzky benannt werden. Wir haben auch keinerlei Anteil daran, daß einerseits die Errichtung von Gedenkstätten für antifaschistische Widerstandskämpfer und Opfer des KZ-Terrors verweigert wird und andererseits Kasernen der Bundeswehr die Namen ehemaliger Nazi-Generäle erhalten. Wer über die gegensätzliche Stellung der beiden deutschen Staaten zum historischen Erbe spricht, der muß die Ursachen dafür letztlich im gegensätzlichen Charakter der Gesellschaftssysteme suchen."
> „Eine noch so lautstarke Berufung auf eine gemeinsame Geschichte kann tatsächlich keine Gemeinsamkeiten zwischen DDR und BRD schaffen, ganz einfach, weil die Klassenpositionen, die politischen und ideologischen Gegensätze nicht zu überwinden sind."[327]

Der Vorwurf, die DDR „usurpiere" die deutsche Geschichte, wird wiederholt zurückgewiesen; daß sie allerdings die als positiv eingeschätzten Gestalten und Ereignisse als eigene Vorgeschichte ganz oder fast ausschließlich in Anspruch nimmt, kann nicht bestritten werden. Der Akzent allerdings liegt, überall, wo die Erbeausweitung politisch begründet wird, auf der innergesellschaftlichen Funktion dieses Vorganges, auf der „Aneignung" der deutschen Geschichte für die „sozialistische Nation" in der DDR.

Daraus ergeben sich zwei politische Folgerungen von nicht geringem Gewicht. Zum einen ist es nicht zutreffend, was in den letzten Jahren gelegentlich behauptet worden ist, daß die SED die Zwei-Nationen-Theorie aufgegeben

---

[326] Vgl. Hampel, Politik und Kultur 1985, S. 57.
[327] Heitzer, ZfG 1984, S. 390; Hager, Einheit 1983, S. 166.

hätte. Richtig ist vielmehr, daß diese, obgleich von der ersten Seite des Neuen Deutschlands verschwunden, jetzt auf eine vermeintlich solidere Grundlage gestellt werden soll, indem sie historisch begründet wird. Zwar ist diese Begründung nicht plausibel — weil sie nicht aus der Geschichte abgeleitet, sondern in sie hineininterpretiert wird —, aber das ist für die Absicht unerheblich. Die SED versucht, die in den 70er Jahren verkündete, damals in der Öffentlichkeit nicht rezipierte Zwei-Nationen-Doktrin auf dem Wege des Geschichtsbildes weiterhin zu propagieren.

Zugleich aber folgt daraus, daß, selbst wenn dies im Augenblick nicht politisch umgesetzt wird, ein gesamtnationaler Vertretungsanspruch in dieser Geschichtsauffassung impliziert ist. Das ist mit Notwendigkeit so. Denn wenn es richtig ist, daß die Geschichte gesetzmäßig auf den Sieg des Sozialismus hinausläuft, und wenn in Deutschland die DDR der fortschrittliche, zukunftsweisende Teil des Landes und Volkes ist, so ist die Abspaltung einer sozialistischen Nation nur vorübergehend und wird voraussichtlich in dem Augenblick enden, wo, wie es Erich Honecker im Februar 1981 erklärte, der Sozialismus an die Tür der Bundesrepublik klopft und sich damit die Frage der Vereinigung der beiden Staaten völlig neu stellt. Dieser gesamtdeutsche Stellvertretungsanspruch, der sich aus der historischen Selbstlegitimation der DDR ergibt, ist gegenwärtig nur latent, aber er ist vorhanden und wird auch von führenden Parteifunktionären und Parteihistorikern nicht bestritten:

> „Auch im Geburtsland von Karl Marx und Friedrich Engels hat der Sozialismus gesiegt. Unter Führung der Sozialistischen Einheitspartei Deutschlands ist die Deutsche Demokratische Republik zu einem stabilen sozialistischen Staat geworden."
>
> „Die DDR verkörpert die tiefste, nicht mehr rückgängig zu machende Wende in der Geschichte des deutschen Volkes und fügt damit der Geschichte der Deutschen ihr wichtigstes, erfolgreichstes und in die Zukunft weisendes Kapitel hinzu."
>
> „Die Entstehung zweier deutscher Nationen unterschiedlichen sozialhistorischen Typs aus einem ehemals einheitlichen bürgerlichen deutschen Nationalverband ist das konkrete Resultat langer und tiefgreifender historischer Auseinandersetzungen um die den gegenwärtigen Epochenanforderungen und -bedingungen entsprechende sozialistische Umgestaltung einer konstituierten bürgerlichen Nation. Sie ergab sich daraus, daß die notwendige Neugestaltung nur auf einem Teil des nationalen Territoriums gelang. Der Fortschritt zum Sozialismus auf deutschem Boden und damit die Bildung einer sozialistischen deutschen Nation in der DDR ist irreversibel. Auch um die BRD wird der Sozialismus keinen Bogen machen, und damit werden auch die gesellschaftlichen Grundlagen der Nation eine neue, sozialistische Qualität annehmen. Daraus ergeben sich dann für die Beziehungen zwischen den beiden deutschen Staaten auch in nationaler Beziehung vollkommen neue Bedingungen. Natürlich ist unter solchen Voraussetzungen die Bildung einer sozialistischen deutschen Nation, die Territorium und Bevölkerung von BRD und DDR umfaßt, durchaus denkbar. Die Entscheidung darüber, ob eine einheitliche deutsche Nation entsteht oder der gegenwärtige Status zweier Nationen bleibt, hängt von der Gesamtheit konkreter geschichtlicher Verbindungen ab, die heute nicht im einzelnen vorauszusehen sind."[328]

---

[328] Hager, Einheit 1983, S. 163; ders.: Gesetzmäßigkeiten unserer Epoche — Triebkräfte und Werte des Sozialismus. Rede auf der gesellschaftswissenschaftlichen Konferenz des ZK der SED am 15. und 16. Dezember 1983 in Berlin, Berlin (Ost) 1983, S. 62; Schmidt, ZfG 1981.

Der Anspruch, Vorhut des (ganzen) deutschen Volkes im historischen Fortschritt zu sein, ist aus der SED-Geschichtsauffassung nicht wegzudenken: Wer sich historische Legitimation aus der ganzen deutschen Geschichte ableiten will, stößt unvermeidlich auf die Tatsache der historisch gewachsenen Gesamtnation; und wer den gesetzmäßigen historischen Fortschritt zu verkörpern beansprucht, muß es daher notwendigerweise für diese Gesamtnation tun. Obgleich für den Augenblick als Abgrenzungsinstrument intendiert, kann somit die „Erbe"-Erschließung der SED langfristig als Instrument einer Stellvertreter-Politik — je nach konkreten historischen Gegebenheiten — eingesetzt werden.

Es dürfte keinem Zweifel unterliegen, daß die SED sich dieses Potential nach Möglichkeit zunutze macht. Die Instrumentalisierung der „Antifaschismus"-Geschichte für die aktuelle „Friedenspolitik" der SED, ihre Selbstpräsentation als Führungskraft einer aus der Tradition des „Antifaschismus" begründeten und über die DDR hinaus greifenden „Friedenskoalition" bietet dafür ein instruktives und Aufmerksamkeit erforderndes Beispiel.

Freilich hat diese Feststellung auch eine Kehrseite. Denn auf die unvermeidliche deutsche Frage stößt die SED auch dann, wenn sie dieses Offensivpotential ihrer Selbstdarstellung (zunächst) nicht nutzen will. Aus der Sicht der DDR-Bevölkerung ist ja, nach allem, was sich aus westlicher Perspektive feststellen läßt, gerade nicht die ideologische Rechtfertigung der Partei, sondern ihr Zurückweichen hinter frühere Positionen das Entscheidende. Und wenn die SED ihren Staat aus der deutschen Geschichte herleitet, so ist für den normalen Menschenverstand nicht einzusehen, warum diese Herleitung, die ausdrücklich auch die deutschen Territorien außerhalb der DDR umfaßt, für die Gegenwart nur diesen Teil-Nationalstaat betreffen soll. Wer Goethe und die Brüder Grimm in die eigene Ahnentafel schreibt, hat es schwer, den Bürgern klar zu machen, daß die heutigen Deutschen in Frankfurt/Main und Göttingen für sie Ausländer sein sollen. Die Wirkung dieser sozialistischen Nationalgeschichte in der Öffentlichkeit dürfte eher in einer Bekräftigung des nationalen Zusammengehörigkeitsbewußtseins liegen.

Neben dem deutschlandpolitischen gibt es in der Geschichtsbild-Revision der SED noch einen zweiten emanzipatorischen Aspekt. Indem die Partei versucht, ihre Herrschaft überwiegend als Kontinuitätselement der deutschen Geschichte zu legitimieren, drängt sie zwangsläufig die Rolle externer Faktoren — vor allem, in der Entstehungsgeschichte der DDR, die Rolle der sowjetischen „Befreiungstruppen" — zurück. Sie sucht ein Selbstverständnis als *deutscher* kommunistischer Staat. Liegt hier möglicherweise nicht doch eine Chance der innerdeutschen Annäherung?

Diese Frage muß aus heutiger Sicht insgesamt verneint werden. Eine intensivere innerdeutsche Diskussion ist durch die SED-Geschichtsbildrevision bisher nur in der Fachwissenschaft selbst erreicht worden, besonders in den nicht für die revolutionäre und sozialistische „Tradition" verpflichteten Teilen der Geschichte.

Auf der anderen Seite muß man aber, wie schon erläutert, klar erkennen, daß die von der SED propagierte Sicht der deutschen Geschichte als ganzer politisch begründet ist — „Sie schreiben Geschichte, um Geschichte zu machen" — und mit ihrer „Zwei-Traditionen-Lehre" gegenüber der Bundesrepublik ausdrücklich abgrenzend und konkurrierend konzipiert ist. In seiner teleologischen Ausrichtung und seiner legitimatorischen Funktion schafft dieses Geschichtsbild keine Berührungspunkte mit der westdeutschen Geschichtswissenschaft und -pädagogik. Es kann und muß allerdings einer kritischen Prüfung unterzogen werden.

Geschichts*bilder,* im Sinne von zusammenhängenden erklärenden Aussagen über ein „sinnvolles" Ganzes der Geschichte, sind notwendigerweise subjektiv. Sie implizieren neben Zusammenhang konstituierenden Aussagen über die Vergangenheit auch Aussagen über die Zukunft oder wertende Aussagen über die Gegenwart, in deren Licht sie die Vergangenheit interpretieren. Geschichtsbilder sind somit als ganze nicht verifizierbar; man kann über sie Einigkeit, aber nicht Gewißheit erzielen. Geschichtsbilder sind Entwürfe, Vermutungen, Hypothesen; der Anspruch auf ein wissenschaftlich als gültig bewiesenes Geschichtsbild ist abzuweisen.

Geschichtsbilder sind allerdings falsifizierbar; und hier stößt die historisch-materialistische Auffassung von der Konstruierbarkeit wissenschaftlich begründeter „Traditionen" und, allgemeiner, von der Klassenbedingtheit historischer Erzählungen an ihre Grenzen. Es genügt nicht, sich auf das Dogma zurückzuziehen, daß Aussagen über historische Zusammenhänge nur aus Klassensicht möglich seien und daß demzufolge unterschiedliche Geschichts„bilder" aus sozialistischer und „imperialistischer" Sicht einander mit Notwendigkeit unverbunden gegenüberstünden. Sinnvolle Aussagen über historische Zusammenhänge unterliegen dem Plausibilitätsgebot und dem Gebot der empirischen Sättigung durch die Quellenbefunde. Ohne diese logische und empirische Absicherung wird die Geschichtsschreibung zum Gedankenspiel, und ihre Ergebnisse werden nicht aus den Quellen gewonnen, sondern in die dazu geeigneten Quellen hineingetragen. Der Rückzug in die nicht diskursfähige, aber als unzweifelhaft richtig deklarierte Klassenposition ist die Errichtung einer Mauer, diesmal einer geistigen, aber auch in diesem Fall: aus Hilflosigkeit.

Das Geschichtsbild der SED, wie es eben noch einmal in seinen wichtigsten Aussagen skizziert wurde, enthält zum einen Werturteile, begründet durch den Bezug auf normative Aussagen (z.B. Luthers Wirken ist als progressiv einzuschätzen; der „humanistische" Inhalt seines Wirkens wird in der Politik der DDR auf neuer Stufe aufgenommen und jetzt wahrhaft realisiert). Zum anderen enthält es Tatsachenaussagen, teils feststellender (die Gründung der DDR wurde getragen von einem breiten Bündnis aller Klassen und Schichten in der SBZ), teils begründender Art (Bismarcks Reichsgründungspolitik war wesentlich motiviert durch die Notwendigkeit, der Revolution von unten vorzubeugen). *Beide* Arten von Aussagen sind kritisch zu prüfen.

Die Tatsachenaussagen unterliegen der wissenschaftlichen, historischen Kritik. Einige Beispiele falscher Faktenfeststellungen und aus den Quellen nicht plausibel zu machender Kausalaussagen konnten in dieser Arbeit genannt werden. Es zeigt sich dabei — ein höchst anschauliches Beispiel dafür sind die SED-Thesen zur 750-Jahrfeier Berlins —, daß Faktenverzerrungen aus ideologischen Gründen zunehmen, je enger ein Themenbereich in die sozialistische und revolutionäre „Tradition" eingewiesen wird. Hier ist das Korsett der politischen Anleitung enger, das Bild durch der Partei Haß oder Gunst verzerrt.

In gewisser Weise müssen aber auch die wertenden und normativen Aussagen des SED-Geschichtsbildes kritisch überprüft werden. Das betrifft zunächst, wie schon angedeutet, ihren Anspruch, „wissenschaftlich" zu sein. Es ist natürlich niemandem zu verbieten, sich für die Krönung der Geschichte zu halten, aber er darf nicht erwarten, ernst genommen zu werden, wenn er behauptet, die Richtigkeit dieser Selbsteinschätzung bewiesen zu haben. Teleologische, selbst tendenziöse Geschichtsschreibung ist, als *Entwurf* verstanden, nicht vorwerfbar und kann fruchtbar sein; abzuweisen aber ist es, wenn jemand eine bestimmte Tendenz für ausschließlich gültig und objektiv richtig erklärt, wenn er, um das berühmte Wort Bismarcks abzuwandeln, die Parteifahne, mit der er seinen Blick verhüllt, für den Mantel Gottes erklärt, der durch die Weltgeschichte geht.

Fragwürdig erscheint zweitens die Willkürlichkeit des „Traditions"-Verständnisses der SED. Denn die Gültigkeit von Traditionen entscheidet sich nicht daran, ob sie „gestiftet" oder in wissenschaftlichen Zeitschriften diskutiert, sondern daran, ob sie von den Menschen als lebendig und selbstverständlich empfunden und verstanden werden. Nichts ist so tot wie eine Tradition auf dem Reißbrett.

Wenn man sich aber diesen voluntaristischen Traditionsbegriff zu eigen macht und damit die von der Partei vertretene Traditionskonstruktion als politische Absichtserklärung versteht, dann erhebt sich, drittens, die kritische Frage nach der Umsetzng dieser Absichten. Denn die Berufung auf historische Vorbilder ist offensichtlich nur sinnvoll, wo man diese auch in ihrer Eigenart gelten läßt und ihnen nicht lediglich das wieder entnimmt, was man zuvor interpretierend in sie hineingelegt hat. Wer z.B. Luther feiert, ihn aber letztlich doch auf die Funktion des theologisch denkenden Revolutionärs zurückführt und in der Praxis fortfährt, Christen zu diskriminieren, muß sich den Vorwurf gefallen lassen, mit seiner „Tradition" lediglich historische Kulissen zu errichten. Traditionen in Anspruch nehmen, heißt auch, die eigene Praxis an ihrem Anspruch messen zu lassen.

Eine Bemerkung am Rande sei, angesichts der deutschlandpolitischen Implikationen der SED-Geschichtsanleitung, noch einmal zu dem einleitend referierten Vorschlag erlaubt, die deutsche Frage zu „entstaatlichen" und den Bezug unseres nationalen Selbstverständnisses in der Kulturnation, der „Geschichtsnation" – was immer das heißen mag – oder ähnlich definierten Begriffen zu suchen. Dieser Vorschlag erscheint, nach den hier getroffenen Feststellungen über das Nation-Verständnis in der SED-Geschichtsauffassung, nicht überzeugend. Beide Staaten in Deutschland sind als historische Gebilde auf die ganze deutsche Geschichte bezogen, an die sie je nach eigenem Kontinuitätsverständnis anknüpfen, der eine in Übereinstimmung mit den Prinzipien der Selbstbestimmung und des freiheitlichen Rechtsstaates, der andere im Widerspruch zu diesen Prinzipien. Die Konkurrenz beider Staaten um das „richtige" Kontinuitätsverständnis, die „richtige" Konsequenz aus der deutschen Geschichte mit ihrem katastrophalen Bruch 1933/1945, ist unaufhebbar. „Sind wir die besseren Deutschen?" – „Wir sind diejenigen Deutschen, die die richtigen Schlußfolgerungen aus unserer Geschichte gezogen haben."[329] Unvermeidbar, real vorhanden ist daher auch die

[329] Günter Guillaume, Interview mit der FDJ-Zeitung „Junge Welt", 14.5.1987.

Spannung zwischen Nation und Staat in der deutschen Nachkriegsgeschichte. Sie muß, bis sie gelöst werden kann, ausgehalten werden. Wer die deutsche Frage definitorisch schließt, schließt sie nur scheinbar — und überläßt den Schlüssel anderen.

Auch die Überlegung, in der Geschichtswissenschaft die deutsche Geschichte der letzten 200 Jahre unter neuen Leitbegriffen zu verstehen, erscheint problematisch. Die Orientierung auf den deutschen Nationalstaat ist ja keine Ex-post-Konstruktion. Wenn man von dem Bewußtsein der Zeitgenossen ausgeht, dann war seit dem Aufstieg der Nationalstaatsidee in Deutschland so wie in den anderen europäischen Staaten der Nationalstaat allerdings die selbstverständliche Bezugsgröße, auch wenn er dann erst vergleichsweise spät erreicht wurde. Und der dann gegründete kleindeutsche Nationalstaat war dementsprechend dann auch, entgegen den Befürchtungen seines Gründers, ein bemerkenswert stabiles Gebilde, das auch schwere kriegerische Erschütterungen überdauert hat und weder 1918 noch 1945 von selbst in seine Teile zerfallen ist. An dieser Tatsache ändert sich nichts dadurch, daß wir heute nicht wissen, welche Möglichkeiten für die Verfassung Deutschlands sich in der Zukunft zeigen mögen.

Die Auffassung, die Erschließung der ganzen deutschen Geschichte durch die SED stelle eine Herausforderung für die westdeutsche Geschichtswissenschaft und -pädagogik dar, ist zweifellos zutreffend. Die angemessene Reaktion darauf kann freilich nicht in dem Gegenentwurf eines geschlossenen Geschichtsbildes bestehen. Wissenschaftliche Historiker schreiben nicht Geschichte, um Geschichte zu machen, sondern in erster Linie, um wahre Aussagen zu machen. Die angemessene Reaktion kann nur darin bestehen, zum einen den Dialog überall da aufzunehmen oder fortzuführen, wo er möglich geworden und erkenntnisfördernd ist, auch mit dem Ziel, die Entdogmatisierung der Geschichtswissenschaft in der DDR nach Möglichkeit zu fördern. Andererseits besteht sie darin, dem als Ganzes dogmatisch festgelegten und politisch zweckbestimmten Geschichtsbild der SED die Notwendigkeit kritischer Diskussion und freier Forschung offensiv entgegenzuhalten. In der Geschichtspädagogik sollte dies zu der Vermittlung eines Geschichtsverständnisses führen, das die Offenheit historischer Entscheidungssituationen, die Mehrdimensionalität historischer Prozesse beinhaltet und gegen ideologische Konstrukte skeptisch bleibt. Für die deutsche Geschichte bedeutet dies ein Geschichtsverständnis, das frei von exkulpatorischen oder denunziatorischen Absichten das Bewußtsein unserer historischen Kontinuität über die Zwölf Jahre hinweg und im europäischen Zusammenhang verbindet mit einem kritischen, auch die Kontingenzen hinnehmenden Verständnis der Brüche in unserer modernen und insbesondere unserer Zeit-Geschichte. Eine solche Reflexion unserer Geschichte allerdings ist für das Verständnis und damit auf längere Sicht auch für die Lösung der deutschen Frage von entscheidender Bedeutung, denn sie schafft, im historisch-politischen Selbstverständnis, die Voraussetzungen konzeptioneller und langfristiger Politik. „Es kann sich im Augenblick nicht darum handeln, was wir nach außen hin unternehmen und wohin uns die Geschichte führen wird, sondern wir haben vorerst danach zu fragen, was wir geschichtlich sind."[330]

---

[330] Heuß 1984, S. 210.

Für die SED sind sie die beiden größten Söhne des deutschen Volkes: Karl Marx und Friedrich Engels. Das Marx-Engels-Forum im Zentrum Ost-Berlins wurde 1986 eingeweiht. (Jürgens Ost + Europa-Photo, Köln)

Die Staatspartei versteht sich auf eindrucksvolle Inszenierungen: Nächtlicher Zapfenstreich am Völkerschlachtdenkmal in Leipzig.
(Jürgens Ost + Europa-Photo, Köln)

Für Thälmann-Pioniere eine Pflichtübung: Schulausflug zum Thälmann-Denkmal im 1986 fertiggestellten Ost-Berliner Thälmann-Park. (Jürgens Ost + Europa-Photo, Köln)

Alte Klänge unter neuen Fahnen: Musikkorps der Bergstadt Schneeberg im Erzgebirge. (Jürgens Ost + Europa-Photo, Köln)

Die höchste Auszeichnung der NVA trägt seinen Namen: Scharnhorst-Denkmal Unter den Linden. (von Löwis)

Neu vergoldet und von DDR-Historikern gewürdigt: August der Starke in Dresden. (von Löwis)

Selbst wo der Putz rieselt, darf Marx nicht fehlen. Wohnhaus in Greifswald. (von Löwis)

Preußen läßt grüßen. Die Nationale Volksarmee marschiert zu Füßen Friedrichs des Großen.
(Jürgens Ost + Europa-Photo, Köln)

Reitet wieder Unter den Linden: der ,,Alte Fritz''. Honecker holte ihn 1980 zurück ins Stadtzentrum von Berlin – und Moskau protestierte.
(Gesamtdeutsches Institut)

Fahneneid vor historischer Kulisse: Soldaten des Wachregiments ,,Friedrich Engels'' am Mahnmal für die Opfer des Faschismus und Militarismus, ehemals Neue Wache.
(ADN/Jürgens Ost + Europa-Photo, Köln)

Gleich nach ihrer Gründung feierte die DDR 1950 ein „Bach-Jahr“: Bachdenkmal vor der Leipziger Thomaskirche.
(Gesamtdeutsches Institut)

An ihn erinnert kein Denkmal in der DDR, nur eine Gedenktafel in Naumburg. Der Philosoph Friedrich Nietzsche ist aus der Sicht der Kommunisten ein Vordenker der „faschistischen Herrenmenschenideologie“.
(von Löwis)

Freizeitforscher auf historischem Grund. Mitglieder der Interessengemeinschaft „Völkerschlacht 1813“ des Kulturbundes der DDR marschieren in Uniformen, die sie teilweise selbst angefertigt haben, über das ehemalige Schlachtfeld.
(ADN/Jürgens Ost + Europa-Photo, Köln)

Helden für die Brieftasche: Thomas Müntzer, Clara Zetkin, Friedrich Engels und Karl Marx auf Banknoten der DDR. (Jürgens Ost + Europa-Photo, Köln)

Präsentiert deutsche Geschichte durch die „rote Brille" betrachtet: das Museum für Deutsche Geschichte Unter den Linden, das ehemalige Zeughaus. (Gesamtdeutsches Institut)

Als „patriotischer preußischer Offizier" gefeiert: Ferdinand von Schill (1776–1809). (Kropp)

Erbepflege monumental: Der Leipziger Maler Prof. Werner Tübke vor einem Ausschnitt des Panorama-Bildes in der Bauernkriegsgedenkstätte auf dem Schlachtberg bei Bad Frankenhausen. Der Bauernkrieg gilt in der DDR-Historiographie als Höhepunkt der „deutschen frühbürgerlichen Revolution“.
(ADN/Jürgens Ost + Europa-Photo, Köln)

Die SED begreift sich als Vollstreckerin eines Testaments: Die KPD nimmt im Rahmen der roten Erbepflege eine herausragende Stellung ein.
(Jürgens Ost + Europa-Photo, Köln)

Folklorepflege wird vom Staat nach Kräften gefördert: Lichtmeßfest in Glinde/Elbe.
(Jürgens Ost + Europa-Photo, Köln)

Blumen für die „Befreier": Der Besuch des sowjetischen Ehrenmals im Treptower Park gehört zum Standardprogramm von Stadtrundfahrten in Ost-Berlin. (Jürgens Ost + Europa-Photo, Köln)

Teil II

Henning von Löwis

Erbepflege im sozialistischen Alltag

I. Begegnungen mit der Geschichte: Erbepflege im Alltag der DDR

> „Kennst Du das Land mit seinen alten Eichen
> das Land von Einstein, von Karl Marx und Bach
> wo jede Antwort endet mit dem Fragezeichen
> wo ich ein Zimmer habe unter'm Dach.
> Wo sich so viele wegen früher oft noch schämen
> und mancher Vater eine Frage nicht versteht
> wo ihre Kinder ihnen das nicht übelnehmen
> weil seine Antwort im Geschichtsbuch steht."[1]

Es gibt viele Wege, das „Land von Einstein, von Karl Marx und Bach" kennenzulernen. Man kann beispielsweise zur größten Zeitung dieses Landes greifen. Sie trägt den Titel „Neues Deutschland" und ist das Organ des Zentralkomitees der Sozialistischen Einheitspartei Deutschlands. Das „Neue Deutschland" erscheint mittlerweile im 43. Jahrgang. Wie dem Impressum zu entnehmen ist, wurde die Redaktion des „Neuen Deutschland" mit dem Karl-Marx-Orden und dem Vaterländischen Verdienstorden in Gold ausgezeichnet.

Im „Land von Einstein, von Karl Marx und Bach" hat man Mühe, einen Bürger zu finden, der sich keinen Orden an die Brust heften kann. Allein im ersten Jahrzehnt der DDR verbrauchte man 3,8 Zentner Metall für die Herstellung von Orden und Verdienstmedaillen.[2] Werden vom Staatsratsvorsitzenden, vom Ministerratsvorsitzenden acht bzw. sieben Auszeichnungen verliehen, so umfaßt die Liste der von Ministern, Leitern anderer zentraler Staatsorgane, Leitern der wirtschaftsleitenden Organe bzw. von Kombinaten und Betrieben sowie von Vorsitzenden der Räte der Bezirke bzw. den Vorsitzenden der Räte der Kreise vergebenen Auszeichnungen 107 verschiedene Ehrentitel, Medaillen und Preise – vom Ehrentitel „Verdienter Techniker des Volkes" über den Ehrentitel „Verdienter Züchter" bis hin zur „Medaille für treue Dienste in der Zollverwaltung der Deutschen Demokratischen Republik" (in sechs Stufen).[3]

In der Präambel des Gesetzes über die Stiftung und Verleihung staatlicher Auszeichnungen vom 7. April 1977 heißt es:

> „In der Deutschen Demokratischen Republik wird die entwickelte sozialistische Gesellschaft gestaltet und werden so grundlegende Voraussetzungen für den allmählichen Übergang zum Kommunismus geschaffen.
> Die auf das Wohl des Volkes gerichtete Politik der Sozialistischen Einheitspartei Deutschlands und des sozialistischen Staates der Arbeiter und Bauern fördert die Schöpferkraft, die Initiative und die Bereitschaft der Arbeiterklasse, der Genossenschaftsbauern, der Intelligenz und aller anderen Werktätigen zu hohen Leistungen auf allen Gebieten des gesellschaftlichen Lebens.

---

[1] „Vaterlandslied". Worte: Reinhold Andert. Musik: Rainer Böhm. Zit. nach Lieder der FDJ, Berlin (Ost) 1979, S. 154.

[2] Leonhardt 1964, S. 133.

[3] Vgl. Tautz 1983, S. 182 ff.

Durch die Verleihung staatlicher Auszeichnungen würdigt der sozialistische Staat hervorragende Leistungen und Verdienste bei der allseitigen Stärkung und Festigung der Deutschen Demokratischen Republik."[4]

Mit der Ordensflut knüpft der sozialistische deutsche Staat an großdeutsche Traditionen an. Mit einem Territorium von 108.178 km^2 ist die Deutsche Demokratische Republik ein vergleichsweise kleiner deutscher Staat. Daß Deutschland erheblich größer ist, das spürt man auch in der DDR auf Schritt und Tritt — beispielsweise beim Bummel durch Berlin. So gibt es im sozialistischen Berlin eine Hamburger Straße und eine Saarbrücker Straße, eine Tegernseestraße und eine Westerlandstraße, eine Lübecker Straße und eine Trierer Straße. Neben westdeutschen sind auch ostdeutsche Ortsnamen in großer Zahl vertreten. Trotz Görlitzer Abkommen und staatlich verordneter Freundschaftspflege mit der Volksrepublik Polen weist der Stadtplan von Ost-Berlin nach wie vor u.a. eine Stettiner, eine Kolberger, eine Swinemünder Straße auf. Mitarbeiter des Rundfunks und Fernsehens der DDR müssen hingegen von Szczecin, Kolobrzeg und Swinoujście sprechen.

Straßen in der Hauptstadt der DDR erinnern an Orte und Landschaften, die sich auf keiner Landkarte mehr finden, beispielsweise die Heidekrugstraße und die Samländische Straße. Sogar deutsche Städtenamen aus dem Baltikum fehlen nicht in Ost-Berlin. Der Stadtplan verzeichnet eine Revaler, eine Rigaer und eine Libauer Straße.[5]

Die Straßennamen sind Relikte aus der Zeit vor 1945. Daß sie 40 Jahre später noch existieren, erscheint immerhin bemerkenswert. Es gibt viel Bemerkenswertes im „Land von Einstein, Karl Max und Bach": Chemnitz verlor schon 1953 seinen Namen. Aus Chemnitz wurde Karl-Marx-Stadt. Wer aber mit dem Zug nach Karl-Marx-Stadt fährt, der reist auch heute noch mit der „Deutschen Reichsbahn". Der sozialistische deutsche Staat — auf dem Weg ins kommunistische Morgen — lädt seine Gäste zu Reisen in die Vergangenheit ein:

„In den schönsten Gegenden der DDR verbinden Schmalspurbahnen Kur- und Erholungsorte miteinander. Sie verkehren nach Fahrplänen und sind somit fester Bestandteil des Eisenbahnnetzes der Deutschen Reichsbahn der DDR.
Überall in der Welt gestalten Modelleisenbahner die kleinen Bahnen nach, aber alles, was sie so begeistert, brauchen sie nicht nur in ihrer Phantasie erstehen lassen. Sie können es in der DDR als bewahrte Tradition miterleben – das REISEBÜRO der DDR hilft dabei."[6]

Auf einem Schienennetz von 235 km Länge verkehren acht Schmalspurbahnen in der DDR. Die Bahnen werden als „technische Denkmäler" erhalten. Mit Dampfloks lassen sich Nostalgie-Touristen in die Republik locken. Die Verantwortlichen in Ost-Berlin wissen sehr genau, was draußen in der Welt ankommt, womit die DDR Prestige für sich verbuchen kann. In der Touristenwerbung werden die Worte Tradition und Erbe ganz groß geschrieben. Im „Magazin 84" — herausgegeben von der Vereinigung „Interhotel DDR" — heißt es in der Einleitung:

---

[4] Tautz 1983, S. 173.
[5] Berlin. Hauptstadt der DDR. Stadtplan, 10. Auflage, Berlin (Ost)/Leipzig 1977.
[6] Interhotel DDR. Magazin '84, S. 42.

„Waren 1983 mit dem 165. Geburtstag und dem 100. Todestag von Karl Marx sowie dem 500. Geburtstag von Martin Luther sehr unterschiedliche Ereignisse hauptsächliche Motivationen für Reisen in die DDR, so richtet sich die Aufmerksamkeit 1984/85 neben vielen anderen touristischen Höhepunkten vor allem auf zwei kulturelle Ereignisse von Weltrang: die Wiedereröffnung des Berliner SCHAUSPIELHAUSES und der Dresdner SEMPEROPER.
Zerstört durch anglo-amerikanische Luftangriffe, erstanden beide Kulturstätten nach jahrzehntelangem, historisch getreuem Wiederaufbau in alter Schönheit.“[7]

Marx und Luther — zwei Namen, die die Bandbreite der DDR-Erbepflege dokumentieren sollen. Marx und Luther werden je nach Bedarf und Adressat gezielt eingesetzt. In Äthiopien legte Erich Honecker den Grundstein für das erste Marx-Denkmal auf dem afrikanischen Kontinent, dem Weltkirchenrat in Genf schenkte Honecker eine Luther-Skulptur.

Kommerziell ist Luther weitaus besser zu vermarkten als Marx. Anläßlich des 500. Geburtstages des Reformators wurden in der DDR 1983 mit großem Aufwand Luther-Ehrungen inszeniert. Im Bestreben, die Luther-Welle nicht abebben zu lassen, offerierte das Reisebüro der DDR 1984 „Nach-Jubiläums-Reisen zu Luther“. Ziele des Luther-Tourismus sind die „Lutherstädte„ Wittenberg und Eisleben, Erfurt, Eisenach, Möhra bei Bad Salzungen, Weimar und Leipzig.

Unter den Nicht-Kommunisten, deren Erbe die DDR pflegt, rangiert Martin Luther z.Zt. unangefochten auf Platz eins — vor Goethe, Schiller und Müntzer. In einer Literaturauswahl zum 35. Jahrestag der DDR, die unter dem Titel „Tradition und Gegenwart“ 1984 vom Volkseigenen Außenhandelsbetrieb Buchexport in Leipzig veröffentlicht wurde, sind allein vier Bücher zum Thema Luther enthalten:
— „Reisen zu Luther“;
— „Daher bin ich. Ein Gang durch Lutherstätten“;
— „Wittenberg — die Lutherstadt“;
— „Luther — Stätten seines Lebens und Wirkens“.[8]

Im Prospekt „Tradition und Gegenwart“ präsentiert sich die DDR ganz von ihrer bürgerlichen Seite. Für Marx, Engels, Thälmann ist kein Platz in diesem „kleinen und schönen Land“, das die 10. Stelle unter den führenden Industriestaaten der Welt einnähme, wie stolz vermerkt wird. Der (westliche) Leser soll sich von der „Kultur- und Kunstfreundlichkeit der DDR“ überzeugen. Ans Herz gelegt werden ihm Bücher mit Titeln wie
— „Denkmale in Sachsen-Anhalt“;
— „Schätze der Weltkultur“;
— „Altberliner Stadtansichten“;
— „Burgen zwischen Werra und Elbe“;
— „Dresden wie es Maler sahen“;
— „Bunte sorbische Ostereier“;
— „Potsdamer Schlösser in Geschichte und Kunst“;

---

[7] Interhotel DDR, a.a.O., S. 3.
[8] Tradition und Gegenwart. Literaturauswahl zum 35. Jahrestag der DDR, S. 9.

- „Reisen zu Goethe";
- „Meissener Jugendstilporzellan";
- „Die Stadtkirchen in Mecklenburg";
- „Karl Friedrich Schinkel";
- „Das Schauspielhaus in Berlin";
- „Geschichte der Stadt Stralsund".

Politik findet nur am Rande statt in der Literaturauswahl. Immerhin erfährt der Leser, daß es sich bei der DDR um einen „Arbeiter-und-Bauern-Staat" handelt, der von der Gründung bis heute „kontinuierliche sozialistische Friedenspolitik verwirklicht". Die Staatspartei wird auf den zwölf Seiten des Prospekts mit keiner Zeile gewürdigt, dafür die „Nationale Front".

> „Mit der Darstellung der Geschichte der Nationalen Front, die sich zu der umfassendsten Form des Bündnisses und des freundschaftlichen Zusammenwirkens der Bürger aller Klassen und Schichten, Weltanschauungen und sozialen Herkunft entwickelt hat, bekommt der interessierte Leser einen Einblick in die Entstehung und Entwicklung sowie in das unmittelbare Wirken der Nationalen Front zum gemeinsamen Wohl und zur Erhaltung des Friedens."[9]

So schön kann doch kein Land sein, möchte man meinen, so schön wie sich die DDR hier verkauft — als „ein Werk mehrerer Generationen und vieler Millionen". DDR-Bürger, denen der Prospekt „Tradition und Gegenwart" in die Hände fällt, dürften daran zweifeln, daß es sich bei dem vorgestellten Land tatsächlich um ihre Republik handelt. „Tradition und Gegenwart" ganz ohne „antifaschistisches Erbe", ganz ohne „Roten Oktober", das kann nicht die DDR sein. Und sie ist es doch — freilich eine DDR exklusiv für den Export ins westliche Ausland bestimmt — devisenorientiert.

Das Geburtsjahr der Republik, das Jahr 1949, war das „Goethe-Jahr". 1950 zelebrierte man das „Bach-Jahr". Es folgte 1952 das „Beethoven-Jahr".[10] Kaum ein Jahr vergeht, in dem die DDR nicht berühmte Persönlichkeiten auf den Schild hebt, zu denen sich alle Deutschen — unabhängig von ihrer Weltanschauung — bekennen können. Das Reisebüro der DDR bietet Reisen zu den Lebens- und Wirkungsstätten dieser Persönlichkeiten an. Der Reisekalender 1984 verzeichnete die folgenden Gedenktage:

- 3. Februar: 175. Geburtstag des Komponisten Felix Mendelssohn Bartholdy (1809—1847);
- 16. Februar: 150. Geburtstag des Naturforschers Ernst Haeckel (1834—1919);
- 14. April: 225. Todestag des Komponisten Georg Friedrich Händel (1685—1759);
- 10. November: 225. Geburtstag des Dichters Friedrich von Schiller (1759—1805);
- 10. November: 100. Todestag des Naturforschers Alfred Brehm (1829—1884);
- 16. Dezember: 125. Todestag des Sprachwissenschaftlers und Literaten Wilhelm Grimm (1786—1859).[11]

---

[9] Tradition und Gegenwart, a.a.O., S. 10.

[10] Geschichte der Deutschen Demokratischen Republik, 2., durchgesehene Auflage, Berlin (Ost) 1984, S. 144.

[11] Interhotel DDR, a.a.O., S. 6.

Jubiläumstourismus ist ein Stück Erbepflege, das sich nicht nur wirtschaftlich bezahlt macht. Der Jubiläumstourismus fügt sich ein in ein klar definiertes politisches Konzept, das Erich Honecker auf dem X. Parteitag der SED umriß:

> „Wer die Aufgaben der Gegenwart meistern und sicher in die Zukunft schreiten will, der braucht das Wissen um die Erfahrungen der Vergangenheit und das Erleben ihrer kulturellen Werte. Von der Spannweite, die unsere Arbeit zur schöpferischen Aneignung der revolutionären, demokratischen und aller humanistischen Traditionen kennzeichnet, zeugen die Ehrungen für Lessing und Herder, Beethoven und Kleist, Semper und Schinkel ebenso wie die Würdigung des Erbes von Johannes R. Becher, Bertolt Brecht, Hanns Eisler und Ernst Busch sowie der kämpferischen Traditionen, die der Bund proletarisch-revolutionärer Schriftsteller und die Association revolutionärer Bildender Künstler Deutschlands verkörpern. Davon zeugt auch die Vorbereitung der Ehrungen für Martin Luther, Bach und Händel, Goethe und Schiller als gesellschaftliche und kulturelle Höhepunkte in unserer Republik."[12]

In einer von der Akademie für Gesellschaftswissenschaften beim ZK der SED herausgegebenen Publikation wird hervorgehoben, daß viele bedeutende Künstler der Vergangenheit ihre Sympathien für die Werktätigen und ausgebeuteten Massen in ihr Werk einfließen ließen, auch wenn sie sich nicht an revolutionären Kämpfen beteiligt hätten.

> „Die meisten gerieten, wenn die Periode des Aufstiegs ihrer eigenen Ausbeuterklasse vorüber war, schnell in einen Gegensatz zu deren Praktiken. Zwar war die feudale und dann immer mehr die sich kapitalistisch umgestaltende Gesellschaft die Grundlage der Kunst eines Dürer, eines Goethe, Schiller, Mozart oder Beethoven, bestimmte sie den geistigen Horizont ihres Schaffens, aber sie verherrlichten diese Gesellschaft nicht und können deshalb nicht ohne weiteres zur herrschenden feudalen oder bürgerlichen Kultur gerechnet werden. Ein wesentlicher, für unser Verhältnis zu ihnen bestimmender Teil ihres Werkes gehört zu den Elementen von Demokratismus, die es in jeder nationalen Kultur immer gegeben hat und gibt."[13]

Die SED versteht es meisterhaft, auf verschiedenen Klavieren zu spielen — klassisch-deutsche Töne auf dem einen, proletarisch-sozialistische auf dem anderen. Zweifellos habe die Geschichtsschreibung der DDR auf dem Gebiet der Traditionsproblematik noch nicht alle Möglichkeiten der ideologischen Wirksamkeit ausgeschöpft und im konkreten auch noch nicht alle Fragen gelöst, betont der Gesellschaftswissenschaftler Gerhard Lozek. Gewiß sei jedoch, so Lozek, „daß dem marxistisch-leninistischen Traditionsverständnis und der darauf beruhenden Erschließung und Pflege fortschrittlicher Traditionen jede Enge fremd ist"[14].

Fortschrittlich ist — auf die einfachste Formel gebracht — alles das, was der Partei nützt. Und der Partei nützt, was ihre Herrschaft zementiert, den „großen Bruder" erfreut und Devisen in die Staatskasse bringt. Es liegt auf der Hand, daß die wenigsten Traditionen einen dreifachen Ertrag abwerfen. Daher

---

[12] Protokoll der Verhandlungen des X. Parteitages der Sozialistischen Einheitspartei Deutschlands im Palast der Republik in Berlin, 11. bis 16. April 1981. Band 1: 1. bis 3. Beratungstag, Berlin (Ost) 1981, S. 115 f.

[13] Haase 1983, S. 51.

[14] Lozek 1980, S. 115.

kommt es auf Virtuosität in der Traditionspflege an. Mit dem Bau eines Lenin-Denkmals vermag die SED weder DDR-Bürger für sich zu gewinnen noch Devisen zu erwirtschaften. Einziger Nutzen: Applaus aus Moskau. Wenn die Partei das Bemalen von Ostereiern durch die Sorben fördert, so kann sie sich des Dankes der sorbischen Volksgruppe sicher sein. Die Pflege des Brauchtums läßt sich zudem propagandistisch und touristisch ausschlachten. Ob das Bemalen von Ostereiern allerdings unter die Rubrik „fortschrittliche und revolutionäre Traditionspflege“ fällt, erscheint höchst zweifelhaft.

> „Wenn wir von fortschrittlicher und revolutionärer Traditionspflege seitens unseres Staates sprechen, so haben wir alle progressiven und in erster Linie jene Traditionen im Auge, die mit dem realen Sozialismus verbunden sind; sie sind mit dem Stolz der Werktätigen auf die großen Errungenschaften und unverzichtbaren Werte des Sozialismus in der engeren Heimat, im sozialistischen Vaterland, in der sozialistischen Staatengemeinschaft verknüpft.“[15]

Nach der Definition von Professor Michael Benjamin, Direktor der Sektion Staatsrecht und Staatliche Leitung der Akademie für Staats- und Rechtswissenschaft der DDR, ist der Bezug zum „realen Sozialismus“ entscheidendes Kriterium für die Förderungswürdigkeit von Traditionen. Benjamin unterstreicht die internationalistische Dimension der Traditionspflege:

> „Zu den Traditionen, deren Propagierung und Pflege uns besonders am Herzen liegen, gehört unsere unlösbare Freundschaft mit der Sowjetunion und allen anderen sozialistischen Bruderländern, mit allen revolutionären Kräften in der Welt [. . .] Der erste Deutsche im All, der DDR-Bürger, unser Genosse Sigmund Jähn, ist doch ein überwältigender Beweis für das revolutionäre Freundschafts- und Klassenbündnis zwischen der DDR und der UdSSR. In unseren Betrieben, Städten und Gemeinden verfügen wir über viele schöne Traditionen des Bruderbundes DDR-UdSSR, die wir erlebbar und damit produktiv machen sollten.“[16]

Die SED hat lernen müssen, daß es keine einfache Aufgabe ist, den Bürgern des „Kulturlandes DDR“ Sowjetkultur als besonders nachahmenswert schmackhaft zu machen. Bewußt knüpften die aus der Sowjetunion zurückgekehrten deutschen Kommunisten nach 1945 an die sowjetische Traditionslinie der Klub- und Kulturhaus-Entwicklung an. Ein Netz von Klubs und Kulturhäusern wurde geschaffen. Die intendierte Botschaft aber kam bei den Adressaten offenbar nicht an. „Nicht wenigen Klub- und Kulturhaus-Funktionären fehlt leider dieses notwendige Traditionswissen und -bewußtsein“, bemerkt Heinz Marohn, Autor einer Dissertation über die Entwicklung von Klubs und Kulturhäusern.[17]

Auch die Praxis, Traditionen dadurch zu begründen, daß man Klubs und Kulturhäusern den Namen eines antifaschistischen Widerstandskämpfers, eines internationalen Revolutionärs oder eines Miterbauers der sozialistischen Gesellschaft verleiht, zeigt anscheinend nicht die gewünschte Wirkung. Heinz Marohn:

---

[15] Michael Benjamin: Der Bürger und seine Heimatstadt im sozialistischen Vaterland, in: Der Bürger und seine Heimatstadt, Berlin (Ost) 1979, S. 21.

[16] A.a.O., S. 22.

[17] Heinz Marohn: Eigener Tradition mehr Aufmerksamkeit schenken, in: Kultur und Freizeit 21 (1983) 7, S. 23.

> „Fast sechzig Klubs und Kulturhäuser der Hauptstadt tragen einen verpflichtenden Namen, und weitere bewerben sich um die Verleihung eines solchen. Sehr unterschiedlich ist jedoch das Verhältnis der Leitung und der Besucher zu diesem, ihrem Klubnamen. Die wesentliche Ursache hierfür liegt — wie bereits gesagt — im zu schwach entwickelten eigenen Traditionsbewußtsein und -interesse eines Teils der Klubfunktionäre und der daraus resultierenden unzureichenden Popularisierung dieser Tradition.“[18]

An Aufwand zur Propagierung und Popularisierung revolutionärer Traditionen läßt es die SED nicht fehlen. In der von der Abteilung Propaganda des Zentralkomitees der SED herausgegebenen Schrift „Pädagogik und Methodik in der Propagandaarbeit“ betont Richard Hoppe, daß die Jugend für „revolutionäre Romantik“ sehr aufnahmebereit sei — „aufgeschlossen und fähig, aus dem Nacherleben und Miterleben tiefe Eindrücke zu gewinnen“. Der propagandistischen Arbeit unter der heranwachsenden Generation bei der Erziehung junger Kommunisten wäre daher „ein hohes Maß an Interessantheit, emotionaler Spannung und Fesselung zugrunde zu legen“[19]. Besondere Bedeutung mißt Hoppe den Traditionen der Kollektive bei:

> „Wenn viele Arbeitskollektive beispielsweise die Namen bedeutender Führer der Arbeiterklasse, so etwa Ernst Thälmanns oder Wilhelm Piecks tragen, oder die der Aktivisten Adolf Hennecke und Frida Hockauf, sind dies konkrete Formen der Achtung und bewußten Pflege von Traditionen. In gleichem Sinne wirken viele politische Symbole, zum Beispiel das Aufleuchten des roten Sterns bei der Planerfüllung der Betriebe. Viele Betriebe und Institutionen haben Traditionskabinette aufgebaut, die zum Beispiel auch über die vielfach erwiesene Hilfe sowjetischer Genossen Aufschluß geben. Den gleichen Zweck verfolgen auch die in den Arbeitskollektiven geführten Brigadebücher, in denen sozusagen die Geschichte des Kollektivs festgehalten ist.“[20]

Allein im VEB Leunawerk „Walter Ulbricht“ wurden über 70 Traditionskabinette eingerichtet. Die Traditionskabinette fungieren als Zentren der ideologischen Arbeit, „die jeweils besondere Aspekte der historischen Entwicklung darstellen und mit der Auswahl ihrer Exponate deutlich machen, daß die Lösung der gegenwärtigen politischen, militärischen und ökonomischen Aufgaben eine folgerichtige Fortführung des revolutionären Kampfes ist“[21].

Anläßlich des 50. Jahrestages der März-Kämpfe 1921 weihte man in Halle-Neustadt eine besondere Gedenkstätte ein. Ein von Leuna-Arbeitern 1921 eingesetzter Panzerzug wurde von einer Jugendbrigade nachgebaut und im Bildungszentrum der Leunawerke aufgestellt. An solchen Gedenkstätten finden Jugendstunden, Verpflichtungen von Lehrlingen, Arbeiterweihen, Vereidigungen und andere Veranstaltungen statt.[22]

Partei und Staat nutzen alle verfügbaren Kommunikationskanäle, um „Geschichtspropaganda“ unter das Volk zu bringen. Geburts- und Todestage nam-

---

[18] Ebd.

[19] Richard Hoppe: Zur Rolle der Emotionen bei der Aneignung des Marxismus-Leninismus, in: Pädagogik und Methodik in der Propagandaarbeit. Beiträge zur Erhöhung der Wirksamkeit von Agitation und Propaganda, Berlin (Ost) 1978, S. 34.

[20] A.a.O., S. 48.

[21] Friedrich Plate: Erbe und Gegenwart: Revolutionäre Traditionen in Leuna, in: Kultur und Freizeit 21 (1983) 8, S. 32.

[22] Ebd.

hafter „progressiver“ Persönlichkeiten der deutschen Geschichte und Jahrestage bedeutender geschichtlicher Ereignisse werden in den Medien ausführlich gewürdigt. So beging man beispielsweise am 6. Dezember 1984 den 150. Todestag von Adolf Freiherr von Lützow. Das CDU-Blatt „Neue Zeit“ veröffentlichte an diesem Tag einen Sechsspalter unter der Überschrift „Patriot und Kommandant einer ‚wilden, verwegenen Jagd‘“, der liberaldemokratische „Morgen“ überschrieb seinen Lützow-Artikel: „Dem Volke verbunden, der Reaktion suspekt“, das NDPD-Organ „National-Zeitung“ wählte die Titelzeile: „Im Sturm der Zeit wurde er zum Patrioten“ und fügte hinzu: „Adolf Freiherr von Lützow hat einen festen Platz in den Traditionen unserer Republik“. Alle drei Zeitungen illustrierten ihre Lützow-Würdigungen mit einem Portrait des Patrioten – Geschichtspropaganda als konzertierte Aktion.[23]

Das Wort Geschichtspropaganda hat in der DDR durchaus keinen negativen Beigeschmack. Die Geschichtspropaganda wird zentral gesteuert – vom Zentralkomitee der SED bis hinunter in die Kreisleitungen der Partei, wo spezielle „Geschichtskommissionen“ tätig sind. Die Geschichtskommissionen, denen in der gesamten Republik mehr als 18.000 Mitglieder angehören, organisieren Zirkel und Seminare und veröffentlichen Materialien, um das „sozialistische Bewußtsein“ der Bevölkerung zu stärken. Pflichtlektüre für alle Genossen ist die „Geschichte der SED“. Eine wichtige Rolle bei der Erteilung von Geschichtslektionen spielen Parteiveteranen, wie Günter Bogus, Vorsitzender der Geschichtskommission der SED-Kreisleitung Senftenberg, im „Neuen Deutschland“ hervorhebt:

> „Die lebendigsten Erfahrungen aus der Arbeiterbewegung vermitteln natürlich jene Genossen, die selber im Kampf gegen Faschismus und Krieg und für den Wiederaufbau des zerstörten Landes gestanden haben. Begegnungen mit ihnen sind für alle nachhaltige Geschichtslektionen und nicht nur das. Solche Zusammenkünfte mit Parteiveteranen stärken die Bereitschaft und den Willen, den revolutionären Vorbildern nachzueifern und die besten proletarischen Kampfeigenschaften zur Norm des eigenen Verhaltens zu machen.“[24]

Namhafte Gesellschaftswissenschaftler und SED-Funktionäre, darunter der Chefredakteur der „Einheit“ Manfred Banaschak, haben einen Sechs-Punkte-Katalog für die Traditionspflege formuliert. Ihrer Ansicht nach ist es notwendig, alle territorialen Möglichkeiten voll zu nutzen, um

– „die Traditionen der revolutionären Arbeiterklasse und ihrer Partei an konkreten, nacherlebbaren Ereignissen und Prozessen lebendig zu machen, die vom konsequenten und opferreichen Kampf ganzer Generationen proletarischer Revolutionäre künden;

---

[23] Dorothea Schmidt: Patriot und Kommandant einer „wilden, verwegenen Jagd“, in: Neue Zeit, 6. Dezember 1984; Werner Fahlenkamp: Dem Volke verbunden, der Reaktion suspekt, in: Der Morgen, 6. Dezember 1984; B. U.: Im Sturm der Zeit wurde er zum Patrioten, in: National-Zeitung, 6. Dezember 1984.

[24] Günter Bogus: Geschichtspropaganda – lehrreich und lebendig, in: Neues Deutschland, 20. März 1984.

— das Werden und Wachsen der Deutschen Demokratischen Republik als gesetzmäßiges Ergebnis und Krönung des jahrhundertelangen Kampfes der fortschrittlichen Kräfte unseres Volkes um einen humanistischen deutschen Staat anschaulich zu dokumentieren;
— die historische Größe und Tragweite der in angestrengter schöpferischer Arbeit geschaffenen Werte des Sozialismus anhand des Gestern, Heute und Morgen der Städte und Gemeinden zu zeigen und hierdurch den Stolz der Bürger auf das gemeinsam Erreichte zu fördern;
— die Stätten des humanistischen Erbes zu pflegen bzw. zu erschließen und zu belegen, daß die Weltanschauung der Arbeiterklasse wie die Welt des Sozialismus ‚alles, was in der mehr als zweitausendjährigen Entwicklung des menschlichen Denkens und der menschlichen Kultur wertvoll war, aneignete und es verarbeitete‘;
— am Beispiel von Persönlichkeiten, deren Namen und Wirken eng mit der Ortsgeschichte verbunden ist, zu verdeutlichen, daß in unserem sozialistischen Vaterland das Vermächtnis aller fortschrittlichen und humanistischen Kräfte des deutschen Volkes seine Erfüllung findet;
— die reaktionären, antihumanistischen Traditionen der deutschen Geschichte wirkungsvoll zu bekämpfen, die imperialistische Kreise in der BRD fortsetzen und konservieren.“[25]

Traditionspflege, das ist für die DDR auch und nicht zuletzt ein Kampf um die deutsche Geschichte, ein Konkurrenzkampf mit dem „imperialistischen deutschen Staat BRD“. Liebe zum sozialistischen Vaterland, zur Heimat zu wecken und systematisch zu vertiefen, das sei eine fundamentale Aufgabe der Erziehung insbesondere der jungen Generation, unterstreichen Banaschak und seine Mitautoren.[26]

Die Begriffe Vaterland und Heimat — mit dem Zusatz „sozialistisch“ versehen — werden in der DDR systematisch propagiert. Aus einer erlebnisreichen und bewußten Beziehung junger Menschen zur heimatlichen Natur sollen die Keime und das Gefühl der Liebe zur Heimat, zum sozialistischen Vaterland erwachsen. In seiner 1984 erschienenen Studie „Kultur und Kunst im Leben der Jugend“ zitiert Autor Heinz Sallmon Johannes R. Becher:

> „Schöne deutsche Heimat, heißt es. Schöne deutsche Heimat, so singen und sagen wir. Ja, eine schöne deutsche Heimat wollen wir uns schaffen. Wir wissen, daß eine Heimat nicht dadurch allein schön ist, daß sie in einer schönen landschaftlichen Umgebung liegt. Eine schöne landschaftliche Umgebung nützt kaum etwas, wenn die Heimat selber nicht menschlich, gesellschaftlich in Ordnung ist. Wir wissen, daß zu dem Begriff einer schönen deutschen Heimat vor allem gehört, daß es eine menschliche Heimat ist, eine Heimat, worin man sich wohlfühlt, wo jeder seinen Beruf hat, wo die Arbeit als Freude empfunden wird, wo jeder das Gefühl hat, daß seine Leistungen geachtet werden und er nach seiner Leistung gewertet wird, eine Heimat also, worin der Mensch glücklich zu sein vermag. Eine solche schöne Heimat legt aber auch Wert darauf, schön zu erscheinen.“[27]

---

[25] Manfred Banaschak, Ekkehardt Forster, Werner Neubert, Wolfgang Schmidt, Günter Schneider, Otto Schröder, Jörg Vorholzer, Ewald Wächter: Der Bürger und seine Heimatstadt. Thesen, in: Der Bürger und seine Heimatstadt, a.a.O., S. 134 f.
[26] A.a.O., S. 135.
[27] Sallmon 1984, S. 143.

Menschen, die ihre Heimat lieben, sagen auch ja zur politischen Ordnung, hofft man in Ost-Berlin. Die SED wünscht sich ein Staatsvolk, das von „sozialistischer Heimat- und Vaterlandsliebe“ durchdrungen ist. Heimatgeschichtsschreibung wird als „für die politisch-ideologische Arbeit außerordentlich wertvolle Bereicherung der Nationalgeschichtsschreibung“ angesehen, so Willibald Gutsche, Vorsitzender des Zentralvorstandes der Gesellschaft für Heimatgeschichte im Kulturbund der DDR.

> „Packend und überzeugend an der Geschichte unserer Städte und Dörfer, Kreise und Bezirke zu schildern, wie unser sozialistisches Vaterland unter Führung der marxistisch-leninistischen Partei in Gemeinsamkeit mit den in der Nationalen Front vereinten befreundeten Parteien und Organisationen in einem großen Bündnis aller Klassen und Schichten aufblüht, zur wahren Heimstatt aller Bürger wurde und sich in der Welt eine geachtete Position eroberte, ist eine Investition in die Zukunft. Es ist eine gesellschaftlich nützliche wie befriedigende Aufgabe. Die Heimatgeschichte wird so zu einer Triebkraft unseres gegenwärtigen Kampfes, trägt zur Stärkung unseres sozialistischen Vaterlandes und der sozialistischen Staatengemeinschaft bei und dient damit der Sicherung des Friedens.“[28]

Über 20.000 Heimathistoriker sind in der Gesellschaft für Heimatgeschichte aktiv. Rund 4000 Ortschroniken liegen bereits vor. Die Arbeit der Ortschronisten regelt eine neugefaßte Verordnung des Ministerrates der DDR über Ortschroniken vom 26. November 1981.[29] „Das Wohlbefinden der Bürger in unserem sozialistischen Staat“, so Erich Honecker,

> „wird nicht unwesentlich davon beeinflußt, wie sie sich mit ihrer Gemeinde oder ihrer Stadt und deren Geschichte verbunden fühlen. Auch das wirkt auf ihr Bewußtsein, auf die Bereitschaft, zu schützen und zu erhalten, wofür unsere Väter gekämpft und was wir alle gemeinsam geschaffen haben.“[30]

Um das „Wohlbefinden“ der DDR-Bürger in ihrer Republik zu erhöhen, gibt sich die SED alle Mühe, das Bedürfnis nach Freude zu befriedigen. Sie läßt die Bürger tanzen, singen, spielen und altes Brauchtum pflegen. Über 3000 Volksfeste werden in der DDR gefeiert. Folklore steht hoch im Kurs zwischen Elbe und Oder.

Als 1959 die 1. Arbeiterfestspiele stattfanden, da war man noch bestrebt, das künstlerische Volksschaffen ganz in den Dienst des politischen Kampfes zu stellen. Aus heutiger Sicht begründet man das so:

> „Die historische Gesamtsituation Ende der fünfziger Jahre erforderte die Suche nach künstlerischen Ausdrucksmitteln gemäß dem sozialistischen Ideengut. Das forderte unter anderem die Besinnung auf proletarisch-revolutionäre Traditionen in Kultur und Kunst ebenso wie die unmittelbare Einbeziehung des Arbeiters in den künstlerischen Schaffensprozeß der jungen sozialistischen Gesellschaft.“[31]

Die gefestigte sozialistische Gesellschaft hat sich mehr und mehr von den Agitprop-Traditionen abgewandt. Arbeiterfestspiele von heute sind kaum mit jenen vor einem Vierteljahrhundert zu vergleichen:

---

[28] Willibald Gutsche: Über Heimatgeschichtsschreibung, in: Einheit 39 (1984) 12, S. 1120, S. 1123.
[29] Verordnung über Ortschroniken, Gesetzblatt der DDR, Teil I, Nr. 1, 14. Januar 1982, S. 11 ff.
[30] Zit. nach Willibald Gutsche (s.o.A. 28), S. 1120.
[31] Horst Schnabel: 25 Jahre Arbeiterfestspiele, in: Kultur und Freizeit 22 (1984) 1, S. 7.

„Wirklichkeits- und Sachnähe haben genauso ihren festen Platz wie die Darstellung des Wahren, des Guten und des Schönen. Hier gibt es keine Angst vor Melodischem und Harmonischem, vor Lebensfreude, Optimismus und Emotionellem, keine Angst vor der Einfachheit und Durchschaubarkeit künstlerischer Gestaltung, keine Angst vor dem Bund mit der realistischen Tradition. Aber auch kein Zurückweichen, wenn es gilt, Widersprüche und Konflikte künstlerisch auszutragen und sich mit seiner Kunst kritisch zu äußern, wenn es Hemmnisse zu überwinden und Probleme zu lösen gilt."[32]

Die DDR im Bund mit der „realistischen Tradition". Man macht keinen Hehl daraus, daß es sich um einen „parteilichen Realismus" handelt.[33] Zugleich ist man jedoch bemüht, den Wert „Lebensfreude" zu maximieren. Mit Marx und Engels erscheint das nur in begrenztem Maße möglich. Die SED hat lernen müssen, daß es kontraproduktiv ist, jedes Volksfest zu einem politischen Kampfmeeting zu machen. In einem Artikel über das Eisenacher „Sommergewinn" — das größte Volksfest in Thüringen —, das alljährlich etwa vier Wochen vor Ostern stattfindet, schreibt Joachim Klapczinski, Vorsitzender des Rates und Bürgermeister der Stadt Eisenach:

„Eine der wichtigsten Erfahrungen ist, daß man mit solchen, durch die Jahrhunderte gewachsenen Traditionen sehr sorgfältig umgehen muß. Man darf sie nicht durch ‚Zutaten', die nicht zum Fest gehören, verwischen; muß den Bewußtseinsstand der Bürger, die ein solches Fest gestalten, berücksichtigen. Es war und bleibt ein Fest unserer Bürger, die sich hierfür verantwortlich fühlen wollen und auch die umfangreiche, alljährlich wiederkehrende Arbeit bewältigen."[34]

Der Bürgermeister von Eisenach verzichtet aber nicht darauf, an das Ende seines Artikels einen sozialistischen Schlußpunkt zu setzen:

„Der ursprüngliche Hauptinhalt des Festes bestand darin, den Sieg der Sonne und des Lichtes über die Finsternis und den Winter zu symbolisieren. Er hat sich in eine farbenprächtige, optimistische Demonstration des Sieges des Neuen, nämlich unserer sozialistischen Gesellschaft, über das Alte, die verfaulende imperialistische Welt, weiter entwickelt und bringt den Fortschritt und den Stolz unserer Bürger auf ihre Heimatstadt zum Ausdruck."[35]

So wird denn doch alles letztendlich politisch eingefärbt — von zartrosa bis hin zu knallrot. Man gibt sich mehr oder weniger kämpferisch — je nach Ort, Zeit und Adressat. Stehen in der seit Mitte der siebziger Jahre erheblich intensivierten „Folklorepflege" tatsächlich folkloristische Elemente im Vordergrund, so fließen in die Denkmalpflege und in die Ausgestaltung der Museen sehr viel stärker politische Überlegungen ein.[36] Die Zahl der Museen in der DDR erhöhte sich in den vergangenen drei Jahrzehnten von 451 (1955) auf 714. Im gleichen Zeitraum stieg die Besucherzahl von 8.4 Millionen auf 34.3 Millionen (1986). In einer im 35. Jahr der DDR veröffentlichten Bilanz der Entwicklung

---

[32] A.a.O., S. 9.
[33] Ebd.
[34] Joachim Klapczinski: „Sommergewinn" — ein echtes Volksfest, in: Der Bürger und seine Heimatstadt, a.a.O., S. 98.
[35] A.a.O., S. 100.
[36] Vgl. Hermann Strobach: Folklore und künstlerisches Volksschaffen (I), in: Kultur und Freizeit 22 (1984) 8, S. 22 ff.

der Museen, Sammlungen und Gedenkstätten wird darauf verwiesen, daß 105 historische Museen einen Beitrag zur Festigung des Geschichtsbewußtseins leisten würden und zugleich zur weltanschaulichen Bildung und Erziehung beitrügen.

> „In den Sammlungen der Museen verkörpert sich ein erheblicher Teil des geistigen und materiellen Nationalvermögens unserer Republik. Diesen Schatz zu wahren, zu pflegen, wissenschaftlich aufzubereiten, zu mehren und zu nutzen, ist eine Grundaufgabe der Museen.“[37]

Eine herausragende Stellung im Rahmen der Erbepflege nehmen die Nationalen Forschungs- und Gedenkstätten der klassischen deutschen Literatur in Weimar sowie die Nationalen Mahn- und Gedenkstätten der DDR ein. Die Namen Buchenwald, Ravensbrück und Sachsenhausen sind politisches Programm, hier wird der Welt monumental demonstriert, daß dieser deutsche Staat den Antifaschismus zur Staatsdoktrin erhoben hat.[38]

Die SED hegt die Hoffnung, daß der Bürger, der täglich im Alltag der Geschichte begegnet, durch diese Begegnungen letztlich auch politisch geprägt wird. Was sich da abspielt, ist für den namhaften DDR-Kulturwissenschaftler Nationalpreisträger Professor Hans Koch ein „Massenprozeß“. Koch, bis zu seinem Tode 1986 Mitglied des Zentralkomitees der SED, schreibt in dem von der UNESCO-Kommission der DDR herausgegebenen Werk „Kulturpolitik in der Deutschen Demokratischen Republik“:

> „Die Aneignung des geschichtlichen Erbes bezieht sich keinesfalls nur auf Schätze der Kunst und Geisteskultur. Sie umschließt – wiederum als einen wirklichen Massenprozeß – die Begegnung mit den zahlreichen Denkmalen, Einrichtungen und Museen, die hinweisen auf die Geschichte der Produktivkräfte als einer Geschichte menschlichen Schöpfertums, auf Arbeit, Lebensweise und Kultur des Volkes, auf fortschrittliche und revolutionäre Bewegungen der Volksmassen. Eine wichtige Rolle spielt dabei, neben dem Aufsuchen der ‚originalen‘ Geschichtsstätten, das dichte Netz würdiger Gedenkstätten, die das Andenken an herausragende Ereignisse der Geschichte der deutschen Arbeiterbewegung wahren, an den internationalen Widerstandskampf gegen den Faschismus, an die Opfer, die die Befreiung vom Faschismus forderte. Eine nicht absehbare Fülle solcher ‚Begegnungen mit der Geschichte‘ geht nach und nach in die Kultur breiter Volksmassen ein.“[39]

Denkmalpflege ist in der DDR eine eminent politische Angelegenheit. Im „Gesetz zur Erhaltung der Denkmale der Deutschen Demokratischen Republik“ aus dem Jahr 1975 heißt es:

> „Ziel der Denkmalpflege ist es, die Denkmale in der Deutschen Demokratischen Republik zu erhalten und so zu erschließen, daß sie der Entwicklung des sozialistischen Bewußtseins, der ästhetischen und technischen Bildung sowie der ethischen Erziehung dienen. Das erfordert die Erforschung, Interpretation und Popularisierung der Denkmale, ihre Erfassung und ihren Schutz, ihre planmäßige Konservierung und Restaurierung nach wissenschaftlichen Methoden.“[40]

---

[37] Gewachsenes Interesse an den Schätzen der deutschen Kultur, in: Neue Zeit, 21. Juli 1984.

[38] Vgl. Mahn- und Gedenkstätten in der Deutschen Demokratischen Republik. Bild- und Leseheft für die Kunstbetrachtung, 5. Auflage, Berlin (Ost) 1979.

[39] Koch 1976, S. 56.

[40] Zit. nach Denkmalpflege in der Deutschen Demokratischen Republik, Dresden 1982, S. 3.

In der DDR gibt es 300 Denkmale von internationaler, 12.000 Denkmale von nationaler und 30.000 Denkmale von örtlicher historischer Bedeutung. Würden sie alle zur Entwicklung des „sozialistischen Bewußtseins" beitragen, hätte die SED sicher weitaus weniger Probleme mit der Loyalität der DDR-Bürger. Um reines Wunschdenken dürfte es sich handeln, wenn Professor Walter Bartel, Leiter der Geschichtskommission beim Komitee der Antifaschistischen Widerstandskämpfer in der DDR, in die Gedenkstätten der Arbeiterbewegung, des antifaschistischen Widerstandskampfes und des sozialistischen Aufbaus allzu große Erwartungen setzt:

> „Mit den Gedenkstätten dringen die Traditionen des revolutionären Kampfes und des Strebens nach Humanismus und Fortschritt tief in die Herzen und Hirne unserer Menschen ein [. . .] An den Erinnerungstafeln und Gedenkstätten zerschellt jede antikommunistische Verleumdung."[41]

Verbale Kraftakte sind zweifellos ein denkbar ungeeignetes Mittel zur Traditionspflege. Da erscheint es schon sinnvoller, gut aufgemachte „Illustrierte Historische Hefte" zu veröffentlichen, Folklore-Festivals zu veranstalten, Ortschronisten bei ihrer Arbeit zu unterstützen — und den Blick für die positiven Seiten deutscher Geschichte Jahr für Jahr ein wenig zu erweitern. DDR-Kulturminister Hans-Joachim Hoffmann hat recht, wenn er konstatiert:

> „Insgesamt ist unser Blick in bezug auf das ganze Erbe aufmerksamer, umfassender, kritischer geworden. Unser Traditionsbild wurde weiter, differenzierter, farbiger. Wir wissen heute auch genauer, daß das Kulturerbe nicht nur historische Kenntnisse und das, was wir in Kunstmuseen zugänglich machen, umfaßt; es ergibt sich aus der gesamten Lebensweise, den mit den Arbeitstraditionen und den sozialen Umständen verbundenen Festen und Bräuchen, aus der Musik- und Sprachkultur, den Tänzen und der Mode, aus der technischen und wissenschaftlichen Kultur. Dazu gehört das historische Antlitz unserer Städte und Gemeinden — nicht nur deren Architektur, auch die Menschen, die hier wohnten und arbeiteten, und die Ereignisse, die hier stattfanden."[42]

„Tief und fest ist die Deutsche Demokratische Republik in der ganzen deutschen Geschichte verwurzelt", heißt es im Aufruf zum 35. Jahrestag der Staatsgründung. Der Sozialismus in der DDR sei Erbe und Fortsetzer alles Guten, Fortschrittlichen, Humanen und Demokratischen in der Geschichte, weil er selber Fortschritt, Demokratie und Humanität verkörpere.[43]

Das sind zunächst einmal nur Phrasen. Alle Welt soll es wissen, daß Deutsch ein Gütesiegel war, ist und bleibt. Ein repräsentativer Bildband, der 1979 zum 30. Jahrestag der DDR erschien, kündet davon, was die DDR überall auf dem Erdball leistet:

> „Zeugnisse des Aufstiegs der DDR zu den ersten zehn Industriestaaten der Erde sind über alle Kontinente verbreitet. Waggons aus Görlitz rollen über die Schienenstränge der Transsibirischen Eisenbahn. Unter vielen Flaggen fischen in Rostock gebaute Trawler zwischen Eismeer und tropischen Gewässern. Kubanische Schulkinder ergründen mit

[41] Zit. nach Miethe 1974, S. 9 f.

[42] Hans-Joachim Hoffmann: Kultur und Kunst — Mitgestalter unserer Gesellschaft, in: Einheit 39 (1984) 9/10, S. 911.

[43] Aufruf zum 35. Jahrestag der Gründung der Deutschen Demokratischen Republik, in: Neues Deutschland, 21./22. Januar 1984.

Mikroskopen aus Rathenow die Geheimnisse der Biologie. Lastkraftwagen aus Ludwigsfelde transportieren Güter in afrikanischen Ländern. Kapitalistische Großunternehmen gehören zu den Kunden von Werkzeugmaschinen ‚Made in G.D.R.'.
Deutsche Wertarbeit aus der DDR in aller Welt. Auch im Kosmos! An Bord des sowjetischen Orbitalkomplexes Sojus 31/Salut 6/Sojus 29 arbeitete im Spätsommer 1978 gemeinsam mit Kosmonauten aus der UdSSR ein Bürger der DDR: Oberst Sigmund Jähn, Fliegerkosmonaut und Held der DDR, Held der Sowjetunion, ein deutscher Arbeitersohn."[44]

Eine Tatsache läßt sich nicht leugnen: Im „Land von Einstein, von Karl Marx und Bach" leben Deutsche. Auch die SED möchte und kann auf die „Eigenschaften des deutschen Volkes" nicht verzichten — Eigenschaften wie „Arbeitsamkeit, Berufsstolz, Disziplin, Ehrlichkeit, Fach- und Sachkenntnis, Fleiß, Gewissenhaftigkeit, Gründlichkeit, Pünktlichkeit, Sparsamkeit und Zuverlässigkeit".

„Solche Eigenschaften brauchen und entwickeln auch die arbeitenden Menschen im Sozialismus, denn alle Genüsse und jede Muße beruhen auch weiterhin auf den Fortschritten in der materiellen und geistigen Produktion, auf der Effektivität und Rationalität des Reproduktionsprozesses überhaupt."[45]

Westdeutsche Wissenschaftler würden sich möglicherweise scheuen, die zitierten Eigenschaften mit dem Etikett „typisch deutsch" zu versehen. In Ost-Berlin hat man da offensichtlich keine Bedenken. Der Eigenschaftskatalog stammt aus einer im Institut für marxistisch-leninistische Kultur- und Kunstwissenschaften der Akademie für Gesellschaftswissenschaften beim Zentralkomitee der SED erarbeiteten Studie.

SED-Chefideologe Kurt Hager warnte davor, „im Erbe nur einen Gegenstand von Feierlichkeit und Andacht zu sehen":

„Es gilt, alle kulturellen Leistungen, Errungenschaften und Traditionen der Vergangenheit, die für uns einen objektiven Wert darstellen, bewußt für die revolutionäre Erneuerung der gesellschaftlichen Lebensformen und der zwischenmenschlichen Beziehungen zu nutzen und in diesem Sinne produktiv wirksam zu machen."[46]

Jeder ist aufgerufen, seinen Beitrag zur Traditionspflege zu leisten. Besonders geschätzt werden Bürger, die ihrer Familientradition nach eigentlich in einer anderen Welt zu Hause sind und trotzdem für die Sache des Sozialismus Partei ergreifen. Einer der prominentesten jener DDR-Bürger, die die Klassengrenze überwanden, ist Egbert von Frankenberg. Angehörige der Familie von Frankenberg stellten in der Zeit von 1675—1945 insgesamt 281 Offiziere, darunter 15 Generale, sie nahmen an 145 Feldzügen und Kriegen teil, bemerkt Egbert von Frankenberg in seinem Buch „Tradition im Kreuzverhör". Demgegenüber verzeichne die Familienchronik nur sechs Wissenschaftler. Der Autor über seine Vorfahren:

---

[44] Deutsche Demokratische Republik. Herausgeberkollektiv: Klaus Ullrich, Peter Seifert, Peter Jacobs, Monika Linke, Gerhard Murza, Wilfried Swoboda, Leipzig 1979, S. 170.
[45] Hanke 1979, S. 178.
[46] Zit. nach Haase 1983, S. 47.

„Als ‚Preußen' kämpften die Frankenbergs damals, Ende des 18. Jahrhunderts, gegen Österreicher, Sachsen, Bayern, Franzosen, Polen und Russen. Sie prügelten sich in ganz Europa gegen den Fortschritt, der von der Französischen Revolution ausging. Sie nannten das, die ‚Ruhmesblätter der Geschichte schreiben' oder ‚für ihren König sterben'. Sie starben später auch für ihren preußisch-deutschen Kaiser und für den von der Mehrheit von ihnen erwählten ‚Führer'!“[47]

Auch Egbert von Frankenberg zog für den „Führer“ ins Feld — zunächst 1938 in der Legion „Condor“, später als Kommodore des Kampfgeschwaders 51, des Geschwaders Edelweiß. Am Kursker Frontbogen wurde er abgeschossen. Die sowjetische Kriegsgefangenschaft markierte den Wendepunkt im Leben des Egbert von Frankenberg. In der Sowjetunion schloß er sich dem Nationalkomitee Freies Deutschland (NKFD) an. Nach 1945 machte der ehemalige Major der „faschistischen“ Luftwaffe Karriere im sozialistischen deutschen Staat — als Militärkommentator beim Staatlichen Rundfunkkomitee der DDR. Egbert von Frankenberg bekennt sich uneingeschränkt zum „Vaterland“ DDR:

„Ein wirkliches deutsches Vaterland für alle Schaffenden entstand in der DDR, einem Land befreiter Menschen, das 1979 dreißig Jahre schwerer, aber erfolgreicher Aufbauarbeit hinter sich hatte und aus Ruinen zum zehntstärksten Industriestaat der Welt aufgestiegen ist.“[48]

Egbert von Frankenberg — ein deutsches Schicksal, ein Schicksal, das für die Geschichtspropaganda der SED von hohem Wert ist. Der ehemalige Wehrmachtsoffizier — zudem Vertreter des Adels — liefert den schlagkräftigen Beweis, daß die Deutsche Demokratische Republik allen Deutschen ein Vaterland zu bieten vermag. Devise: aus Liebe zu Deutschland: DDR.

Propagiert wird ein „sozialistisches deutsches Nationalbewußtsein“:

„Dieses Nationalbewußtsein ist undenkbar ohne das kritische Verarbeiten des geschichtlichen Erbes, das uns unsere Väter und Vorväter überlassen haben, ohne das Wissen um die Erfolge und auch um die Niederlagen der humanistischen, demokratischen und revolutionären Kräfte im Kampf für den gesellschaftlichen Fortschritt auf deutschem Boden, ohne den Stolz auf die großen Leistungen unseres Volkes in seiner mehr als eintausendjährigen Geschichte.“[49]

Aus der Verwurzelung der DDR „in der *ganzen* deutschen Geschichte“ resultiert die Notwendigkeit, sich der *ganzen* deutschen Geschichte zu stellen, keinen Bogen zu machen um komplizierte, widersprüchliche Prozesse und Ereignisse, keinen Bogen zu machen um widerspruchsvolle Persönlichkeiten, „sich ihrem Für und Wider zu stellen“, so Professor Ernst Diehl, Mitglied des Zentralkomitees der SED und Vorsitzender des Rates für Geschichtswissenschaft der DDR.[50]

„Im Zusammenhang mit unseren Anstrengungen zur weiteren allseitigen Stärkung der DDR und zur Sicherung des Friedens ist es unser Anliegen, uns den ganzen Reichtum der deutschen Geschichte — so vollständig und geschlossen wie möglich — für eine umfassende Nationalgeschichte der DDR zu erschließen [. . .]

---

[47] v. Frankenberg 1982, S. 63.
[48] v. Frankenberg 1982, S. 337.
[49] Lozek 1983, S. 5.
[50] Ernst Diehl: Der geschichtliche Boden unseres Vaterlandes, in: Einheit 39 (1984) 9/10, S. 921.

Es gilt, unser Volk in den Stürmen unserer Zeit auf dem geschichtlichen Boden unseres sozialistischen Vaterlandes noch tiefer und fester zu verwurzeln."[51]

Mit anderen Worten: Der Reichtum der deutschen Geschichte soll zur Systemstabilisierung genutzt werden, zur Zementierung der Herrschaft der SED in ihrem deutschen Teilstaat. Der Blick zurück ist stets auch mit einem Blick nach Westen verbunden: auf den anderen deutschen Staat, jenen Staat, dem man um eine historische Epoche voraus zu sein vorgibt. Aus der Perspektive Ost-Berlins ist die „kapitalistische BRD" der „zweite deutsche Staat" – und zwar in jeder Hinsicht.[52] Durch die Realität des sozialistischen deutschen Staates, so wird argumentiert, sei die schon immer anfechtbare bürgerliche „Alleinvertretung" der deutschen Geschichte hinfällig geworden.[53]

Die SED präsentiert sich als die Kraft in der deutschen Geschichte, die Träume wahr macht. Als man sich anschickte, den Bauern ihr Land zu rauben, da erklärte Wilhelm Pieck 1945: „Der jahrhundertealte Traum der Bauern und Landarbeiter, das Junkerland in ihre Hände zu nehmen, muß jetzt seine Verwirklichung finden."[54]

Vier Jahrzehnte später kündete Erich Honecker von realisierten Träumen:

„Generationen aufrechter Deutscher hatten von einem neuen, friedlichen, von Ausbeutung und Unterdrückung befreiten Deutschland geträumt, das allen Völkern Freund ist. Dafür hatten sie gekämpft und ihr Leben eingesetzt. In der DDR wurde ihr Vermächtnis Wirklichkeit; verkörpert sich, wonach die besten Töchter und Söhne unseres Volkes strebten."[55]

Traumstaat DDR – für die historische Standortbestimmung benötigt man knapp zwei Zeilen: „Die DDR verkörpert die größte Errungenschaft der deutschen Geschichte, ihren bisherigen Höhepunkt."[56]

Der Bildband, der zum 30. Jahrestag der DDR erschien, schließt mit den Worten: „Die Deutsche Demokratische Republik ist ein Staat, in dem das Wort Goethes gilt: ‚Hier bin ich Mensch, hier darf ich's sein.'"[57]

Die tiefe Kluft zwischen Anspruch und Realität manifestiert sich nicht allein darin, daß mehrere Millionen Menschen dem Staate der SED seit seiner Gründung den Rücken kehrten. Besonders deutlich kommt sie gerade in der Traditionspflege zum Ausdruck. Die DDR begreift sich als ein Staat, der mit „der unmenschlichen Vergangenheit unter dem Symbol deutscher Raubadler" für immer gebrochen hat und an dessen Stelle Ährenkranz, Hammer und Zirkel „als Symbole friedlicher Arbeit zum Wohle des Menschen" setzte.[58]

---

[51] A.a.O., S. 923.
[52] Lozek 1983, S. 58.
[53] Meier/Schmidt 1980, S. 8.
[54] Zit. nach Günter Vogler: Die Gewalt soll gegeben werden dem gemeinen Volk. Der deutsche Bauernkrieg 1525, 2., überarbeitete und erweiterte Auflage, Berlin (Ost) 1983, S. 246.
[55] Erich Honecker: Unsere Republik – Staat des Friedens und des Sozialismus, in: Einheit 39 (1984) 9/10, S. 771.
[56] Geschichte der Deutschen Demokratischen Republik, a.a.O., S. 12.
[57] Deutsche Demokratische Republik (s.o.A. 44), S. 290.
[58] A.a.O., S. 9.

Doch der Umgang mit dem Erbe ist nicht frei von Widersprüchen. Als 1958 die in West-Berlin neu geschaffene Quadriga auf dem Brandenburger Tor angebracht wurde, entfernte die DDR zuvor das Eiserne Kreuz aus dem Lorbeerkranz der Siegesgöttin.[59] Vier Jahre später konnte man unweit des Brandenburger Tores — an der Neuen Wache — erstmals nach dem Krieg einen Wachaufzug wie zu Zeiten der Hohenzollern-Könige und -Kaiser erleben — aufgeführt von Soldaten der Nationalen Volksarmee. 1968 sprengte die DDR ein Symbol Preußens: die Garnisonkirche in Potsdam. 1980 kehrte ein alter Preuße zurück nach Berlin. Das Reiterstandbild Friedrich des Großen wurde wieder Unter den Linden aufgestellt.

Irrungen und Wirrungen in der Erbepflege? Verliert die „rote Traditionslinie" an Bedeutung? Ein atheistisches Regime, das Luther-Feiern veranstaltet, gibt Rätsel auf — Rätsel, die sich nicht auf Anhieb lösen lassen.

Unüberhörbar: die Intensivierung einer pseudopatriotischen Rhetorik. Unübersehbar: das Bestreben, in der Erbepflege Akzente zu setzen, um die Welt zu beeindrucken und — beabsichtigt oder unbeabsichtigt — zu verwirren. Stellt man Fragen, erhält man immer die gleichen stereotypen Antworten:

> „Die Arbeiterklasse und die sozialistische Gesellschaft lassen keine sektiererische Enge in ihrem Verhalten zu positiven Elementen des historischen Erbes zu. Sie sind Erben alles Guten und Wertvollen in der Geschichte."[60]

Erste Alltagsimpressionen liefern keinerlei Anhaltspunkte dafür, daß die SED eine grundlegende Revision ihres Geschichtsbildes anstrebt. Von einer Rückkehr der „roten Preußen" nach Preußen kann nicht die Rede sein. Zu konstatieren sind: Akzentverschiebungen. Zu konstatieren ist auch: eine stärkere Differenzierung zwischen Traditionspflege für den Hausgebrauch und Traditionspflege mit Blick auf das westliche Ausland. Die DDR ist farbiger geworden in dreieinhalb Jahrzehnten — weltoffener und selbstbewußter. Und das spiegelt sich auch in der Traditionspflege.

---

[59] Scharf 1983, S. 78.
[60] Meier/Schmidt 1980, S. 63.

II. Geschichte im Stadtbild: Das Beispiel Arnstadt

Traditionspflege in einer Kreisstadt in Thüringen

> „Die Bauernhauptleute,
> die auf dem Marktplatz hingerichtet wurden,
> gehen unter uns.
> Rosa spricht, unwiderruflich,
> denn die Gemeuchelten
> sind nicht zum Schweigen zu bringen.
> Und die Häftlinge vom Jonastal,
> die gemordeten, tragen
> die Uniform der Grenzer.
>
> Die Klänge, die der Organist ersann,
> kehren von ferne, Regenfuge, Windklavier,
> ein in jedes Haus.
>
> Auf der Burg, vor der sich einst
> alles Lebendige duckte,
> treffen sich nun öffentlich
> die Söhne der Verfolgten. Und alle,
> die unter den Dächern im Tal wohnen,
> erheben ihr Haupt.“[61]

Ein Gedicht, gewidmet dem ältesten urkundlich erwähnten Ort auf dem Territorium der Deutschen Demokratischen Republik: Arnstadt, Kreisstadt im Bezirk Erfurt mit 30.000 Einwohnern. Der Schriftsteller Uwe Berger verfaßte das Gedicht. Er rezitierte es auf der wissenschaftlichen Konferenz „Der Bürger und seine Heimatstadt“, die in Vorbereitung auf den 30. Jahrestag der Gründung der DDR im September 1978 in Arnstadt stattfand. In seinem Referat setzte sich Berger mit dem „Woher und Wohin“ der DDR auseinander.

> „Nur wenn wir unser Woher erkannt haben, im Guten wie im Schlechten, können wir unser Wohin klar bestimmen [. . .] Geschichtsbewußtsein, wie wir es verstehen, heißt ja nicht einfach, in irgendwelchen Vergangenheiten irgendwie herumstochern, sondern heißt, uns selbst, unseren sozialistischen Staat als Ergebnis vergangener Kämpfe begreifen und uns selbst einbeziehen in die Geschichte, die wir machen für uns und die, die nach uns kommen.“[62]

Im 30. Jahr der DDR beging Arnstadt sein 1.275jähriges Jubiläum. Ein Vierteljahrhundert nach der Ersterwähnung des Ortes, 704, hatte Kaiser Otto der Erste im Jahre 954 einen Reichstag nach Arnstadt einberufen. 1266 erhielt Arnstadt das Stadtrecht verliehen. Damals zählte der Ort etwa 3000 Bewohner. Arnstadt – an der Schwelle zwischen dem Vorland des Thüringer Waldes und dem Thüringer Becken gelegen – war Umschlagplatz für Holz, Holzkohle, Getreide, Gemüse, Waid und Wein. 1506 und 1508 hielt sich Martin Luther in Arnstadt auf, 1537 kam

---

[61] Uwe Berger: Woher und Wohin, in: Der Bürger und seine Heimatstadt, Berlin (Ost) 1979, S. 86.
[62] A.a.O., S. 85 f.

er zusammen mit Philipp Melanchthon nach Arnstadt. Im Bauernkrieg stellte sich der Rat der Stadt auf die Seite der rebellierenden Bauern und erhob 27 Forderungen.

> „Nach der Niederlage des Bauernheeres bei Frankenhausen wurden neun Bauernführer, unter ihnen mehrere Arnstädter, am 16. Juni 1525 auf dem Marktplatz enthauptet. Fünf weitere erlitten diesen Tod am 2. August."[63]

Eine Gedenktafel im Rathaus von Arnstadt erinnert an den Bauernkrieg und zugleich an den 30. Jahrestag der Bodenreform in der DDR. Von 1703 bis 1708 war Johann Sebastian Bach Organist an der „Neuen Kirche" zu Arnstadt, die heute seinen Namen trägt. „Auf diesem Gottesacker ruhen 24 Angehörige der Familie Bach", so steht es auf einer Gedenktafel an der Himmelfahrtskirche.[64] In einem Häuschen, das einst der Friedhofsgärtner bewohnte, wurde in drei Räumen eine Bach-Gedenkstätte eingerichtet. Sehr viel sehenswerter: „Arnstadt in Arnstadt" – die Puppenstadt „Mon Plaisir". 35 Jahre lang arbeitete die Gräfin Auguste Dorothea von Schwarzburg-Arnstadt an 26 Puppenhäusern, deren 82 Stuben und insgesamt 450 Puppen.

> „So entstand ein lebenswahres Spiegelbild höfischen, bürgerlichen und ländlichen Lebens der Rokokozeit, das jede Geschichtsbuchdarstellung in den Schatten stellt. Die von zwei Franziskanermönchen aus Draht und Wachs modellierten Puppen stehen nicht nur in der für ihr Leben typischen Umgebung, sondern auch Kleidung, Haartracht und Gestik sind getreu den lebendigen Vorbildern nachgebildet. Alle bürgerlichen Stände sind vertreten – die Handwerker in ihren Werkstätten, die Händler auf dem Markt, der Gelehrte in seiner Studierstube und das Gesinde in den Kellerräumen des Schlosses. Der Müßiggang bei Hofe ist genauso detailgetreu dargestellt wie die Menschen auf einem Gehöft und deren landwirtschaftliche Tätigkeit. So hat die Gräfin bei allem Plaisir doch einen sicheren Blick für die sozialen Verhältnisse ihrer Zeit bewiesen – ein nicht eben charakteristischer Zug für feudalabsolutistische Obere."[65]

Aus der Sicht von Arnstadts Bürgermeister Hermann Gibson gewährt Fürstin Auguste Dorothea mit ihrer Puppensammlung „Mon Plaisir" „ungewollt einen Einblick ins Dasein der Stände und der Klassenwidersprüche vor über 200 Jahren"[66].

In Arnstadt spielt der Umgang mit Geschichte, die Pflege des historischen Erbes vielleicht eine größere Rolle als anderswo in der DDR. Die Art und Weise, in der in Arnstadt Geschichte interpretiert, aufbereitet und durch politische Öffentlichkeitsarbeit vermittelt wird, erscheint jedoch durchaus typisch für die gesamte Republik. Aus den 1.245 Jahren Ortsgeschichte vor Gründung der DDR werden punktuell einige wenige Namen und Ereignisse herausgegriffen, die sich in die staatlich vorgegebene progressive Traditionslinie einordnen lassen. „In unserer Stadt vermitteln Straßen, Plätze und Gebäude einen Hauch von Ge-

---

[63] Roger Nastoll: Mögliche Gründe für einen neuerlichen Arnstadt-Besuch, in: Thüringen. Ein Reiseverführer, Rudolstadt 1977, S. 128.

[64] A.a.O., S. 123.

[65] A.a.O., S. 129.

[66] Hermann Gibson: Stadtgeschichte und Heimatverbundenheit, in: Der Bürger und seine Heimatstadt, a.a.O., S. 78.

schichte", unterstreicht Bürgermeister Gibson. Der Bürgermeister verweist auf „klangvolle Namen" in der Chronik von Arnstadt:

> „Karl Liebknecht, Rosa Luxemburg, Johann Sebastian Bach, Martin Luther, Willibald Alexis, der Märchenerzähler Ludwig Bechstein, aber auch die Marlitt, eine Frau, die massenhaft Trivialliteratur verfaßt hat."[67]

Bemerkenswert: die Reihenfolge der Großen von gestern. Liebknecht und Luxemburg rangieren vor Bach und Luther. Karl Liebknecht hatte am 25. September 1905 in einer sozialdemokratischen Wahlversammlung vor mehr als 400 Arnstädtern u.a. über die Revolution in Rußland gesprochen — Grund genug für die Stadtväter von Arnstadt, im Gasthaus „Güldener Greif" am Markt eine Gedenktafel anzubringen. Auch Rosa Luxemburgs Verbindung zu Arnstadt beschränkt sich auf eine Wahlrede, die sie am 5. Januar 1912 im ehemaligen Kurhaus gehalten hatte. Eine Gedenktafel im RFT-Klubhaus in der Lindenallee erinnert an die Luxemburg-Rede.[68]

Mehrere Gedenksteine und Gedenkstätten im Kreis Arnstadt errichtete man für die Arbeiter, die bei der Niederschlagung des Kapp-Putsches 1920 ums Leben kamen. Eindeutig im Vordergrund der Erbepflege steht die Pflege des antifaschistischen Erbes. Auf der Konferenz „Der Bürger und seine Heimatstadt" schilderte Edith Weingart, 1. Sekretär der Kreisleitung Arnstadt und Mitglied des ZK der SED, mit welchen Mitteln in Arnstadt der DDR-Staatsideologie des Antifaschismus gehuldigt wird.

> „An erster Stelle möchte ich die Arbeit des Kreiskomitees der Antifaschistischen Widerstandskämpfer, der Kommission zur Erforschung der Geschichte der örtlichen Arbeiterbewegung und der Kommission zur Betreuung verdienter Parteimitglieder sowie der zahlreichen Aktivisten der ersten Stunde nennen. Sie scheuen keine Mühe, um ihre Erfahrungen in Hunderten von Aussprachen vor allem der Jugend weiter zu vermitteln.
> So haben wir in Espenfeld, dem früheren Standort des Außenlagers S III des KZ Buchenwald, eine Gedenkstätte geschaffen, die in einem Ausstellungsraum Ursachen und Verbrechen des Faschismus zeigt, in der es einen Vortragsraum für die Vorführung von Filmen, Dia-Ton-Serien und für Aussprachen mit Besuchern gibt. Seit der Eröffnung im Jahr 1977 haben bereits Tausende Bürger, vor allem FDJler und Pioniere der Polytechnischen Oberschulen, Arbeitskollektive und Angehörige der bewaffneten Kräfte diese Gedenkstätte besucht, wobei ihnen Lehren und Aufgaben für den heutigen Kampf gegen den Imperialismus und Faschismus vermittelt wurden. Zur Traditionspflege in unserem Kreis gehören die zahlreichen Veranstaltungen, die — oft gemeinsam mit Genossen unserer sowjetischen Garnison in Rudisleben — alljährlich an Gedenkstätten für gefallene Helden der Sowjetarmee und für ermordete revolutionäre Arbeiter und Antifaschisten durchgeführt werden."[69]

Die SED-Politikerin hat deutlich ausgesprochen, was Sinn und Zweck der Traditionspflege ist: „Lehren und Aufgaben für den heutigen Kampf gegen den Imperialismus und Faschismus" sollen vermittelt werden. Mit anderen Worten: Traditionspflege ist auch ein Instrument, um den Konfrontationskurs der

---

[67] A.a.O., S. 77.
[68] Miethe 1974, S. 328 f.
[69] Edith Weingart: Der Sozialismus verändert das Antlitz unserer Heimat, in: Der Bürger und seine Heimatstadt, a.a.O., S. 32 f.

kommunistischen Staaten gegenüber der westlichen Welt propagandistisch zu untermauern. Zugleich soll das Loyalitätsbewußtsein der Bürger gegenüber dem „Arbeiter-und-Bauern-Staat“ DDR gefestigt werden.

Edith Weingart würdigte in ihrem Referat speziell die Arbeit, die Pioniere und FDJler in Arbeitsgemeinschaften junger Historiker leisten:

> „Sie erforschen das Werden und Wachsen unserer Republik an Beispielen ihrer engeren Heimat, der Entwicklung volkseigener Betriebe nach 1945, wie des VEB Chemieanlagenbau Rudisleben, der Durchführung der Bodenreform und der Entwicklung der ersten landwirtschaftlichen Produktionsgenossenschaften.
> Andere Arbeitsgemeinschaften beschäftigen sich mit dem Leben solcher Kommunisten und Antifaschisten wie Erich Hertel und Werner Gottfeld und nehmen sich deren Leben zum Vorbild. Traditionskabinette wie im VEB Chemieanlagenbau Rudisleben oder der LPG Tierproduktion Griesheim helfen anschaulich, die Entwicklung unserer Republik am Beispiel des eigenen Betriebes zu zeigen. Gute Arbeit leisten die Kollektive in den Betrieben, Schulen, in kulturellen und anderen Einrichtungen, die darum ringen, den Namen revolutionärer Persönlichkeiten der nationalen und internationalen Arbeiterbewegung wie auch der örtlichen Arbeiterbewegung zu erhalten. Mit dieser Initiative entstanden eine Reihe von Kabinetten, die das Leben von Clara Zetkin, Wilhelm Pieck, Otto Grotewohl, Theodor Neubauer und anderer hervorragender Revolutionäre darstellen. Das gilt besonders für unsere polytechnischen Oberschulen und unsere EOS.“[70]

Das Pädagogen- und Schülerkollektiv der Polytechnischen Oberschule IX in Arnstadt setzte sich das Ziel, bis zum 30. Jahrestag der DDR den Namen „Karl Marx“ zu erringen. Wer, wann und wie zu ehren ist, bestimmt die SED. Die Kreisleitung Arnstadt der SED hat Materialien für die politisch-ideologische Arbeit herausgegeben, die den Meinungsmultiplikatoren „Grundlagen für die Einordnung örtlicher Traditionen in die gesamtgeschichtliche Entwicklung und ihre Propagierung geben“[71].

> „Es geht uns darum, das Wissen um die objektiven Gesetzmäßigkeiten und historischen Zusammenhänge zu vertiefen und bei allen Bürgern, besonders der Jugend, feste Klassenpositionen herauszubilden.“[72]

Nicht nur Parteifunktionäre, Lehrer und Erzieher sind aufgerufen, als Geschichtspropagandisten im Dienste der SED zu wirken. Auch der Bürgermeister muß seinen Part spielen. Hermann Gibson bemüht sich nach Kräften, die Weisungen der Staatspartei zu befolgen:

> „In unserem Rathaus sind regelmäßig Arnstädter Schüler meine Gäste. In gemeinsam verbrachten Stunden bemühen wir uns, Geschichte und Gegenwart lebendig werden zu lassen und anschaulich zu vermitteln. Wenn wir anerkennen, daß das Wissen um die Lehren der Geschichte wesentlich zur Ausprägung einer marxistisch-leninistischen Weltanschauung beiträgt, so können wir sicher noch vieles besser machen. Vom VIII. und IX. Parteitag der SED sind wir ja nicht ohne Grund angehalten worden, mit dafür zu sorgen, daß jeder Bürger unseres Landes und insbesondere die Jugend eine lebendige Beziehung zur Geschichte erfährt. In unserer Zeit, da in der internationalen Klassenauseinandersetzung die Gegner der Entspannung mit allen Mitteln versuchen, das in Richtung Fort-

---

[70] A.a.O., S. 33.
[71] A.a.O., S. 33 f.
[72] A.a.O., S. 32.

schritt laufende Rad der Geschichte anzuhalten oder gar zurückzudrehen, ist dies besonders wichtig. Denn das Woher und Wohin einer Gesellschaft gehört zum Feld der Auseinandersetzung auf ideologischem Gebiet."[73]

Will man Bürgermeister Gibson Glauben schenken, so ist in Arnstadt „ein neues Heimatbewußtsein als Element des sozialistischen Staatsbewußtseins begründet worden"[74]. Vielleicht ist Arnstadt eine Musterstadt, was den Umgang mit der Stadtgeschichte, die Erbevermittlung betrifft. Über Erfolg oder Mißerfolg kann der Beobachter aus dem westlichen Ausland kein Urteil abgeben. Eines läßt sich allerdings festhalten. Es erscheint bezeichnend, daß selbst an einem so geschichtsträchtigen Ort wie Arnstadt in erster Linie das kommunistische bzw. das antifaschistische Erbe gepflegt wird. Die SED – das hat die Konferenz „Der Bürger und seine Heimatstadt" deutlich zum Ausdruck gebracht –, sie wünscht sich viele Arnstadts: Orte, die eine historisch attraktive Kulisse bieten, für ein schwer vermittelbares revolutionär-kommunistisches Erbe.

---

[73] Hermann Gibson (s.o.A. 66), S. 78.
[74] A.a.O., S. 80.

III. Geschichte im Stadtbild: Das Beispiel Ost-Berlin

Traditionspflege in der Hauptstadt der DDR

Wer als Bundesbürger die Transitwege der DDR benutzte oder sich von West-Berlin nach Ost-Berlin begab, der konnte in früheren Jahren an den Grenzübergangsstellen unter einem reichen Literaturangebot auswählen. Die DDR publizierte zahlreiche Zeitungen, Zeitschriften und Broschüren, um den deutschen Arbeiter-und-Bauern-Staat gegenüber Westbesuchern ins rechte Licht zu rücken, so u.a. die vom Staatssekretariat für westdeutsche Fragen herausgegebene Schriftenreihe „Aus erster Hand“. In dieser Reihe erschien 1970 das von Erhard Scherner verfaßte Heft „Kultur und Künste in der DDR – Begegnungen mit einer neuen Wirklichkeit“. Der Autor lädt seine Leser zu Beginn zu einem „Spaziergang durch die Kunststadt Berlin“ ein:

> „Von der selbständigen politischen Einheit Westberlin her – dem spätkapitalistischen Reservat auf dem Boden der DDR – haben Sie die Staatsgrenze passiert. Seien Sie willkommen in unserer sozialistischen Hauptstadt!
> Friedrichstraße. Über den Spreearm grüßt das alte Schiffbauerdammtheater. Hier hatte der junge Brecht 1928 mit der von Weill komponierten ‚Dreigroschenoper‘ einen sensationellen Erfolg. Den Vorhang, der sich in den letzten Jahren hunderte Male zu einer Aufführung der ‚Bettleroper‘ hob, ziert Picassos Friedenstaube.
> Von der Heimstätte des weltberühmten ‚Berliner Ensembles‘, Bertolt Brechts und Helene Weigels erfolgreicher Wirkungsstätte, ist die Rede. Ein Wappenadler, der sich vorn seitlich im Innern des alten Theaters fand, wurde von den neuen Hausherren einfach rot durchkreuzt, verdeutlichend, daß Preußenadler und Friedenstaube einander ausschließen. Kapitel II der Weltgeschichte hatte endlich für uns begonnen, und das galt für alle Lebensbereiche, auch für die Bretter, die die Welt bedeuten.“[75]

Der rot durchkreuzte Preußenadler als Beleg für die „neue Wirklichkeit“ im sozialistischen Berlin – Vergangenheitsbewältigung, die geradezu harmlos anmutet im Vergleich zu dem, was sich unmittelbar nach der Gründung der DDR 1949 anzubahnen schien. Auf dem III. Parteitag der SED im Juli 1950 wurde klar, wie sich die Ost-Berliner Kommunisten mit der deutschen und preußischen Geschichte offenbar auseinanderzusetzen gedachten: mit der Spitzhacke. Man beschloß, das durch anglo-amerikanische Bombenangriffe im Februar 1945 schwer beschädigte Berliner Schloß dem Erdboden gleichzumachen, um „Platz zu schaffen für das neue Gesicht Berlins“, so die „Tägliche Rundschau“, das Amtsblatt der sowjetischen Militärverwaltung.[76]

Am 6. September 1950 rückten die Sprengkommandos an. Mehrere Monate lang befanden sie sich im Einsatz, bis die letzten Spuren des Schlosses getilgt waren. Zehn Millionen Mark soll das Unternehmen gekostet haben. Für etwa 35 Millionen – so die Schätzung von Experten in den fünfziger Jahren – hätte man das Schloß

---

[75] Scherner 1970. S. 8.

[76] Zit. nach Werner Kahl: Als Ulbricht das Schloß schleifen ließ, in: Die Welt, 18. Dezember 1984.

wieder aufbauen können.[77] Doch die SED wollte mit dem Abriß des Schlosses ein Exempel statuieren. Den radikalen Bruch mit dem Gestern galt es sichtbar zu dokumentieren. Aus diesem Grunde mußte auch Friedrich der Große seinen Platz vor dem Alten Palais 1950 räumen — um für 30 Jahre von der Bildfläche Berlins zu verschwinden —, solange bis sich Erich Honecker 1980 eines Besseren besann und klammheimlich das von Christian Daniel Rauch geschaffene Reiterstandbild wieder in Berlins Prachtstraße Unter den Linden aufstellen ließ. Die Sowjetunion protestierte mit einer Verbalnote. SED-Chefideologe Kurt Hager gab sich alle Mühe, die Sache herunterzuspielen:

> „Die Aufstellung des Reiterstandbildes Friedrich II. hat keine symbolische Bedeutung, ist keine Sensation und politische Demonstration, die ein neues ‚Preußenbild' begründen soll."[78]

Es wäre in der Tat verfehlt, die Rückkehr des Reiterstandbildes von Friedrich II. an seinen alten Platz überzubewerten. Die DDR hat sich stets gern mit fremden Federn geschmückt — und beileibe nicht nur mit roten Federn. Friedrich II. ist und bleibt aus der Sicht der DDR „der Inbegriff eines Repräsentanten des reaktionären preußischen Militarismus":

> „Die Hohenzollernherrscher repräsentieren die reaktionäre Klassenlinie, und von deren Zielen und geschichtlichen Aktionen grenzen wir uns generell ab. Jedoch schließt das nicht aus, einzelne Ergebnisse als Bestandteil unseres Erbes aufzugreifen. Das ist auch bei Friedrich II. der Fall. In seinem Auftrage konnten große Baumeister, Bildhauer und andere Künstler, unter ihnen beispielsweise Georg Wenzeslaus von Knobelsdorff, bei der Errichtung des Schlosses Sanssouci alle Register ihres Könnens ziehen und ein Bauwerk von einzigartiger Schönheit errichten, das heute zu den hervorragenden Schätzen der Weltkultur und zu den kulturellen Reichtümern unseres Vaterlandes gehört. Natürlich wissen wir, daß Sanssouci ein Denkmal der Machtfülle des Preußenkönigs sein sollte und auch war. Aber wir wissen auch, daß unter den Bedingungen der Feudalherrschaft andere als Adelsvertreter nicht Auftraggeber eines solchen riesigen Bauensembles sein konnten. Niemand wird auch bestreiten, daß die Errichtung dieses Baudenkmals sympathischer ist als der in Raubkriegen erworbene Kriegsruhm des Preußenkönigs."[79]

Auch einem reaktionären Hohenzollernherrscher lassen sich also im Bedarfsfall positive Seiten abgewinnen. Die Historiographen der SED sorgen für den jeweils gewünschten Anstrich. Der preußische König Friedrich II. wird in der DDR nie in strahlendem Licht erscheinen, aber seine Figur wurde merklich aufgehellt — wohl vor allem im Interesse der Stadtbildpflege.

Die DDR scheut keine Kosten und Mühen, um ihre Hauptstadt immer ansehnlicher, immer repräsentativer zu gestalten. Dazu muß man nolens volens auf die Hinterlassenschaft „reaktionärer Herrscher" zurückgreifen. Ohne die Prachtbauten von gestern wäre das Berlin von heute eine gesichtslose sozialistische Retortenstadt.

Sogar das Schloß ist nicht völlig aus dem Stadtbild Berlins verschwunden. Ausgerechnet in die Vorderfront des Anfang der sechziger Jahre errichteten Staatsratsgebäudes fügte man eine Kopie des Portals IV vom Lustgartenflügel

---

[77] Ebd.
[78] Zit. nach Ash 1981, S. 136.
[79] Meier/Schmidt 1980, S. 59 f.

des Schlosses ein. Die teuerste Glückwunschkarte, die es in der DDR zu kaufen gibt, zeigt in Golddruck das Schloßportal. Die Karte wurde vom Planet-Verlag 1982 veröffentlicht. Endverbraucherpreis: 2,90 M. Um eine Erklärung für die architektonisch originelle Lösung beim Bau des Staatsratsgebäudes war man nicht verlegen: „Von dem über dem schönen barocken Portal gelegenen Balkon hat Karl Liebknecht am 9. November 1918 die ‚freie sozialistische Republik Deutschland‘ ausgerufen.“[80]

So deklarierte man das Schloßportal kurzerhand zum „Liebknechtportal“. Unverfrorenheit ist noch ein mildes Wort zur Charakterisierung der Art und Weise, wie die SED historische Bauten für sich vereinnahmt. Was von den Kommunisten verachtete und diffamierte politische Systeme hervorbrachten, wird als Beleg dafür ins Feld geführt, daß die DDR nicht geschichtslos sei:

> „Die steinernen Zeugen der Vergangenheit lassen die unlösliche Verknüpfung der sozialistischen DDR mit der ganzen deutschen Geschichte plastisch hervortreten. Jede nähere Beschäftigung mit dieser Geschichte erhärtet die Feststellung, daß die DDR alles Humanistische, Progressive und Revolutionäre aufgenommen, aufgehoben, aufbewahrt hat. Wir sind die Erben alles dessen, was unser Volk in Jahrhunderten hervorgebracht hat. Da bleibt nichts von der Unterstellung bürgerlicher Ideologen und Politiker, unser Staat sei ‚geschichtslos‘.“[81]

Steine können sich ebensowenig wehren wie Menschen, die nicht mehr leben. So verpflanzt man ohne den geringsten Skrupel auch bedeutende historische Persönlichkeiten in den Alltag des deutschen Arbeiter-und-Bauern-Staates. Die DEFA macht's möglich. Schlußeinstellung eines DEFA-Films von DDR-Regisseur Horst Seemann:

> „Kaum mittelgroß, gedrungen, im knielangen, nicht gerade modernen Paletot, die Hände auf dem Rücken verschränkt, stapft ein Mann über den Berliner Alex und durch die Karl-Marx-Allee auf uns zu. Links und rechts trömen Autos an ihm vorbei. Ein breites Gesicht, von wirrem Haar umrahmt. Die Fassaden der Häuser an den Seiten streben höher und höher und lassen ihn unscheinbar wirken. Sein Blick ist abwesend.“[82]

Der Mann, der durch das sozialistische Berlin spaziert, heißt Ludwig van Beethoven.

Als der Staat DDR 1949 aus der Taufe gehoben wurde, war Berlin noch ein gigantisches Trümmerfeld. 75 Millionen m^3 Trümmerschutt türmten sich in den Straßen der Stadt auf. Mehr als 30 Cheops-Pyramiden hätten sich aus den Trümmern Berlins errichten lassen.[83]

Bevor der eigentliche Aufbau Berlins begann, setzte man erste sozialistische Akzente. So wurde das 1945 gesprengte Karl-Liebknecht-Haus an der Weydinger Straße am ehemaligen Bülow-Platz — einst Parteizentrale der KPD und Verlagshaus der „Roten Fahne“ — bereits 1949 durch das Architektenkollektiv Schlüter & Schmidt in veränderter Form wieder aufgebaut. Die Fortsetzung der Straße „Unter den Linden“ gab man den Namen Karl-Liebknecht-Straße. Von der Karl-Liebknecht-Straße zweigt in nördlicher Richtung die Rosa-Luxemburg-Straße ab, die in den Luxemburgplatz (Bülowplatz) einmündet.

---

[80] Scherner 1970, S. 32.
[81] Meier/Schmidt 1980, S. 4.
[82] Haase 1983, S. 4.
[83] Felz 1983, S. 156.

„So ehrt das sozialistische Berlin zwei große Kämpfer, die am 15. Januar 1919 durch die Mörderhand der Reaktion gefallen sind, die in ihrem Leben und Sterben zur Geschichte der deutschen Arbeiterbewegung gehören wie zur Geschichte der Stadt Berlin. Der ehemalige Bülowplatz wurde umbenannt, weil hier bereits seit langem das Herz der revolutionären Arbeiterbewegung schlägt, weil hier das Zentrum des klassenbewußten Proletariats Berlins war. Hier lag einst das Scheunenviertel, das in der Zeit des Sozialistengesetzes (1878—1890) Ziel ungezählter Razzien der preußischen Polizei war. Mit seinen engen Straßen und tief gestaffelten Mietsscheunen bot das schwer zugängliche Gebiet revolutionären Arbeitern Schutz und Zuflucht."[84]

Die erste Liebknecht-Luxemburg-Demonstration im sowjetisch besetzten Berlin hatte bereist am 13. Januar 1946 stattgefunden. Schauplatz der Demonstration war das behelfsmäßig, aber originalgetreu nachgebildete Revolutionsdenkmal in Friedrichsfelde, das die KPD Mitte der zwanziger Jahre für Karl Liebknecht, Rosa Luxemburg und andere tote Revolutionäre errichten ließ.

„Die Demonstranten waren von Hunger und Entbehrungen gezeichnet; viele von ihnen hatten als Kämpfer gegen den Faschismus schwere Prüfungen und großes Leid überstanden; der Weg nach Friedrichsfelde war von Ruinen gesäumt. Aber eine neue Epoche hatte begonnen: Zum erstenmal konnten die Berliner Werktätigen in Freiheit nach Friedrichsfelde zu den Gräbern ihrer teuren Toten demonstrieren."[85]

Unmittelbar nach Gründung der DDR beschlossen das ZK der SED und der Ministerrat der DDR, in Friedrichsfelde eine sozialistische Wallfahrtsstätte zu errichten, und zwar direkt am Eingang des Zentralfriedhofes. Mit einer großen Kundgebung wurde die „Gedenkstätte der Sozialisten" am 14. Januar 1951 eingeweiht. Zu den Teilnehmern der Kundgebung sprach Wilhelm Pieck, erster Präsident der DDR:

„Wir ehren mit dieser Gedenkstätte die Toten aus fünf Jahrzehnten deutscher Arbeiterbewegung. Wir wollen mit der gemeinsamen Ehrung der alten Sozialisten und der in der Weimarer Republik und unter dem Hitler-Faschismus gefallenen und ermordeten Kämpfer unsere unverbrüchliche Treue zur großen sozialistischen Idee zum Ausdruck bringen und geloben, die Einheit der Arbeiterklasse als das teuerste Gut der sozialistischen Bewegung zu hüten."[86]

Die prominentesten Toten in Friedrichsfelde, die von der Partei- und Staatsführung der DDR alljährlich im Januar geehrt werden, sind Rosa Luxemburg, Ernst Thälmann, Rudolf Breitscheid, Wilhelm Pieck, Otto Grotewohl, Walter Ulbricht, John Schehr, Hans Mehring und Franz Künstler. Die Gedenkstätte der Sozialisten ist letzte Ruhestätte für Führer der deutschen Arbeiterklasse sowie für Partei- und Staatsfunktionäre der DDR, „die nach jahrelangem Kampf gegen den Hitler-Faschismus als Aktivisten der ersten Stunde nach der Befreiung am 8. Mai 1945 in der ersten Reihe beim antifaschistisch-demokratischen und sozialistischen Aufbau standen"[87]. Einer Marmortafel ist zu entnehmen, wen die SED zu den Vorkämpfern für ein sozialistisches Deutschland zählt:

„Ruhm und Ehre den unsterblichen Kämpfern für den Sozialismus. Ewiges Gedenken der Opfer der Novemberrevolution 1918 und der Kämpfer von Januar bis März 1919 in Berlin.
Den mutigen Streitern, die beim Kampf für die Bayerische Räterepublik ihr Leben opferten.

[84] Weise/Edelhoff 1976, S. 128.
[85] Weise/Edelhoff 1976, S. 84.
[86] Weise/Edelhoff 1976, S. 85.
[87] Weise/Edelhoff 1976, S. 83.

> Den unbewaffneten russischen Kriegsgefangenen, die im Mai 1919 von der Reaktion ermordet wurden.
> Den Arbeitern, die bei der Demonstration für das Betriebsrätegesetz im Januar 1920 vor dem Reichstag fielen.
> Den Arbeitern, die bei der Niederschlagung des Kapp-Putsches im Jahre 1920 ihr Leben gaben.
> Den gefallenen Kämpfern gegen die Reaktion in Mitteldeutschland im Jahre 1921.
> Den Kämpfern der Roten Ruhrarmee und des Hamburger Aufstandes im Jahre 1923.
> Den Opfern des Polizeiterrors am 1. Mai 1929 in Berlin und den zahllosen Helden, deren Leben Kampf für die Befreiung der Arbeiterklasse war."[88]

Auch den Vätern des Kommunismus erwies die SED 1951 ihre Reverenz. Auf Vorschlag des Zentralkomitees der Partei erhielt der durch die Sprengung des Schlosses freigewordene Platz mitsamt der ehemaligen Schloßfreiheit und dem Lustgarten am 1. Mai den Namen „Marx-Engels-Platz". Der „Marx-Engels-Platz", das ist für die kommunistischen Machthaber der DDR

> „ehrwürdiger historischer Boden, auf dem die revolutionäre Arbeiterschaft Berlins für demokratische und sozialistische Ziele demonstriert, gekämpft und ihr Blut vergossen hat". „Es war Ehrenpflicht der jungen Republik, diesem zentral gelegenen Platz den Namen der beiden größten Söhne des deutschen Volkes, Marx und Engels, zu geben."[89]

Das Taufen und Umbenennen von Straßen und Plätzen war die billigste Art und Weise, der Bevölkerung das proletarische Erbe der SED vor Augen zu führen. Entschieden schwieriger und kostspieliger erschien es, auf den Ruinen des Dritten Reiches das sozialistische Deutschland zu errichten. Die neuen Herren in Ost-Berlin waren fest entschlossen, städtebaulich unter Beweis zu stellen, daß der Sozialismus auf deutschem Boden Fuß gefaßt hatte. Auch Städtebau ist für die SED letztlich eine Klassenfrage. Schülern in der DDR wird das nachdrücklich klargemacht:

> „Die baulich-räumlichen und gestalterischen Ansprüche, Bedingungen und Möglichkeiten der Menschen im Hinblick auf Wohnen und Arbeiten, Handel und Kultur, Machtausübung und Repräsentation, Schutz und Erhaltung ihres Lebens wurden in der antagonistischen Klassengesellschaft immer nur einseitig und nicht im Interesse des Volkes befriedigt. Bauwerke, Bauensembles und Siedlungsanlagen jener Vergangenheit sind für uns heute die erlebbaren Zeugen, für wen, wie und womit die jeweils herrschende Klasse ihre ökonomische Macht, ihre politisch-ideologischen Anschauungen und Verhaltensweisen, ihre künstlerischen Vorstellungen auf Kosten des Volkes zum Ausdruck gebracht hat. Denn in der Klassengesellschaft bestimmt immer die herrschende Klasse, was, wie und für wen, aber auch womit gebaut wird. Die Arbeiterklasse mußte erst mit der politischen auch die ökonomische Macht erobern, bevor sie in der Lage war, eigene, ihren Bedürfnissen angepaßte Wohnungen und Wohngebiete zu errichten oder Kulturhäuser und Bildungsstätten in Stadt und Land zum Wohle des gesamten Volkes zu bauen."[90]

Im Juli 1950 hatte die Regierung der DDR „16 Grundsätze des Städtebaus" beschlossen, im September 1950 lag das umfangreiche Aufbaugesetz vor. Das Nationale Aufbauwerk (NAW) wurde ins Leben gerufen. Im November 1951 appellierte die SED an die Bevölkerung Berlins, am Wiederaufbau der Stadt mitzuwirken. Die Partei gab die Parole aus: „Ran an die Klamotten — raus mit den Trümmern aus der Stadt."

---

[88] Ebd.
[89] Lange 1974, S. 18.
[90] Architektur in der Deutschen Demokratischen Republik. Materialsammlung für Schüler, 4. Auflage, Berlin (Ost) 1975, S. 1.

Am Tag nach Neujahr, dem 2. Januar 1952, konnte es endlich losgehen. Alles war perfekt organisiert:

> „Scheinwerfer flammten auf, aus Lautsprechern ertönten Lieder vom Aufbau und vom Frieden. Auf fast allen Ruinen in der heutigen Karl-Marx-Allee flatterten das rote Tuch der Arbeiterklasse, die blauen Banner der FDJ und die Fahnen der Republik. Inmitten von annähernd 45.000 Berliner Werktätigen beteiligten sich an diesem Arbeitseinsatz führende Funktionäre der SED, der Massenorganisationen und des Staates, unter ihnen Friedrich Ebert, Otto Grotewohl, Erich Honecker, Hans Jendretzky, Albert Norden, Heinrich Rau, Walter Ulbricht.“[91]

Die „erste sozialistische Straße“ Berlins entstand. Beim Bau der Ost-West-Magistrale konnten sich die Architekten der DDR „auf die zahlreichen Erfahrungen und Vorschläge der Bauschaffenden in der Sowjetunion stützen“[92]. Das Ergebnis war dementsprechend: wuchtige 8- bis 10geschossige Wohnblocks, mit Keramikplatten verkleidet, eine Allee im Stil des sowjetischen Neoklassizismus, 80 m breit — 20 m breiter als die „Linden„ —, 1,7 km lang, am Ende der Allee am Frankfurter Tor zwei Wohntürme mit Kuppelaufsätzen — ein Stück Moskau in Berlin, benannt nach dem damaligen ersten Mann des ersten sozialistischen Staates der Erde: Stalin.

Ein Stalin-Denkmal durfte nicht fehlen in der Stalin-Allee. Vom Sockel geholt wurde der Sowjetdiktator erst, als Moskau das Signal zur Entstalinisierung gegeben hatte. In der Stalinallee eine Wohnung zu erhalten kam einer Auszeichnung durch Staat und Partei gleich.

> „In die rund 20.000 Wohnungen der Karl-Marx-Allee mit allem Komfort zogen Bestarbeiter der Berliner Betriebe, Aktivisten und bewährte Antifaschisten ein.“[93]

Wenn Stalin auch aus dem Stadtbild Ost-Berlins wieder verschwand und die Stalinallee seit 1961 Karl-Marx-Allee heißt, so huldigt man Lenin dafür um so intensiver in der Hauptstadt der DDR. Auf Beschluß der Bezirksleitung Berlin der SED wurde 1970 im Museum für Deutsche Geschichte die Gedenkstätte „Lenin in Berlin“ eingerichtet. Den Arbeitsplatz, den der „Studierende Uljanow aus Petersburg“ in der Königlichen Bibliothek benutzte, hat man originalgetreu wieder aufgebaut.[94] Der Lesesaal im ehemaligen Bibliotheksgebäude am Bebelplatz (Opernplatz), in dem Lenin im Herbst 1895 studierte, trägt heute seinen Namen. In einem Bleiglasfenster sind wichtige Etappen aus dem Leben Lenins dargestellt.

Erinnerungstafeln für Lenin wurden ferner angebracht:
- in der Deutschen Staatsbibliothek, Unter den Linden;
- am Deutschen Theater, Schumannstraße, wo Lenin am 8. August 1895 „die Weber“ sah;
- am Gebäude Frankfurter Allee 102/Ecke Jeßnerstraße, in dem Lenin im August 1895 an einer Arbeiterversammlung teilnahm.

Anläßlich des 100. Geburtstages von Lenin enthüllte Walter Ulbricht am 19. April 1970 am Leninplatz im Stadtbezirk Friedrichshain ein gigantisches Lenin-Monument.

---

[91] Geschichte der Sozialistischen Einheitspartei Deutschlands. Abriß, Berlin (Ost) 1978, S. 260.
[92] Architektur in der Deutschen Demokratischen Republik, a.a.O., S. 1.
[93] Lange 1974, S. 37.
[94] Hans Maur: Lenin-Kabinett im Museum für Deutsche Geschichte, in: Alfred Doil (Hg.): Berliner Kulturstätten, Leipzig 1978, S. 101.

„Dieses Denkmal – ein 18 m hoher, oben als Fahne gestalteter roter Granitblock, aus dem die Gestalt Lenins herauswächst – schuf der Präsident der Akademie der Künste der UdSSR, Prof. N. Tomski; auf dem Sockel ein figürliches Relief, das die deutsch-sowjetische Klassenbrüderschaft ausdrückt. – Tausende Berliner haben bei den Planierungsarbeiten, Studenten beim Bau mitgeholfen. Junge Pioniere der Oberschulen sammelten durch Altstoffverkauf und Spenden 3431,30 M zum Ankauf von 1500 Rosenstöcken, die zu Füßen des Denkmals angepflanzt sind."[95]

Es dürfte kaum einen Ort auf der Welt geben, wo die sowjetischen „Klassenbrüder" in ähnlicher Weise glorifiziert werden wie in Ost-Berlin. Bei der Verherrlichung angeblicher sowjetischer Heldentaten läßt die SED jedes Augenmaß vermissen. Man interpretiert und verfälscht Geschichte derart, daß aus Besatzern letztendlich Befreier werden. Ein guter Deutscher ist für die SED allein jener Deutsche, der sich bedingungslos dem Willen Moskaus fügt, der Befehlsempfänger, der die Sache der Sowjetunion zu seiner Sache macht. Die Gedenkstätten in Ost-Berlin dokumentieren den nationalen Ausverkauf des SED-Regimes, die vollständige Ein- und Unterordnung in den sowjetischen Herrschaftsbereich. Beispielsweise die Gedenkstätte Berlin-Karlshorst:

„In 14 Ausstellungsräumen wird mit 15.000 Dokumenten der heroische Kampf der Sowjetarmee vom Tage des faschistischen Überfalls am 22. Juni 1941 bis zur Befreiung Berlins eindrucksvoll dargestellt. Der Besucher erlebt den opferreichen Weg der Fünften Stoßarmee unter dem Befehl von Generaloberst Bersarin, dem späteren ersten sowjetischen Stadtkommandanten von Berlin, von den schweren Kämpfen in der Sowjetunion über die Operationen an Oder und Neiße bis zum Sturm auf den Reichstag [...][96]
Breiter Raum ist der Darstellung der Teilnahme deutscher Kommunisten und Antifaschisten an Aktionen sowjetischer Partisaneneinheiten gewidmet sowie dem Wirken des Nationalkomitees ‚Freies Deutschland' wie dem antifaschistischen Widerstandskampf in Berliner Betrieben.
Zugleich wird dargestellt, wie die Sieger des Großen Vaterländischen Krieges als Befreier und Klassengenossen in unser Land kamen. Bilddokumente berichten von den ersten freundschaftlichen Begegnungen der Berliner mit Sowjetmenschen in jenen Tagen, an denen die längste Friedensperiode in Europa ihren Anfang nahm."[97]

In Stadtführern, Broschüren und Büchern, die sich mit Ost-Berlin befassen, findet sich auch nicht der leiseste Hauch von kritischer Distanz gegenüber der Sowjetunion. Es wird immer wieder darauf verwiesen, was durch „anglo-amerikanische Bomben" alles zerstört wurde, von den Verwüstungen der Roten Armee in Deutschland ist dagegen mit keinem Wort die Rede. Typisch für die Schwarz-Weiß-Malerei der SED-Historiographie erscheint folgender Passus aus einem Artikel des „Magazins" über den Platz der Akademie, den früheren Gendarmenmarkt:

„1944 schlugen anglo-amerikanische Bomben den weltberühmten Platz zur Nekropole. Vor dieser Kulisse zerschlagenen Gesteins trat drei Jahre nach Kriegsende das sowjetische Alexandrow-Ensemble auf. 40.000 Berliner standen vor dem Haus und von der Freitreppe bis zum Giebelfirst. Zum Abschluß des Konzerts bekundeten sie mit dem Gesang der ‚Internationale' vor leeren Fensterhöhlen einen neuen Lebenswillen."[98]

---

95 Lange 1974, S. 39.
96 Weise/Edelhoff 1976, S. 80.
97 Weise/Edelhoff 1976, S. 82.
98 Zit. nach Bernd Hahlweg: Vom Gendarmenmarkt zum Platz der Akademie, in: Prisma 4/80, S. 59.

In einem Beitrag der Zeitschrift „Urania“ unter dem Titel „Zwischen ‚Alex‘ und ‚Linden‘“ wird hervorgehoben, daß die Humboldt-Universität „nur 8 Monate nach der Befreiung“ unter Mitwirkung sowjetischer Hochschulexperten „im Geiste des Fortschritts“ wieder eröffnet worden sei.[99] Und die „National-Zeitung“ würdigt in einem Artikel über die 1959 der Öffentlichkeit wieder in vollem Umfang zugänglich gemachten Kunstwerke des Pergamonmuseums die segensreiche Rolle der Sowjetunion in diesem Zusammenhang:

> „Soldaten der Roten Armee sicherten die unschätzbaren Kostbarkeiten vor Zerstörung und Verlust. Sie wurden in den Magazinen der Leningrader Eremitage gelagert und restauriert.“[100]

Die Frage, warum die Sowjetunion 13 Jahre verstreichen ließ, ehe sie der DDR 1958 u.a. die Kunstschätze der Staatlichen Museen zu Berlin aushändigte, wird nicht aufgeworfen. — Die Zahl der Beispiel ließe sich beliebig fortsetzen. Fazit: Traditionspflege in Ost-Berlin ist fast immer mit einem Kotau vor der Sowjetunion verbunden. Die Helden der SED sind in erster Linie Helden der Sowjetunion — Helden wie jene im sowjetischen Ehrenmal im Treptower Park in Stein verewigten Heroen:

> „Die auf den Reliefs realistisch gestalteten Episoden zeigen die heldenhaften Verteidiger von Leningrad, Odessa und Sewastopol; sie würdigen den Heldenmut der Partisanen im Hinterland des verbrecherischen Feindes, sie ehren die heroischen Arbeitstaten der Sowjetmenschen für die Front, sie setzen dem Hauptorganisator des Sieges und Führers der Sowjetvölker, der Kommunistischen Partei der Sowjetunion, steinerne Denkmäler.“[101]

Zentrale Figur des Ehrenmales im Treptower Park: die 11,60 m hohe Bronzeskulptur eines Sowjetsoldaten, der ein gerettetes deutsches Kind im Arm hält.

> „Ernst, voll gesammelter Ruhe und Kraft, das Schwert gesenkt, blickt der junge Soldat über das zerschlagene Hakenkreuz hinweg, bereit, jederzeit den Frieden zu verteidigen.“[102]

Pilgerfahrten nach Treptow gehören zu den Ritualen im Staate der deutschen Kommunisten:

> „Alljährlich legen am Sowjetischen Ehrenmal in Berlin-Treptow – am Tag der Befreiung vom Hitlerfaschismus durch die ruhmreiche Sowjetarmee, am Nationalfeiertag der DDR, am Jahrestag der Großen Sozialistischen Oktoberrevolution und am Tag der Sowjetarmee – Bürger aus allen Schichten der Bevölkerung, Delegationen aus den sozialistischen Betrieben der Hauptstadt, den landwirtschaftlichen Produktionsgenossenschaften, den Schulen und Institutionen, an ihrer Spitze die Repräsentanten der Partei- und Staatsführung der DDR, Kränze nieder.“[103]

Bei allen Stadtrundfahrten, die sich nicht auf das Zentrum Ost-Berlins beschränken, ist ein Besuch des Sowjetischen Ehrenmals in Treptow Hauptpro-

---

[99] Zwischen „Alex“ und „Linden“, Historisches und Neues entlang dem Festivalboulevard, in: Urania 5/84, S. 23.

[100] Helmut Caspar: In Marmor – Götter gegen Giganten, in: National-Zeitung, 4. Oktober 1984.

[101] Weise/Edelhoff 1976, S. 166.

[102] Lange 1974, S. 53 f.

[103] Lange 1974, S. 169.

grammpunkt. Man kann sich das Ehrenmal als Abzeichen an die Brust stecken oder das Lied vom Ehrenmal auf den Plattenteller legen. Reinhold Andert schrieb den Text:

> „Im Treptower Park, im Ehrenmal
> da steht ein Symbol, das monumental
> spricht von unglaublichen Taten.
> Ein Rotarmist, ein Kind im Arm
> er hält es fest, dem Kind wird warm
> im Mantel des roten Soldaten.
>
> Die Geschichte geht weiter, das Kind wird älter
> der Mantel wird größer, die Wärme nicht kälter
> trotz ihrer Fröste daheim.
> Für tödliches Braun kam friedliches Rot
> für deutschen Hunger kam russisches Brot
> trotz ihres Hungers daheim.
>
> Sie haben Verführte zu sich selbst geführt
> unter Tschapkas haben Deutsche Denken probiert
> und Lenin zog in die Unis ein.
> Sie haben geweckt uns ihr Herz transplantiert
> ihr Öl wird durch Pipelines importiert
> uns stört kein Embargo vom Rhein.
>
> Sie haben uns Dresdner Gemälde bewahrt
> Moskauer Eis kost' am Alex 'ne Mark
> im Weltraum fliegt schon der Elfte.
> Wir schützen gemeinsam gemeinsame Schienen
> ein Sowjetsoldat muß drei Jahre dienen
> wir Waffenbrüder die Hälfte.
>
> Sie haben uns tausend Traktoren geschickt
> die Mais-Kampagne war nicht so geglückt
> und auch nicht der Kampagnen-Erfinder.
> Doch diesen Ärger spülten wir weg
> mit armenischem Cognac und sowjetischem Sekt
> was wissen davon unsere Kinder.
>
> Die lernen die Konjugation von idti (gehen)
> und behalten die Fälle von putj (Weg) fast nie
> doch Russisch lernen ist Pflicht.
> Denn es ist die Sprache der Weltraumflieger
> die Sprache unserer Klassenbrüder
> und die vergessen wir nicht."[104]

Erbepflege heißt für die SED nicht zuletzt: pausenlose Propagierung des „Bruderbundes" DDR-UdSSR:

> „Es ist eine geschichtlich einmalige Tatsache, daß die UdSSR dem deutschen Volk nach der Zerschlagung des Faschismus uneigennützige Hilfe und Unterstützung gewährte, obwohl ihr in deutschem Namen zuvor unsägliches Leid zugefügt worden war. Selber noch aus tausend Wunden blutend und mit großen Schwierigkeiten belastet, half die Sowjet-

[104] „Treptower Park". Komposition und Text: Reinhold Andert. Schallplatte „Sing Mit!" – ETERNA 8 15 046, VEB Deutsche Schallplatten Berlin DDR 1969.

> union, deutsche Menschen vor dem Hungertod zu bewahren, indem sie aus Beständen der Sowjetarmee Lebensmittel zur Verfügung stellte. Sowjetische Offiziere und Soldaten trugen dazu bei, das Leben wieder in Gang zu bringen. Im Gedächtnis der Berliner lebt der Name des ersten sowjetischen Stadtkommandanten, Generaloberst Nikolai Bersarin, fort, der rastlos für die Interessen der ihm anvertrauten Stadt wirkte. Aber gleich ihm waren viele tätig."[105]

Werden Sowjetbürger und vor allem Sowjetsoldaten in Ost-Berlin tausendfach geehrt, so sucht man nach Gedenkstätten für gefallene deutsche Soldaten des Zweiten Weltkriegs vergeblich. Peter Joachim Lapp kommt in seiner Untersuchung „Der politische Stellenwert der Traditionspflege in der DDR" zu dem Ergebnis:

> „Den Befreiern vom Faschismus, den sowjetischen Soldaten, gilt fast alle Aufmerksamkeit. Und jeder Stolz auf deutsches, militärisches Können im 2. Weltkrieg wird von der Traditionspflege unterdrückt, an seine Stelle hat der verordnete, vielfach heuchlerische Stolz auf sowjetische Waffentaten zu treten."[106]

Wie Lapp betont, sei die „permanente Siegerehrung" ein wesentlicher zeitloser Bestandteil der amtlichen DDR-Traditionspflege.

> „Was auf diesem Gebiet geleistet wurde und weiter geleistet wird, überfordert in dieser Dichte die Bürger. Es ruft außerdem vermutlich Reaktionen hervor, die sich heute noch gar nicht abschätzen lassen. Vielfach ist das verordnete Gedenken an die Taten der Sowjets einfach widerwärtig, die weihevollen Besuche der Partei- und Staatsführung der DDR an sowjetischen Gedenkstätten erscheinen überflüssig. [...][107]
> Der dringend notwendigen Aussöhnung zwischen Deutschen und Russen steht diese penetrante DDR-amtliche Traditionspflege und -erziehung entgegen.
> Und die Rote Armee kam ja schließlich nicht primär als Befreier, sondern als Besatzungsmacht. So hat sie sich auch verhalten.
> Für die DDR-Traditionspflege sind die Übergriffe und Verbrechen der Sowjets natürlich kein Thema."[108]

Die von der SED zu „Befreiern deklarierten Sowjets" werden im nachhinein mit einer weißen Weste versehen. Schlimmer noch: Deutsche, die dazu beitrugen, ihr Vaterland den Sowjets auszuliefern, sind aus der Sicht des Ost-Berliner Regimes „Patrioten".

Im Haus der Ministerien in der Leipziger Straße richtete man eine Gedenkstätte für die Mitglieder der „Schulze-Boysen/Harnack-Organisation" ein. Bei dieser „antifaschistischen" Untergrundbewegung handelt es sich um die Berliner Gruppe der „Roten Kapelle". Zu den Formen und Methoden der von der „Schulze-Boysen/Harnack-Organisation" praktizierten „antifaschistischen Arbeit" gehörte u.a. „Sabotage in Rüstungsbetrieben und Kundschaftertätigkeit für die Sowjetunion gegen den faschistischen deutschen Imperialismus", wie in dem vom Institut für Denkmalpflege in der DDR herausgegebenen Werk „Gedenkstätten" rühmend hervorgehoben wird.[109]

---

105 Meier/Schmidt 1980, S. 54.

106 Peter Joachim Lapp: Der politische Stellenwert der Traditionspflege in der DDR, in: Jens Hacker, Horst Rögner-Francke (Hgg.): Die DDR und die Tradition. Gesellschaft für Deutschlandforschung. Jahrbuch 1981, Heidelberg 1981, S. 29.

107 A.a.O., S. 30.

108 A.a.O., S. 31.

109 Miethe 1974, S. 23.

An Anna Krauß und John Graudenz — ebenfalls Mitglieder der Schulze-Boysen/Harnack-Organisation — erinnert ein Gedenkstein in der Anna-Krauß-Straße in Stahnsdorf. Zur Tätigkeit von Anna Krauß wird in dem Werk „Gedenkstätten" bemerkt:

> „Nutzte geschickt ihre psychologischen Kenntnisse aus, um von Offizieren und faschistischen Beamten vertrauliche militärische und politische Informationen zu erlangen und gleichzeitig deren Zuversicht an den ‚Endsieg' zu erschüttern."[110]

Der Kommunist John Graudenz erscheint der SED aus folgendem Grunde verehrungswürdig:

> „Unterstützte ab 1940 Harro Schulze-Boysen bei der Kundschaftertätigkeit für die UdSSR, nutzte seine umfangreichen Beziehungen u.a. zu Mitarbeitern des faschistischen Reichsluftfahrtministeriums, um Informationen zu beschaffen, die für die UdSSR von hohem Wert waren."[111]

Es ist bezeichnend für den Charakter des SED-Staates, daß man Verrätern und Sowjetspionen einen Ehrenplatz in der deutschen Geschichte zuweist. Völlig zu Recht bemerkt Peter Joachim Lapp:

> „Die Schulze-Boysen-Gruppe arbeitete im Auftrag Moskaus, sie gab im Krieg militärische Geheimnisse preis, die wahrscheinlich Tausenden von deutschen Soldaten das Leben kosteten. Auf Zusammenarbeit mit dem Feind steht in jedem Land im Krieg die Todesstrafe."[112]

Über 200 Gedenkstätten, Gedenksteine, Gedenktafeln und Ehrenfriedhöfe in Ost-Berlin sind dem kommunistischen Erbe gewidmet. 1983 veranstaltete der Kulturbund der DDR einen Fotowettbewerb. Fotografiert werden sollten „denkmalgeschützte Zeugen der Vergangenheit":

- „Wirkungsstätten der örtlichen Geschichte der Arbeiterbewegung, Gedenkstätten des antifaschistischen Widerstandskampfes, der deutsch-sowjetischen Freundschaft;
- Denkmale der Erinnerung an Schauplätze revolutionärer Kämpfe, an bedeutende Persönlichkeiten;
- Denkmale der Baukunst, historische Garten- und Parkanlagen;
- Denkmale der Kultur- und Lebensweise — Fachwerkhäuser, ehemalige Herrenhäuser und Katen."[113]

Hier wie überall der gleiche Befund: auf Platz ein das rote Erbe. Wie es die DDR mit der Erbepflege hält, das zeigt sich wohl nirgendwo so deutlich wie im „Museum für Deutsche Geschichte". Ohne jeden Skrupel bestimmte die SED ausgerechnet das Zeughaus zum Sitz des Museums: zweifellos eines der architektonisch imposantesten Gebäude Berlins, ein Gebäude aber auch, das so gar nicht in die Welt des „realen Sozialismus" paßt:

---

[110] Miethe 1974, S. 137.
[111] Ebd.
[112] Peter Joachim Lapp (s.o.A. 106), S. 24.
[113] Für Dich 34/83, S. 43.

> „Die Geschichte des Zeughauses ist eng mit der Geschichte Preußens und des Deutschen Reiches verbunden. Es diente dem preußischen und später dem imperialistischen deutschen Militarismus bei der Vorbereitung und Durchführung von Eroberungs- und Vernichtungskriegen und fiel schließlich selbst dem Krieg zum Opfer."[114]

Zeughaus-Geschichte aus dem Blickwinkel der deutschen Kommunisten. Es wäre konsequent gewesen, das Zeughaus dem Erdboden gleichzumachen, doch die SED entschied sich dafür, die prunkvollen Fassaden wieder aufzubauen, um die alte Hülle mit neuem Inhalt zu füllen.

Am 1. Juli 1949 begann der Wiederaufbau. 1951 wurde ein „Kollektiv marxistischer und fortschrittlicher Historiker" damit beauftragt, Vorarbeiten für ein Museum für Deutsche Geschichte zu leisten. Am 18. Januar 1952 erfolgte die Gründung des Museums für Deutsche Geschichte.

> „Das Gebäude, das in der Vergangenheit über Jahrhunderte hinweg gegen die Interessen des Volkes gerichtet war, das die herrschenden Klassen ständig mißbraucht hatten, sollte nunmehr endlich dem Volke dienen. In seinen Räumen sollten fortan die revolutionären, demokratischen und humanistischen Traditionen des Volkes dargestellt und die Lehren aus der Geschichte vermittelt werden."[115]

Zentrales Thema der Darstellung ist „der Kampf der Volksmassen um gesellschaftlichen Fortschritt"[116]. Es werden fünf ständige Ausstellungen gezeigt: Ur- und Frühgeschichte, Feudalismus, 1789—1917, 1917—1945, Sozialistisches Vaterland DDR.

Herausragendes Sujet der Abteilung Feudalismus ist der Deutsche Bauernkrieg 1524/25.

> „Diese große revolutionäre Klassenschlacht wird durch zeitgenössische Flugblätter und Grafiken, durch Waffen des Feudaladels wie durch Behelfswaffen der Bauern (Sensen, Gabeln, Dreschflegel und Morgensterne) anschaulich dargestellt. Gewürdigt wird Thomas Müntzer als eine der bedeutendsten Persönlichkeiten der frühbürgerlichen Revolution."[117]

Als Ausdruck des Ringens der Volksmassen um gesellschaftlichen Fortschritt in der Epoche des Feudalismus wird auch das Wirken von Leibniz, Kant, Klopstock, Wieland, Lessing, Herder, Schütz, Telemann, Bach, Händel und Haydn anhand verschiedener Exponate dargestellt.

In der Periode 1789—1917 wird an Persönlichkeiten wie Blücher, Boyen, Gneisenau, Schill und Stein erinnert sowie an „hervorragende Repräsentanten" der deutschen Klassik und der Romantik: „Goethe, Schiller, Mozart, Beethoven, Schubert, Weber, Schinkel, Friedrich u.a.m."

Breiten Raum nimmt die Darstellung der Revolution von 1848/49 ein — laut Museumsführer: „eines der größten fortschrittlichen Ereignisse der deutschen und europäischen Geschichte im 19. Jahrhundert"[118]. Als Höhepunkt des Ab-

---

[114] Berlin — Hauptstadt der DDR: Museum für Deutsche Geschichte, 2. überarbeitete Auflage, Berlin (Ost) 1981, S. 6.

[115] A.a.O., S. 11.

[116] A.a.O., S. 13.

[117] A.a.O., S. 22.

[118] A.a.O., S. 25.

schnittes 1789—1917 wird die Ausarbeitung des „wissenschaftlichen Kommunismus“ und die Begründung der ersten deutschen und internationalen Partei des Proletariats, des Bundes der Kommunisten, durch Marx und Engels hingestellt. Am anderen Ende der Werteskala:

> „die Politik des preußischen Junkertums der Großbourgeoisie, die 1871 zur Bildung des Deutschen Reiches unter preußischer Herrschaft führte“[119].

Deutsche Geschichte von 1917—1945 ist für die in Ost-Berlin regierenden Kommunisten vor allem KPD-Geschichte:

> „Ihrem Kampf an der Spitze der deutschen Arbeiterklasse sind besonders zahlreiche beeindruckende Exponate gewidmet. Bedeutende Parteibeschlüsse und Reden ihrer hervorragenden Führer Ernst Thälmann, Wilhelm Pieck, Wilhelm Florin, Fritz Heckert sowie Fotos und Plakate als Sachzeugen des politischen Massenkampfes markieren den Weg der KPD als Teil der kommunistischen Weltbewegung zur revolutionären Massenpartei der deutschen Arbeiterklasse, die unter Leitung des Thälmannschen Zentralkomitees gegen Imperialismus, Faschismus und Krieg, für die nationale und soziale Befreiung des deutschen Volkes kämpfte. Höhepunkte bilden der Kampf gegen den Kapp-Putsch 1920, der Generalstreik gegen die Cuno-Regierung 1923, die Kampagne für die Fürstenenteignung 1926 und das Ringen um die antifaschistische Aktionseinheit. Viele einmalige Ausstellungsstücke zeugen vom Kampf zur Verteidigung der Sowjetmacht, von der Freundschaft mit dem Sowjetvolk. Ein Symbol hierfür wurde die legendäre Fahne von Kriwoj Rog.“[120]

Die letzte historische Periode dokumentiert die 35jährige Herrschaft der SED in Mitteldeutschland. Der Bogen der Exponate spannt sich vom Igelitschuh und dem ersten Trockenrasierer der Marke „Rabaldo“ bis hin zum Industrieroboter ZIM, der auf der Leipziger Frühjahrsmesse 1984 vorgestellt wurde.[121] Ein sowjetischer Traktor aus dem Jahre 1949 wird als „einer der vielen Zeugen uneigennütziger Hilfe der Sowjetunion für unser Land“ präsentiert. Die Lehren der Geschichte, für Museumsbesucher formuliert:

> „In allen Phasen der Entwicklung der DDR hat sich die Grundwahrheit bestätigt, daß ein Volk nur im engsten Bündnis mit der KPdSU und dem Sowjetstaat die neue Gesellschaftsordnung gestalten kann.“[122]

1960 zeigte das Museum für Deutsche Geschichte eine Sonderausstellung unter dem Titel „15 Jahre Befreiung“. 1985 lautete das Motto einer Exposition „Befreiung — für Frieden, Demokratie und sozialen Fortschritt“. Gewürdigt wurde einmal mehr — „die welthistorische Leistung der Sowjetarmee und des sowjetischen Volkes“[123].

Das Museum für Deutsche Geschichte erfüllt eine Erziehungsfunktion:

---

119 Ebd.
120 A.a.O., S. 28 f.
121 Helmut Caspar: Vom Igelitschuh zum Industrieroboter, in: Der Morgen, 22. November 1984.
122 Berlin (s.o.A. 114), S. 32.
123 Hans Braunseis: Kulturelle Initiativen, in: Der Morgen, 4. Januar 1985.

> „Es trägt mit seinen spezifischen Mitteln dazu bei, zu Frieden und Völkerfreundschaft, sozialistischem Patriotismus und proletarischem Internationalismus zu erziehen."[124]

In Ost-Berlin ist man stolz darauf,

> „daß die ehemalige Ruhmeshalle des preußisch-deutschen Militarismus und Imperialismus zur Heimstatt des zentralen Geschichtsmuseums der DDR wurde".[125]
> „Anschaulich wird dargestellt, daß die DDR das Werk von Generationen, die Krönung des jahrhundertelangen Kampfes der fortschrittlichen Kräfte unseres Volkes, besonders der Arbeiterklasse, ist."[126]

Nationalpreisträger Professor Joachim Streisand, einer der namhaftesten Historiker der DDR, behauptet gar:

> „Mit dem Museum für Deutsche Geschichte entstand das erste Geschichtsmuseum im deutschsprachigen Raum, das das Ganze der Geschichte unseres Volkes zu gegenständlicher Anschauung bringt."[127]

Daß die Vermittlung von Geschichte *parteilich* geschieht, daß sie von der Klassenzugehörigkeit und von Klassenbeziehungen bestimmt wird, ist für Streisand eine Selbstverständlichkeit:

> „Wo die Bourgeoisie herrscht, will sie ihre Traditionen der ganzen Gesellschaft aufdrängen, setzt sie ihren Helden Denkmäler, stellt sie in Museen historische Sachzeugnisse so aus, daß damit ihr Geschichtsbild verbreitet wird. Demgegenüber bemüht sich die Arbeiterklasse, ihre Traditionen zu pflegen, sie zur Anschauung zu bringen, der bürgerlichen Ideologie auch in dieser Hinsicht ihre eigene entgegenzusetzen. Mit anderen Worten: zum Klassenkampf gehört auch der Kampf um die Begegnung mit der Geschichte in all ihren Formen, und es gibt diesen Kampf, weil es bereits in den alltäglichen Formen dieser Begegnung letzten Endes um grundsätzliche Fragen der Ideologie geht."[128]

Das Erbe, so Streisand, „dient der Förderung, Pflege, Festigung der jeweils im Interesse einer bestimmten Klasse stehenden Tradition"[129].

In den Räumen des Museums für Deutsche Geschichte werden Kinder und Jugendliche in feierlicher Form in die Pionierorganisation „Ernst Thälmann" und in die FDJ aufgenommen. Die SED nutzt die preußische Kulisse, um neue sozialistische Traditionen zu begründen. Berührungsängste mit dem Gestern gibt es nicht — zumindest nicht, was die steinernen Zeugen vergangener Jahrhunderte betrifft. Im Zeughaus manifestiert sich die „geniale Schöpferkraft Andreas Schlüters".

> „Die im Innenhof dieses auf quadratischem Grundriß errichteten ehemaligen Waffenarsenals angebrachten Masken sterbender Krieger symbolisieren Tod und sinnlosen Kampf auf dem Schlachtfeld. Junge und alte Männer sind von den Schrecken des Krieges, vom Sterbenmüssen gekennzeichnet. Von Sieghaftigkeit und Ruhmbegierde ist hier keine Spur zu entdecken."[130]

---

[124] Wolfgang Herbst: Museum für Deutsche Geschichte. Eine lebendige Darstellung vom Werden der Volksmacht, in: Alfred Doil (Hg.): Berliner Kulturstätten, Leipzig 1978, S. 15.
[125] Berlin (s.o.A. 114), S. 4.
[126] A.a.O., S. 31.
[127] Streisand 1981, S. 170.
[128] Streisand 1981, S. 175.
[129] Streisand 1981, S. 187.
[130] Helmut Caspar: Werke von Schlüters Hand, in: Der Morgen, 24.–25. November 1984.

Man bemüht sich nach Kräften, das bauliche Erbe Berlins nicht nur zu restaurieren, sondern es zugleich im Rahmen des Möglichen mit einem „progressiven Anstrich" zu versehen. Ganz oben auf der Rangliste der Baumeister Berlins steht Karl Friedrich Schinkel.

> „Er verstand es, wesentliche Seiten des Bauwesens eines ganzen Staates zu organisieren und zu leiten, dem gesamten Baugeschehen seinen wohltuenden Stempel aufzudrücken und eine Schultradition in der Architektur zu begründen, die sich über längere Zeit zu behaupten vermochte. Er verband wache Aufmerksamkeit für die neuen Bedürfnisse und Möglichkeiten, die aus dem ungeheuren Vorgang der industriellen Revolution resultierten, mit dem Bewußtsein von einer Verpflichtung gegenüber der künstlerischen Tradition, einem kenntnisreichen Wirken als Bauhistoriker (durch seine Rekonstruktionen) und vor allem als einer der Begründer der modernen Denkmalpflege."[131]

Vor der nach Plänen Schinkels erbauten Neuen Wache — zwischen Zeughaus und Universität — stehen heute Soldaten der Nationalen Volksarmee auf Ehrenwacht. An jedem Mittwoch, an Staatsfeiertagen, am Jahrestag der NVA sowie am Gedenktag für die Opfer des Faschismus und Militarismus findet um 14.30 Uhr der Große Wachaufzug statt. Die im Krieg schwer beschädigte Neue Wache war 1957 in ihrer ursprünglichen Form wieder hergestellt und 1960 auf Regierungsbeschluß zum „Mahnmal für die Opfer des Faschismus und Militarismus" deklariert worden. Anläßlich des 20. Jahrestages der DDR wurde 1969 in der neu gestalteten Ehrenhalle die „Ewige Flamme" an den Gräbern des Unbekannten Widerstandskämpfers und des Unbekannten Soldaten entzündet. Unter bronzenen Platten befinden sich 20 Urnen mit blutgetränkter Erde aus Konzentrationslagern sowie von den Schlachtfeldern des Zweiten Weltkrieges bei Moskau und Stalingrad, aus Narvik und aus der Normandie, El Alamain und Monte Cassino.[132]

1984 wurde an der Neuen Wache der Giebelschmuck wieder angebracht. Die kunstvollen Zinkgußfiguren waren vom VEB Denkmalpflege Berlin restauriert worden. Wohl kein Baudenkmal in Ost-Berlin wird gerade von westlichen Touristen so oft fotografiert wie das Mahnmal für die Opfer des Faschismus und Militarismus. Hier im Herzen Berlins können die Besucher aus aller Welt einen Hauch von Preußens Gloria erleben: im Stechschritt paradierende deutsche Soldaten. Die SED weiß, was Berlins Gäste wünschen und daß auch eine sozialistische Armee auf eines nicht verzichten kann: auf Traditionen.

826 alte und neue Denkmale zieren Ost-Berlin. Was fehlte nach der Sprengung des Schlosses, war ein Palast. Ein Fernsehturm — selbst wenn es sich um den zweithöchsten Turm Europas handelt — vermag keinen Palast zu ersetzen. Die SED wollte hoch hinaus in Berlin, aber sie legte auch Wert auf ein repräsentatives Mehrzweckgebäude im Zentrum der Hauptstadt. Am 27. März 1973 beschloß das Politbüro, einen „Palast der Republik" zu errichten — und zwar dort, wo einst das Berliner Schloß stand, am Marx-Engels-Platz. Die Bauzeit

[131] Peter H. Feist: Karl Friedrich Schinkel — ein genialer Baumeister seiner Zeit, in: Prisma 1/81, S. 69.

[132] Weise/Edelhoff 1976, S. 187.

betrug weniger als eintausend Tage. Am 23. April 1976 öffnete der weiße Marmorpalast am Ufer der Spree seine Tore. Im Palast der Republik, so die offizielle Lesart, verwirklichte sich „die Vision progressiver deutscher Architekten zu Beginn unseres Jahrhunderts von der Selbstdarstellung der Werktätigen in lichtdurchfluteten Volkshäusern“[133].

> „Mit diesem Gebäude erfüllt sich der geschichtlich legitime Anspruch der Arbeiterklasse, im Herzen der Hauptstadt des ersten sozialistischen deutschen Staates sich selbst ein Bauwerk zu setzen, das geeignet ist, sie würdig zu repräsentieren. Der Palast der Republik als Haus des Volkes anstelle des alten Schlosses als Haus der preußischen Könige und Kaiser ist Symbol der veränderten Besitzverhältnisse zugunsten der von Ausbeutung befreiten Werktätigen unseres Landes.“[134]

Für Paläste ist auch im Sozialismus Platz — natürlich nur für „Paläste des Volkes“. Schließlich tagt die Volkskammer im Palast der Republik — zweimal im Jahr.

Selbst ein Schlager kündet davon, daß mit dem Palast ein neues Kapitel in der Geschichte Berlins aufgeschlagen wurde:

> „Wo einst Kaiser Wilhelm mächtig seinen Säbel schwang,
> steht der Palast der Republik – ein Mann steht mittenmang,
> und denkt kurz nach, dann sagt er stolz direkt aus dem FF:
> ‚Ick, Wilhelm Kaiser, Baumonteur, ick bin jetzt hier der Chef‘.“[135]

Ungefähr an der Stelle im Bereich der ehemaligen Schloßfreiheit am Kupfergraben, wo 1871 das Denkmal von Kaiser Wilhelm I. aufgestellt worden war, weihte Erich Honecker am 4. April 1986 das Marx-Engels-Forum ein — „ein städtebauliches und künstlerisches Ensemble, das den größten Söhnen des deutschen Volkes, Karl Marx und Friedrich Engels, gewidmet ist“[136].

Im Zentrum des Ensembles: auf einem flachen Granitsockel sitzend Marx, neben ihm stehend Engels — beide in doppelter Lebensgröße. Eingerahmt wird die Figurengruppe von einer aus fünf Marmorblöcken gefügten Reliefwand, zwei beidseitig gestalteten Bronzereliefs und vier Doppelstelen mit in Stahl gebrannten Fotos.

Die zehn Meter lange Reliefwand aus weißem bulgarischen Marmor, die der Bildhauer Werner Stötzer schuf, soll ein Gleichnis auf die mühevolle Menschwerdung sein: „Sie zeigt Menschen in Kampf, Liebe, Trauer, Solidarität, sie symbolisiert die schwere Menschwerdung durch Jahrtausende antagonistischer Klassengesellschaften.“[137]

In den Bronzereliefs von Margret Middell werden Glück und Geborgenheit der Menschen in einer von Ausbeutung und Unterdrückung freien Gesellschaft

---

[133] Graffunder/Beerbaum 1977, S. 15.
[134] Graffunder/Beerbaum 1977, S. 9.
[135] „Berlin, dein Berlin“. Komposition: Klaus Schneider. Text: Karl-Heinz Neumann. Arrangement: Joachim Dannenberg. Interpreten: Monika Hauff und Klaus Dieter Henkler. Rundfunk-Tanzorchester Berlin, Leitung: Günter Gollasch. – Schallplatte „Berlin – Lieder einer großen Stadt“. AMIGA 8 55 569, VEB Deutsche Schallplatten Berlin 1977.
[136] Neues Deutschland, 5./6. April 1986.
[137] Constanze Treuber: Marx und Engels mitten in Berlin, in: Freie Welt 8/86, S. 3.

künstlerisch zum Ausdruck gebracht. Liebespaare und Mutter-Kind-Gruppen sollen im Betrachter das Gefühl erwecken „hier ist Bild geworden, was Marx und Engels als Ideal erfüllten und vollkommenen Menschseins voraussagten“[138].

Eine technische Meisterleistung gelang den Schöpfern des Marx-Engels-Forums bei der Gestaltung der gut fünf Meter hohen Stelen. Eigens für die Stelen entwickelte man ein spezielles Verfahren, um Fotos — in viele tausend Rasterpunkte zerlegt — in Stahl einzubrennen. Aus viereinhalbtausend Fotos wurden 144 ausgewählt — Fotos, die die Geschichte des internationalen Proletariats von der Mitte des 19. Jahrhunderts bis in unsere Zeit dokumentieren.

Wie Ludwig Engelhardt, Schöpfer der Marx-Engels-Gruppe und künstlerischer Gesamtleiter des Forums, betont, wird mit den Stelen der poetischen Ebene der Denkmalsanlage eine zweite Ebene hinzugefügt: die Ebene der Realität.

> „Der subjektiven künstlerischen Aussage kann sich der Betrachter durchaus verschließen, sie als willkürliche Behauptung abtun. Fotos aber sind Dokumente, in ihrer Aussage unleugbar. Sie nicht anzuerkennen, hieße die Wirklichkeit zu leugnen. Durch das Verfahren, sie in den Stahl einzubrennen, haben sie auch eine faszinierende Steigerung erfahren, die deutlich macht, welch hohe Bewertung die übermittelten Nachrichten im Urteil über die Geschichte besitzen.“[139]

Für Engelhardt sind die Stelen und die Reliefs mehr als nur Beiwerk zum Marx-Engels-Denkmal. Alle Teile des Ensembles, der „Denkmalszone“, seien „gleichwertig, gleichgewichtig“. Die einzelnen Elemente des Forums sollen geschichtliche Zusammenhänge aufzeigen:

> „Befreiung kann nur über das Erkennen führen. Sie erfordert zu einem bestimmten Punkt das Erkennen der Zusammenhänge, der Gesetzmäßigkeiten menschlicher Existenz. Dafür stehen in der Achse zwischen den beiden Reliefs die Figuren von Karl Marx und Friedrich Engels. Sie gaben der Welt mit ihrem Denkgebäude von den Gesetzmäßigkeiten menschlicher Entwicklung diese Möglichkeit des Erkennens. Ihre Ideen geben dem revolutionären Prozeß Richtung. Gleichgültig, an welchem Ort der Erde, gleichgültig auch, ob diese Entwicklung schon stattgefunden hat oder erst stattfinden muß. Zwischen den beiden alternativen menschlichen Zuständen wird das Erkennen der Lage immer Voraussetzung sein für die Änderung der Lage. Die Struktur des Denkmals, die sich aus der Stellung der Teile zueinander ergibt, sehen wir als die Umsetzung dieser Realität in ein künstlerisches Bild.“[140]

Nichts wurde dem Zufall überlassen bei der Gestaltung des Marx-Engels-Forums — nicht einmal der Bodenbelag. So pflasterte man das Forum mit Lausitzer Granit, um die enge Verbindung von Proletariat und Straße zum Ausdruck zu bringen. Bei der Einweihung des Forums verwies Erich Honecker darauf, daß für nicht wenige Erkenntnisse, auf denen der wissenschaftliche Sozialismus basiere, die Grundlagen in Berlin gelegt worden seien. Seinen Traditionen des Kampfes gegen Militarismus, Faschismus und Krieg habe Berlin viele

---

[138] Neues Deutschland, 5./6. April 1986.
[139] Wochenpost, Nr. 15/1986, S. 14.
[140] Ebd.

eindrucksvolle Kapitel des sozialistischen Aufbaus hinzugefügt. In Ehren und mit Recht trage Berlin den Namen „Stadt des Friedens". Honecker vor 50.000 Berlinern:

> „Dieses Forum kündet mit künstlerischen Mitteln davon, daß die Ideen der Begründer des wissenschaftlichen Sozialismus in der Deutschen Demokratischen Republik, dem sozialistischen Staat der Arbeiter und Bauern auf deutschem Boden, für immer ihre Heimstatt gefunden haben."[141]

Am Vorabend des XI. Parteitags der SED hoben die deutschen Kommunisten einen weiteren ihrer Helden auf den Sockel eines Denkmals in Berlin. Nach Lenin, Marx und Engels war nun Thälmann an der Reihe.

Eine Schalmeienkapelle in Uniformen des Roten Frontkämpferbundes sorgte für die Begleitmusik, als im neugeschaffenen Ernst-Thälmann-Park im Arbeiterbezirk Prenzlauer Berg das 13 Meter hohe und fast 16 Meter breite Thälmann-Monument eingeweiht wurde. Die Kunstgießer des VEB Schwermaschinenbau Lauchhammer hatten den fünfzig Tonnen schweren Thälmann in Bronze gegossen. Für den Transport nach Berlin mußte die Plastik in 277 Teile zerlegt werden.

Nach dem Willen seines Schöpfers, des sowjetischen Bildhauers Lew Kerbel, soll das Thälmann-Denkmal „ein Symbol des Antifaschismus sein, ein Symbol der roten Fahne und von ‚Rot Front'":

> „Wir möchten, daß dieses Denkmal künftigen Generationen das Bild Ernst Thälmanns, des mutigen Kämpfers für Freiheit und Unabhängigkeit, für die Arbeitersache, für die Sache von Marx, Engels und Lenin nahebringt."[142]

Das Thälmann-Monument steht auf einem Sockel aus rotem Granit — gestiftet von jenen, die Thälmanns Gesinnungsgenossen in Mitteldeutschland zur Macht verhalfen: den Sowjets. „Heute sind die Proletarier von einst die Herren dieser Stadt, der Stadt des Friedens, der Hauptstadt Berlin", brüstete sich Erich Honecker bei der Einweihung des Denkmals. Ein Honecker-Wort auf einer Schrifttafel am Thälmann-Denkmal dokumentiert DDR-Selbstverständnis:

> „Mit der Gestaltung des Sozialismus in der Deutschen Demokratischen Republik setzen wir Ernst Thälmann, dem kühnen Streiter für Freiheit, Menschlichkeit und sozialen Fortschritt unseres Volkes, ein würdiges Denkmal."[143]

Das Thälmann-Denkmal macht deutlich, in wessen Auftrag die deutschen Kommunisten arbeiten. Es zeigt den KPD-Führer mit erhobener Faust, dahinter die rote Fahne, an der Fahnenspitze Hammer und Sichel.

Marx, Engels, Thälmann, Lenin — ihre Präsenz im Stadtbild von Ost-Berlin führt aller Welt vor Augen, wer im „neuen Deutschland" der SED die Macht ausübt. Die Machthaber verhehlen nicht, wessen Geistes Kind sie sind. Sie wissen jedoch sehr genau, daß sich mit dem „roten Erbe" allein Ost-Berlin nicht zu einem Schaufenster des „realen Sozialismus" ausbauen läßt. Und diese Schaufensterfunktion soll die Stadt erfüllen.

---

[141] Neues Deutschland, 5./6. April 1986.
[142] Neues Deutschland, 16. April 1986.
[143] Ebd.

> „Überblickt man die vergangenen fast dreieinhalb Jahrzehnte, so wird gerade auch an der Ausgestaltung Berlins deutlich, daß die Gründung unserer DDR, des ersten sozialistischen Staates der Arbeiter und Bauern auf deutschem Boden, ein Wendepunkt in der Geschichte unseres Volkes und Europas war“,

bemerkte Erich Honecker 1984.[144] Und Konrad Naumann, damals noch 1. Sekretär der SED-Bezirksleitung Berlin, schrieb 1984 in einem Beitrag für die Zeitschrift „Einheit“:

> „Berlin erfüllt als politisches, ökonomisches, geistiges und kulturelles Zentrum der DDR an der Trennlinie der beiden Weltsysteme in Europa und mit einer 46 Kilometer langen Grenze zu Westberlin eine wichtige Funktion in der friedlichen Außenpolitik des ersten Arbeiter- und Bauern-Staates auf deutschem Boden.“[145]

Überschrift des Naumann-Artikels: „Berlin — die Hauptstadt des sozialistischen Deutschland“. Die Überschrift wurde ohne Zweifel mit Bedacht formuliert. Das Kürzel DDR kommt in ihr nicht vor. Berlin-Politik der SED ist Politik über den Tag hinaus.

Mehr als ein Jahrzehnt vor dem 750jährigen Stadtjubiläum Berlins hatte die SED damit begonnen, sich auf das Jubiläumsjahr 1987 vorzubereiten. Im Februar 1976 war vom Politbüro das „Berlin-Programm“ zur Entwicklung der Hauptstadt der DDR bis 1990 beschlossen worden.

Die SED mobilisierte die gesamte Republik, um sich „ihr“ Berlin zurechtzuzimmern. Die Federführung bei den Festvorbereitungen übernahm der erste Mann des zweiten deutschen Staates höchstpersönlich. Unter dem Vorsitz Honeckers konstituierte sich am 7. Februar 1985 das „Komitee der Deutschen Demokratischen Republik zum 750jährigen Bestehen von Berlin“.

Es gelte, die 750-Jahr-Feier Berlins „als ein bedeutendes nationales und internationales Ereignis würdig vorzubereiten“, so Honecker bei der Konstituierung des Komitees.[146] Als Hauptstadt des ersten sozialistischen Staates der Arbeiter und Bauern auf deutschem Boden entwickele sich Berlin „mit friedlichen, mit wahrhaft verheißungsvollen Perspektiven“:

> „In dieser Stadt sind alle progressiven Leistungen und Traditionen der Geschichte lebendig, die zum Fortschritt unseres Volkes und der Menschheit beitragen. Hier nimmt der Sozialismus als Gesellschaftsordnung der Freiheit und der Menschenwürde Gestalt an, steht friedliche Arbeit aller im Zeichen schöpferischer Anstrengungen zum Wohle des Volkes. Berlin, von wo unter imperialistischer Herrschaft in diesem Jahrhundert zwei Weltkriege ausgingen, trägt heute den Ehrennamen ‚Stadt des Friedens‘. Unter Führung der Arbeiterklasse und ihrer Partei, durch das Zusammenwirken aller mit ihnen verbündeten Kräfte wurde in 35 Jahren DDR mehr für ein besseres, sinnerfülltes Dasein der Bürger Berlins, für ihr hohes materielles und kulturelles Lebensniveau getan und erreicht als in Jahrhunderten früherer Stadtgeschichte.“[147]

---

[144] Erich Honecker: Stärke des Sozialismus — entscheidendes Unterpfand im Kampf um den Frieden, in: Neues Deutschland, 13. Februar 1984.

[145] Konrad Naumann: Berlin — die Hauptstadt des sozialistischen Deutschland, in: Einheit 39 (1984) 9/10, S. 840 f.

[146] 750 Jahre Berlin. Konstituierung des Komitees der Deutschen Demokratischen Republik zum 750jährigen Bestehen von Berlin, Berlin (Ost) 1985, S. 5.

[147] A.a.O., S. 8.

Dick aufzutragen gehört zum Stil der SED-Propaganda. Mit großem propagandistischem Aufwand stimmte die Staatspartei die Bürger auf das Stadtjubiläum ein. Im Auftrag des Komitees der DDR zum 750jährigen Bestehen von Berlin verfaßte ein Historikerkollektiv einen Thesenkatalog, der die SED-Herrschaft als Krönung der Stadtgeschichte darstellt.[148]

Die Geschichtswissenschaftler schneiderten für Berlin ein buntes historisches Gewand zurecht, in dem der rote Faden mit den Jahrhunderten zunehmend breiter wird. Gründung und Aufstieg Berlins verkörpere eine Leistung vor allem der großen, den Fernhandel entwickelnden Kaufleute, betonen die Verfasser der Thesen. Bei ihrem Streifzug durch die Stadtgeschichte stoßen sie schon Ende des 14. Jahrhunderts auf „ein selbstbewußtes Berliner Stadtbürgertum, welches sich vor den adligen Rittern nicht duckte, sondern diese wehrhaft in die Schranken wies".

Den „Berliner Unwillen" von 1447/48 werten die Historiker als „gravierendes Ereignis von nationalgeschichtlicher Bedeutung in den Kämpfen zwischen Fürstengewalt und Städtebürgertum im 15. Jahrhundert". Sie kritisieren die „kriegerische Außenpolitik des brandenburgisch-preußischen Staates" und rühmen Friedrich II. als Monarchen, der einen „aufgeklärten Absolutismus" praktiziert habe. Positiv eingeschätzt werden auch namhafte Persönlichkeiten des Berliner Bürgertums:

> „Die besten Vertreter des Berliner Bürgertums, unter ihnen Patrioten wie Ernst Moritz Arndt, Johann Gottlieb Fichte, Karl Friedrich Friesen, Wilhelm von Humboldt, August Wilhelm Iffland, Friedrich Ludwig Jahn, Heinrich von Kleist, Adolf Wilhelm von Lützow und Daniel Friedrich Schleiermacher, waren beispielhaft in ihrem politischen, geistigen wie militärischen Wirken."

Mit der bürgerlich-demokratischen Revolution 1848/49 sei Berlin erstmals zu einem „Brennpunkt revolutionärer Klassenkämpfe von nationaler und europäischer Bedeutung" geworden, unterstreichen die DDR-Historiker. Im Kampf gegen Bismarcks Sozialistengesetz (1878—1890) habe die Berliner Arbeiterklasse einen führenden Platz im „gesamtnationalen Klassenkampf" erlangt:

> „Mit dem Sieg über das Sozialistengesetz, der zugleich ein Triumph der Ideen von Karl Marx und Friedrich Engels war, wurde Berlin zum Zentrum der deutschen marxistischen Arbeiterbewegung."

Die SED-Geschichtsschreiber versäumen nicht zu erwähnen, daß Lenin erstmals 1895 und dann bis 1914 noch neun weitere Male in Berlin geweilt habe. Lenins Erben schufen 1945 mit ihrem Sieg in der „Schlacht um Berlin" — einem „Sieg von welthistorischer Bedeutung" — die Voraussetzungen dafür, daß in der vielhundertjährigen Geschichte Berlins „ein völlig neues Kapitel" aufgeschlagen wurde. Aus den Händen der Sowjetsoldaten hätten die Berliner „das erste Stück Brot des Friedens" empfangen, bemerken die DDR-Historiker. „Inmitten der Ruinen begann das Ringen um die geistige Neugeburt unseres

---

[148] 750 Jahre Berlin. Thesen, in: Neues Deutschland, 14./15. Dezember 1985.

Volkes, wurde der Boden für ein Aufblühen der humanistischen deutschen Kultur, für die ungehemmte Verbreitung der Ideen des wissenschaftlichen Kommunismus und aller Schätze der Weltkultur bereitet."

Besondere Bedeutung wird der Tatsache beigemessen, daß die Geburtsstunde des kommunistischen deutschen Staates in Berlin schlug:

> „War das deutsche Kaiserreich 1871 auf fremdem Boden proklamiert, war die bürgerliche Republik 1919 aus Furcht vor der revolutionären Arbeiterbewegung in Weimar aus der Taufe gehoben worden und hatten sich die imperialistischen Spalter 1949 in das linksrheinische Bonn zurückgezogen, um hier die BRD ins Leben zu rufen, so erfolgte die Gründung des deutschen Arbeiter-und-Bauern-Staates in Berlin, mitten unter den Berlinern."

Volksverbunden, auf historischem Grund stehend, so möchten die Machthaber der DDR ihren Staat der Welt verkaufen. Die Tatsache, daß die Kommunisten in der von ihnen eingemauerten Halbstadt-Hauptstadt Ost-Berlin das Sagen haben, wird nach allen Regeln der Kunst propagandistisch ausgeschlachtet. Wie die Verfasser der Thesen „750 Jahre Berlin" hervorheben, drücke die Neugestaltung Berlins zugleich „die tiefe Verwurzelung der sozialistischen Gesellschaft und ihrer Bürger in fortschrittlichen Traditionen und im kulturellen Erbe der Stadt" aus:

> „Davon zeugen das Lindenforum, der Platz der Akademie mit dem Schinkelschen Schauspielhaus, mit dem Französischen Dom und dem Hugenotten-Museum, die Museumsinsel und die Leipziger Straße sowie das Wohnviertel am Marx-Engels-Forum, unweit jenes Platzes, wo die Wiege Berlins stand."

Es fehlt nur noch, daß die SED behauptet, selbst an der Wiege Berlins gestanden zu haben. Die Unverfrorenheit, mit der die Staatspartei Stadtgeschichte in ihrem Sinne umdeuten läßt, ist atemberaubend. Das Fazit der Hof-Historiker Honeckers: „Die Geschichte Berlins zeugt vom Siegeszug des Sozialismus auf deutschem Boden."

Die Thesen „750 Jahre Berlin" wurden in rund 100.000 illustrierten Exemplaren in 22 Sprachen auf allen Kontinenten verbreitet. Nach Aussage des Ost-Berliner Oberbürgermeisters Erhard Krack bestimmen die Thesen wesentlich die inhaltlichen Aspekte der Geschichtspropaganda, der Publikationstätigkeit in den Massenmedien und Verlagen sowie der Konzeptionen zu den kulturellen und künstlerischen Vorhaben im Jubiläumsjahr.[149]

Was die DDR 1987 in Berlin auf die Beine stellte, war enorm. Auf dem Programm standen weit über 1000 Veranstaltungen, mehr als 120 Ausstellungen, 69 Premieren an Berliner Bühnen, 32 internationale Sportveranstaltungen und Volksfeste in allen Stadtbezirken. Aus Anlaß des Jubiläums erschienen fast 250 Publikationen. Mehr als 20 Berlin-Filme wurden gedreht. Eigens zum Stadtgeburtstag kam ein neues Bier auf den Markt: „Jubilar 750". Höhepunkt des Jubiläumsjahres: ein Staatsakt im Palast der Republik am 23. Oktober 1987.[150]

---

[149] Neues Deutschland, 27./28. September 1986.
[150] 750 Jahre Berlin – Das Buch zum Fest, Berlin (Ost)/Leipzig 1986.

Auf dem XI. Parteitag der SED hatte Erich Honecker verkündet:

> „Mit der Kraft der ganzen Republik werden wir Berlin, die Hauptstadt der DDR, des ersten sozialistischen Staates auf deutschem Boden, weiter ausgestalten."[151]

Jeder Berlin-Besucher soll mit eigenen Augen sehen, „wie ein freies Volk auf freiem Grund sein sinnerfülltes und menschenwürdiges Leben gestaltet", so Honecker auf der 2. Tagung des Komitees der DDR zum 750jährigen Bestehen von Berlin.[152]

Das Stadtjubiläum war für die Staatspartei SED eine goldene Gelegenheit, der Welt das „rote Berlin" als das Berlin der Zukunft zu präsentieren. Jubiläumsgäste, die per Bahn anreisten, empfing Ost-Berlin nicht mehr auf dem Ostbahnhof, sondern auf dem „Hauptbahnhof Berlin". Durch Neugestaltung der Friedrichstraße möchte man „Weltstadtleben wieder erreichen"[153].

Für Oberbürgermeister Krack ist Ost-Berlin schon heute „eine mit pulsierendem Leben erfüllte moderne Weltstadt"[154].

Das andere Berlin — das „vom Imperialismus geschaffene Westberlin" — sucht man auf DDR-Stadtplänen von Berlin vergeblich. In den Westsektoren sei „die durch die Befreiung geschaffene Chance zu einer grundlegenden Erneuerung im Sinne des Antifaschismus, des Friedens und des sozialen Fortschritts, im Geiste der besten Traditionen Berlins" zunichte gemacht worden, heißt es in den Thesen „750 Jahre Berlin".

Daß auch West-Berlin 750 Jahre alt wurde, darüber verlor man in Ost-Berlin kein Wort. Die Verfasser der Thesen „750 Jahre Berlin" erinnern daran, daß auf dem Panier der SED auch die Forderung „nach der Herstellung der Einheit Deutschlands als antifaschistisch-demokratische Republik mit Berlin als Hauptstadt" stand.

Der Zugriff auf die Hauptstadt, die Vereinnahmung Berlins, ist für die SED ein wichtiger Schritt zur langfristigen Realisierung eines Anspruchs, der nie aufgegeben wurde.

Zur Untermauerung dieses Anspruchs ließ man die „großen Berliner" von gestern zum Stadtjubiläum 1987 aufmarschieren. Dr. Rolf Liebold, Leiter der Presseabteilung des Magistrats von Ost-Berlin:

> „Wenn die Verblichenen alle mitfeiern könnten — der Pastor Symeon und sein Chef im Brandenburger Dom, der ‚Alte Fritz' und der Feldmarschall von Gneisenau, die Herren Architekten Schinkel und Schadow, die Gebrüder Grimm und Humboldt, Carl Maria von Weber und Paul Lincke und weitere große Köpfe, die in die Geschichte eingingen —, dann würde wohl so manch einer von ihnen sagen: ‚Mensch, Berlin, wie haste dir verändert!'"[155]

---

[151] Neues Deutschland, 18. April 1986.
[152] Neues Deutschland, 27./28. September 1986.
[153] So die Hauptarchitektin für das Berliner Stadtzentrum Solweig Steller im „Berliner Rundfunk", „Treffpunkt Alexanderplatz", 24. November 1986, 10.40 Uhr.
[154] Neues Deutschland, 27./28. September 1986.
[155] Gewerkschaftsleben, Nr. 11/1986, S. 48.

IV. Die Traditionserziehung der jungen Generation

„Der Fackelzug

Als es Abend wurde
am elften Oktober im Jahr neunundvierzig,
Unter den Linden, vor der Universität, die den Namen Humboldts trägt,
war versammelt im Lichte zahlloser Fackeln
eine vieltausendköpfige Menge –
und es war anders als sonst –
In den Worten des Redners auf der Tribüne,
der nicht viel höher stand als die Lauschenden,
war jene Erregung, die einen Menschen ergreift,
wenn er weiß,
daß diese Stunde eine große ist in der Geschichte seines Volkes,
und so sprach er mit einer Stimme, die Glück und Stolz zittern machte,
Wir, die deutsche Jugend, geloben der
Deutschen Demokratischen Republik
Treue ...
Und nach einer Sekunde der Stille brach sich wie
langaufgestautes Wasser, dem das letzte Hindernis genommen,
der Beifall durch die Oktoberluft,
hallte wider von der Ruine der Staatsoper zu den grauen Mauern
der Universität, die noch die Spuren der Gefechte trug
und in deren Fenstern Studenten und ihre Lehrer
dem verhallenden Echo neue Kraft verliehen –
und ich, fünfzehnjährig,
den Krieg noch fühlend und den Frieden mehr und mehr erlebend,
nahm meine Fackel mit.

Fred Gertz“[156]

Am 11. Oktober 1949, vier Tage nach Gründung der Deutschen Demokratischen Republik, hatte Erich Honecker als Vorsitzender der Freien Deutschen Jugend vor Präsident Wilhelm Pieck das erste Gelöbnis der jungen Generation der DDR gesprochen.

Dreieinhalb Jahrzehnte später: 6. Oktober 1984 – Berlin, Unter den Linden. Am Vorabend des Nationalfeiertages der DDR. Über 300.000 FDJler aus allen Teilen der Republik sind in die Hauptstadt gekommen, um an historischer Stätte „ihre Kampfbereitschaft zur weiteren Stärkung des Sozialismus und zur Sicherung des Friedens zu demonstrieren“ – so unisono die Presse der DDR. Der „Morgen“ über diesen Abend in Ost-Berlin:

„Die Jugend der DDR bekundet ihre Treue zur Partei der Arbeiterklasse und zum sozialistischen Vaterland. Im Licht der Scheinwerfer und der Tausende und aber Tausende Fackeln bietet sich zwischen Marx-Engels-Platz und Brandenburger Tor ein farbenprächtiges Bild. Und immer wieder erschallen Hochrufe auf das Zentralkomitee der SED und seinen Generalsekretär Erich Honecker, der mit den Mitgliedern der Partei- und Staatsführung gemeinsam mit Andrej Gromyko und den weiteren ausländischen Gästen die Strecke vom Palast

[156] National-Zeitung, 8. Oktober 1984.

der Republik, von der Festveranstaltung kommend, zur Ehrentribüne vor der Humboldt-Universität zu Fuß zurücklegt. Die Jugendlichen und Zehntausende Berliner bilden ein dichtes Spalier. ‚Frieden, Freundschaft, Solidarität‘, ‚SED-FDJ‘, ‚DDR-UdSSR‘, vieltausendstimmig erklingen die traditionellen Rufe.“[157]

Die Nationalhymne leitet die Manifestation der Jugend ein. Anschließend übergibt der 1. Sekretär des FDJ-Zentralrates, Eberhard Aurich, gemeinsam mit Verbands-Aktivisten Erich Honecker eine Kassette mit den Ergebnissen des „Friedensaufgebots der FDJ“ und der Pionier-Expedition „Meine Heimat – DDR“ zur Vorbereitung des 35. Jahrestages. Der FDJ-Chef bekräftigt das Bekenntnis zum sozialistischen Vaterland. Dann setzt sich der Fackelzug in Bewegung: An der Spitze des ersten von insgesamt 18 Marschblöcken ein Transparent mit jener Losung, die auch 1949 im Fackelzug ganz vorn mitgeführt wurde: „Es lebe die Deutsche Demokratische Republik“. FDJler aus dem Bezirk Erfurt dokumentieren, welchem Erbe sich diese Republik verpflichtet fühlt. Die Jugendlichen tragen Portraits der Vorkämpfer und Wegbereiter des Sozialismus vor sich her: Portraits von Karl Marx, Friedrich Engels, Wladimir Iljitsch Lenin, Karl Liebknecht, Rosa Luxemburg, Ernst Thälmann, Wilhelm Pieck, Otto Grotewohl. Auch Walter Ulbricht fehlt nicht in der Reihe der Großen von gestern. Die Abgesandten des Bezirks Magdeburg präsentieren andere Köpfe: die Portraits von Führern nationaler Befreiungsbewegungen. Motto des Marschblocks der jungen Sozialisten des Bezirks Dresden: „Gründung der DDR – Wendepunkt in der Geschichte des deutschen Volkes“.

Zu diesem Wendepunkt wäre es nicht gekommen ohne die Waffenbrüder aus der Sowjetunion. Auch sie marschieren mit im Fackelzug – neben ihnen FDJ-Mitglieder in Uniform. Losung: „Gemeinsam für den Schutz des Friedens und des Sozialismus“. Die „Morgen“-Reporter berichten:

> „Beifall brandet auf. Angehörige der Sowjetarmee in den Uniformen der Soldaten des Großen Vaterländischen Krieges marschieren an der Ehrentribüne vorbei. Auf den Schultern tragen sie Jungpioniere. Das Symbol des Ehrenmals in Treptow wird im Schein der Fackeln lebendig.
> Dieser Fackelzug ist eine großartige Rechenschaftslegung der FDJler aus allen Bezirken unserer Republik vor der Partei- und Staatsführung am Vorabend des 35. Jahrestages der DDR. Die Mädchen und Jungen bekunden erneut ihre Treue zur Partei der Arbeiterklasse und ihrem sozialistischen Vaterland, ihre Kampfbereitschaft zur weiteren Stärkung des Sozialismus und zur Sicherung des Friedens.“[158]

Fackelzüge an historischen Stätten sind längst zu einem Stück FDJ-Tradition geworden. Wenn die Republik Geburtstag feiert – einen runden Geburtstag –, erweisen die FDJler dem sozialistischen Vaterland DDR ihre Reverenz. Das war so am 10., am 20., am 25., am 30. und 1984 am 35. Jahrestag. Das Ritual ist immer das gleiche: Die Fackeln, die Fahnen, die Lieder, die Losungen, die Hochrufe – und zum Abschluß die Internationale. Der Zentralrat der FDJ versteht es meisterhaft, politische Massenveranstaltungen zu organisieren und in Szene zu setzen.

---

[157] Der Morgen, 8. Oktober 1984.
[158] Ebd.

Die deutschen Kommunisten sahen sich 1945 mit der Aufgabe konfrontiert, ein vom Nationalsozialismus geprägtes Volk auf den Kommunismus umzupolen. Walter Ulbricht schätzte die Bewußtseinslage der Deutschen durchaus realistisch ein. Auf der ersten Funktionärskonferenz der KPD Groß-Berlins erklärte Ulbricht am 25. Juni 1945:

> „Es wäre eine Selbsttäuschung zu glauben, daß Hitler seine barbarische Kriegspolitik nur mit Hilfe des grausamsten Terrors gegen das eigene Volk durchführen konnte. Wer sich daran erinnert, mit welcher Begeisterung die Mehrheit des deutschen Volkes Hitler zujubelte, als die deutschen Armeen vor Moskau standen, der wird nicht bestreiten können, daß die imperialistische und militaristische Ideologie tief in unserem Volk sitzt und daß selbst diejenigen, die von banger Sorge um die Zukunft Deutschlands erfüllt waren, nicht die Kraft aufbrachten, gegen den Strom zu schwimmen."[159]

Ulbricht verwies auf die verhängnisvollen Folgen der Tatsache, daß das deutsche Volk nicht einmal in der Lage gewesen sei, die bürgerlich-demokratische Revolution im Jahre 1848 zu vollenden.

> „Wie verhängnisvoll hat es sich ausgewirkt, daß die Einigung des Reiches im Jahre 1871 nicht durch den demokratischen Willen des Volkes, sondern unter dem Kommando der preußischen Junker erfolgte. Selbst nach der Niederlage im Ersten Weltkrieg verstand das deutsche Volk nicht, daß die Vernichtung der Herrschaft der Großgrundbesitzer und Militaristen im nationalen Interesse lag.
> Aus diesen Gründen ist unsere grundlegende Orientierung in der gegenwärtigen Situation — die Vollendung der bürgerlich-demokratischen Revolution, die im Jahre 1848 begonnen hatte. Das heißt, die Junker, Fürsten und Großgrundbesitzer sollen enteignet und Deutschland von der Ideologie des preußischen Militarismus gereinigt werden."[160]

Da die Pläne der Kommunisten nicht ohne eine breite Mitwirkung der Jugend zu verwirklichen waren, konnte man sich politische Scheuklappen 1945 nicht leisten. Das hieß konkret: Ehemalige HJ- und BDM-Mitglieder mußten zur Mitarbeit gewonnen werden. Heute wird dieses Kapitel FDJ-Geschichte so dargestellt:

> „In die Jugendarbeit wurden von Beginn an ehemalige Mitglieder faschistischer Organisationen einbezogen. Hier konnten sie am besten beweisen, daß sie aus der Vergangenheit gelernt hatten."[161]

Mit patriotischen Tönen warben die Machthaber in Ost-Berlin um die Gefolgschaft der Jugend. Im „Gelöbnis der deutschen Jugend", das Erich Honecker am 11. Oktober 1949 sprach, ist mit keinem Wort vom Vorbild Sowjetunion geschweige denn vom Marxismus-Leninismus die Rede. Allenfalls die Losung „Es lebe die Deutsche Jugend im Bund mit der friedliebenden Jugend aller Länder" läßt erahnen, wohin die politische Reise gehen wird im Staate der SED. Eindeutig dominierend jedoch die nationale Akzentsetzung:

> „Zum erstenmal in der langen Geschichte unseres Landes haben das deutsche Volk und seine Jugend sich einen Staat und eine Regierung geschaffen, die den wahren Interessen der deutschen Nation entsprechen.

---

[159] Ulbricht 1968, S. 20.
[160] Ebd.
[161] Geschichte der Freien Deutschen Jugend, 2., durchgesehene Auflage, Berlin (Ost) 1983, S. 91.

Zum erstenmal in ihrer Geschichte darf die deutsche Jugend in Vertrauen und Liebe sich zu diesem Staat und seiner Regierung bekennen.
In dieser feierlich-freudigen Stunde gedenkt die deutsche Jugend der Lehren, die ihr Jahrhunderte bitterster Erfahrungen erteilt haben. Sie gedenkt der Helden und Märtyrer des deutschen Volkes, die von den Bauernkriegen bis zum Widerstand gegen Hitler für ein Deutschland des Volkes kämpften und starben. Sie gedenkt der Millionen junger Deutscher, die für volksfeindliche Interessen in Eroberungskriegen gegen friedliche Völker hingeopfert wurden.“[162]

Es folgt das Treue-Bekenntnis zur Deutschen Demokratischen Republik — „weil in ihr die Selbstbestimmung des deutschen Volkes zum erstenmal im ganzen Umfang hergestellt sein wird“, „weil sie das wahre Haus des Volkes ist und sein wird“.

35 Jahre später sind die Begriffe „deutsches Volk“ und „deutsche Nation“ für die SED nicht mehr existent. Im Gelöbnis der FDJ von 1984 findet sich lediglich der Terminus „deutscher Boden“. Erstmals hätten auf diesem Boden Frieden und Menschenwürde ihre Heimat gefunden:

„Hier wird vollendet der Kampf der besten Söhne und Töchter unseres Volkes, der Kämpfer gegen Faschismus und Krieg, der Aktivisten des schweren Anfangs.
Hier schmieden die Arbeitenden, geführt von der SED, ihr eigenes Glück.“[163]

Auch die SED war im „Gelöbnis der deutschen Jugend“ von 1949 nicht erwähnt worden. Die politische Standortbestimmung von 1984 läßt dagegen an Deutlichkeit nichts zu wünschen übrig.

„Wir stehen ein
für unseren unzerstörbaren Bund mit der Sowjetunion und den anderen Ländern der sozialistischen Welt.
Niemals vergessen wir den heldenhaften und opferreichen Kampf des Sowjetvolkes, der unserem Volk die Freiheit und den Frieden brachte.
Proletarischer Internationalismus, Völkerfreundschaft und antiimperialistische Solidarität sind uns Sache des Herzens und des Tuns.
Wir stehen ein
für die Erhaltung des Friedens und den sozialen Fortschritt in der Welt.
Ihrem Feind, dem Imperialismus, geben wir nirgendwo eine Chance!
Wir werden Frieden schaffen gegen NATO-Waffen!
Wir stehen ein
für die weitere Verwirklichung der revolutionären Ideen von Marx, Engels und Lenin,
für die Erfüllung des Programms
der Sozialistischen Einheitspartei Deutschlands.
Als Thälmannsche junge Garde wollen wir unser Bestes geben, für das Wohl des Volkes und die Sicherung des Friedens.
Alles für die allseitige Stärkung und den zuverlässigen Schutz unserer Deutschen Demokratischen Republik!
Das geloben wir!“[164]

Es war ein langer Weg, den die FDJ von 1949 bis 1984 zurücklegte — ein Weg weg von Deutschland und hin zum „Vaterland DDR“ — und zur Sowjetunion. Die deutsche Jugend zwischen Elbe und Oder wurde zielstrebig ins politisch-

---

162 A.a.O., S. 183.
163 National-Zeitung, 8. Oktober 1984.
164 Ebd.

ideologische Fahrwasser der UdSSR gelotst. Die Lotsen auf der Brücke hießen Walter Ulbricht und Erich Honecker. Honecker — bevor er selbst zum Kapitän avancierte — über Ulbricht:

> „Walter Ulbricht war zeit seines Lebens ein treuer Freund der Sowjetunion. In diesem Geist erzieht er auch die Jugend. Er lehrt sie, die Freundschaft mit der sozialistischen Sowjetunion als das heiligste Gut im Kampf für die gerechte Sache unseres Volkes zu betrachten. Er lehrt sie, stets ihrem großen Vorbild,der heldenhaften Sowjetjugend und dem Komsomol, nachzueifern. ‚Von der Sowjetunion lernen, heißt siegen lernen' — diese Worte des Genossen Ulbricht sind das Ergebnis seiner eigenen Lebens- und Kampferfahrungen und Richtschnur vor allem für die Jugend."[165]

Die Sowjetisierung der DDR-Jugend erfolgte rasch und konsequent. Als dem Verband der Jungen Pioniere am 23. August 1952 in Dresden der Name Pionierorganisation „Ernst Thälmann" verliehen wurde, als Politbüro-Mitglied Hermann Matern die Jungen Pioniere aufrief, sich mit der roten Fahne auch das rote Halstuch zu erkämpfen, da gelobten die Pioniere bereits: „Wir geloben, die Freundschaft mit der Sowjetunion zu pflegen und zu hüten so wie Ernst Thälmann und Wilhelm Pieck."[166]

Heute ist Freundschaft zur Sowjetunion „Pioniergesetz". Im Statut der Pionierorganisation „Ernst Thälmann" heißt es:

> „Wir handeln als unerschütterliche Freunde der Sowjetunion und der anderen sozialistischen Bruderländer, üben aktive Solidarität mit allen um ihre Freiheit und Unabhängigkeit kämpfenden Völkern und hassen den Imperialismus."[167]

Das Statut der Pionierorganisation definiert das historische Erbe, das die Staatsjugend der DDR angetreten hat:

> „Die Partei der Arbeiterklasse hat unserer Organisation den Namen des Arbeiterführers, des großen Patrioten und Internationalisten, des Freundes der Sowjetunion, Ernst Thälmann gegeben. Sie verlieh uns das rote Ehrenbanner und allen Thälmannpionieren das Recht, das rote Halstuch zu tragen. Wir Pioniere wollen uns Ernst Thälmanns immer würdig erweisen.
> Wir wollen und wirken aktiv mit, daß alle Jungen Pioniere und Schüler den hervorragenden Patrioten unseres Volkes und revolutionären Kämpfern der Arbeiterbewegung nacheifern und gute Taten für unsere Deutsche Demokratische Republik vollbringen."[168]

Weder die „hervorragenden Patrioten" noch die „revolutionären Kämpfer der Arbeiterbewegung" werden beim Namen genannt. Für die Pioniere reduziert sich die Vorbildpflege auf einen Namen: Ernst Thälmann. Der Thälmann-Kult nimmt Ausmaße an, die jeder Beschreibung spotten. Schülern der dritten Klasse wird Ernst Thälmann im Lehrbuch „Heimatkunde" auf acht Seiten vorgestellt. Außer Thälmann finden im Lehrbuch einzig und allein Antifaschisten wie der Kommunist Bernhard Bästlein und die Geschwister Scholl rühmende Erwähnung. Vom „mutigen Kampf der deutschen Antifaschisten" künden

[165] Zit. nach Ulbricht 1968, S. 13.
[166] Geschichte der Freien Deutschen Jugend (s.o.A. 161), S. 247.
[167] Zit. nach Die Führung der Jungpioniergruppe, Berlin (Ost) 1982, S. 99.
[168] Ebd.

zwei Seiten. Sehr viel breiteren Raum nehmen Loblieder auf die Sowjetunion ein. Überschrift: „Vom Heldentum und von den Opfern der Sowjetsoldaten bei der Befreiung ihres Landes und der Zerschlagung des Faschismus."[169]

Geradezu peinlich mutet die Unterwürfigkeit gegenüber der Besatzungsmacht UdSSR an. Wenn nichts anderes den Anspruch der Ost-Berliner Kommunisten, eine *Deutsche* Demokratische Republik geschaffen zu haben, Lügen straft, so jene Arbeitsaufgaben, die 40 Jahre nach dem Einmarsch der Roten Armee Schülern der dritten Klasse gestellt werden:

> „1. Berichte, wie in deinem Heimatkreis jedes Jahr am 8. Mai der gefallenen Sowjetsoldaten und der ermordeten deutschen Antifaschisten gedacht wird!
> 2. Erkunde in deinem Heimatkreis Gedenkstätten für gefallene Sowjetsoldaten und Widerstandskämpfer! Nutze dazu die Rückseite der Kreiskarte!
> 3. Überlege, wie deine Pioniergruppe das Andenken dieser Helden ehren kann!"[170]

Deutschen Kindern wird Sowjet-Patriotismus eingeimpft. Man hält sie dazu an, Traditionen zu pflegen, die nicht die ihren sind, beispielsweise „Timur-Einsätze" zu unternehmen.[171] Daß Deutschland mehr ist als die DDR, erfahren die Kinder nicht in der „Heimatkunde". Die Planskizze des Heimatortes verzeichnet eine Berliner Straße und eine Moskauer Straße.[172] Die Autoren der „Heimatkunde" bringen es fertig, im achtseitigen Beitrag über Ernst Thälmann den Namen von Thälmanns Heimatstadt Hamburg nicht ein einziges Mal zu erwähnen. Auch die Geschwister Scholl verbreiteten ihre Flugblätter an einem namenlosen Ort. München ist keine Stadt, die Schüler der dritten Klasse in der DDR kennen müssen. Moskau liegt näher. In Moskau leben Lenin-Pioniere. Und „Lenin- und Thälmann-Pioniere schreiben einander". Das Lehrbuch „Heimatkunde" unter der Überschrift „Ein Brief aus Moskau":

> „Uwe besucht die dritte Klasse. Seine Schwester Maika ist 13 Jahre alt und geht in die siebente Klasse.
> Heute hat Maika einen Brief von Sweta bekommen. Sweta wohnt in Moskau und ist Leninpionier. Maika und Sweta sind Freundinnen. Sie schreiben sich oft.
> Über diesen Brief freut sich Maika ganz besonders. Sweta hat ihr Oktoberkinderabzeichen mitgeschickt. Uwe hat das Abzeichen gleich an seine Jacke gesteckt.
> Als Mutti und Vati von der Arbeit kommen und das Abzeichen sehen, wissen sie sofort, daß wieder ein Brief aus Moskau eingetroffen ist. Nach dem Abendbrot liest Maika allen den Brief vor."[173]

Auf mehr als drei Seiten des Lehrbuches wird dokumentiert, daß die Pioniere der Deutschen Demokratischen Republik und die Pioniere der Sowjetunion gute Freunde sind. Am Ende des Abschnitts stehen wiederum Arbeitsaufgaben:

---

[169] Heimatkunde. Lehrbuch für die Klasse 3, Berlin (Ost) 1984, S. 78.
[170] A.a.O., S. 84.
[171] „Timurhelfer" sind Junge Pioniere, die in ihrer Freizeit hilfsbedürftige, besonders ältere Menschen beim Einkaufen, Kohlenholen u.ä. unterstützen. Der Begriff wurde geprägt nach der Titelfigur eines Kinderbuches des sowjetischen Schriftstellers Arkadi Gaidar.
[172] Heimatkunde (s.o.A. 169), S. 21.
[173] A.a.O., S. 58.

„1. Erinnere dich, was du in Klasse 2 aus den Texten ‚Mischa schreibt an Peter' und ‚Sternchengeburtstag' über die Oktoberkinder in der Sowjetunion erfahren hast!
2. Erkundige dich, welche Verbindungen zwischen eurer Pionierfreundschaft und Pionieren in der Sowjetunion oder in anderen sozialistischen Ländern bestehen!
3. Vergleiche die Gesetze der Thälmannpioniere und die der Leninpioniere und finde heraus, was sie gemeinsam haben!"[174]

Das Lehrbuch „Heimatkunde" erschien 1984 in der ersten Auflage. Es ist ein beredtes Zeugnis dafür, daß eine nichtkommunistische Erbepflege — zumindest bei den Jungen Pionieren — nicht stattfindet. Die kommunistische Indoktrination beginnt so früh als eben möglich. Schon 12- und 13jährigen wird bewußtgemacht, „daß das Kommunistische Manifest Wege aufzeigt zur Verwirklichung des Traumes vom Leben in einer besseren Welt"[175]. Und ihnen wird jeden Tag aufs neue vor Augen geführt, daß die treibende Kraft bei der Schaffung jener „besseren Welt" die Sowjetunion ist. Um den Kindern das zu verdeutlichen, präsentiert man ihnen „Helden zum Anfassen". Da sowjetische Politiker sich in dieser Rolle schwertun würden, läßt man Kosmonauten auftreten. Kosmonauten „verkörpern die Zukunft", Kosmonauten demonstrieren, daß der „Bruderbund" DDR-UdSSR selbst im All Realität ist.

Am 18. August 1983 begrüßten 4000 Mädchen und Jungen im Pionierpalast „Ernst Thälmann" in Berlin die Helden der Sowjetunion und der DDR Waleri Bykowski und Sigmund Jähn. Der Sowjet-Kosmonaut mahnte die Pioniere, anläßlich des 39. Jahrestages der Ermordnung von Ernst Thälmann „getreu seinem Vermächtnis fleißig zu lernen und die Freundschaft mit der Sowjetunion in Ehren zu halten".

„Kinder und Kosmonauten" — auch das ist ein Beitrag zur Sowjetisierung bzw. Russifizierung der DDR. Die Zeitschrift „Pionierleiter", Organ des Zentralrates der FDJ für Funktionäre in der Pionierorganisation „Ernst Thälmann", über den Auftritt der Flieger-Kosmonauten im Pionierpalast:

„Das Sprachgewirr schafft eine internationale Atmosphäre im Raum, und manch einer bedauert sicher wie ich, das Russische nicht besser zu beherrschen. Dann könnte man die Fragen der Leninpioniere sofort verstehen. Ja, Sigmund Jähn hat da keine Schwierigkeiten. Er antwortet sogar versehentlich auf russisch. Die Sprache der Freunde ist ihm zur zweiten Muttersprache geworden. Mir imponiert das. Ob die Kinder genauso empfinden? Begreifen sie, was die kameradschaftliche Zusammenarbeit dieser Männer bedeutet?"[176]

Wie ein roter Faden durchzieht die Freundschaftspflege mit dem Lande Lenins die gesamte Jugendarbeit in der DDR. Die Russifizierung geschieht mal laut, mal leise, mal verdeckt, mal offen, aber sie ist allgegenwärtig. Nicht selten wird sie in ein vermeintlich patriotisches Gewand gekleidet, wenn beispielsweise in den Text des Liedes „Unsere Republik" so ganz nebenbei das russische Wort „Drushba" (Freundschaft) eingestreut wird.

---

[174] Ebd.
[175] Heike Bierstedt: Wie wir mit dem Manifest arbeiten, in: Pionierleiter 34 (1983) 17, S. 5.
[176] Heidi Gerlach: Kinder und Kosmonauten, in: Pionierleiter 34 (1983) 17, S. 10.

„Unsre Republik soll leben, unser schönes Heimatland,
seine Berge, Seen und Wälder, Sonnenglanz am Ostseestrand.

Unsre Republik soll leben, immer schöner wird ihr Kleid.
Dörfer, Städte, Werke wachsen, und die Arbeit ist befreit.

Unsre Republik soll leben. Gute Freunde hat sie viel.
Drushba, das ist ihre Stärke. Kommunismus ist ihr Ziel.

Unsre Republik soll leben. Uns gilt ihre Liebesmüh.
Und wir lachen und wir lernen, und wir alle lieben sie.“[177]

Daß da von einer *deutschen* Republik die Rede ist, geht aus dem Text nicht hervor. Das Lied „Unsere Republik“ könnte genausogut in der Estnischen oder der Lettischen Sowjetrepublik gesungen werden.

Auf der Grundlage eines „klassenmäßigen Herangehens an die nationale Frage“ soll die DDR-Jugend zu der Überzeugung gelangen, „daß die Zukunft ihres sozialistischen Vaterlandes, der DDR, nur dann gesichert ist, wenn es sich fest in die sozialistische Staatengemeinschaft einordnet, im Bruderbund sozialistischer Länder seiner Verantwortung gerecht wird“[178]. In dem von der Akademie für Pädagogische Wissenschaften der DDR unter dem Titel „Sozialistische Erziehung älterer Schüler“ veröffentlichten Handbuch für Klassenleiter, Lehrer und Erzieher wird die Forderung erhoben, das Bekenntnis zum Sozialismus „stets als Bindung an den ersten deutschen Arbeiter- und Bauernstaat auszuprägen und als bewußte Abgrenzung vom westdeutschen Staat der Monopol-Bourgeoisie zu entwickeln“.

„Es ist eine grundlegende Aufgabe, unserer Jugend die Ideen des Patriotismus, der Heimat- und Vaterlandsliebe konsequent klassenmäßig nahezubringen, d.h. ein Gefühl und Bewußtsein tiefer Verbundenheit mit dem ersten deutschen Arbeiter- und Bauernstaat auszubilden, der alle progressiven nationalen Traditionen repräsentiert, pflegt und fortentwickelt, der fest und unverrückbar in die sozialistische Staatengemeinschaft eingefügt ist und nur dort seine historische Mission erfüllen und die Bedingungen seiner eigenen Höherentwicklung finden kann.“[179]

In der Erziehungsarbeit wird eine „immer tiefere innere Verbindung und Durchdringung von sozialistischem Patriotismus und proletarischem Internationalismus“ angestrebt.[180] Wie die Autoren des Handbuchs für Klassenleiter, Lehrer und Erzieher betonen, findet das Vaterlandsbewußtsein, das der DDR-Jugend vermittelt wird, im Bewußtsein der Zugehörigkeit zur sozialistischen Staatengemeinschaft sein entscheidendes Kriterium. Die Forderung lautet klipp und klar:

„Die Mädchen und Jungen sind so zu erziehen, daß sie als Patrioten in den Maßstäben der sozialistischen Staatengemeinschaft mit der Sowjetunion an der Spitze denken, fühlen und handeln lernen.“[181]

---

177 „Unsere Republik“. Text: Helmut Stöhr. Musik: Wolfgang Lesser. Zit. nach Pionierleiter 34 (1983) 17, S. 6.
178 Sozialistische Erziehung älterer Schüler. Handbuch für Klassenleiter, Lehrer und Erzieher, Berlin (Ost) 1974, S. 23.
179 Ebd.
180 A.a.O., S. 2.
181 A.a.O., S. 24 f.

Auch eine alte Tradition der deutschen Arbeiterbewegung — die Jugendweihe — dient im Staate der SED dazu, den Jugendlichen ein Bekenntnis zur Freundschaft mit der Sowjetunion abzuverlangen. In einem Passus des Jugendweihe-Gelöbnisses heißt es:

> „Seid ihr bereit, als wahre Patrioten die feste Freundschaft mit der Sowjetunion weiter zu vertiefen, den Bruderbund mit den sozialistischen Ländern zu stärken, im Geiste des proletarischen Internationalismus zu kämpfen, den Frieden zu schützen und den Sozialismus gegen jeden imperialistischen Angriff zu verteidigen, so antwortet:
> Ja, das geloben wir!“[182]

Über 97% der vierzehnjährigen DDR-Bürger geloben alljährlich, „getreu der Verfassung für die große und edle Sache des Sozialismus zu arbeiten und zu kämpfen und das revolutionäre Erbe des Volkes in Ehren zu halten“. Der Rückgriff auf die Tradition der Jugendweihe erfolgte vor drei Jahrzehnten. Am 14. November 1954 waren in der DDR Ausschüsse für Jugendweihe gegründet worden. In einer von Erich Honecker unterzeichneten Grußadresse anläßlich des 30. Jahrestages der Ausschüsse würdigte das Zentralkomitee der SED ihr Wirken:

> „Mehr als sechs Millionen Schüler wurden im Verlauf der Jahre durch die Jugendstunden mit neuen wissenschaftlichen Erkenntnissen, mit den sittlichen Werten unserer Gesellschaft, ihren Kulturgütern, mit den reichen Lebenserfahrungen und der Weltanschauung hervorragender Vertreter der Arbeiterklasse und anderer Werktätiger vertraut gemacht.“[183]

Zu den Riten der DDR-Jugendweihe gehört es, im Rahmen der Jugendstunden Gedenkstätten antifaschistischer Widerstandskämpfer aufzusuchen. Auch das Thema „Stärkung der Republik“ steht auf dem Programm. Immer mehr in den Vordergrund rückt die Freundschaftspflege mit der Sowjetunion. Manfred Hütter, seit 1981 Vorsitzender der Feierkommission des Jugendweihe-Bezirksausschusses Berlin, erklärte in einem Gespräch mit dem „Morgen“:

> „Anläßlich des 40. Jahrestages der Befreiung unseres Volkes vom Faschismus wird der Freundschaftsgedanke in den Jugendweiheprogrammen eine dominierende Rolle spielen.“[184]

Erbepflege, das bedeutet für die Freie Deutsche Jugend Pflege des „revolutionären Erbes“ und Pflege des Sowjeterbes. Schüler werden dazu aufgefordert, „auf den Spuren sowjetischer Helden und deutscher Antifaschisten zu wandeln“, Forschungsstäbe zu bilden und Forschungsarbeiten zu verfassen zum Ruhme der Rotarmisten und deutschen Kommunisten.[185] Das Handbuch für Klassenleiter, Lehrer und Erzieher „Sozialistische Erziehung älterer Schüler“ betont, daß revolutionäre Traditionen durch ihren tiefen Klasseninhalt und aufgrund des Bedürfnisses der Heranwachsenden, sich an Vorbildern zu

---

[182] National-Zeitung, 14. November 1984.
[183] Ebd.
[184] Mathias Frankenstein: Feierlich soll's sein, in: Der Morgen, 14. November 1984.
[185] Rudolf Janert: Was in Jacobsthal geschah, in: National-Zeitung, 7. November 1984.

orientieren, auf das Denken, Fühlen und Handeln der Jugendlichen und auf die Motivierung ideologischer Positionen einen nachhaltigen Einfluß ausübten. Durch das Nutzen der revolutionären Traditionen könne bei den Jugendlichen die Überzeugung gefestigt werden, daß die heutigen Arbeits- und Lebensbedingungen das Ergebnis eines langwierigen und aufopferungsvollen Kampfes der Arbeiterklasse seien. Das Handbuch nennt sieben Formen und Methoden der Bewahrung und Nutzung revolutionärer Traditionen, die sich als erzieherisch besonders wirksam erwiesen hätten:

> „An erster Stelle steht der Kampf der FDJ-Grundorganisation um den Namen eines revolutionären Vorbildes und um das Ehrenbanner des Zentralrats der FDJ. Der Kampf um den Namen eines Revolutionärs wird auf der Grundlage eines Kampfprogramms der FDJ-Grundorganisation geführt, das die wichtigsten Aufgaben enthält, die sich die FDJ-Grundorganisation bei der Verwirklichung des FDJ-Auftrages stellt. FDJ-Grundorganisationen, die auf hervorragende Arbeits- und Erziehungsergebnisse verweisen können, erhalten auf Beschluß der Kreisleitung der FDJ den Namen im Rahmen einer feierlichen Veranstaltung verliehen. FDJ-Grundorganisationen, die bereits mit der Verleihung eines Namens geehrt wurden, nehmen den Kampf um das Ehrenbanner des Zentralrats der FDJ auf. [...] Nicht die Tatsache, daß die Grundorganisation mit dem Namen ihres revolutionären Vorbildes ausgezeichnet wurde, ist die Tradition, sondern die ständige Arbeit mit dem revolutionären Vorbild muß zur Tradition werden.“[186]

Gleichfalls erzieherisch wirksam seien „Begegnungen mit Genossen der SED, die im historischen Umwälzungsprozeß der vergangenen Jahrzehnte in vorderster Linie gestanden hätten“. Als dritte Form der Traditionsnutzung führt das Handbuch für Klassenleiter, Lehrer und Erzieher „Veranstaltungen an historischen Stätten“ an. Treffen, Ehrenwachen, Appelle, Kranzniederlegungen und die Überreichung der FDJ-Dokumente an neu aufgenommene Mitglieder an Stätten des revolutionären Kampfes der Arbeiterklasse und den Gedenkstätten der Sowjetarmee übten einen erzieherisch nachhaltigen Einfluß aus. Das werde vor allem durch den Inhalt der Veranstaltungen erreicht, aber auch durch die damit verbundenen Rituale, durch die Symbolik und durch Lieder der revolutionären Arbeiterbewegung, die bei den Jugendlichen eine tiefe emotionale Wirkung auslösten.

Weiterhin gehörten zur Traditionsbewahrung der FDJ die „Errichtung und die Pflege bestehender Gedenk- und Traditionsstätten“:

> „Jede FDJ-Grundorganisation sollte die Pflege einer bestehenden Gedenkstätte übernehmen und sich eine Stätte der revolutionären Traditionen ihrer eigenen Organisation schaffen. Das kann in Form von Traditionszimmern und -ecken, Schulmuseen, ständigen Ausstellungen, Straßen der Besten, Gedenksteinen und -tafeln und Ehrenhainen erfolgen. Die Einrichtung solcher Traditionsstätten ist erzieherisch bedeutsam, allerdings kommt es in erster Linie auf deren ständige Einbeziehung in den vom Lehrer geleiteten Prozeß der klassenmäßigen Erziehung an.“[187]

Auf dem Programm der FDJ-Traditionspflege stehen ferner
– das „würdige Begehen von Jubiläen und historischen Jahrestagen“ sowie
– das „Erforschen der Geschichte der örtlichen Arbeiterbewegung“.

---

[186] Sozialistische Erziehung älterer Schüler (s.o.A. 178), S. 212.
[187] A.a.O., S. 213.

Als letzten Punkt erwähnt das Handbuch „wehrpolitische und touristische Aktionen“ zur Pflege des revolutionären Erbes:

> „Sie werden an Gedenktagen der örtlichen Arbeiterbewegung und der revolutionären deutschen und internationalen Arbeiterklasse durchgeführt und knüpfen an die Traditionen des bewaffneten Kampfes der Arbeiterklasse und des Arbeitersports an. Gleichermaßen gehören touristische Wanderungen auf angelegten Geschichtspfaden, auf Wegen des Vormarsches der Sowjetarmee sowie Exkursionen zu Gedenkstätten wie auch das Nachgestalten von Kampfhandlungen der Arbeiterklasse zum Leben eines jeden FDJ-Kollektivs.“[188]

Besonders intensiv gestaltet sich die „Aneignung und Pflege revolutionärer Traditionen der Arbeiterklasse“ immer dann, wenn Jubiläen anstehen, wie 1967 der 50. Jahrestag der Oktober-Revolution. In der „Geschichte der Freien Deutschen Jugend“ wird geschildert, was sich die FDJ zum Oktober-Jubiläum 1967 einfallen ließ:

> „FDJ-Grundorganisationen des Bezirks Potsdam verfolgten den Weg des Sieges der Roten Armee im Großen Vaterländischen Krieg und den Todesmarsch der Häftlinge des Konzentrationslagers Sachsenhausen. Viele Einzelheiten wurden erforscht und die Ergebnisse in der massenpolitischen Tätigkeit genutzt. Die Kreisorganisationen Bitterfeld und Dessau der FDJ beschäftigten sich mit dem revolutionären Kampf der Arbeiterklasse im Jahr 1920 zur Niederschlagung des Kapp-Putsches auf ihrem Territorium. An historischen Stätten veranstalteten sie Geländespiele, die an revolutionäre Aktionen der Vergangenheit anknüpften. An den Schulen bemühten sich Hunderttausende von Jungen Pionieren und FDJ-Mitgliedern um die Erfüllung der Aufträge des Sekretariats des Zentralrats der FDJ ‚Auf den Spuren des Roten Oktober — hohe Leistungen zu Ehren der DDR‘ und ‚Folgt den Spuren der revolutionären Kämpfer — vollbringt hohe Leistungen zu Ehren der DDR‘. [...]
> Höhepunkte der Aktivitäten der FDJ und der Pionierorganisation ‚Ernst Thälmann‘ zu Ehren des Roten Oktober waren die Aktion ‚Fackel der Freundschaft‘ und das Fest der Freundschaft in Leipzig. Anfang September 1967, anläßlich des 50. Jahrestags der Ermordung der revolutionären Matrosen Albin Köbis und Max Reichpietsch, erwarteten in Rostock über 15000 FDJler und Junge Pioniere das sowjetische Küstenschutzschiff ‚Lettischer Komsomol‘. Es brachte die ‚Flamme der Revolution‘, die auf dem Marsfeld in Leningrad anläßlich des 3. Allunionstreffens des Komsomol entzündet worden war.“[189]

Bei einem Kampfappell am Sowjetischen Ehrenmal in Berlin-Treptow weihte der Held der Sowjetunion Generalleutnant Nikolai Skomorochow am 3. November 1967 die Fahnen von FDJ-Grundorganisationen, denen Namen „revolutionärer Helden“ verliehen wurden.[190]

Zwölf Monate später trommelte die FDJ erneut zur Heldenehrung. Aus Anlaß des 50. Jahrestages der deutschen November-Revolution fand im Oktober 1968 in Berlin das „Treffen junger Revolutionäre“ statt.

> „Die Teilnehmer ehrten an historischen Stätten die Führer der revolutionären deutschen Arbeiterbewegung, die Kämpfer gegen Faschismus und Krieg und die Helden der Sowjet-

---

[188] Ebd.
[189] Geschichte der Freien Deutschen Jugend (s.o.A. 161), S. 419 f.
[190] A.a.O., S. 420.

union. 150000 Mitglieder der FDJ, die sich zum Appell auf dem Marx-Engels-Platz versammelten, gelobten, die Aneignung und Pflege der revolutionären Traditionen mit dem aktiven Einsatz für die Ziele des Sozialismus zu verbinden."[191]

An Revolutionstagen und Helden-Geburtstagen besteht kein Mangel in der DDR. Die FDJ stellt sich stets rechtzeitig darauf ein. Ein halbes Jahr vor dem 100. Geburtstag des größten Sowjethelden Lenin fiel im Oktober 1969 der Startschuß zum „Lenin-Aufgebot". Die DDR-Jugend wurde aufgefordert, unter der Losung „Lernt, arbeitet und lebt im Geiste Lenins — vollbringt hohe Leistungen für die allseitige Stärkung der DDR" den 100. Geburtstag Lenins und den 25. Jahrestag der „Befreiung vom Faschismus" würdig vorzubereiten.[192] Heldenverehrung im real existierenden Sozialismus erfüllt nicht zuletzt den Zweck, die Menschen zu einer immer höheren Arbeitsleistung anzutreiben.

1985 feierte der SED-Staat den „40. Jahrestag der Befreiung" — für die FDJ wiederum ein Anlaß, das Sowjeterbe gebührend zu pflegen. Im „Ernst Thälmann-Aufgebot der FDJ", das im November 1984 verkündet wurde, heißt es:

> „Die Vorbereitung des 40. Jahrestages des Sieges über den Hitlerfaschismus und der Befreiung des deutschen Volkes vom Faschismus durch die Sowjetarmee nutzen wir, um den opferreichen Kampf der Sowjetunion und dessen Bedeutung für Frieden und Sozialismus auf deutschem Boden und für die Herausbildung des sozialistischen Weltsystems allen Jugendlichen zu verdeutlichen. Am Ehrenmal in Berlin-Treptow führen wir am Tag der Befreiung einen zentralen FDJ- und Pionier-Appell durch. Wir nutzen die Route des Reisebüros der FDJ ‚Auf den Spuren der Befreier', um uns mit dem Kampf der Roten Armee gegen den Hitlerfaschismus vertraut zu machen. Mit Appellen an den Gedenkstätten der Sowjetarmee ehren wir die sowjetischen Helden."[193]

Ist ein Geburtstag oder ein Jubiläum abgefeiert, wird sofort das nächste ins Visier genommen. Atempausen sind nichts für junge Revolutionäre, scheint die Devise der FDJ zu sein. Die Geschichte schreitet mit Riesenschritten voran. Zu lange beim Gestern zu verweilen, verzögert den Marsch in die Zukunft. Wenn man zurückblickt, so geschieht das nur zu dem Zweck, sich die Orientierung in Erinnerung zu rufen. Die Jugend, die „das Vermächtnis der revolutionären Kämpfer" erfüllen soll, muß wissen, was das Vermächtnis beinhaltet. Für die historische Indoktrination sorgen die einschlägig bekannten Lehrmeister:

> „Zahlreiche Jugendliche und ganze Kollektive begannen, sich mit Hilfe erfahrener Kommunisten und anderer Antifaschisten intensiver mit den Ursachen für die Errichtung der faschistischen Diktatur in Deutschland, vor allem aber mit dem Inhalt und den Ergebnissen der von der KPD geführten antifaschistischen Widerstandsbewegung zu beschäftigen. Dabei wuchs auch das Verständnis für den Prozeß der Entstehung der DDR und für ihre eigene Verpflichtung gegenüber dem antifaschistischen Erbe. Bei den Jugendlichen vertiefte sich so die Einsicht, daß die DDR das Werk mehrerer Generationen ist, daß sie undenkbar wäre ohne den opferreichen Kampf der Antifaschisten."[194]

---

[191] A.a.O., S. 433.
[192] A.a.O., S. 438.
[193] National-Zeitung, 26. November 1984.
[194] Geschichte der Freien Deutschen Jugend (s.o.A. 161), S. 609.

Der große Aufwand um die Antifaschisten und die Vorkämpfer des Kommunismus steht in keinem Verhältnis zur Würdigung nichtkommunistischer Vorbilder. Für die FDJ beginnt das progressive Erbe Anfang des 19. Jahrhunderts:

> „Bauernsöhne, Handwerksgesellen und Studenten stritten mit unter denen, die sich unerschrocken gegen ihre feudalen Peiniger, gegen Adelswillkür und Fürstenherrschaft auflehnten. In der ersten Hälfte des vorigen Jahrhunderts stellten sie eine große Zahl derer, die gegen die feudalabsolutistische Zersplitterung Deutschlands, für seine nationale Unabhängigkeit kämpften. Tausende von ihnen gingen 1813/14 freiwillig in den Unabhängigkeitskrieg gegen die napoleonische Fremdherrschaft. Genannt sei nur die mutige Eleonore Prochaska, die, als ‚Jäger August Renz' verkleidet, in der ‚wilden, verwegenen Jagd' des Lützowschen Freikorps focht."[195]

Erinnerungswürdig erscheint aus der Sicht der FDJ auch das Wartburg-Fest patriotischer Studenten im Oktober 1817 — ein Fest „im Zeichen der Einheit und Freiheit" und zugleich „ein bedeutender Protest gegen die Fortdauer feudalabsolutistischer Verhältnisse".[196]

Ins historische Konzept passen auch der schlesische Weber-Aufstand 1844 und die Barrikadenkämpfe 1848 in Berlin. Studenten, Lehrlinge, junge Arbeiter und Handwerksgesellen hätten in vorderster Front des Kampfes für eine revolutionär-demokratische Umgestaltung Deutschlands gestanden.

> „Als am 18. März 1848 in Berlin der Straßenkampf begann, ergriffen in den Maschinenfabriken vor dem Oranienburger Tor jüngere, meist unverheiratete Arbeiter, ‚die ersten besten Stücke Eisen, die zur Hand waren, oder nahmen ihre Hämmer und stürzten davon', wie ein Zeitgenosse schilderte. In die Geschichte ist das mutige Handeln des siebzehnjährigen Schlosserlehrlings Ernst Zinna und des 3 Jahre älteren Schlossergesellen Heinrich Glasewaldt eingegangen. Beide verteidigten am 18. März in Berlin die Barrikade Ecke Jäger- und Friedrichstraße."[197]

Zum Gedenken an Zinna verleiht der Magistrat von Berlin seit 26 Jahren an vorbildliche Jugendkollektive der Hauptstadt den „Ernst-Zinna-Preis". Die FDJ erinnert dagegen mit ihren Auszeichnungen ausschließlich an kommunistische Spanien-Kämpfer. Höchste Auszeichnung der FDJ ist die „Artur-Becker-Medaille". Als Kunstpreis der FDJ wird die „Erich-Weinert-Medaille" vergeben. Die als Hauptform der sozialistischen Wehrerziehung in den achten Klassen der Oberschulen durchgeführten „Hans-Beimler-Wettkämpfe" sind ebenfalls nach einem Angehörigen der internationalen Brigaden benannt. Die Teilnehmer der „Hans-Beimler-Wettkämpfe" sprechen folgenden Wettkampfeid:

> „Wir FDJ-Mitglieder und Schüler geloben bei den ‚Hans-Beimler-Wettkämpfen' ehrenhafte Kämpfer zu sein und die Regeln zu achten; wir nehmen teil, um durch hohe wehrsportliche Leistungen unsere Bereitschaft zur Verteidigung unseres sozialistischen Vaterlandes zu bekunden und uns der revolutionären Kämpfer würdig zu erweisen; wir sind bereit, ihr Werk fortzusetzen und in der vordersten Reihe für die Vollendung des Sozialismus in unserem Arbeiter- und Bauern-Staat unsere ganze Kraft einzusetzen.
> DAS GELOBEN WIR!"[198]

---

[195] A.a.O., S. 9.
[196] Ebd.
[197] A.a.O., S. 13.
[198] Zit. nach Ehring/Dallwitz 1982, S. 24.

18. März 1848: Barrikade in Berlin, Jägerstraße (heute Otto-Nuschke-Straße), Ecke Friedrichstraße. Der 19jährige Schlossergeselle Wilhelm Glasewaldt und der 17jährige Schlosserlehrling Ernst Zinna stellen sich der Reaktion entgegen.

Wiederum kein Hinweis darauf, daß es sich bei dem „sozialistischen Vaterland", dem „Arbeiter- und Bauern-Staat" um einen deutschen Staat handelt. Deutsch wird kleingeschrieben in der Traditionspflege der FDJ. Man propagiert die weitere Entwicklung des „sozialistischen Geschichts-, National- und Heimatbewußtseins":

> „In jedem Bezirk und Kreis, in jeder Stadt und in jedem Dorf gibt es regional und territorial bedeutende historische Ereignisse und Persönlichkeiten, progressive historische und heimatgeschichtliche Traditionen, Ergebnisse und Formen heimatlicher Volkskunst, be-

sondere Sitten und Gebräuche, die für die Programmgestaltung im Klub und für die Tätigkeit von Zirkeln, Arbeits- und Interessengemeinschaften erschlossen werden können."[199]

Im Rahmen der „Pionierexpedition — Meine Heimat DDR" erging an die Gruppen der Thälmann-Pioniere der Auftrag, sich intensiv mit der Geschichte der DDR vertraut zu machen. In dem von Helga Labs, der Vorsitzenden der Pionierorganisation „Ernst Thälmann", unterzeichneten Aufruf heißt es:

„Unsere Expedition führt Euch auf die Spuren der Geschichte. Ihr findet sie in Betrieben und Genossenschaften, auf Straßen und Plätzen, in den Erzählungen der Älteren. Erkundigt Euch:
Wie kam es zur Gründung unserer Republik?
Wie entwickelte sich die Freundschaft zwischen der UdSSR, den anderen sozialistischen Bruderländern und der DDR?
Warum ist die DDR ein Kind der Solidarität?
Wie gelang es uns, alle Angriffe des Imperialismus abzuwehren?
Wie konnte die DDR zu einem weltweit geachteten Land werden?
Tragt Beweise des schweren Anfangs nach 1945 zusammen und erkundet, was in den Jahren des Bestehens der DDR alles geschaffen wurde!
Zur Geschichte unseres Landes gehört auch die Geschichte der Pionierorganisation. Millionen Bürger unserer Republik trugen das blaue und rote Halstuch. Als Pioniere begannen sie ihren Weg ins Leben. Heute sind sie Lehrlinge, Facharbeiter, Genossenschaftsbauern, Soldaten, Lehrer und Künstler. Sie sollen Eure Gäste sein.
Erforscht die Geschichte Eurer Pionierfreundschaft! Was Ihr erkundet habt, wird das Traditionszimmer Eurer Schule bereichern."[200]

Mit jedem Tag, den die DDR älter wird, verlagert sich die Erbepflege zunehmend auf die eigenen Traditionen, wobei Erich Honecker der Jugend besonders die Geschichte der SED ans Herz legt:

„Die Parteigeschichte bietet eine solide Grundlage, um besonders der jungen Generation auf vielfältige Weise die Entstehung, das Wachsen und den oftmals äußerst schwierigen Kampf unserer Partei so interessant und packend zu vermitteln, wie sie tatsächlich gewesen sind."[201]

Die nahezu bedingungslose Gefolgschaft der SED gegenüber der Besatzungs- und Vormacht Sowjetunion wird mehr schlecht als recht kaschiert durch — zweifellos gekonnt inszenierte — Massenveranstaltungen. Früher lud die FDJ zum „Deutschland-Treffen" der Jugend in Berlin ein. Das letzte Deutschland-Treffen fand 1964 statt. Heute werden „Nationale Jugend-Festivals der DDR" veranstaltet. Ein deutscher Teilstaat im Schlepptau einer Supermacht demonstriert seine Existenz. Motto: „Da sind wir aber immer noch."

„Am Anfang ging da ein Gerücht, daß der Wagen das nicht hält und die Achse schon zerbricht.
Der Deutsche tät zwar seine Pflicht, doch mit dieser Führung nicht.

Und als die Sache besser lief, weil die Suppe nicht mehr dünn war und der Dreck nicht mehr so tief,
da war's, daß man vom Westen rief: Ihr geht gerade, doch der Weg ist schief!

---

199 Wolfgang Geier: Jugendklubs der FDJ, in: Die Freizeit der Jugend, Berlin (Ost) 1981, S. 178.
200 Trommel 36 (1983) 33, S. 9.
201 Zit. nach Geschichte der Freien Deutschen Jugend, a.a.O., S. 609 f.

Und als die Welt es anerkannt, Springers Gänsefüßchenland zwischen Elb- und Oderstrand,
da kam die ‚Bruder- und Schwesterhand', lieber hätten sie uns überrannt.

Und wenn uns was zu Schaden ging, da kam's von nebenan — das wußten wir ja.
Doch wenn uns was zu blühn anfing, da war'n wir plötzlich nicht mehr da.

(Refr.:) Da sind wir aber immer noch, und der Staat ist noch da, den Arbeiter erbaun.
Das Land, es lebt, es lebe hoch, weil Arbeiter sich traun."[202]

Noch da zu sein, überlebt zu haben als Staat DDR neben einem übermächtigen Nachbarn im Westen, das verdankt man den „Helden" der Nachkriegszeit: den Aktivisten der ersten Stunde, den Trümmerfrauen, den Sowjetsoldaten, jenen, die zur Stelle waren am 13. August — und ihren Auftraggebern. Der Berliner „Oktoberklub", musikalischer Chronist von DDR-Zeitgeschichte, ließ 1984 „35 Lichter brennen auf dem Tisch der Republik":

„Eins für die Entminungstafeln des Gefreiten Iwanow
als der Schnee von tausend Jahren durch zerschoss'ne Dächer troff.

Eins für Wilhelm und für Otto und für diesen Händedruck.
Das gab Ärger, das gab Hoffnung, das gab Deutschland einen Ruck.

Eins auf jenes prima Auto, ahnungsvoll Trabant genannt,
klein und fleißig, laut und sparsam steht es für das ganze Land.

Eins dem Sonntag im Auguste, denn da hat man mit Bedacht
Siegfrieds Stelle auf der Schulter maurermäßig zugemacht."[203]

35 Jahre DDR — das Werden und Wachsen des sozialistischen deutschen Staates hat neue Traditionen entstehen lassen. Sie knüpfen an die revolutionären Traditionen der Arbeiterklasse an. Als über 50000 Pioniere und FDJler am 18. August 1984 in der Nationalen Mahn- und Gedenkstätte Buchenwald an einem Gedenkappell aus Anlaß des 40. Todestages von Ernst Thälmann teilnahmen, da bekräftigten sie:

„Thälmann ist niemals gefallen, Leben und Kampf eines der größten Söhne des deutschen Volkes sind tief in den Herzen der Mädchen und Jungen verwurzelt."[204]

Da die Verwurzelung offenbar immer noch nicht tief genug ist, verkündete der Staatsjugendverband der DDR zur Vorbereitung des XI. Parteitages der SED das „Ernst-Thälmann-Aufgebot der FDJ". Das Aufgebot sah u.a. vor:

„Alle Mitglieder der FDJ machen sich mit dem Leben Ernst Thälmanns vertraut. Im April 1986 führen wir eine Versammlung zum Thema ‚Wie Ernst Thälmann treu und kühn' durch. In allen Kreisen übernehmen wir die Patenschaft über Gedenkstätten des revolutionären Kampfes und schaffen neue. Die Traditions- und Thälmann-Kabinette der FDJ sowie die Reisen mit dem Reisebüro der FDJ nutzen wir zur Propagierung der Geschichte des revolutionären Kampfes."[205]

---

[202] „Da sind wir aber immer noch". Text: Gerd Kern/Hartmut König. Musik: Traditional/Oktoberklub. Zit. nach Oktav 8/84. Lieder zum Nationalen Jugendfestival. Hg.: Zentralrat der FDJ, Abt. Kultur, Berlin (Ost) 1984, S. 11.

[203] „Fünfunddreißig Lichter brennen". Text: Gerd Kern. Musik: Fred Krüger. Zit. nach Oktav 8/84. Lieder zum Nationalen Jugendfestival, a.a.O., S. 14 f.

[204] Der Morgen, 20. August 1984.

[205] National-Zeitung, 26. November 1984.

Während man den Vorbildern von gestern noch Kränze flicht, treten aus ihrem Schatten bereits die Leitbilder von morgen hervor. Walter Ulbricht hatte seine Anwartschaft auf einen Platz in der Heldengalerie deutscher Kommunisten nachdrücklich angemeldet. FDJ-Chef Günther Jahn deklarierte Ulbricht verfrüht zum „erfolgreichsten Politiker der deutschen Geschichte".[206] Ulbricht hatte das Pech, daß seinem Nachfolger noch mehr Erfolg beschieden sein sollte: Erich Honecker verhalf dem zweiten deutschen Staat nach Jahrzehnten der Isolierung zum Durchbruch in der internationalen Arena. Dem Nachfolger Ulbrichts kam zugute, daß er den Wind der Geschichte im Rücken hatte. War Ulbricht der „kalte Krieger" par excellence, so hat sich Honecker mit Geschick zum weltweit geachteten Friedenspolitiker zu profilieren vermocht. Honecker stand an der Wiege der Freien Deutschen Jugend. Die FDJ trägt seine Handschrift. Man muß kein Prophet sein, um vorauszusagen, daß im Zentrum der Erbepflege in der DDR eines Tages die Pflege des Honecker-Erbes stehen wird. Mit der Veröffentlichung der „Geschichte der Freien Deutschen Jugend" wurde bereits der Sockel für das Honecker-Denkmal errichtet. Wenn die DDR 50 wird, könnte das Denkmal fertiggestellt sein — vorausgesetzt, auf der politischen Bühne tritt niemand in Erscheinung, der Honecker einen Strich durch die Rechnung macht.

Der Saarländer Honecker — Produkt und Produzent eines ausgeprägten Personenkults — möchte nicht nur als Landesvater der DDR, sondern zugleich als Miterbauer eines besseren Deutschlands in die Geschichte eingehen. Die Freie Deutsche Jugend helfe mit — so Honecker 1984 — „das neue, das sozialistische Deutschland aufzubauen, in dem die junge Generation zum ersten Mal ihr wahres Vaterland gefunden hat"[207].

Während man den Begriff „Vaterland" im westdeutschen Staat Bundesrepublik Deutschland in die Mottenkiste der Geschichte verbannte, wird er der DDR-Jugend regelrecht eingehämmert. Die Deutsche Demokratische Republik verlangt von ihrer Jugend ein klares Bekenntnis zum Vaterland. In der 1979 veröffentlichten Broschüre „Wer ist heute ein Revolutionär?" heißt es:

> „Wofür also muß man eintreten, einstehen? Wozu muß man sich bekennen, wenn man hier und heute junger Revolutionär sein will? Zunächst und vor allem zu seinem Vaterland der Deutschen Demokratischen Republik. Sie, das Werk der Väter und Großväter, ist für den jungen Revolutionär seine Heimat. Verglichen mit allem, was in der deutschen Geschichte jemals war, ist sie das bessere Deutschland. Die Fabriken gehören den Arbeitern, die Felder den Bauern, die ehemaligen Schlösser sind Kinderheime, Klubs oder Museen. Die ganze Politik ist für die Menschen, auf ihr Wohl gerichtet. Die Beziehungen zwischen den Menschen sind achtungsvoll und kameradschaftlich. Diese Deutsche Demokratische Republik, ein fester Bestandteil der Welt des Sozialismus, hat starke und gute Freunde; denn sie ist selbst ein zuverlässiger Freund. Sie ist mit allen solidarisch, die für nationale Unabhängigkeit, Demokratie und Sozialismus kämpfen."[208]

---

206 Zit. nach Ulbricht 1968, S. 6.

207 Erich Honecker: Die Republik ist mit Recht stolz auf ihre Jugend, in: Neues Deutschland, 8. Juni 1984.

208 Neuner 1979, S. 23 f.

Obwohl die Deutsche Demokratische Republik für die Revolutionäre von heute nichts Fertiges darstelle, sei sie „in vieler, in entscheidender Hinsicht realisierter Traum, Ergebnis und Krönung des jahrhundertelangen Kampfes der fortschrittlichen Kräfte für einen neuen, humanistischen deutschen Staat:

> „Dafür haben die Besten unseres Volkes seit Jahrhunderten, oft unter Einsatz ihres Lebens, gekämpft und gestritten, sind sie auch auf den Barrikaden, auf dem Schafott gestorben. Denken wir dabei an die revolutionären Bauern von 1525, Thomas Müntzer und Ullrich von Hutten, die großenDichter und Denker der deutschen Aufklärung, der klassischen deutschen Dichtung und Philosophie, die deutschen Jakobiner und die Kämpfer der nationalen Befreiungsbewegung in den Jahren 1806—1813, die Barrikadenkämpfer von 1848/1849, Karl Marx, Friedrich Engels und die unzähligen Kämpfer der deutschen Arbeiterbewegung, des Bundes der Kommunisten, der revolutionären deutschen Sozialdemokratie, der Kommunistischen Partei Deutschlands, die Arbeiter, Soldaten und Matrosen während der Novemberrevolution 1918, die deutschen Interbrigadisten, die antifaschistischen Widerstandskämpfer, die Aktivisten der ersten Stunde, die Gründung und Aufbau der Deutschen Demokratischen Republik aktiv mitgestaltet haben. Die Deutsche Demokratische Republik steht auf einem historischen Grund, der fester ist als der jedes anderen deutschen Staates."[209]

Die Geschichtspropaganda zielt darauf ab, den jungen Menschen in der DDR das Gefühl zu vermitteln, daß sie selbst in die Fußstapfen von Helden treten. Die Helden von heute, das sind die jungen Revolutionäre, die Produktionsschlachten schlagen, die den Plan übererfüllen, die auf den Feldern und in den Betrieben täglich neue Höchstleistungen für den Sozialismus erbringen: Helden der Arbeit. Die Helden von heute haben gestern damit begonnen, den Grundstein für die Traditionen von morgen zu legen. Stichwort: Jugendobjekte. Die Jugendobjekte der FDJ sind Meilensteine in der Geschichte der DDR. Ob Talsperre Sosa oder Überseehafen Rostock, ob Eisenhüttenkombinat Ost oder Erdölverarbeitungswerk Schwedt — auf allen Großbaustellen der Republik zeigte die FDJ Flagge. Als der „große Bruder" 1975 rief, da machte man sich auf an die „Drushba-Trasse". Rund 6000 FDJler wirkten mit am Bau der internationalen Erdgasleitung von Orenburg bis zur Westgrenze der Sowjetunion. Im Kampf gegen Morast und Mücken, gegen eisige Kälte und brütende Hitze wurden unter dem Himmel der Ukraine zwischen Krementschug und Bar neue Helden geboren: Leitbilder für die junge Generation der DDR.

Im Sinne der Beschlüsse des X. Parteitages der SED zu wirken, so Egon Krenz im Rechenschaftsbericht an das 11. Parlament der FDJ, das heiße, „als sozialistische Patrioten und proletarische Internationalisten das Bündnis mit der Sowjetunion immer hochzuhalten, die Freundschaft mit den sozialistischen Bruderstaaten zu festigen, ständig antiimperialistische Solidarität zu üben"[210].

Der internationalistischen, der antiimperialistischen Traditionsschiene kommt herausragende Bedeutung zu in der DDR. Man betont den Bruch mit einer als unselig angesehenen Vergangenheit und demonstriert — auch auf diesem Felde — Abgrenzung gegenüber dem westlichen Nachbarn:

---

[209] Neuner 1979, S. 24 f.

[210] Zit. nach DDR. Bürgerinteressen als Staatspolitik, Berlin (Ost) 1984, S. 69.

„In diesem Land, in dem einst Rassenwahn und nationale Überheblichkeit wüteten, haben dank der Politik der Partei der Arbeiterklasse, dank des Wirkens der Kommunisten, zahlreicher Antifaschisten die Ideen der Völkerfreundschaft, der Achtung anderer Völker, des proletarischen Internationalismus, der Solidarität einen festen Platz im Denken, Fühlen und Handeln der Menschen. Junger Revolutionär zu sein, heißt, sich diesen Traditionen, diesen Ideen verpflichtet zu fühlen. Und das um so mehr, als westlich unserer Grenzen nationaler Größenwahn, Überheblichkeit, Mißachtung anderer Völker nicht nur nicht überwunden sind, sondern neue Sumpfblüten treiben. Deutsche und Deutsche unterscheiden sich heute auch grundlegend darin, wie sie sich zu Menschen aus anderen Ländern verhalten, nach welchen Kriterien sie urteilen, wie sie in der Öffentlichkeit auftreten und wen sie zu ihren zuverlässigen Freunden zählen können!“[211]

Die Deutschen in der DDR sollen Menschen mit einem globalen Horizont sein, so will es die Staatsführung:

„Nichts, was heute in der Welt vorgeht, kann dem jungen Revolutionär unseres Landes gleichgültig sein: Ob in Grönland progressive oder reaktionäre Kräfte die Wahlen gewinnen, ob im Süden Afrikas die Rassisten neue Bluttaten begehen, ob reaktionäre Führer Chinas in den Grenzprovinzen Vietnams morden und brandschatzen lassen, ob in Lateinamerika trotz Blut und Terror neue Freiheitskämpfer erstehen, immer sind auch wir betroffen, ist unser Mitfühlen, unser Parteinehmen, unsere tätige Solidarität gefordert. In welchem Winkel der Welt auch immer, jeder Sieg der Kräfte des Friedens, der Demokratie und des sozialen Fortschritts ist auch unser Sieg, und jede Niederlage, jedes Opfer der Kämpfer für sozialen Fortschritt betrifft auch uns ganz unmittelbar. Tätige Solidarität ist eine revolutionäre Haltung!“[212]

Das Werben für die Solidarität mit fremden und fernen Völkern beginnt bereits im Kindergarten. Viele Jahre lang konfrontierte man die Kinder vorzugsweise mit vietnamesischen Geschichten: Geschichten von „Onkel Ho“. In der von der Akademie der Pädagogischen Wissenschaften der DDR herausgegebenen Publikation „Die Führung der Jungpioniergruppe“ werden die Formen der Vietnam-Indoktrination skizziert:

„Wenn der Pionierauftrag z.B. dazu aufruft, den Kindern in Vietnam zu helfen, dann geht es nicht nur um das Sammeln von Sekundärrohstoffen. ‚Wie leben die Kinder in Vietnam? Welche Lieder singen sie? Wie heißt ihre Pionierorganisation? Wer war Onkel Ho? Was tun unsere Eltern und die Patenbrigade im Betrieb, um beim sozialistischen Aufbau Vietnams zu helfen? Wo treffen wir Vietnamesen, die in unserer Republik lernen und arbeiten? Womit können wir uns am Vietnam-Basar beteiligen?‘ – Zu solchen Fragen müssen wir unsere Jungpioniere anregen und sie zum Ausgangspunkt für Aufträge an die Pionierbrigaden und an einzelne Pioniere machen, die zu ihrer Verwirklichung vielfältige Betätigung erfordern.“[213]

Vorkämpfer für den Kommunismus in Asien, Afrika und Amerika werden den Jugendlichen in der DDR als Helden präsentiert. Die Rolle, die „Karl“ und „Rosa“ aus der Sicht der SED auf der Bühne deutscher Geschichte spielten, fällt im antiimperialistischen Welttheater Figuren wie „Onkel Ho“, „Che“ oder der „Genossin Angela“ – der amerikanischen Kommunistin Angela Davis – zu. Partisanen, Guerillaführer, kommunistische Untergrundkämpfer wer-

[211] Neuner 1979, S. 29 f.
[212] Neuner 1979, S. 30.
[213] Die Führung der Jungpioniere, a.a.O., S. 37.

den zu Idolen hochstilisiert. Sind in der sozialistischen Heimat DDR angepaßte, auf Parteilinie programmierte „Helden der Arbeit" gefragt, so zeichnen sich die fernen Heroen durch kämpferisches Gebaren aus. Wenn es dem Imperialismus Schläge zu versetzen gilt, dann ist dazu jedes Mittel recht: einschließlich Gewalt und Terrorismus.

Am 3. November 1967 veröffentlichte das SED-Zentralorgan „Neues Deutschland" eine Anzeige mit folgendem Wortlaut:

> „Erst jetzt wurde es zur schmerzlichen Gewißheit, daß fern von uns unsere liebe tapfere Tochter, Schwester, Nichte und Schwägerin Genossin Tamara Bunke, Guerillera „Tanja", geb. am 19.11.1937 in Buenos Aires, am 31. August 1967 am Rio Grande in Bolivien gefallen ist. Sie hat ihr junges Leben dem revolutionären Kampf um die Freiheit und Unabhängigkeit der Völker Lateinamerikas gewidmet und geopfert. Ihr Andenken werden wir stets in Ehren halten. In tiefer Trauer: Erich Bunke, Nadja Bunke, Olaf Bunke, Helga Bunke und Anverwandte."

Tamara Bunke, Kampfgefährtin Ernesto Che Guevaras, wurde von der FDJ post mortem mit der Artur Becker-Medaille in Gold geehrt. Als am 9. September 1984 Teil V der Fernsehdokumentation „Im Zeichen der Sonne" über die Bildschirme der DDR flimmerte, erklang auch das Lied von „Tanja la Guerillera".[214]

Erbepflege der FDJ, das ist auch Pflege *dieses Erbes*. Man ist stolz auf das Mädchen, das in Stalinstadt zur Schule ging und „an der Seite des unvergessenen Che Guevara" in den Urwäldern Boliviens fiel.[215] In dem vom Militärverlag der DDR veröffentlichten Buch „Tanja — La Guerillera" wird Tamara Bunke gepriesen als „junge, bewußte, temperamentvolle und glühende Internationalistin", als „Trägerin und Botschafterin des vorwärtsstrebenden Sozialismus", der für die lateinamerikanischen Länder die Perspektive sei.

> „Den Sozialismus lernte sie zuerst in der Deutschen Demokratischen Republik kennen. Der von klassenbewußten Eltern bereits frühzeitig gelegte Samen revolutionärer Haltung wuchs durch die Erziehung und Bildung in unserer Republik zur Erkenntnis der revolutionären Pflichten und Aufgaben im Dienste ihrer Heimat. Daraus entstand das unbedingte Wollen und Drängen, in vorderster Linie des revolutionären Kampfes der von Imperialismus und Oligarchie ausgebeuteten und unterdrückten Völker Lateinamerikas aktiv tätig zu sein."[216]

Während die in Algerien tätigen Freundschaftsbrigaden der FDJ die Namen der kommunistischen Spanienkämpfer Hans Beimler und Artur Becker tragen, wurden die Freundschaftsbrigaden in Angola nach angolanischen Guerillakämpfern benannt: „Joaquim Kapango", „Hoji-Ya-Henda", „Comandante Dangereux", „Comandante Bula", „Comandante Kassange". Der Weg des Joaquim Kapango ist typisch für einen „angolanischen Nationalhelden":

> „Er kämpfte in der Illegalität in verschiedenen Städten und war Politkommissar einer Partisaneneinheit. Später leitete er den MPLA-Stützpunkt in Lusaka, der Hauptstadt von Sambia. Ende 1971 wurde er schwer verwundet und anschließend in der UdSSR ge-

---

[214] Fernsehen der DDR I, 9. September 1984, 20.00—20.40 Uhr.
[215] Panitz 1979, S. 190.
[216] Rojas/Calderon 1980, S. 183.

sund gepflegt. Seit 1974 war er Mitglied des Politbüros des Zentralkomitees der MPLA und Sekretär der MPLA-Provinzleitung Huambo. 1975 wurde er von Konterrevolutionären ermordet."[217]

Als Angolas Partei- und Staatschef José Eduardo dos Santos 1981 der DDR einen Freundschaftsbesuch abstattete, verlieh er der 26. Polytechnischen Oberschule in Pankow den Namen des ersten Präsidenten der Volksrepublik Angola und Lenin-Friedenspreisträgers Agostinho Neto. Kämpfer an den antiimperialistischen Fronten in Übersee, die dazu beitragen, den Machtbereich der Sowjetunion in der Welt zu vergrößern oder — wie Salvador Allende — bei diesem Versuch scheiterten, sie werden unter Einsatz aller verfügbaren Medien zu Vorbildern der Jugend aufgebaut. Die Erbepflege dient dazu, „Soli-Groschen" locker zu machen und Engagement für den revolutionären Weltprozeß zu wecken. Das DDR-„Großunternehmen" Solidarität soll in wesentlichem Maße von der jungen Generation mitgetragen werden. So verbucht man als Erfolg, daß die Mitglieder der FDJ und der Pionierorganisation „Ernst Thälmann" zwischen dem X. und dem XI. Parlament der FDJ 50,2 Millionen Mark für die antiimperialistische Solidarität zusammentrugen.

> „Damit konnten die Völker in Afghanistan, im südlichen Afrika, in Indochina und Mittelamerika, der gerechte Kampf des arabischen Volkes von Palästina unterstützt werden. Kampucheas Kinder erhielten Schulhefte. Für die Alphabetisierungskampagnen in Äthiopien und Nikaragua wurden Unterrichtsmittel bereitgestellt. Die Ausrüstung für eine Schule in Moçambique war ein Solidaritätsgeschenk junger Mansfeldkumpel."[218]

Die Pflege des internationalistischen und zuweilen exotischen Erbes ist Teil einer systematischen Erziehung zum revolutionären Globalismus. Der Solidaritäts-Indoktrination kann sich in der DDR niemand entziehen. In den Schulen steht Solidarität auf dem Stundenplan:

> „Die Vertiefung der Bereitschaft zu aktiver Solidarität mit den um Unabhängigkeit und Freiheit kämpfenden Völkern ist eine wichtige Erziehungsaufgabe des gesamten Geographieunterrichts. Auch der Geographieunterricht vermittelt den Schülern die Erkenntnis und Einstellung, daß der gesellschaftliche Fortschritt in der Welt sehr differenziert und kompliziert verläuft, daß es Rückschläge gibt und daß jeder Erfolg erkämpft und gesichert werden muß."[219]

Der junge DDR-Bürger, den sich die SED wünscht, soll vor der Karte sitzen, alle Fronten verfolgen, „jeden roten Frontbericht". Zumindest auf dem Papier gibt es ihn bereits, den revolutionären Globalisten. Der Liedermacher Bernd Rump hat ihn in seinem Lied „Vor der Karte" beschrieben:

> „Manchmal sitz ich vor der Karte, schau, was alles schon rot ist.
> Wie ich's wende, eines bleibt: Daß es so ein Drittel ist.
> Und so sehe ich nach Norden, schau nach Westen, schau nach Süd,
> ob nicht irgendwann und wo eine rote Fahne blüht.
> Kommen gute Tage, hör ich, portugiesischer April.
> Eine Schwalbe vor dem Sommer, der wohl noch nicht kommen will.

---

[217] Der Morgen, 5. Mai 1978.
[218] Bach/Heiger/Reinhardt 1983, S. 201.
[219] Sozialistische Erziehung älterer Schüler, a.a.O., S. 85.

Und wenn meine Träume brennen, brennen ganze Städte mit.
Will nicht viele Namen nennen, rot war Santiago,
rot Madrid.
Und ich halt euch beide Hände, bis mir weiß der Nagel bricht.
Denk an Che, denk an Allende, und weiß wohl, das reicht noch nicht.
Zähl Verluste, zähle Siege, mach ein Lied auf jenen Mai,
da Saigon in unsre Hand fiel, war bei Huambo dabei.
Und verfolge alle Fronten, jeden roten Frontbericht.
Und ich zahl auf eure Konten, zahl für meine Zuversicht.“[220]

---

[220] „Vor der Karte“. Worte und Musik: Bernd Rump. Zit. nach Lieder der FDJ, Berlin (Ost) 1979, S. 198 f.

V. Geschichte in den Streitkräften: Militärische Traditionspflege

Wer sich in der DDR dafür entscheidet, den Beruf des Soldaten zu ergreifen, dem wird eine von der Politischen Hauptverwaltung der NVA herausgegebene „Handreichung" ausgehändigt. Die Publikation trägt den Titel: „Vom militärischen Beruf". Auf der Titelseite: eine Faust, die ein Maschinengewehr und eine Truppenfahne umklammert. Dem Text des Buches vorangestellt sind Worte von Ernst Moritz Arndt:

> „Das ist die wahre Soldatenehre, daß der Soldat ein edler Mensch und treuer Bürger seines Vaterlandes ist und alles tut, was diesem Vaterlande und seinem geliebten Volke Ehre, Freiheit, Preis und Lob bringt [. . .]"[221]

An die Worte Arndts schließt sich eine Einführung aus der Feder des Ministers für Nationale Verteidigung Armeegeneral Heinz Hoffmann an. Überschrift: „An dich, lieber junger Freund". Hoffmann möchte dem jungen Soldaten plausibel machen, wofür er im „Staat der Arbeiter und Bauern die Waffe trägt":

> „Du wirst die Waffe tragen für die Deutsche Demokratische Republik, für unser sozialistisches Vaterland. Dies ist dein Vaterland – ein Land der Freiheit, der Menschlichkeit und der Menschenwürde. Hier bist du geboren, hast du deine Kinderjahre verlebt. Hier wächst du zum Mann heran in einer Gemeinschaft von Menschen, die durch fleißige Arbeit, mit der Energie, der Beharrlichkeit und dem Schöpfertum des werktätigen Volkes unseren Staat von Jahr zu Jahr stärker und den Frieden sicherer machen."[222]

Der Soldat erfährt, daß er die Waffe tragen wird „für die Verteidigung des Sozialismus gegen alle imperialistischen Angriffe, für die Erfüllung unserer internationalen Bündnisse". Wer in diesem Bündnis den Ton angibt, steht außer Frage: „Hundertemillionen Menschen leben und arbeiten in unserer brüderlich um die Sowjetunion gescharten sozialistischen Gemeinschaft."[223] Die sozialistische Gemeinschaft wird als „unsere Völkerfamilie" apostrophiert. In Hoffmanns Text ist die Rede von „Bruderstaaten" und „Bruderarmeen", von „Klassenbrüdern" und „Waffenbrüdern", von einer „patriotischen und internationalistischen Klassenpflicht". Der Minister ermahnt den zukünftigen Berufsunteroffizier, Fähnrich oder Berufsoffizier, „stets getreu dem Fahneneid zu handeln": „Er verkörpert den militärischen Willen der Arbeiterklasse, des ganzen werktätigen Volkes, und er wird nicht leicht zu erfüllen sein."[224]

Hoffmann spricht vom „sozialistischen Heute" und vom „kommunistischen Morgen". Auf das Gestern geht er mit keinem Wort ein. Die Vor-Geschichte des „Vaterlandes DDR" bleibt ausgeklammert. Sie wird später ab-

---

[221] Vom militärischen Beruf, 3. Auflage, Berlin (Ost) 1978, S. 5.
[222] A.a.O., S. 6.
[223] A.a.O., S. 7.
[224] A.a.O., S. 10.

gehandelt — auf ganzen vier Seiten. Der eigens für diese NVA-Publikation verfaßte Abschnitt trägt den Titel: „Deine revolutionären Vorbilder". Dem Soldaten wird bedeutet, wie nützlich es für einen „Beschützer des Sozialismus" sei, „sich ein marxistisch-leninistisches Geschichtsbild anzueignen, aus den Klassenkampferfahrungen des Werdens und Wachsens der DDR zu lernen"[225].

> „Dabei werden sich deine politische Urteilskraft und dein Klassenstandpunkt festigen, wird es für dich erstrebenswert, deine Soldatenpflicht getreu den revolutionären und fortschrittlichen Traditionen zu erfüllen, die unsere Armee und unsere Grenztruppen bewahren und weiterführen. Die Geschichte der Klassenkämpfe ist reich an revolutionären Vorbildern, an Vorkämpfern für die Freiheit und das Glück des Volkes. Du hast von Thomas Müntzer gelesen, der für die Macht des gemeinen Volkes gekämpft hat; dir ist General Gerhard von Scharnhorst bekannt, der als Schöpfer der Volksbewaffnung im nationalen Befreiungskrieg 1813/14 legendär geworden ist; du weißt von den Helden der Barrikaden aus der 48er Revolution und von den roten Matrosen der deutschen Novemberrevolution; du kennst Leben und Wirken der Antifaschisten, die ihr Leben im opferreichen Kampf gegen den Faschismus gewagt haben; du hast erfahren von den Taten unserer heldenmütigen Befreier und vom Einsatz jener, die unsere sozialistische Republik vor den Anschlägen des ruhelos wühlenden Imperialismus behütet haben; und du sprichst voll Hochachtung von jenen Soldaten unserer Grenztruppen, die ihre Soldatenpflicht gegenüber der Heimat erfüllt haben, bis ihnen durch imperialistische Mörderhand ihr Leben genommen worden ist. Sie alle haben unter dem Banner des Fortschritts dafür gekämpft und gelitten, daß unser Land ein Vaterland des Volkes wird, so wie Ernst Thälmann es erträumt hat, daß Ausbeutung, Unterdrückung und Krieg ein für allemal von unserer Erde weggefegt werden. Sie haben durch ihr Vorbild die weniger Entschlossenen mitgerissen, haben ihnen Kraft und Mut gegeben, an ihre Seite zu treten, an die Seite der Sieger der Geschichte."[226]

Der DDR-Soldat soll sich intensiv mit den „revolutionären Vorbildern" beschäftigen. An ihn ergeht die Aufforderung:

> „Dringe so tief ein in ihr Fühlen, Denken und Handeln, daß sie Freunde und Vertraute für dich werden, von denen du für den von dir gewählten militärischen Beruf, für dein Leben lernst. Mach dir schon als Berufsunteroffiziersbewerber und Berufsoffiziersbewerber ihre Charaktereigenschaften und Stärken zu eigen. Empfinde wie sie Verantwortungsbewußtsein für alles, was unser ist. Sei mutig und entschlossen bei deinen Entscheidungen, hilfsbereit gegenüber Schwächeren, unduldsam gegen alles, was schadet. Dies und andere Tugenden zeichnen jene Volkshelden aus, denen die Angehörigen der Nationalen Volksarmee und der Grenztruppen der DDR im soldatischen Denken und Handeln nacheifern. Solche Eigenschaften der Soldaten der Revolution werden auch dir nötig sein, wenn die Zeit gekommen ist, im militärischen Beruf deinen Mann zu stehen."[227]

Damit ist der historische Rahmen abgesteckt. Bleibt die Abgrenzung gegenüber dem anderen, dem imperialistischen deutschen Staat. Auch diejenigen, die der DDR-Armee in Feindschaft gegenüberstünden, hätten ihre Leitbilder und Traditionen, wird argumentiert:

> „Wenn zum Beispiel neun von zehn Bundeswehrkasernen nach Militaristen, Hitlergeneralen und Kriegsverbrechern benannt sind, dann wissen wir, wie und mit welchem Ziel in diesen Kasernen junge Männer zu willfährigen Söldnern gemacht und zu Feinden des Sozialismus erzogen werden.

---

225 A.a.O., S. 48.
226 A.a.O., S. 48 ff.
227 A.a.O., S. 50 f.

Solche Namen und Traditionen zeigen uns den wahren Geist dieser imperialistischen Armee und ihren menschenfeindlichen Auftrag. Es ist der gleiche, den imperialistische deutsche Armeen immer hatten: Aggression, Unterdrückung, Vernichtung. Ideologisch verhetzt und brutal gedrillt stehen die Bundeswehr wie die anderen NATO-Armeen gegen unsere Staaten der sozialistischen Gemeinschaft, gegen den Frieden."[228]

Als militärischer Vorgesetzter von morgen soll der junge Armeeangehörige der DDR dem Vermächtnis jener gerecht werden, deren Namen Truppenteile und Schiffe, Unteroffiziersschulen und Offiziersschulen der NVA und der Grenztruppen der DDR tragen: „Thomas Müntzer, Karl Liebknecht, Rosa Luxemburg und Franz Mehring, Ernst Thälmann, Wilhelm Pieck und Otto Grotewohl, Heinrich Dorrenbach und Rudolf Egelhofer, Hans Beimler und Artur Becker, General Bersarin und Rudi Arnstadt."[229]

Wer Vorbild ist für die Soldaten der DDR, bestimmt die Partei. Die Traditonspflege basiert — laut „Militärlexikon" —

„auf den Beschlüssen des Zentralkomitees der SED und der Staatsführung der DDR sowie den Forschungsergebnissen der marxistisch-leninistischen Geschichtswissenschaft. Sie ist durch Parteilichkeit und Wissenschaftlichkeit gekennzeichnet."[230]

Kommunisten und Antifaschisten standen an der Wiege der Nationalen Volksarmee. Der politische Standort erschien wichtiger als die militärische Qualifikation. Junge Wehrpflichtige, die heute in der DDR in die Kasernen einrücken, können einer Informationsschrift des Militärverlages entnehmen, wer von Anfang an den Ton angab in der NVA:

„Nach der Gründung der NVA 1956 waren es zuerst die erfahrenen Funktionäre der Partei der Arbeiterklasse, die sich im Klassenkampf gegen Imperialismus, Militarismus und Faschismus, bei der Bewältigung des antifaschistisch-demokratischen Neuaufbaus und bei der Entwicklung der sozialistischen Gesellschaft in der DDR bereits bewährt hatten, denen die entsprechenden Kommandeurs- und andere Führungsfunktionen übertragen wurden.
Von den ersten 26 Generalen der Nationalen Volksarmee gehörten z.B. 18 vor 1933 der Arbeiterbewegung an. Von ihnen hatten 17 aktiv am antifaschistischen Widerstandskampf teilgenommen, davon 9 in den Interbrigaden in Spanien und 5 in der Bewegung ‚Freies Deutschland'."[231]

Um zu dokumentieren, daß die neugeschaffene kommunistische Armee auf deutschem Boden eine deutsche Armee war, führte man 1956 Uniformen ein, die der Uniform der Wehrmacht ähnelten. Die Angehörigen der Kasernierten Volkspolizei hatten Uniformen getragen, die sich kaum von denen der Roten Armee unterschieden. Eine vom Ministerium für Nationale Verteidigung veröffentlichte Broschüre über die Einführung der NVA-Uniformen: „Durch den Beschluß der Volkskammer unserer Republik vom 18. Januar 1956 ist die Würde der deutschen Uniform endgültig wieder hergestellt."[232]

---

[228] A.a.O., S. 51 f.
[229] A.a.O., S. 52.
[230] Militärlexikon, 2. Auflage, Berlin (Ost) 1973, S. 243.
[231] Fragen und Antworten zum Wehrdienst, Berlin (Ost) 1984, S. 59.
[232] Bluth 1956, S. 73.

Bei der Begründung der Gesetzesvorlage zur Schaffung der NVA hatte der Minister für Nationale Verteidigung Generaloberst Willi Stoph am 18. Januar 1956 hervorgehoben, daß

> „unsere Nationale Volksarmee Uniformen tragen wird, die den nationalen Traditionen unseres Volkes entsprechen [. . .] und als Ausdruck der entschlossenen Verteidigungsbereitschaft unserer demokratischen Errungenschaften einen wirklichen patriotischen Sinn erhalten“[233].

In Anknüpfung an die Tradition der deutschen Armeen vor 1945 wählte man als Uniformfarbe für die NVA einen Grauton: Stein-Grau. Bewußt griff man auch auf andere Elemente des „nationalen militärischen Erbes“ zurück, wie den charakteristischen Uniformschnitt mit den vier aufgesetzten Rocktaschen, die Waffenfarben, die festen Marschstiefel mit halbhohen Schäften sowie die typische deutsche Form der schmalen Schulterstücke für Offiziere. Wie Klaus-Ulrich Heubke, Mitarbeiter des Militärgeschichtlichen Instituts der DDR, bemerkt, drückt sich auch in diesen Äußerlichkeiten der „nationale Charakter der neuen sozialistischen deutschen Streitkräfte“ aus:

> „Hierin zeigte sich ein wesentlicher Unterschied zur Bundeswehr der BRD, deren Schöpfer einen an die USA-Armee angelehnten Uniformstil wählten, damit die NATO-Partner hofierten und gleichzeitig von der politischen Wesensverwandtschaft der Bundeswehr mit den imperialistischen Armeen der deutschen Vergangenheit ablenken wollten. Für die NVA, die als Armee des Arbeiter-und-Bauern-Staates als erste wahrhafte Volksarmee in der deutschen Geschichte in ihrem politischen Charakter für jedermann unverwechselbar war, gab es keinen Grund, den völligen Bruch mit der verderblichen Vergangenheit des imperialistischen Militärwesens durch markante Äußerlichkeiten in der Uniformgestaltung zu betonen oder zu beweisen.“[234]

Bei der Kennzeichnung der Dienstgrade wich man allerdings von der deutschen Traditionslinie ab. „Um das Zusammenwirken in der sozialistischen Militärkoalition zu erleichtern“, so die Begründung, wurde die in den Staaten des Warschauer Vertrages übliche Anzahl von Sternen zur Darstellung der Offiziersdienstgrade eingeführt.[235]

An die Stelle der zunächst schwarz-rot-goldenen Kokarden im Mützen-Emblem der bewaffneten Organe traten 1959 Kokarden mit dem Staatswappen der DDR: Hammer und Zirkel im Ährenkranz. Aus dem Stahlhelm der NVA wurde im April 1960 das schwarz-rot-goldene Emblem entfernt. Auf Anbringung eines Emblems mit dem Staatswappen verzichtete man „aus Gründen der Tarnung“[236]. Neu eingeführt wurden in den 60er Jahren Achselschnur und Ehrendolch.

Dem Soldaten der DDR wird nachdrücklich klargemacht, welche Bedeutung der Uniform zukommt:

---

233 Neues Deutschland, 19. Januar 1956.

234 Klaus Ulrich Keubke: Einige Grundzüge der Uniformentwicklung der Nationalen Volksarmee, in: Militärgeschichte 23 (1984) 5, S. 398.

235 Ebd.

236 A.a.O., S. 402.

„Durch die Uniform drückt unser Staat seinen Stolz auf seine Streitkräfte aus. Sie ist das Ehrenkleid der Angehörigen der Nationalen Volksarmee. In gewisser Beziehung hebt sie den Betreffenden aus der Anonymität heraus und alle anderen erwarten von ihm, daß er sich so verhält, wie man es von einem Armeeangehörigen verlangen kann, wie es einem Verteidiger des Sozialismus entspricht."[237]

Die Entscheidung über Schnitt und Farbe der NVA-Uniform war zu einer Zeit getroffen worden, als sich die DDR als „Bollwerk des nationalen Befreiungskampfes des deutschen Volkes gegen den Imperialismus" (Ulbricht) begriff.[238] Zumindest verbal spielte Ost-Berlin die nationale Karte. Schon 1953 ehrte die DDR durch Herausgabe einer Briefmarkenserie „Deutsche Patrioten". Zu diesen Patrioten rechnete man Bauernführer Thomas Müntzer, Karl Freiherr vom Stein, Major Ferdinand von Schill, Generalfeldmarschall Gebhard Leberecht von Blücher, jene Studenten, die 1817 vor der Wartburg für nationale Einheit kämpften, sowie die Revolutionäre von 1848. Diese Traditionslinie hat auch heute noch Gültigkeit. 1975 erklärte DDR-Verteidigungsminister Armeegeneral Heinz Hoffmann:

„Im Jahre 1956 entstand eine deutsche Armee, die die fortschrittlichen Traditionen der deutschen Militärgeschichte fortsetzt: die Traditionen der Heere des Bauernkrieges und der Befreiungskriege, der Arbeiterwehren von 1918/19, der Roten Ruhrarmee, der deutschen Interbrigadisten und Antifaschisten. Und es entstand die erste sozialistische reguläre Armee befreiter Arbeiter und Bauern in einem Land, das nicht nur hervorragende bürgerliche Militärs hervorgebracht hatte — einen Scharnhorst und einen Clausewitz —, sondern in dem auch der geniale Militärtheoretiker der Arbeiterklasse geboren wurde, Friedrich Engels."[239]

Ein „bürgerlicher Militär" ziert auch den höchsten militärischen Orden, den die DDR zu vergeben hat. 1966 wurde der Scharnhorst-Orden gestiftet. Er kann verliehen werden für außerordentliche militärische Verdienste und hohe persönliche Einsatzbereitschaft bei der Erfüllung von Aufgaben des zuverlässigen Schutzes der DDR und der Stärkung ihrer Landesverteidigung. Die Verleihung des Scharnhorst-Ordens erfolgt durch den Vorsitzenden des Nationalen Verteidigungsrates anläßlich des 7. Oktober, dem Tag der Republik, des 1. März, dem Tag der Nationalen Volksarmee, des 1. Dezember, dem Tag der Grenztruppen der DDR, sowie der Jahrestage der anderen bewaffneten Organe der DDR oder unmittelbar nach vollbrachten militärischen Leistungen.[240]

An die nichtkommunistische Traditionslinie knüpft auch der 1970 gestiftete „Theodor-Körner-Preis" an. Er kann für hervorragende Leistungen bei der Schaffung oder Interpretation von Kunstwerken, die zur Stärkung der Verteidigungskraft der DDR beitragen, und für besondere Verdienste bei der Förderung und Entwicklung des künstlerischen Schaffens und der kulturellen Tätigkeit in

---

[237] Knöfel/Lindner 1983, S. 62.

[238] Alexander Fischer: Militärische Tradition in der DDR, in: Die Nationale Volksarmee der DDR im Rahmen des Warschauer Paktes, München 1980, S. 98.

[239] Zit. nach Forster 1983, S. 276 f.

[240] Tautz 1983, S. 116.

der Nationalen Volksarmee, in den Grenztruppen und den anderen bewaffneten Organen der DDR verliehen werden.[241]

Scharnhorst und Körner, Blücher und Lützow, Yorck und Gneisenau – sie alle werden von der DDR als zumindest partiell „fortschrittlich" eingestuft. Auf Platz 1 der bürgerlichen Ahnengalerie der NVA rangiert unangefochten Gerhard von Scharnhorst. Aus der Sicht der DDR leistete Scharnhorst „einen für seine Zeit herausragenden Beitrag zur Aufdeckung der Beziehungen zwischen Streitkräften, Kriegführung und gesellschaftlichen Verhältnissen":

> „Das Ruhmwürdige, welches er nach den Worten seines Schülers, Mitstreiters und Freundes Carl von Clausewitz geleistet hat, bestand sowohl in seinem Einfluß, den er als Militärschriftsteller ausübte, wie auch in der Neugestaltung des preußischen Heeres und nicht zuletzt in seiner patriotischen Haltung im Kampf gegen fremdländische Unterdrückung."[242]

Scharnhorst eignet sich vor allem deshalb so gut als Leitbild, weil sich mit ihm eine Brücke zwischen alten und neuen Traditionen der NVA schlagen läßt. Im nationalen Befreiungskampf gegen die napoleonische Herrschaft wurde die deutsch-russische Waffenbrüderschaft begründet. Jene, die damals gemeinsam stritten, sie sind für die deutschen Staatskommunisten gleichsam Vorkämpfer des „Bruderbundes" zwischen DDR und UdSSR. Darüber hinausgehende Parallelen zur Gegenwart zieht man in Ost-Berlin nicht. Das Deutschland, um das 1813 gerungen wurde, unterscheidet sich fundamental von jenem Deutschland, für das sich die SED 150 Jahre später stark machte. Die Zeitschrift „Militärgeschichte" 1963:

> „Wenn wir z.B. die fortschrittlichen Traditionen der Befreiungskriege pflegen, so muß dabei klar sein, daß es heute in Deutschland nicht mehr um die Schaffung einer einheitlichen bürgerlichen Nation geht, sondern daß die Arbeiterklasse mit dem Kampf um die sozialistische deutsche Nation die Verbindung zu den Heldentaten früherer Generationen herstellt, diese achtet und sich daran begeistert."[243]

Die SED sorgt dafür, daß sich die Begeisterung der DDR-Bürger für „Heldentaten", die nicht von Kommunisten ausgeführt wurden, in Grenzen hält. Bei aller Wertschätzung, die man beispielsweise den preußischen „Reformpatrioten" entgegenbringt, verliert man dabei nicht aus den Augen, daß diese Männer in einer vor-sozialistischen Welt lebten und klassengebunden handelten. Die These des DDR-Historikers Helmut Bock, daß die preußischen Reformer objektiv „die Vorbereiter einer großen und allgemeinen Revolution des deutschen Volkes" gewesen seien, wird von den Kollegen Bocks so pauschal nicht geteilt. Heinrich Scheel wendet sich nachdrücklich gegen den Versuch, mehr an Fortschrittlichkeit aus dem Erbe herauszuholen als darinsteckt. Scheel:

---

[241] Tautz 1983, S. 119.

[242] Reinhard Brühl: Scharnhorst und die Erfahrungen der Geschichte, in: Militärgeschichte 22 (1983) 3, S. 290.

[243] Zit. nach Dietmar Kreusel: Nation und Vaterland in der Militärpresse der DDR, Stuttgart 1971, S. 117.

> „Keiner der preußischen Reformer ist ein nur verhinderter Revolutionär von unten gewesen, und der Konservatismus war kein ausschließliches Privileg der Reformgegner, die die Reformen konservativ verfälschten, sondern gehörte auch zu den Wesenszügen selbst solcher Reformer wie Stein. Die preußischen Reformen wollen kritisch gewürdigt und nicht unkritisch überhöht werden."[244]

Die in der DDR teilweise sehr vehement geführte Preußen-Diskussion hat bislang keine spürbaren Auswirkungen auf die Traditionspflege in der Nationalen Volksarmee gehabt. Selbst wenn das Urteil über Friedrich den Großen heute differenzierter ausfällt, zu einem Vorbild für die NVA wird der Preußenkönig niemals werden. Solange in Ost-Berlin Kommunisten an den Schalthebeln der Macht sitzen, wird man dort die „sozialistische Traditionspflege" als Teil eines „erbitterten ideologischen Klassenkampfes" begreifen. Die Traditionspflege soll einen Beitrag leisten zur „Überwindung der bürgerlichen Ideologie und Moral"[245]. Das setzt eine klare Gewichtung in der Bewertung des militärhistorischen Erbes voraus. Völlig zu Recht verweist Walter Rehm auf die „Hilfs- oder Zulieferfunktion des patriotischen Stranges zugunsten eines sozialistisch kommunistisch geprägten Gesamtbildes"[246].

Auch in der DDR macht man kein Hehl daraus, daß dem proletarischen Erbe eine größere Bedeutung zukommt als dem national-patriotischen:

> „In allen Phasen der wechselvollen deutschen Geschichte finden wir ruhmvolle Waffentaten unserer Vorfahren im Dienste des Fortschritts, so den Großen Deutschen Bauernkrieg von 1525, der die bürgerliche Revolution in Europa einleitete und den heldenmütigen Freiheitskampf von 1813. Der bedeutsamste Schatz aber sind die militärischen Traditionen der deutschen Arbeiterklasse und ihrer revolutionären Partei, die ihre erste Kraftprobe in der bürgerlichen Revolution 1848 bestand."[247]

Im März 1983 veranstaltete das Militärgeschichtliche Institut der DDR in Potsdam eine wissenschaftliche Konferenz anläßlich des 100. Todestages und des 165. Geburtstages von Karl Marx. Prominentester Referent auf dieser Konferenz war der Minister für Nationale Verteidigung Armeegeneral Heinz Hoffmann. Hoffmann unterstrich, daß der Wert der marxistisch-leninistischen Militärtheorie und Militärgeschichte wie jeder anderen Wissenschaft vor allem an einem Maßstab gemessen werde: an ihrem „Beitrag zur Verwirklichung der historischen Mission der Arbeiterklasse, zu einer von Ausbeutung, Unterdrückung und Krieg befreiten Welt"[248].

Der Verteidigungsminister der DDR wies darauf hin, daß in den Verbänden, Truppenteilen und Einheiten bemerkenswerte Anstrengungen unternommen würden, „um das revolutionäre militärische Erbe von Marx, Engels und Lenin

---

[244] Heinrich Scheel: Eine notwendige Polemik in Sachen Stein, in: Militärgeschichte 22 (1983) 2, S. 198.

[245] Vgl. Dietmar Kreusel, a.a.O., S. 117.

[246] Walter Rehm: Militärtraditionen in der DDR, in: Jens Hacker, Horst Rögner-Francke (Hgg.): Die DDR und die Tradition. Gesellschaft für Deutschlandforschung. Jahrbuch 1981, Heidelberg 1981, S. 173.

[247] Volksarmee Nr. 36/62, zit. nach Dietmar Kreusel, a.a.O., S. 109 f.

[248] Heinz Hoffmann: Militärgeschichte im Klassenkampf unserer Zeit, in: Militärgeschichte 22 (1983) 4, S. 391.

zu studieren und seine Lebenskraft im Interesse hoher Kampfkraft und Gefechtsbereitschaft schöpferisch zu nutzen"[249]. Hoffmann sprach sich dafür aus, „das militärhistorische Erbe, insbesondere die revolutionären militärischen Kampftraditionen der Arbeiterklasse, voll zu erschließen".

„Für die Wehrmotivation ist es durchaus von Bedeutung, mit welchen historischen Vorbildern sich der Soldat identifiziert. Auch daran sind der Klassencharakter und das politisch-moralische Profil einer Armee ablesbar.
Wirft es nicht ein bezeichnendes Licht auf die Bundeswehr, daß sie imperialistische Militärs, wie Hindenburg, Ludendorff und Rommel, fanatische Antikommunisten, wie die Angehörigen der Legion Condor oder Hitlers höchstdekorierten Sturzkampfflieger Rudel, in ihre Traditionspflege einreiht? In der Nationalen Volksarmee dagegen werden all jene geehrt, die für Demokratie, Frieden und Sozialismus Großes vollbracht haben. Wir setzen das Werk von Karl Liebknecht, Rosa Luxemburg und Franz Mehring, von Ernst Thälmann und Wilhelm Pieck, von Hans Beimler und Artur Becker fort, kämpfen mit der Hingabe von Soja Kosmodemjanskaja, Juri Gagarin, Karol Świerczewski und Julius Fučik."[250]

Es ist kein Zufall, daß es sich bei den von Hoffmann gepriesenen Kämpfern „für Demokratie, Frieden und Sozialismus" ausschließlich um Kommunisten aus Ländern handelt, die heute als Mitglieder der Warschauer Vertragsorganisation zum sowjetischen Machtbereich gehören. Das nationale und das internationale „rote Erbe" stehen im Mittelpunkt der täglichen Traditionsarbeit in den Streitkräften der DDR. Nachdem am 23. Januar 1978 eine neugefaßte „Ordnung des Ministers für Nationale Verteidigung über die militärische Traditionspflege in der Nationalen Volksarmee und in den Grenztruppen der DDR" erlassen wurde, erfuhr die Traditionsarbeit einen „erheblichen Aufschwung"[251]. Laut Traditionspflege-Ordnung hat die militärische Traditionspflege das Ziel:

– „die Überzeugung zu vertiefen, daß die Arbeiterklasse unter Führung der Sozialistischen Einheitspartei Deutschlands die entscheidende Kraft ist bei der Gestaltung der entwickelten sozialistischen Gesellschaft und Schaffung der grundlegenden Voraussetzungen für den allmählichen Übergang zum Kommunismus sowie bei der Herausbildung der sozialistischen deutschen Nation;
– die Erkenntnis zu festigen, daß die Deutsche Demokratische Republik die besten Traditionen der Geschichte des deutschen Volkes, vor allem der Arbeiterbewegung, verwirklicht, fortsetzt und bereichert; daß sie unser sozialistisches Vaterland ist und ihr unsere Liebe und Treue gehören;
– das Wissen zu stärken, daß der militärische Klassenauftrag den geschichtlichen Erfahrungen und Lehren des Klassenkampfes entspricht und die NVA und die Grenztruppen der DDR Fortsetzer der revolutionären und fortschrittlichen Traditionen und Träger der sozialistischen militärischen Tradition sind;
– die internationalistischen revolutionären Traditionen zu vermitteln, die Freundschaft und Verbundenheit mit der Sowjetunion und den anderen Ländern der sozialistischen Gemeinschaft sowie die Waffenbrüderschaft mit der Sowjetarmee und allen sozialistischen Bruderarmeen zu festigen;

---

249 A.a.O., S. 390.
250 A.a.O., S. 394.
251 Eckhard Fischer: Traditionsarbeit ist wirksam, wenn sie konkret ist, in: Volksarmee Nr. 29/1981.

– die revolutionäre Wachsamkeit und den Klassenhaß auf den Imperialismus und seine Söldner zu stärken;
– den Stolz auf den sozialistischen Militärdienst und das Soldatsein zu entwickeln, das politische Verantwortungsbewußtsein und das Streben nach militärischer Meisterschaft zu fördern und solche moralisch-kämpferischen Eigenschaften wie militärische Kameradschaft, Disziplin und Gehorsam, Mut, Kühnheit und Opferbereitschaft auszuprägen."[252]

Die Traditionspflege in der DDR umfaßt fünf Richtungen:

– „Traditionen der deutschen Arbeiterklasse im Kampf um die Eroberung und Behauptung der politischen Macht;
– progressive Traditionen des deutschen Volkes im Kampf um den gesellschaftlichen Fortschritt;
– sozialistische Traditionen der SED, der DDR und ihrer Landesverteidigung;
– revolutionäre Traditionen der internationalen Arbeiterbewegung und der sozialistischen Staaten, insbesondere die Traditionen der deutsch-sowjetischen Freundschaft und Waffenbrüderschaft, sowie der aktiven Solidarität mit dem Befreiungskampf anderer Völker;
– Leben und Wirken revolutionärer Vorbilder der deutschen und internationalen Arbeiterbewegung, fortschrittlicher Persönlichkeiten des deutschen Volkes und anderer Völker sowie von Helden des sozialistischen Aufbaus und seines militärischen Schutzes."[253]

In den Mittelpunkt der Traditionspflege zu stellen sind gemäß Traditionspflege-Ordnung

„die militärischen Erfahrungen der revolutionären deutschen Arbeiterbewegung, die sozialistischen militärischen Traditionen der DDR, insbesondere der NVA und der Grenztruppen, die gemeinsamen Traditionen der Vereinten Streitkräfte der Teilnehmerstaaten des Warschauer Vertrages sowie die Traditionen des eigenen Truppenteils"[254].

Besonders breiten Raum nimmt die „Arbeit mit dem revolutionären Vorbild" ein:

„Nahezu alle Truppenteile tragen Traditionsnamen. Etwa 80 Prozent von ihnen die antifaschistischer Widerstandskämpfer. Schon das sagt etwas sehr Wesentliches über unser Traditionsbild aus: Den Kern der Traditionspflege bilden die revolutionären Kämpfe der Arbeiterklasse. Als ein Ergebnis dieser Kämpfe, geführt von der marxistisch-leninistischen Partei, entstand die DDR, deren militärisches Schutzinstrument die NVA ist."[255]

Die absolute Dominanz der kommunistisch-antifaschistischen Traditionslinie in der praktischen Traditionsarbeit ist keinesfalls ein Novum. Die kommunistische Traditionspflege begann schon zu einer Zeit, als es weder eine DDR,

---

[252] Ordnung des Ministers für Nationale Verteidigung über militärische Traditionspflege in der Nationalen Volksarmee und in den Grenztruppen der DDR – Traditionspflegeordnung – vom 23. Januar 1978, in: Anordnungs- und Mitteilungsblatt des Ministeriums für Nationale Verteidigung, 1978, Nr. 5, B/13; zit. nach Die NVA in der sozialistischen Verteidigungskoalition. Auswahl von Dokumenten und Materialien 1955/1956 bis 1981, Berlin (Ost) 1982, S. 316 f.
[253] A.a.O., S. 317.
[254] Ebd.
[255] Eckhard Fischer, a.a.O.

geschweige denn eine Nationale Volksarmee gab. 1948 wurde der Volkspolizeibereitschaft Großenhain in Anwesenheit von Rosa Thälmann der Name „Ernst Thälmann" verliehen.

> „Die Bereitschaftsfahne, genäht und bestickt von den Frauen der Unterführer und Offiziere, ist heute eines der kostbarsten Traditionsexponate im Armeemuseum der DDR. Zu jener Zeit entstand bei den Genossen der Volkspolizei ein Lied, dessen Refrain lautet:
> Wir sind die Jugendbrigade, die Kämpfer für die neue Zeit.
> Ernst Thälmann steht auf unserer Fahne: Wir sind zum Kampfe bereit!
> Und nirgends wird wohl mit so großer Anteilnahme und gleichzeitig so großem Verantwortungsgefühl jenes legendäre Lied vom spanischen Himmel gesungen wie in den bewaffneten Organen unserer Republik, das Lied, in dem es heißt:
> Rührt die Trommeln, fällt die Bajonette! Vorwärts! Marsch! Der Sieg ist unser Lohn!
> Mit der Freiheitsfahne brecht die Kette! Auf zum Kampf, das Thälmann-Bataillon!
> An dieser breiten Skala von Traditionsmitteln und -elementen, die sich mit dem Namen ‚Thälmann' verbinden, läßt sich die große Bedeutung dieses leuchtenden Vorbildes für die patriotische und klassenmäßige Erziehung unserer sozialistischen Jugend in den bewaffneten Organen der Arbeiterklasse der DDR erkennen."[256]

Gemessen am Thälmann-Kult, der in den Streitkräften der DDR getrieben wird, nimmt das gelegentliche Gedenken an Persönlichkeiten wie Scharnhorst oder Gneisenau nur kleine Dimensionen an. Wenn Thälmann als „echtes militärisches Vorbild" gerühmt wird, so geschieht das unter Verweis auf seine Funktion als Vorsitzender des Roten Frontkämpferbundes.[257]

Der Volksmarine präsentiert man Thälmann in Gestalt des Hafenarbeiters, der eng vertraut gewesen sei „mit den Bedingungen des Klassenkampfes auf See".

> „Er kannte die Probleme der Seeleute und Hafenarbeiter, und sie waren es, die ihm liebevoll den Namen ‚Teddy' gaben. Für immer ist der Name Thälmanns mit dem Aufstand des Hamburger Proletariats 1923 verbunden. Als er im Jahre 1928 zum Ehrensteuermann des sowjetischen Schlachtschiffes ‚Oktjabrskaja Revoluzija' ernannt und ihm eine Uniform übergeben wurde, war das eine große Anerkennung seiner festen politischen Haltung, seiner wehrpolitischen Erfahrung und seines unablässigen Kampfes für das feste Bündnis der deutschen Arbeiterklasse mit der Arbeiterklasse der jungen Sowjetrepublik, in dem vor allem auch das Kampfbündnis zwischen RFB und Roter Armee eingeschlossen war. Ausdruck dessen war auch seine Ernennung zum Ehrenmitglied der Besatzung des Kreuzers ‚Aurora'. Im unverbrüchlichen Klassen- und Waffenbündnis zwischen Volksmarine und Baltischer Rotbannerflotte findet dieses Vermächtnis heute seine Erfüllung."[258]

In der Volksmarine werden nahezu ausschließlich „rote Traditionen" gepflegt. Seit 1958 kämpfen die fahrenden Verbände um die Verleihung des Max-Reichpietsch-Banners, die Landeinheiten und Bildungseinrichtungen um die Auszeichnung mit dem Albin-Köbis-Banner. Reichpietsch und Köbis zählten zu den Anführern des Kieler Matrosenaufstands im Sommer 1917. Sie waren am 5. September 1917 hingerichtet worden. „Ihr revolutionärer Geist und ihr Han-

---

[256] Klaus Krumsieg: „Ernst Thälmann" steht auf unserer Fahne. . ., in: Marinekalender der DDR 1974, Berlin (Ost) 1973, S. 29 ff.
[257] A.a.O., S. 29.
[258] A.a.O., S. 33.

deln leben in der Tradition der Volksmarine unserer Republik fort", so Fregattenkapitän Achim Michael im „Marinekalender der DDR 1974"[259].

Auch die Bezeichnung „Volksmarine" ist ein Stück kommunistischer Traditionspflege. Sie wurde den Seestreitkräften auf Beschluß des Nationalen Verteidigungsrates der DDR 1960 anläßlich des 42. Jahrestages der Novemberrevolution verliehen. 1961 stellte die Volksmarine vier Küstenschutzschiffe in Dienst. Sie erhielten die Namen der von der SED am meisten geschätzten deutschen Kommunisten: „Karl Marx", „Friedrich Engels", „Karl Liebknecht" und „Ernst Thälmann".

> „Kriegsschiffe mit solchen Namen sind niemals dazu ausersehen, Völker zu unterjochen, Verbrechen auf hoher See und an fremden Küsten zu begehen, die Fackel des imperialistischen Krieges über die Meere zu tragen. Sie dienen einem einzigen Ziel: dem Schutz der DDR und ihrer sozialistischen Bruderländer, der Verteidigung des Friedens."[260]

1964 verlieh Verteidigungsminister Hoffmann der Offiziersschule (seit 1971 Offiziershochschule) der Volksmarine in Stralsund den Namen „Karl Liebknecht". Die höchste Bildungseinrichtung der Nationalen Volksarmee ist die Militärakademie „Friedrich Engels" in Dresden. Auch das in Berlin stationierte Wachregiment der NVA trägt den Namen „Friedrich Engels".

An die Seite der „großen" Vorbilder — der kommunistischen Vordenker und Arbeiterführer — treten unzählige weniger prominente „Genossen", deren Namen im Westen kaum jemand kennt. Sie zu popularisieren, ist eine der Hauptaufgaben der Traditionsarbeit in den Traditionszirkeln der NVA.

> „Die Pflege des revolutionären Erbes erschöpft sich nicht im ehrenden Gedenken. Mit dem ersten Schritt in die Kaserne beginnt der neueinberufene Armeeangehörige die Traditionen seiner Armee, seines Truppenteils kennenzulernen. Dazu sind u.a. in den Truppenteilen Traditionszimmer gestaltet. In Traditionszirkeln haben interessierte Armeeangehörige die Möglichkeit, sich mit dem Leben revolutionärer Vorbilder, mit der Geschichte ihres Truppenteils umfassend vertraut zu machen und ihre Kenntnisse anderen weiterzuvermitteln."[261]

Die „revolutionären Vorbilder" der NVA, das sind Personen, die sich mit Leib und Seele der kommunistischen Sache verschrieben haben, für die Treue zur Sowjetunion stets wichtiger war als Loyalität zur eigenen Nation. Besonders geehrt und verehrt werden in den DDR-Streitkräften die Angehörigen kommunistischer Kampfverbände der Zwischenkriegszeit sowie jene Deutschen, die im Zweiten Weltkrieg auf seiten der Sowjetunion agierten. Zu den Kampfverbänden, deren Erbe gepflegt wird, zählen

— die Volksmarine-Division (1918);
— die Rote Ruhrarmee (1921);
— die Proletarischen Hundertschaften (1923);
— der Rote Frontkämpferbund (1924—1933);

---

[259] Achim Michael: Die paramilitärischen Marineorganisationen der BRD, in: Marinekalender der DDR 1974, a.a.O., S. 113.

[260] Klaus Krumsieg, a.a.O., S. 33.

[261] Fragen und Antworten zum Wehrdienst, a.a.O., S. 58.

– die Thälmannbrigade im Spanischen Bürgerkrieg (1936–1939);
– das Nationalkomitee „Freies Deutschland" (1943–1945).[262]

Wie Oberst Paul Heider, Professor an der Militärakademie „Friedrich Engels", in der Zeitschrift „Militärwesen" hervorhebt, konnten sich die SED und die sozialistische Staatsmacht in der sozialistischen Wehrerziehung der Arbeiterklasse und vor allem der Jugend „stets auch auf die von der KPD hervorgebrachten Traditionen des wehrhaften Kampfes der deutschen Arbeiterklasse stützen"[263]. Die mit Abstand bedeutendste Traditionsschiene ist jedoch zweifellos die Schiene „Deutsch-sowjetische Waffenbrüderschaft". Mit der Teilnahme von annähernd 10.000 ehemaligen deutschen Kriegsgefangenen an den Kämpfen zur Errichtung und Verteidigung der Sowjetmacht beginnt aus der Sicht der Ost-Berliner Kommunisten ein gemeinsamer Weg, der schließlich in die deutsch-sowjetische Militärallianz nach 1945 einmündet. Der „Rote Oktober" wird in der Nationalen Volksarmee der DDR gefeiert, als handle es sich um ein herausragendes Ereignis *deutscher* Geschichte. Für Militärpropagandisten der DDR ist der Jahrestag der Oktoberrevolution „unser gemeinsamer Feiertag"[264]. Zur Vorbereitung des 60. Oktober-Jubiläums fanden allein im ersten Halbjahr 1977 über 14.000 Veranstaltungen statt, an denen die Mehrzahl der NVA-Angehörigen mindestens einmal teilnahm.[265] SED-Politbüro-Mitglied Werner Lamberz konstatierte 1977:

> „Für jeden Kommunisten gibt es nichts Schöneres, nichts, was ihn mehr bewegen, nichts, was er freudiger tun würde: Fest im Herzen jedes Mitbürgers die Liebe zur Sowjetunion zu verankern, dieses große und heilige Vermächtnis von Generation zu Generation weiterzugeben."[266]

Die Huldigungen für die sowjetischen Waffenbrüder nehmen teilweise geradezu groteske Formen an. So wurde aus Anlaß des 60. Jahrestages der Oktoberrevolution und des 60. Jahrestages der Sowjetarmee in der NVA die Aktion: „Ein Geschenk für meinen besten Freund" durchgeführt:

> „In liebevoller Arbeit wurden Tausende kleine Geschenke angefertigt und bei Freundschaftstrefffen oder auch während Leistungsvergleichen den Freunden persönlich übergeben."[267]

Die Mitglieder der FDJ-Organisation der Sektion Seeoffiziere an der Offiziershochschule „Karl Liebknecht" bereiteten den 60. Jahrestag der Sowjetarmee mit einer Jugendinitiative vor. Motto der Initiative: „Molodzy – Prachtkerle – so sein wie sie!"[268]

Die Machthaber in Ost-Berlin wissen genau, wem sie ihre Herrschaft über 17 Millionen Deutsche verdanken. So ist es letztlich nur konsequent, daß sie sich

[262] Forster 1983, S. 282.
[263] Paul Heider: Traditionen sozialistischer Militärpolitik, in: Militärwesen 28 (1984) 1, S. 30.
[264] Kokott 1978, S. 33.
[265] Kokott 1978, S. 32.
[266] Ebd.
[267] Kokott 1978, S. 33.
[268] Kokott 1978, S. 33 f.

in bezug auf den Zweiten Weltkrieg die sowjetische Diktion zu eigen machen und vom „Großen Vaterländischen Krieg" sprechen. Helden der Sowjetunion sind die Helden im Staate der SED – Vorbilder für jene, die in den Streitkräften dieses Staates dienen. Oberst Raimund Kokott:

> „Schmiede und Vorkämpfer der festen Klassen- und Waffenbrüderschaft der Nationalen Volksarmee und der Sowjetarmee waren viele deutsche Antifaschisten, die mit den Sowjetvölkern gemeinsam gegen die faschistischen Eroberer – für ihre und unsere Freiheit – tapfer kämpften: als Partisanen, als Offiziere oder Soldaten der Roten Armee, als Frontbevollmächtigte, Armeebeauftragte oder Divisionshelfer bzw. in anderen Funktionen der Frontorganisation des Nationalkomitees ‚Freies Deutschland'. Mehr als 80 Bürger der DDR, die an diesem schweren Ringen auf sowjetischer Seite teilnahmen, sind mit Orden der UdSSR geehrt worden. Zu ihnen gehören auch Armeegeneral Heinz Hoffmann, Minister für Nationale Verteidigung der DDR, und Generaloberst Heinz Keßler, Stellvertreter des Ministers und Chef des Hauptstabes der NVA."[269]

Einer jener Deserteure, die im Zweiten Weltkrieg zu den Sowjets überliefen, war Fritz Schmenkel. Schmenkels erstes Gefecht „auf der richtigen Seite", in dessen Verlauf er einen deutschen Soldaten erschoß, wird angehenden Berufssoldaten der DDR als Heldentat geschildert:

> „Für immer steht vor dem Namen des ehemaligen Wehrmachtsoldaten, des Landarbeiters, des Kommunisten Fritz Schmenkel der Ehrentitel Held der Sowjetunion. Dies ist eine Episode aus seinem Kampf, den er geführt hat, ohne sein Leben zu schonen."[270]

Die Waffenbrüderschaft zu pflegen, das heißt konkret für die NVA: aufblicken zum großen Bruder – gemäß der Losung: „Von der Sowjetunion lernen heißt siegen lernen!" Die Soldaten der Nationalen Volksarmee sollen sich ein Beispiel nehmen am „Regiment nebenan".

> „In den Traditionszimmern vieler Truppenteile der NVA hat der Kampfweg ihres Regiments nebenan einen festen Platz. In Wort und Bild wird dieses Regiment vorgestellt, werden die Armeeangehörigen mit den Helden von damals und den Besten von heute bekannt gemacht. In manchen Kompanieklubs werden die hervorragendsten Angehörigen der eigenen und der Partnerkompanie gebührend gewürdigt."[271]

Der Festigung der Waffenbrüderschaft dienen auch gegenseitige Besuche in den Traditionszimmern bzw. den „Zimmern des Kampfruhmes" der GSSD sowie „gemeinsame Exkursionen zu Stätten des revolutionären Kampfes, zu Gedenkstätten und zu Stationen des Kampfweges sowjetischer Truppenteile"[272].

Bis zu einem gewissen Grade ist die Traditionspflege der NVA bereits internationalisiert, das heißt sowjetisiert. Den Soldaten der DDR wird suggeriert, daß sie in den Fußstapfen ihrer sowjetischen Waffenbrüder „auf der Siegerstraße der Geschichte marschieren".

---

[269] Kokott 1978, S. 20 f.

[270] Napoleon Ridewski: Fritz Schmenkel – ein Held der Sowjetunion: zit. nach Vom militärischen Beruf, a.a.O., S. 60.

[271] Kokott 1978, S. 38.

[272] Kokott 1978, S. 36.

> „Waffenbrüderschaftserziehung heute – das heißt, den Armeeangehörigen ein militärisches Traditionsbewußtsein zu vermitteln und es zu festigen, insbesondere den Stolz auf die bereits jahrzehntelange Kampfgemeinschaft der Armeen der Warschauer Vertragsstaaten und ihre Erfolge beim Schutz der Grenzen des Sozialismus in Europa.
> Die Geschichte der NVA ist von ihrer ersten Stunde an die Geschichte einer Koalitionsarmee. Nur in der Gemeinschaft der Bruderarmeen und vor allem mit Hilfe der sowjetischen Waffenbrüder konnte sie sich so schnell zu einer modernen Armee entwickeln."[273]

Die Nationale Volksarmee der DDR ist zwar die jüngste Armee des östlichen Militärbündnisses, aber sie wurde 1986 immerhin 30 Jahre alt. Nach Ansicht der verantwortlichen Politiker und Militärs der DDR ist es damit an der Zeit, die Geschichte der NVA zu schreiben. Noch intensiver als bisher seien „vertiefende Forschungsergebnisse zur Geschichte der Nationalen Volksarmee und ihrer Teile, der Grenztruppen und der Zivilverteidigung der DDR sowie zur Entwicklung der Waffenbrüderschaftsbeziehungen zu gewinnen", forderte Verteidigungsminister Hoffmann 1983.[274] Wie der NVA-Chef besonders betonte, müsse noch mehr getan werden, „um die Truppengeschichtsschreibung schneller voranzubringen":

> „Geht es doch darum, mit ihr die Biographien all jener zu schreiben, die mit Fleiß, Ideen und Tatkraft an der erfolgreichen Entwicklung der Nationalen Volksarmee, der Grenztruppen und der Zivilverteidigung unmittelbar beteiligt waren. So wie es uns gelingt, die geschichtlichen Leistungen bei der Entwicklung der Landesverteidigung und die militärischen Traditionen der eigenen Truppe zu erschließen, werden wir auch neue Potenzen für die Erfüllung unseres Klassenauftrages gewinnen. Ich erwarte deshalb von allen Kommandeuren und Leitern der Politorgane, daß sie sich persönlich für weitere Fortschritte in der Truppengeschichtsschreibung verantwortlich fühlen und für diese anspruchsvolle Arbeit überall die notwendigen Bedingungen schaffen."[275]

Die Truppengeschichtsschreibung ist die Voraussetzung, um den jüngsten Traditionsstrang in die Traditionsarbeit mit einzubeziehen: die 40jährige Geschichte der DDR. Auf der XI. Delegiertenkonferenz der FDJ-Organisationen in der NVA und in den Grenztruppen der DDR wurde 1981 die Aufgabe formuliert, „den jungen Armeeangehörigen die historischen Leistungen unserer Partei und unseres Volkes in Verbindung mit der territorialen Geschichte, den Klassenkämpfen und revolutionären Erfahrungen der Arbeiter und Bauern des Standortes nahezubringen, die Entwicklung und Leistungen der eigenen Truppenteile und Einheiten lebendig darzustellen sowie Leben und Kampf ihrer revolutionären Vorbilder und der sowjetischen Waffenbrüder anschaulich zu vermitteln"[276].

Die Traditionsarbeit steht und fällt mit der Mitwirkung der Soldaten in den Traditionszirkeln. Die Aufgabenstellung der Traditionszirkel ist in der Traditionspflege-Ordnung von 1978 klar umrissen. Darin heißt es:

---

[273] Kokott 1978, S. 23.
[274] Heinz Hoffmann, a.a.O., S. 395.
[275] A.a.O., S. 396.
[276] Zit. nach Klaus Froh: Lebendige Traditionen im Truppenteil „Horst Jonas", in: Militärgeschichte 22 (1983) 2, S. 223 f.

„Die Traditionszirkel erforschen, studieren und popularisieren insbesondere das Leben und Wirken vor allem des revolutionären Vorbildes, nach dem der Truppenteil [...] benannt wurde."[277]

Die Beschäftigung mit dem „revolutionären Vorbild" beginnt in der Regel schon vor der Namensverleihung an einen Truppenteil der NVA. Als der Minister für Nationale Verteidigung 1969 anläßlich des 20. Jahrestages der Gründung der DDR einem zum Militärbezirk Neu-Brandenburg gehörenden Truppenteil den Namen des Kommunisten Horst Jonas verlieh, war Horst Jonas für die Armeeangehörigen kein Unbekannter mehr:

„In Vorbereitung auf die Namensverleihung begann im Mai 1969 unter Führung der Arbeitsgruppe für politische Arbeit des Truppenteils die systematische Erforschung der Lebensgeschichte von Horst Jonas und die Popularisierung der mit seiner Persönlichkeit zusammenhängenden revolutionären Traditionen. Dabei steht das Wirken von Horst Jonas als Jungkommunist und Widerstandskämpfer gegen Faschismus und Krieg, als Partei- und Staatsfunktionär der SED im Kampf für den Aufbau einer sozialistischen Gesellschaftsordnung sowie als Offizier der bewaffneten Organe beim Schutz des sozialistischen Vaterlandes im Vordergrund. Eine zweite Seite ist die Darstellung von Persönlichkeitseigenschaften, durch die sich Horst Jonas auszeichnete: unerschrockener und bedingungsloser Einsatz für die Ziele der Partei der Arbeiterklasse. Entschlußkraft und Initiative, Volksverbundenheit und feste Freundschaft zur Sowjetunion."[278]

Horst Jonas — vor 1933 Mitglied des Kommunistischen Jugendverbandes Deutschlands (KJVD), kommunistischer Untergrundkämpfer im Dritten Reich, KZ-Häftling, 1945 von der Sowjetischen Militäradministration für Deutschland (SMAD) als Inspekteur der Polizei des Gebietes Ostthüringen eingesetzt — dieser Horst Jonas ist genau aus jenem Holz geschnitzt, das die SED zum Aufbau von Heldenfiguren bevorzugt verwendet. Nur diejenigen, die sich wie Horst Jonas als gefügiges Werkzeug der Sowjetunion gebrauchen und mißbrauchen ließen, haben Anspruch auf einen Ehrenplatz in den Kasernen der Nationalen Volksarmee. Für sie werden Traditionszimmer gestaltet, Traditionskonferenzen abgehalten und Gedächtnisläufe veranstaltet. Was die SED mit dem Kommunistenkult bezweckt, wird deutlich ausgesprochen:

„Das Vermächtnis Horst Jonas' zu erfüllen heißt für die Armeeangehörigen und Zivilbeschäftigten des Truppenteils in erster Linie, für den Sozialismus, für den gesellschaftlichen Fortschritt, gegen den Imperialismus und andere reaktionäre Kräfte Partei zu ergreifen. Die Identifizierung mit dem revolutionären Vorbild und der Stolz auf das bisher Erreichte beim Aufbau der entwickelten sozialistischen Gesellschaft wirken motiv- und willensbildend und befähigen die Armeeangehörigen, ihren Klassenauftrag als sozialistische Patrioten und Internationalisten zu erfüllen."[279]

Erforschung und Popularisierung des „revolutionären Vorbildes" bleiben nicht dem persönlichen Engagement der Soldaten überlassen. In der Regel werden ganz konkrete Forschungsaufträge an einzelne Einheiten vergeben. Die Beschäftigung mit dem Namen des Truppenteils ist zugleich der Ausgangspunkt für die Truppengeschichtsschreibung. In der Truppengeschichte sollen die poli-

---

[277] Zit. nach Klaus Froh, a.a.O., S. 226.
[278] Zit. nach Klaus Froh, a.a.O., S. 223.
[279] Zit. nach Klaus Froh, a.a.O., S. 224.

tischen und militärischen Höhepunkte in der geschichtlichen Entwicklung eines Truppenteils dargestellt werden. Oberst Paul Heider führt einen umfangreichen Themenkatalog an:

> „die Aufstellung des Truppenteils, die Übergabe der Truppenfahne und die Verleihung eines Ehrennamens; die ständige Bewährung im Diensthabenden System bzw. im Gefechts- und Grenzdienst; die Teilnahme an größeren Übungen und Manövern im nationalen Rahmen und im Rahmen der Koalition; die Bewährung in politischen Krisenzeiten (wie etwa 1961 und 1968); die Meisterung der Kampftechnik bei besonderer Berücksichtigung von Prozessen der Umrüstung oder Neuausstattung; die Entwicklung der sozialistischen Lebensweise unter militärischen Bedingungen; Einsätze im Interesse der Volkswirtschaft oder bei Naturkatastrophen“[280].

Was Heider „Bewährung in politischen Krisenzeiten“ nennt, dem kommt aus der Sicht von Armee und Parteiführung der DDR herausragende Bedeutung zu. Will man der DDR-Propaganda Glauben schenken, dann haben die bewaffneten Organe der DDR mindestens dreimal maßgeblich dazu beigetragen, den Frieden in Europa zu retten: 1953, 1961 und 1968.

Die Niederschlagung des Volksaufstandes 1953 wird heute als „Sieg über die Konterrevolution“ ausgegeben. 30 Jahre nach der Arbeiterrevolte veröffentlichte die Zeitschrift „Militärgeschichte“ einen Artikel unter der Überschrift: „17. Juni 1953. Bewährung sozialistischer Sicherheitspolitik — Scheitern imperialistischer Globalstrategen und konterrevolutionärer Abenteurer“[281].

Ähnlich urteilt Erich Honecker. Er schreibt in seiner Autobiographie über die Juni-Ereignisse 1953: „Ein potentieller Kriegsherd als Auslöser für militärische Konflikte im Zentrum Europas wurde gelöscht.“[282]

Die bewaffneten Organe der DDR als Friedensfeuerwehr. Da sich die SED verständlicherweise selbst kein Armutszeugnis ausstellen kann, münzt sie kurzerhand politische Niederlagen zu Siegen um. Maßnahmen zur Herrschaftssicherung der Machthaber in Ost-Berlin werden zu Siegen für den Frieden deklariert. Wie Verteidigungsminister Hoffmann in einer Rede anläßlich des 25. Jahrestages der NVA äußerte, konnten die Truppenteile der Nationalen Volksarmee im Verlauf ihrer Geschichte „Zeichen des Sieges an ihre Fahnen heften, errungen in Einsätzen zur Bewahrung des Friedens; errungen im Gefechtsdienst und im Diensthabenden System der verbündeten Armeen des Warschauer Vertrages; Siege, die errungen wurden, weil die Arbeiter- und Bauernsöhne in der Uniform der ersten sozialistischen Armee in der deutschen Geschichte dem Klassenfeind nie eine Chance ließen, weil sie das Pulver stets trocken und den Gegner scharf im Visier hielten“[283].

Geradezu makaber mutet es an, daß die Bürger der DDR dazu angehalten werden, die Errichtung der Mauer 1961 als ruhmreiche militärische Tradition

---

[280] Paul Heider: Truppengeschichte als Bereich militärgeschichtlicher Forschung und militärischer Traditionspflege, in: Militärgeschichte 22 (1983) 1, S. 95 f.

[281] Karl Greese, Rüdiger Wenzke: 17. Juni 1953. Bewährung sozialistischer Sicherheitspolitik — Scheitern imperialistischer Globalstrategen und konterrevolutionärer Abenteurer, in: Militärgeschichte 22 (1983) 3, S. 345 ff.

[282] Honecker 1980, S. 185.

[283] Zit. nach Die NVA in der sozialistischen Verteidigungskoalition, a.a.O., S. 408.

zu würdigen. Generalmajor Reinhard Brühl, Professor am Militärgeschichtlichen Institut der DDR in Potsdam, betont, daß die „Sicherung der Staatsgrenze gegenüber der BRD und Westberlin“ am 13. August 1961 in der Traditionspflege der Deutschen Demokratischen Republik und der Nationalen Volksarmee einen bedeutenden Platz einnehme.

> „Hier verband sich der Wille der DDR zur Selbstbehauptung als sozialistischer Staat mit der brüderlichen Unterstützung durch die anderen Staaten unseres Bündnisses. Die Entschlossenheit und Fähigkeit der jungen bewaffneten Kräfte der DDR, ihren Staat zu schützen, vereinte sich mit der Bereitschaft der Sowjetarmee, ihnen dabei jede notwendige Unterstützung zu gewähren.“[284]

So nüchtern, wie es der Militärhistoriker formuliert, wird das Thema 13. August in der DDR selten abgehandelt. Den jungen Soldaten erzählt man wahre Schauergeschichten über die Hintergründe des Mauerbaus. Laut SED-Geschichtsschreibung wurde durch die Errichtung des „antifaschistischen Schutzwalls“ ein unmittelbar bevorstehender Überfall der Bundesrepublik auf die DDR verhindert:

> „Im Herbst des Jahres 1961 hielten die Kriegswütigen an Rhein und Ruhr die Stunde für gekommen, die ‚Sowjetzone‘, wie sie den sozialistischen deutschen Staat der Arbeiter und Bauern verächtlich nannten, ‚heim ins Reich‘ zu holen. Der Frieden Europas war in Gefahr. Die Deutsche Demokratische Republik stand vor der größten Bewährungsprobe ihrer jungen Geschichte.“[285]

So beginnt das Kapitel über den 13. August 1961 in der Handreichung der NVA für Berufssoldaten. Überschrift: „Als es für die Brandstifter 13 schlug“. Der Text ist der von Werner Eggerath verfaßten Schrift „Quo vadis, Germania?“ entnommen. Der Autor schildert die Einmauerung Ost-Berlins als Heldenepos:

> „Elastische junge Gestalten kletterten aus den Panzern, die schwarzen Schutzhelme umrahmten frische und fröhliche Gesichter. Die Jugend, die in unserem neuen Deutschland herangewachsen war, stand auf Friedenswacht. Es griff mir ans Herz, als die jungen Soldaten den alten Kämpfern in den schlichten Anzügen der Arbeiterwehr die Hand schüttelten; sie waren von demselben Geist beseelt.
> Nach zwei Stunden rollten unsere Kampfwagen wieder zurück. Die Entscheidung war gefallen. Wohl heulte die Monopolpresse, wohl schrien die Machthaber in Westdeutschland Zeter und Mordio, doch die Geschichte hatte ihr Urteil gesprochen. Alle Hoffnungen der Imperialisten waren wie Seifenblasen zerplatzt [. . .]“[286]

Politisches Fazit Eggeraths:

> „Kein Zweifel, der 13. August wurde zur entscheidenden Niederlage der deutschen Imperialisten, zur größten seit der Gründung der Deutschen Demokratischen Republik.
> Am 13. August 1961 durchkreuzten wir, gestützt auf das unverbrüchliche Kampfbündnis mit den Staaten des Warschauer Paktes, die verbrecherischen Pläne der notorischen Brandstifter. Die Arbeiter-und-Bauern-Macht rettete den Frieden in Europa.“[287]

---

284 Reinhard Brühl: Zu Erbe und Tradition in der deutschen Militärgeschichte, in: Militärgeschichte 22 (1983) 6, S. 693.
285 Vom militärischen Beruf, a.a.O., S. 68.
286 A.a.O., S. 70 f.
287 A.a.O., S. 71.

Friedensrettung als Tradition der NVA. Die unglaublichen Geschichten, die zur Rechtfertigung des Mauerbaus verbreitet werden, wirken so überzogen, daß sie von nicht-SED-gläubigen DDR-Bürgern als lächerlich empfunden werden müssen. In dem 1981 im Militärverlag der DDR veröffentlichten Bildband „Grenzsoldaten" wird die Operation 13. August – völlig zu Recht – als „Akt von historischer Tragweite" charakterisiert, hinter dem „Macht und Autorität der ganzen sozialistischen Militärkoalition" gestanden hätten. Dann folgt die geradezu groteske Begründung für die Errichtung der Sperrmauer quer durch Berlin:

> „Der BRD-Imperialismus wurde daran gehindert, ‚mit klingendem Spiel durchs Brandenburger Tor einzuziehen'. Der Tag X, der Tag, an dem die Deutsche Demokratische Republik annektiert, die volkseigenen Betriebe und Banken unter die Monopole der BRD aufgeteilt, die landwirtschaftlichen Produktionsgenossenschaften aufgelöst und das Land den ehemaligen Junkern und Großgrundbesitzern übergeben werden sollten, fand nicht statt."[288]

An Phantasie mangelt es den DDR-Chronisten offenkundig nicht. Die benötigen sie auch, um den nächsten historischen Meilenstein in der Traditionspflege der NVA entsprechend auszuschmücken: den Mit-Einmarsch der Nationalen Volksarmee 1968 in die Tschechoslowakei.

Zur Rechtfertigung des Überfalls auf die CSSR wird das gleiche propagandistische Strickmuster verwendet wie für die Geschehnisse 1953 und 1961 in der DDR. Wiederum galt es, einen „Angriff des Imperialismus und der Konterrevolution auf die sozialistischen Errungenschaften" abzuwehren, einen Angriff, „dem die flexible Aggressionsstrategie der NATO zugrunde lag". Und wiederum kann man sich einen Sieg an die Fahnen der sozialistischen „Bruderarmeen" heften:

> „Mit Hilfe der Sowjetunion, der VR Bulgarien, der DDR, der VR Polen und der Ungarischen VR – einer Hilfe, die auf Ersuchen patriotischer und internationalistischer Kräfte der Tschechoslowakei erfolgte – erlitten die imperialistische Politik des ‚Brückenschlages' und die ‚Ostpolitik' der Regierung der BRD eine empfindliche Niederlage. Die Bedrohung der Positionen des Sozialismus, der Ergebnisse des zweiten Weltkrieges und der Nachkriegsentwicklung in Europa wurde konsequent zurückgewiesen. Das Handeln der UdSSR und der anderen sozialistischen Staaten machte deutlich, daß getreu den Verträgen der Schutz jedes sozialistischen Landes durch die Staatengemeinschaft gewährleistet und jeder Versuch, in das Bündnis einzubrechen, zum Scheitern verurteilt ist. In der Aktion bewährten sich auch die eingesetzten bewaffneten und zivilen Kräfte der DDR."[289]

Niederschlagung des Arbeiteraufstandes 1953, Bau der Mauer 1961, Unterdrückung der Freiheitsbestrebungen des tschechoslowakischen Volkes 1968 – das ist der Stoff, aus dem die neuen Traditionen der bewaffneten Organe der DDR geschaffen werden. Verehrungswürdig erscheint alles, was dazu beiträgt,

---

[288] Paul/Liebig 1981, S. 147.

[289] Militärpolitik für Sozialismus und Frieden. Grundfragen der Politik der SED zum militärischen Schutz der revolutionären Errungenschaften und des Friedens von der Gründung der DDR bis zur Gestaltung der entwickelten sozialistischen Gesellschaft, Berlin (Ost) 1976, S. 111.

die Herrschaft der SED über 17 Millionen Deutsche zu sichern und sowjetische Einflußpositionen in Europa zu zementieren.

An vorderster Front tun das die Angehörigen der Grenztruppen der DDR. Während man die NVA-Soldaten, die auf afrikanischen Schlachtfeldern ums Leben kamen, schlicht totschweigt, werden die an der Grenze zur Bundesrepublik Deutschland oder zu West-Berlin getöteten Soldaten post mortem zu Helden deklariert. Wer den Versuch, die Flucht eines DDR-Bürgers zu verhindern, mit dem Leben bezahlt, gehört zu der in der Traditionspflegeordnung aufgeführten Kategorie der „herausragenden Persönlichkeiten der Schutz- und Sicherheitsorgane der DDR“. Die Namen dieser Personen können — ebenso wie die Namen von „Führern und hervorragenden Kämpfern des deutschen und internationalen revolutionären Kampfes“ — an Verbände, Truppenteile und Lehreinrichtungen verliehen werden.[290] So trägt eine Unteroffiziersschule der Grenztruppen der DDR den Namen des Rostocker Lehrers Egon Schultz, der — laut DDR-Version — von „Banditen“ während der Ausübung seines Dienstes an der Staatsgrenze „hinterhältig ermordet“ wurde.[291]

> „Mögen die Massenmedien der BRD und Westberlins das Wort ‚Menschlichkeit‘ auch noch so sehr strapazieren — die Grenzsoldaten der DDR wissen, was sie davon zu halten haben. Die Liste derer ist lang, die für den zuverlässigen Schutz der Staatsgrenze der DDR ihr Leben gegeben haben. Ermordet im Auftrag jener, denen diese Grenze ein Dorn im Auge ist, weil sie die Grenze ihrer Macht aufzeigt. Das Vermächtnis ihrer gefallenen Soldaten ist den Soldaten der Grenztruppen der DDR heilige Verpflichtung.“[292]

Am 22. Oktober 1984 ehrten Angehörige des Grenztruppenteils „Ho Chi Minh“ durch eine Kranzniederlegung ihren „ermordeten Genossen“ Klaus-Peter Seidel, der an diesem Tage 30 Jahre alt geworden wäre. Hauptmann Rainer Wilkendorf über Klaus-Peter Seidel:

> „Wie alle jungen Menschen in unserer Republik hatte er sich erstrebenswerte Ziele gestellt. Er erlernte den Beruf eines Bauarbeiters mit Abitur und wollte nach dem Ehrendienst in den Grenztruppen der DDR Architektur studieren. Doch am 19. Dezember 1975 wurde er mit seinem Genossen Unteroffizier Jürgen Lange hinterrücks von einem Verräter unserer Republik niedergeschossen. Der Mörder, Weinhold, lebt auf freiem Fuß in der BRD, in jenem Staat, der nach einem Urteil seines höchsten Gerichtes die Grenze zwischen der imperialistischen BRD und der sozialistischen DDR nicht als Staatsgrenze anerkennt und in dem die Revanchisten — nicht zuletzt infolge der Stationierung von US-Erstschlagwaffen — wieder Aufwind erhalten.
> Unteroffizier Klaus-Peter Seidel gab sein junges Leben für unsere sozialistische Revolution. Wir halten sein Andenken wie das aller ermordeten Grenzsoldaten hoch in Ehren. Ihr Vermächtnis erfüllen wir, indem wir zuverlässig die Grenzen unserer Republik schützen.“[293]

---

[290] Die NVA in der sozialistischen Verteidigungskoalition, a.a.O., S. 319.
[291] Paul/Liebig 1981, S. 131.
[292] Paul/Liebig 1981, S. 15.
[293] Rainer Wilkendorf: Unser Versprechen: Dem Feind keine Chance!, in: Volksarmee Nr. 46/1984.

Deutsche Soldaten, die Deutsche daran hindern, von Deutschland nach Deutschland zu gehen, versehen — gemäß SED-Diktion — einen „Ehrendienst". Kommen sie bei diesem Dienst ums Leben, so sind sie nicht umsonst gestorben. Für das SED-Regime erfüllen die toten Grenzsoldaten einen nützlichen Zweck. Sie werden gebraucht — und mißbraucht — im Rahmen einer Traditionspflege, die u.a. darauf abzielt, „die revolutionäre Wachsamkeit und den Klassenhaß auf den Imperialismus und seine Söldner zu stärken"[294].

Die Traditionspflege der Nationalen Volksarmee und der Grenztruppen der DDR ist zutiefst antinational. Sie ist absolut fremdbestimmt und unpatriotisch. Uniform, Knobelbecher und Stechschritt machen die Armee des kommunistischen deutschen Staates noch längst nicht zu einer *deutschen* Armee. Wer Karriere machen will, kommt nicht umhin, die Sprache des „großen Bruders" zu erlernen. Offiziere der NVA werden dazu angehalten, „ihre Russischkenntnisse ständig weiter zu vervollkommnen". Das Beherrschen der russischen Sprache, so wird argumentiert, sei „von großer Bedeutung für die Vertiefung der Waffenbrüderschaftsbeziehungen"[295]. Die Väter der Nationalen Volksarmee richteten ihren Blick nicht zurück in die deutsche Militärgeschichte, sie blickten nach Osten:

> „Bei allen seinen Entscheidungen ging das Politbüro des ZK der SED vom Vorbild der Sowjetunion aus, die unter der Führung der KPdSU die Leninschen Ideen von der Militärorganisation der Arbeiterklasse erfolgreich angewandt, in der Praxis überprüft und weiterentwickelt hatte."[296]

Angesichts der absoluten Dominanz des „roten Erbes" der NVA dürfte es schwerfallen, die von Militärhistorikern der DDR aufgestellte These, „daß die NVA wie noch nie eine deutsche Armee zuvor im Zuge einer breiten Volksbewegung gegründet würde" mit Fakten zu untermauern.[297]

Armeechef Hoffmann — während des Zweiten Weltkriegs Instrukteur und Lehrer an den Antifaschulen in Oranki und Krasnogorsk — erwartet von den Militärgeschichtswissenschaftlern, daß sie mit ihren Forschungsergebnissen Waffen für die ideologische Arbeit liefern.

> „Wieviel von dem geistigen Unrat, der in den Köpfen kriegsgefangener deutscher Soldaten, Unteroffiziere und Offiziere angestaut war, wurzelte in dem von der kapitalistischen Gesellschaft, von der bürgerlichen Schule und von der Hitlerjugend vermittelten falschen Geschichtsbild."[298]

Das „richtige Geschichtsbild" haben Hoffmann und die anderen führenden Repräsentanten der DDR aus der UdSSR mitgebracht. Zwischen Elbe und Oder wird es notdürftig mit einem deutschen Anstrich versehen. Laut Direktive des Ministers für Nationale Verteidigung sieht sich die militärische Traditionspflege vor die Aufgabe gestellt,

---

294 Die NVA in der sozialistischen Verteidigungskoalition, a.a.O., S. 317.
295 Kokott 1978, S. 24.
296 Militärpolitik für Sozialismus und Frieden, a.a.O., S. 43.
297 Dietrich Richter: Über die Untersuchung und Darlegung militärischer Fragen und Zusammenhänge in regionalgeschichtlichen Arbeiten, in: Militärgeschichte 22 (1983) 2, S. 212.
298 Heinz Hoffmann, a.a.O., S. 393.

„emotional wirksam die Aneignung des wissenschaftlichen Geschichtsbildes zu unterstützen, revolutionäre Traditionen der deutschen und internationalen Arbeiterbewegung sowie fortschrittliche militärische Traditionen der deutschen Geschichte zu vermitteln, die Ausprägung des sozialistischen Patriotismus und proletarischen Internationalismus zu fördern und zur Motivierung vorbildlicher militärischer Pflichterfüllung beizutragen".

Der Minister fordert ganz konkret, „die Leistungen der Nationalen Volksarmee, der eigenen Truppenteile und Einheiten beim Schutz des Sozialismus und des Friedens an der Seite der Sowjetarmee und der anderen sozialistischen Bruderarmeen" zu erforschen und zu propagieren.[299]

Der propagandistische Aufwand, mit dem das geschieht, ist beträchtlich. Ob und inwieweit die Indoktrination Früchte trägt, erscheint schwer zu beurteilen. Das von der Partei- und Staatsführung der DDR an die Soldaten gerichtete Ansinnen, „die Liebe zu den sozialistischen Brudervölkern und -armeen sowie die Freude über ihre Erfolge weiter zu entwickeln"[300], stößt offenbar auf wenig Gegenliebe. Hätte die Indoktrination mehr Erfolg, würde die „Waffenbrüderschaftserziehung" und die Pflege vermeintlich „gemeinsamer Traditionen" kaum mit soviel Nachdruck betrieben werden. Der Mehrzahl der NVA-Angehörigen geht es vermutlich nicht anders als den meisten Menschen in der DDR. Sie wissen sehr genau, warum die Sowjets ihre „Brüder" sind. Freunde kann man sich aussuchen.

Exkurs: Sozialistische Militärmusik

Zum 35. Jahrestag der DDR wartete die Nationale Volksarmee mit einem besonderen Präsent auf. Das Filmstudio der NVA produzierte einen Dokumentarfilm unter dem Titel „Großer Zapfenstreich". Der Film zeigt das Zeremoniell des großen Zapfenstreichs in einer neuen, zeitlich erweiterten Form, die zu Ehren des X. Parteitages der SED geschaffen worden war. Eingeblendete Bilder und Szenen dokumentieren die Entwicklung des Zapfenstreichs vom Mittelalter bis in die Gegenwart. Als historische Kulisse dient Berlins Prachtstraße „Unter den Linden".

Der große Zapfenstreich wird alljährlich am Nationalfeiertag der DDR vor dem Mahnmal für die Opfer des Faschismus und Militarismus aufgeführt. Die Neufassung des Zapfenstreichs komponierte und arrangierte Oberst Gerhard Baumann, Leiter des Zentralen Orchesters der NVA. Baumann verwendete Kompositionen und Motive von H. Schulz, H. Eisler, D. Schostakowitsch,

---

[299] Zit. nach Paul Heider: Truppengeschichte als Bereich militärgeschichtlicher Forschung und militärischer Traditionspflege, a.a.O., S. 88.

[300] Kokott 1978, S. 22.

C.M. v. Weber, P. Dessau, R. Goguel, E.H. Meyer, L. Fürnberg, P. Degeyter sowie traditionelle Musik.

Auf der Hülle der von ,,ETERNA" veröffentlichten Langspielplatte ,,Der Große Zapfenstreich der Nationalen Volksarmee" wird hervorgehoben, daß das Zapfenstreich-Zeremoniell in der Militärgeschichte eine progressive, aber auch widerspruchsvolle Tradition habe. Oberst Eberhard Schröder erinnert daran, daß es die verbündeten russischen Truppen waren, die bei einer Truppenbesichtigung am 10. August 1813 mit ,,ihrem" Zapfenstreich beeindruckten und den Anlaß gegeben hätten, dieses Zeremoniell für die preußische Armee zu übernehmen.

> ,,Durch Einbeziehung von Gebet und Choral war dieses Ritual für die herrschende Klasse geradezu wie geschaffen, die Volksmassen im chauvinistisch-nationalistischen Sinne zu beeinflussen und die uneingeschränkte Macht von Monarchie, Militär und Kirche zu demonstrieren. Keineswegs sind jedoch die progressiven Züge für die Entwicklung der Militärmusik im Gefolge der bürgerlichen Umgestaltung des Militärwesens zu verkennen. Unbestritten sind dabei die großen Verdienste des Organisators und Reformers der deutschen Militärmusik Wilhelm Wieprecht (1802–1872)."[301]

Die Nationale Volksarmee der DDR, deren Kampfauftrag es sei, die sozialistischen Errungenschaften des Arbeiter-und-Bauern-Staates zu schützen und den Frieden bewahren zu helfen, habe dem ,,Großen Zapfenstreich" einen neuen Inhalt verliehen, habe ihn verbunden mit den demokratischen und humanistischen Traditionen der Militärgeschichte, mit der deutschen und internationalen Arbeiterbewegung. Das manifestiere sich durch eine stärkere Einbeziehung von ,,revolutionärer Musik".

> ,,So spannt sich der musikalische Bogen von ,Des Geyers schwarzer Haufen', ,Lützows wilde verwegene Jagd', der ,Thälmannkolonne' über ,Dank euch, ihr Sowjetsoldaten' bis zum ,Lied der Partei'. Unter präsentiertem Gewehr des angetretenen Ehrenbataillons und den Klängen des Trauermarsches ,Unsterbliche Opfer' wird feierlich der gefallenen Kämpfer gegen Faschismus und Militarismus gedacht.
> Die Themen des Jahrhunderte währenden revolutionären Kampfes bringen so den Sinn des Soldatseins in der Armee des ersten sozialistischen Staates auf deutschem Boden emotional zum Ausdruck."[302]

Wenn die Musikkorps der Landstreitkräfte, der Luftstreitkräfte/Luftverteidigung und der Volksmarine aufspielen, so erklingt keinesfalls nur die neue, die ,,sozialistische Militärmusik". Auf dem Programm stehen regelmäßig auch die traditionellen Märsche wie der Marsch der Finnländischen Reiterei, der Marsch des Yorkschen Korps, der Revue- und der Helenenmarsch. Die Geburtsstunde der Militärmusik in der DDR schlug bereits lange bevor es eine Armee gab. 1950 gründeten ,,künstlerisch interessierte Volkspolizisten" das Erich-Weinert-Ensemble, das 1956 von der Nationalen Volksarmee übernommen wurde. Zu diesem Ensemble gehören ein großes Orchester, ein Chor und eine Ballettgruppe, ein Estradenensemble mit Tanzorchester sowie das Kabarett ,,Kneifzange".

---

[301] Der große Zapfenstreich der Nationalen Volksarmee. ETERNA 8 15 126. VEB Deutsche Schallplatten Berlin DDR 1981.

[302] Ebd.

„Das Erich-Weinert-Ensemble gestaltet Programme und Episoden aus dem Soldatenleben und gibt dem Zuschauer Denkanstöße für neue, sozialistische Verhaltensweisen.“[303] Die Soldatenlieder des Erich-Weinert-Ensembles tragen die Handschrift des 1978 verstorbenen Komponisten Kurt Greiner-Pol. Oberstleutnant Musikdirektor Kurt Greiner-Pol war musikalischer Oberleiter des Ensembles. Seine musikalische Prägung hatte er in sowjetischer Kriegsgefangenschaft erfahren. Besonders beeindruckt zeigte er sich vom Alexandrow-Ensemble der Sowjetarmee. Greiner-Pol orientierte sich an sowjetischen Vorbildern, als Komponist, Bearbeiter und Dirigent von „Kampfmusik“ wurde er zum Vorkämpfer der deutsch-sowjetischen Freundschaft. 1955 unternahm das Erich-Weinert-Ensemble seine erste Auslandstournee. Kurt Greiner-Pol dirigierte im Tschaikowski-Saal in Moskau. Jahre später erinnerte er sich an diese Veranstaltung:

> „Unser ‚Lauschaer Glaserball‘ bringt die Moskauer in Hochstimmung. Am Schluß des Programms singen wir: Rodina moja. Eine Welle der Sympathie schlägt uns entgegen. Wir haben unsere Zuschauer überzeugt, daß die Menschen in der DDR den richtigen Weg eingeschlagen haben, daß wir bereit sind, mit dem Sowjetvolk gemeinsam den Sozialismus aufzubauen und zu schützen.“[304]

Aus der Feder von Kurt Greiner-Pol stammen mehr als einhundert Soldatenlieder. Greiner-Pol gestaltete die Musikparaden vereinigter Militärorchester, er schuf Kompositionen für Armeespartakiaden und Sportschauen. Seinem Vorbild Hanns Eisler nacheifernd, bekannte sich Kurt Greiner-Pol zur tonangebenden Rolle der Partei.

> „Aus dem tiefen Verständnis der Militärpolitik der SED, der konsequenten Parteilichkeit seiner Klassen- und Armeezugehörigkeit erwuchsen gültige Lösungen von bleibender Aktualität, in der Traditionslinie des revolutionären Arbeiterliedes [...]
> Sein umfangreiches und vielgestaltiges Werk, das den militärischen Klassenauftrag der Nationalen Volksarmee in der ungebrochenen Kontinuität der Geschichte unserer bewaffneten Kräfte widerspiegelt, wird ein unverzichtbarer Bestandteil der sozialistischen Traditionspflege bleiben.“[305]

„Sozialistische Traditionspflege“ in der Militärmusik, d.h. in der Praxis Abgrenzung von jener Musik, die unselige Erinnerungen weckt wie beispielsweise der „preußische Marsch“:

> „Nach Marschmusik tanzte der Rohrstock auf den Rücken der Schulkinder, mit Marschmusik begleitete man die jungen Rekruten in die Kasernen, Märsche erklangen zur Parade, mit Marschmusik zogen die Soldaten in jene Kriege, die die Herrschenden mit ihnen führten.“[306]

Diese Marschmusik würde einer sozialistischen Armee wie der NVA schlecht zu Gesicht stehen. Da man auf Märsche generell nicht verzichten kann und will, änderte man die Instrumentierung.

---

[303] Unterhaltungskunst A–Z, Berlin (Ost) 1975, S. 78.
[304] Zit. nach Heino Leist: Kurt Greiner-Pol. Ein Komponistenporträt. NOVA 8 85 210. VEB Deutsche Schallplatten Berlin DDR 1981.
[305] Ebd.
[306] Czerny, Hofmann: Der Schlager, VEB Lied der Zeit 1968, zit. nach: Polka – Marsch – Mazurka. AMIGA 8 45 074. VEB Deutsche Schallplatten Berlin DDR 1975.

Bei den Soldatenliedern ist es einfacher, auf Distanz zu einer Vergangenheit zu gehen, mit der man sich nicht identifizieren möchte. Durch den Text läßt sich eindeutig Position beziehen. Die DDR tut das, indem sie in ihren Soldatenliedern an das „rote Erbe" anknüpft und die Waffenbrüderschaft mit der Sowjetunion preist. Das „alte Soldatenlied" wurde weitgehend ausgemerzt. Zum Repertoire des Erich-Weinert-Ensembles gehören zwar deutsche Volkslieder wie das Lied „Wenn ich schon kein' Schatz mehr hab'", ausgesprochene Soldatenlieder aus der Zeit vor 1945 werden jedoch im sozialistischen deutschen Staat heute kaum mehr gesungen.

Das Feld des Soldatenliedes ist ein musikalisch außerordentlich weites Feld in der DDR. Es wird betont, daß das „Soldatenliedschaffen" sich nicht auf herkömmliche Formen beschränke:

> „Das Lied, das alle singen können, das Marschlied, aber auch das Chanson, das Chorlied, das Armeelied der Singeklubs, der Schlager, das Kinderlied, jedes widerspiegelt auf seine Art und Weise das gemeinsame wehrpolitische Anliegen und nicht zuletzt den kämpferisch-humanistischen volksverbundenen Charakter unserer Armee."[307]

„In unserer Volksarmee und in unserem Volk", so behauptet die DDR, wird „das neue, das bessere Soldatenlied" gesungen.[308] Seit 1963 findet regelmäßig eine „Parade des Soldatenliedes" statt, an der das Erich-Weinert-Ensemble, das Zentrale Orchester der NVA, Armeesingeklubs, Soldatenchöre und Gastinterpreten teilnehmen. Neue Soldatenlieder gehen häufig aus Wettbewerben hervor, die anläßlich von Parteitagen und Jubiläen ausgeschrieben werden. Als die Nationale Volksarmee ihren 20. Jahrestag feierte und der IX. Parteitag der SED bevorstand, lautete das Motto des Liedwettbewerbes „Kampfkurs IX. Parteitag". Ein Produkt dieses Wettbewerbs trägt den Titel „Lied von der Grenze". Zu einer Komposition von Manfred Schmitz schrieb Uwe Berger den Text:

> „Die Grenze, wo wir stehen, die Waffe in der Hand,
> ist nicht nur eine Grenze zwischen Land und Land,
> das ist die Grenze zwischen dem Profit und unserer Macht,
> das ist die Grenze, die dem Feuer trotzt und der Lüge lacht,
> das ist die Klassengrenze, welche unsichtbar die Welt durchquert,
> das ist die Klassengrenze, wo immer rote Front die Wache hält."[309]

Aus der Sicht der SED markiert die Grenze zwischen östlicher und westlicher Welt zugleich die Grenze zwischen Himmel und Hölle, zwischen Gut und Böse, zwischen Gestern und Morgen. Daß es auch die Grenze zwischen Deutschland und Deutschland ist, spielt da nur eine sekundäre Rolle. Vorrang hat die Sicherung der „Klassengrenze" gegen Anschläge des „Klassenfeindes". Das geschah am 13. August 1961. In der „Kampfmusik" der Nationalen Volksarmee hat der 13. August seinen festen Platz. Siegfried Berthold, Autor zahlreicher NVA-Lieder, verfaßte auch den Text des Liedes „Jung sind die Linden":

---

307 Parade des Soldatenliedes. ETERNA 8 15 083. VEB Deutsche Schallplatten Berlin DDR 1976.
308 Ebd.
309 „Lied von der Grenze". Komposition: Manfred Schmitz. Text: Uwe Berger. Parade des Soldatenliedes, a.a.O.

„Es war in den Tagen des August, die Rosen erblühten im Garten.
Da haben wir unseren Schutzwall gebaut, wir konnten nicht länger warten.
Wer das Leben stört und die Warnung nicht hört,
spürt die Faust unsrer starken Armee.
Solang man aus Bonn noch mit Kriegsbränden droht,
stehn wir auf der Wacht an der Spree.
Jung sind die Linden und jung bleibt Berlin, weil wir auf Wache zum Spreeufer ziehn.
Uns weht die Fahne des Sieges voran, wir halten stand — no pasaran!
Vergeßt nicht die Tage im August und nicht unsre jungen Genossen,
die mitten im Frieden am Ufer der Spree von Feinden des Volkes erschossen.
Weder Mord noch Krieg führt sie jemals zum Sieg;
und Berlin, unsre Hauptstadt bleibt frei.
Der Heimat das Herz und dem Feinde die Stirn,
das lehrte uns unsre Partei.
Jung sind die Linden [. . .]“[310]

Da die Nationale Volksarmee selbst keine militärischen Siege an ihre Fahne heften kann — sieht man von dem Einsatz in der Tschechoslowakei 1968 einmal ab —, besingt man die Siege und Ruhmestaten der sowjetischen Waffenbrüder. Das Erich-Weinert-Ensemble und das Gesangs- und Tanz-Ensemble der Gruppe der Sowjetischen Streitkräfte in Deutschland arbeiten in „fester Waffenbrüderschaft“ ständig zusammen, so Heinz Leist im Begleittext einer Schallplatte, die 1977 zum 60. Jahrestag der „Großen Sozialistischen Oktoberrevolution“ erschien.

„Der gemeinsame Auftritt der Sänger in den Uniformen der Sowjetarmee und der Nationalen Volksarmee versinnbildlicht das stetig wachsende schöpferische Miteinander und Füreinander unserer Völker. Damit verwirklichen die Bruderensembles in ihrer künstlerischen Gemeinschaftsarbeit das, was heute den Soldatenalltag von Partnereinheit zu Partnereinheit, von Soldat zu Soldat kennzeichnet.“[311]

Die Platte „Jungs aus Moskau und Berlin“ beginnt mit dem „Marsch der Sowjetarmee“, sie klingt aus mit dem „Lied der Deutsch-Sowjetischen Freundschaft“.

Der Freundschaftspflege mit der Sowjetarmee kommt absolute Priorität zu in der NVA. Die Soldaten werden dazu angehalten, dem „großen Bruder“ auch musikalisch ihre Reverenz zu erweisen, in ihm den „Befreier, Freund, Genossen“ zu sehen. Autor dieser Lobeshymne, die im Liederwettbewerb zu Ehren des IX. Parteitages der SED entstand, ist Karl Mickel.[312]
Der Refrain des Liedes lautet:
„Das ist unsere Sache und Rede, Blut vom Blut der Revolution, Befreier, Freund, Genosse, hoch lebe die Sowjetunion!“

Die „sozialistische Militärmusik“ der DDR ist die Musik eines besetzten Landes, das sich gezwungen sieht, die Führungsmacht im Ostblock zu verherrlichen. Diese Aufgabe erfüllen die „Oktoberlieder“:

---

310 „Jung sind die Linden“. Worte: Siegfried Berthold. Weise und Satz: Kurt Greiner-Pol. Zit. nach Leben — Singen — Kämpfen. Liederbuch der Freien Deutschen Jugend, 13. Auflage, Leipzig 1976. S. 358 f.

311 Jungs aus Moskau und Berlin. ETERNA 8 15 093. VEB Deutsche Schallplatten Berlin DDR 1977.

312 „Befreier, Freund, Genosse“. Komposition: Paul Dessau. Text: Karl Mickel. Bearbeitung: Kurt Greiner-Pol. Parade des Soldatenliedes, a.a.O.

> „Von Jahr zu Jahr entstehen neue Oktoberlieder, die vom opferreichen Kampf um die Errichtung und die heldenhafte Verteidigung der Sowjetmacht im Großen Vaterländischen Krieg berichten und die den revolutionären Geist widerspiegeln, der im Sinne Lenins ‚den lebendigen Atem der lebendigen proletarischen Sache' einhaucht.
> In den Jahren nach dem Sieg des Roten Oktober wuchs in der deutschen Arbeiterbewegung das Interesse an Liedern aus der Sowjetunion. Proletarische Hundertschaften, Rote Frontkämpfer und Jungkommunisten in den Agitprop-Truppen sangen das sowjetische Lied, als wäre es ihr eigenes. So reichen die Traditionen der deutsch-sowjetischen Freundschaft auch im Liedschaffen auf die Oktobertage zurück."[313]

Für das Vaterland Deutschland ist kein Platz in der „sozialistischen Militärmusik" der DDR. Es klingt nur an im „Großen Zapfenstreich" der Nationalen Volksarmee, wird erdrückt von der Masse der „roten Lieder". In den Soldatenliedern der DDR ist die Nation, die es zu schützen gilt, oft namenlos, beispielsweise im „Lied der Volksmarine":

> „Wir schwören bei unsrer Ehre zu schützen unsre Nation und sind an dem Baltischen Meere des Sozialismus Bastion."[314]

„Des Sozialismus Bastion", d.h. im Klartext: ein Vorposten der Sowjetunion. Darauf reduziert sich die DDR, mißt man sie allein an ihrer Militärmusik.

---

[313] Heino Leist, zit. nach Jungs aus Moskau und Berlin, a.a.O.
[314] „Lied der Volksmarine". Komposition: Ludwig Schmidt. Text: Gerhard Vogelgesang. Mit aller Kraft voraus. ETERNA 8 15 051. VEB Deutsche Schallplatten Berlin DDR 1970.

Literaturverzeichnis

Die Abkürzungen beziehen sich auf die häufigst genannten Zeitschriften:
ZfG: Zeitschrift für Geschichtswissenschaft, Berlin (Ost)
BzG: Beiträge zur Geschichte der Arbeiterbewegung, Berlin (Ost)
DA: Deutschland Archiv (Köln)
GWU: Geschichte in Wissenschaft und Unterricht

Abusch, Alexander: Der Irrweg einer Nation, Berlin 1946 u.ö.

Ash, Timothy Garton: „Und willst du nicht mein Bruder sein...“ – Die DDR heute, Reinbek bei Hamburg 1981.

Bach, Roland/Heiger, Anneli/Reinhardt, Peter: Jugend. Solidarität – antiimperialistischer Kampf, Berlin (Ost) 1983.

Bachmann, Peter u.a. (Hgg.): Geschichte, Ideologie, Politik, Auseinandersetzungen mit bürgerlichen Geschichtsauffassungen in der BRD, Berlin (Ost) 1983.

Badstübner, Rolf: Zu „Erbe und Tradition“ in der Geschichte der DDR, in: ZfG 31 (1983)/5, S.427–431.

Bartel, Horst: Erbe und Tradition in Geschichtsbild und Geschichtsforschung der DDR, in: ZfG 29 (1981)/5, S. 385–394.

Ders.: Martin Luther im Lichte unserer Geschichtsschreibung, in: Einheit 38 (1983)/10, S. 958–963.

Ders./Engelberg, Ernst (Hgg.): Die großpreußisch-militaristische Reichsgründung 1871, Voraussetzungen und Folgen, Berlin (Ost) 1971.

Ders./Schmidt, Walter: Neue Probleme der Geschichtswissenschaft in der DDR, zur bisherigen Auswertung des VIII. Parteitages der SED durch die Historiker, in: ZfG 20 (1972)/7, S. 797–817.

Dieselben: Geschichtswissenschaft und Geschichtsbewußtsein bei der Gestaltung des entwickelten Sozialismus, in: Einheit 33 (1978)/3, S. 254–260.

Dieselben: Historisches Erbe und Tradition – Bilanz, Probleme, Konsequenzen, in: ZfG 30 (1982)/9, S. 816–829.

Dieselben: Sozialismus und historisches Erbe in der DDR, in: Einheit 39 (1984)/2, S. 111–116.

Dieselben: Das historisch-materialistische Lutherbild in Geschichte und Gegenwart, in: ZfG 32 (1984)/4, S. 291–301.

Dieselben und Mittenzwei, Ingrid: Preußen und die deutsche Geschichte, in: Einheit 34 (1979)/6, S. 637–646; wieder in: Mittenzwei, Ingrid / Noack, Karl-Heinz (Hgg.): Preußen in der deutschen Geschichte vor 1789, Berlin (Ost) 1983, S. 52–66.

Benser, Günter: Wortmeldung zur Diskussion um die DDR-Geschichte, in: ZfG 31 (1983)/3, S. 243–247.

Ders.: Konzeptionen und Praxis der Abrechnung mit dem deutschen Faschismus, in: ZfG 32 (1984)/11, S. 951–967.

Ders.: Antifaschistischer Widerstand und Überwindung des Faschismus als europäisches Problem, in: ZfG 33 (1985)/5, S. 403–415.

Ders./Heitzer, Heinz: Die Gründung der DDR – Ergebnis einer erfolgreichen Volksbewegung, in: ZfG 28 (1978)/4, S. 209–213.

Dieselben: Die DDR, größte Errungenschaft in der Geschichte des deutschen Volkes, in: Einheit 33 (1978)/3, S. 246–263.

Berthold, Werner u.a.: Kritik der bürgerlichen Geschichtsschreibung, Handbuch, Berlin (Ost), Köln (Lizenzausgabe) 1970.

Bleiber, Helmut: Bourgeoisie und bürgerliche Umwälzung in Deutschland, zum Stand und zu Problemen der Forschung, in: ZfG 25 (1977)/4, S. 305–332.

Bluth, Oskar: Uniform und Tradition, Berlin (Ost) 1956.

Börner, Karl-Heinz: Wilhelm I., Deutscher Kaiser und König von Preußen, eine Biographie, Berlin (Ost), Köln (Lizenzausgabe) 1984.

Bortfeldt, Heinrich/Loesdau, Alfred: Der 8. Mai 1945 – Befreiung oder Katastrophe? in: IPW-Berichte, Berlin (Ost) 14 (1985)/5, S. 14 ff.

Brendler, Gerhard: Martin Luther, Theologie und Revolution, Berlin (Ost) 1983.

Ders.: Zur Rolle der Parteilichkeit im Erkenntnisprozeß des Historikers, in: Engelberg, Ernst (Hg.): Probleme der marxistischen Geschichtswissenschaft, Berlin (Ost) 1972, Köln (Lizenzausgabe) 1972, S. 103–120.

Ders.: Zum Prinzip der Parteilichkeit in der marxistisch-leninistischen Geschichtswissenschaft, in: ZfG 20 (1972)/4, S. 277–301.

Ders.: Luther und wir, in: Geschichtsunterricht und Staatsbürgerkunde 25 (1983)/10, S. 801–809.

Ders.: Revolutionäre Potenzen und Wirkungen in der Theologie Martin Luthers, in: Löwe, Hartmut / Roepke, Claus-Jürgen (Hgg.): Luther und die Folgen, München 1983, S. 160–180.

Ders./Küttler, Wolfgang: Volksmassen, Fortschritt und Klassenkampf im Feudalismus, in: ZfG 26 (1978)/9, S. 803–817.

Deutsche Geschichte in zwölf Bänden, herausgegeben von einem Kollektiv unter Leitung von Bartel, Horst †,

Band 1: Von den Anfängen bis zur Ausbildung des Feudalismus Mitte des 11. Jahrhunderts, Köln (Lizenzausgabe) 1982.

Band 2: Die entfaltete Feudalgesellschaft von der Mitte des 11. bis zu den siebziger Jahren des 15. Jahrhunderts, Köln (Lizenzausgabe) 1983.

Band 3: Die Epoche des Übergangs vom Feudalismus zum Kapitalismus von den siebziger Jahren des 15. Jahrhunderts bis 1789. Von einer Autorengruppe unter der Leitung von Adolf Laube und Günter Vogler, Köln (Lizenzausgabe) 1983.

Band 4: Die bürgerliche Umwälzung von 1789 bis 1871. Von einer Autorengruppe unter Leitung von Walter Schmidt, Köln (Lizenzausgabe).

Diehl, Ernst: Aufgaben der Geschichtswissenschaft der DDR nach dem IX. Parteitag der SED, in: ZfG 25 (1977)/3, S. 261–279.

Ders.: Die Geschichte unserer Partei, Kraft unseres Kampfes, in: Einheit 33 (1978)/3, S. 237–245.

Ders.: Die SED, in der Geschichte verwurzelt, der Zukunft zugewandt, in: Einheit 33 (1978)/12, S. 1212–1219.

Ders.: Geschichtswissenschaften in der Klassenauseinandersetzung unserer Zeit, in: Einheit 35 (1980)/12, S. 1264–1271.

Ders.: Geschichtswissenschaft der DDR im Kampf um den Frieden, in: Geschichtsunterricht und Staatsbürgerkunde 26 (1984)/2–3, S. 98–102.

Ders.: Der geschichtliche Boden unseres Vaterlandes, in: Einheit 39 (1984)/9–10, S. 920–926.

Dittrich, Gottfried: Zur Geschichte der DDR als Nationalgeschichte, in: ZfG 30 (1982)/8, S. 711–716.

Döhring, Rolf/Meier, Helmut: Sozialistisches Geschichtsbewußtsein – wesentliches Element sozialistischer Bewußtheit, in: Einheit 31 (1976)/5, S. 648–655.

Dräger, Hans R.: Martin Luther – seine Bedeutung und Würdigung in beiden Teilen Deutschlands, in: Politik und Kultur, Berlin 11 (1984)/3, S. 65–79.

Drechsler, Karl/Klein, Fritz/Laboor, Ernst: Friedenssicherung durch Koexistenz – geschichtliche Entwicklung einer politischen Konzeption, in: ZfG 33 (1985)/5, S. 387–402.

Drobisch, Klaus/Fischer, Gerhard (Hgg.): Widerstand aus Glauben, Christen in der Auseinandersetzung mit dem Hitler-Faschismus, Berlin (Ost) 1985.

Duhnke, Horst: Die KPD von 1933 bis 1945, Köln (Kiepenheuer und Witsch) 1972.

Ehring, Klaus/Dallwitz, Martin: Schwerter zu Pflugscharen. Friedensbewegung in der DDR, Reinbek bei Hamburg 1982.

Engel, Evamaria: Zum Platz mittelalterlicher Könige im marxistisch-leninistischen Bild der deutschen Geschichte, in: ZfG 29 (1981)/9, S. 820–823, wieder in: DA 16 (1983), S. 211 ff.

Engelberg, Ernst: Bismarck, Urpreuße und Reichsgründer, Berlin (Ost) und München 1985.

Ders. (Hg.): Probleme der marxistischen Geschichtswissenschaft, Beiträge zu ihrer Theorie und Methode, Berlin (Ost) 1972, Köln (Lizenzausgabe) 1972; darin u.a.:
Ders.: Über Theorie und Methode der Geschichtswissenschaft, S. 11–32;
ders.: Zu methodologischen Problemen der Periodisierung, S. 121–154.

Ders.: Über Gegenstand und Ziel der marxistisch-leninistischen Geschichtswissenschaft, in: ZfG 16 (1968)/9, S. 1117–1145.

Ders.: Parteilichkeit und Objektivität in der Geschichtswissenschaft, in: ZfG 17 (1969)/1–2, S. 74–79.

Ders.: Nochmals zur ersten bürgerlichen Revolution und weltgeschichtlichen Periodisierung, in: ZfG 20 (1972)/10, S. 1285–1305.

Ders.: Über die Revolution von oben, Wirklichkeit und Begriff, in: ZfG 22 (1974)/11, S. 1183–1212.

Ders.: DDR-Verkörperung der progressiven und humanistischen Tradition des deutschen Volkes, in: BzG 21 (1979)/5, S. 643–649.

Ders.: Zur Dialektik der revolutionären Epoche von 1789 bis 1871, in: Geschichtsunterricht und Staatsbürgerkunde 25 (1983)/4, S. 305 f.

Ders.: Immer noch Meinungsverschiedenheiten über die Epoche der sozialen Revolution von 1789 bis 1871, in: ZfG 33 (1985)/8, S. 728–736.

Felz, Achim: Babylons Töchter. Städtebau zwischen Vergangenheit und Zukunft, Berlin (Ost) 1983.

Fesser, Gerd: Martin Luther und der Staat, in: Staat und Recht (Potsdam-Babelsberg) 32 (1983)/11, S. 859–873.

Finker, Kurt: Die mutige Tat des Oberst Stauffenberg gab das Signal, in: Neues Deutschland, 20.7.1984.

Fischer, Alexander: Neubeginn in der Geschichtswissenschaft, zum Verhältnis von „bürgerlichen" und marxistischen Historikern in der SBZ/DDR nach 1945, in: GWU 31 (1980)/3, S. 149–171.

Forster, Thomas M.: Die NVA. Kernstück der Landesverteidigung der DDR, 6., überarbeitete Auflage, Köln 1983.

Foschepoth, Josef: Reformation und Bauernkrieg im Geschichtsbild der DDR, zur Methodologie eines gewandelten Geschichtsverständnisses, Berlin (Dunker und Humblot) 1976.

Frankenberg, Egbert von: Tradition im Kreuzverhör. Meine Familie in der Geschichte, 2. Auflage, Berlin (Ost) 1982.

Fricke, Dieter (Hg.): Deutsche Demokraten, die nichtproletarischen demokratischen Kräfte in Deutschland 1830–1945, Berlin (Ost), Köln (Lizenzausgabe) 1981.

Fricke, Karl Wilhelm: In der Front der Sieger? Die SED und der 8. Mai 1945, in: DA 18 (1985)/6, S. 561–564.

Gall, Lothar: Bismarck, der weiße Revolutionär, Berlin und Frankfurt/M. 1980.

Ders.: Bismarck und der Bonapartismus, in: Historische Zeitschrift Bd. 223 (1976), S. 618 ff.

Goldmann, Sonja/Moritz, Heinz: Betriebsgeschichte fördert bewußtes Handeln, in: Einheit 39 (1984)/2, S. 117–121.

Graffunder, Heinz/Beerbaum, Martin: Der Palast der Republik, Leipzig 1977.

Groehler, Olaf/Drobisch, Klaus: Der 20. Juli 1944, in: Einheit 39 (1984)/7, S. 633–639, und in: Neues Deutschland, 7./8. Juli 1984, S. 9.

Gutsche, Willibald: Über Heimatgeschichtsschreibung, in: Einheit 39 (1984)/12, S. 1119–1123.

Ders./Kaulisch, Baldur (Hgg.): Bilder aus der Kaiserzeit, historische Streiflichter 1897–1917, Jena und Berlin, Köln (Lizenzausgabe) 1985.

Haase, Horst: Kunst der Vergangenheit – Last oder Lust?, Berlin (Ost) 1983.

Hager, Kurt: Geschichte und Gegenwart, Schlußwort auf dem VII. Historiker-Kongreß der DDR, Dezember 1982, in: Einheit 38 (1983)/2, S. 161–172.

Hampel, Johannes: Die DDR und die deutsche Geschichte, in: Politik und Kultur, Berlin 12 (1985)/3, S. 57–66.

Hanke, Helmut: Freizeit in der DDR, Berlin (Ost) 1979.

Heitzer, Heinz: Die Befreiung durch die Sowjetunion und der Beginn der antifaschistisch-demokratischen Umwälzung, in: ZfG 28 (1980)/8, S. 711–729.

Ders.: Die Geschichte der DDR – wichtigster Zeitabschnitt der deutschen Geschichte, in: ZfG 32 (1984)/5, S. 387–394.

Helas, Horst: Revolutionär-demokratische Einigung oder junkerlich-bourgeoise Reichsgründung „von oben" 1849–1871, Debatten im Autorenkollektiv für das Lehrbuch der deutschen Geschichte (1955–1958), in: ZfG 33 (1985)/9, S. 794–808.

Herrmann, Joachim: Die Rolle gentilgesellschaftlicher Stämme und des Klassenkampfes der Volksmassen bei der Herausbildung und Entwicklung vorkapitalistischer Gesellschaftsformationen, in: ZfG 25 (1977)/10, S. 1149–1157.

Ders.: Zu den Anfängen der Geschichte des deutschen Volkes, einige Ergebnisse und Probleme der Arbeiten am ersten Band der „Deutschen Geschichte", in: ZfG 28 (1980)/9, S. 823–834.

Ders.: Zum historisch-kulturellen Erbe vorkapitalistischer Gesellschaftsformationen, Erforschung – Darstellung – Wirkung, in: ZfG 29 (1981)/6, S. 483–494.

Heß, Ulrich: Antifaschistische Strategie und Taktik der KPD (1922–1923), in: BzG 24 (1982)/6, S. 812–823.

Heuß, Alfred: Versagen und Verhängnis. Vom Ruin deutscher Geschichte und ihres Verständnisses, Berlin 1984.

Heydemann, Günter: Geschichtswissenschaft im geteilten Deutschland, Entwicklungsgeschichte, Organisationsstruktur, Funktionen, Theorie- und Methodenprobleme in der Bundesrepublik Deutschland und in der DDR, Frankfurt/M. 1980.

Hönig, Alois: Zur geschichtsphilosophischen Kategorie Tradition, in: Deutsche Zeitschrift für Philosophie, Berlin (Ost) 12 (1964)/9, S. 1055–1072.

Hörnig, Hannes: Sozialismus und ideologischer Kampf – zu den Aufgaben der Geschichtswissenschaft, in: ZfG 32 (1984)/8, S. 667–680.

Hoffmann, Ernst: Die Hilfe sowjetischer Historiker beim Aufbau der Geschichtswissenschaft in der DDR, in: ZfG 33 (1985)/4, S. 323–324.

Hofmann, Hans: Zu einigen ökonomischen, politischen und sozialen Aspekten der Reformation bei Martin Luther, in: Staat und Recht, Berlin (Ost) 32 (1983)/3, S. 231–236.

Honecker, Erich: In der DDR wird die historische Leistung Martin Luthers bewahrt, Rede auf der konstituierenden Sitzung des Martin-Luther-Komitees der DDR am 13. Juni 1980, in: ZfG 28 (1980)/10, S. 927–931.

Ders.: Aus meinem Leben, Berlin (Ost) 1980.

Ders.: Eine welthistorische Tat, die auch das deutsche Volk befreite. Zum 40. Jahrestag des Sieges über den Hitler-Faschismus und der Befreiung des deutschen Volkes, in: Neues Deutschland, 23./24. März 1985, und in: Einheit 40 (1985)/4–5, S. 291–299.

Jacobeit, Sigrid und Wolfgang: Illustrierte Alltagsgeschichte des deutschen Volkes, Urania-Verlag, Leipzig/Jena/Berlin 1987.

Jeismann, Karl-Ernst: Die Einheit der Nation im Geschichtsbild der DDR, in: Aus Politik und Zeitgeschichte, Beilage zur Wochenzeitung ‚Das Parlament' 32–33 (1983), S. 3–16.

Jung, Lothar: Nationalbewußtsein statt Klassenbewußtsein gefragt, in: DA 18 (1985)/8, S. 824–830.

Keiderling, Gerhard: Berlin 1945 bis 1986. Geschichte der Hauptstadt der DDR, Dietz Verlag, Berlin (Ost) 1987.

Klassenkampf, Tradition, Sozialismus, von den Anfängen der Geschichte des deutschen Volkes bis zur Gestaltung der entwickelten sozialistischen Gesellschaft in der Deutschen Demokratischen Republik, Grundriß, hg. vom Zentralinstitut für Geschichte der Akademie der Wissenschaft der DDR, Berlin (Ost) 1974.

Knöfel, Erich/Lindner, Heinz: Ich werde Soldat, 2. Auflage, Berlin (Ost) 1983.

Koch, Hans: Kulturpolitik in der Deutschen Demokratischen Republik, 2. Auflage, Berlin (Ost) 1976.

Ders.: „. . . erwirb es, um es zu besitzen“, über das Erbe in der sozialistischen Nationalkultur, in: Einheit 40 (1985)/8, S. 733–738.
Kocka, Jürgen/Nipperdey, Thomas (Hgg.): Theorie der Geschichte Band 3: Theorie und Erzählung in der Geschichte, München 1979.
König, Hartmut: Bismarck als Reichskanzler, seine Beurteilung in der sowjetischen und der DDR-Geschichtsschreibung, Köln/Wien 1978.
Kokott, Raimund: Waffenbrüderschaft. Anforderungen an die Waffenbrüderschaftserziehung – Waffenbrüderschaftsbeziehungen zwischen der NVA und der GSSD, Berlin (Ost) 1978.
Kopp, Fritz: Die Wendung zur „nationalen Geschichtsschreibung“ in der Sowjetzone, München 1954.
Koselleck, Reinhart/Mommsen, Wolfgang J./Rüsen, Jörn (Hgg.): Theorie der Geschichte Band 1: Objektivität und Parteilichkeit in der Geschichtswissenschaft, München 1977.
Kossok, Manfred: Vergleichende Revolutionsgeschichte der Neuzeit, Forschungsprobleme und Kontroversen, in: ZfG 26 (1978)/1, S. 5–34.
Ders.: Volksbewegungen im bürgerlichen Revolutionszyklus, in: ZfG 26 (1978)/7, S. 593–606.
Küttler, Wolfgang: Begriffsbildung und Gesetzesproblematik in Geschichte und Geschichtserkenntnis, in: ZfG 29 (1981)/S. 777–797.
Ders.: Theoretische und methodologische Probleme des reformerischen Weges der bürgerlichen Umwälzung, in: ZfG 33 (1985)/10, S. 899–915.
Ders./Seeber, Gustav: Historischer Charakter und nationalgeschichtliche Anwendung des marxistisch-leninistischen Erbeverständnisses, in: ZfG 29 (1981)/8, S. 726–734.
Ders./Mittenzwei, Ingrid: Die deutsche Geschichte und der historische Fortschritt im 17. und 18. Jahrhundert. Diskussionsfragen zum 2. Band der „Geschichte des Alltags des deutschen Volkes“ von Jürgen Kuczynski, in: ZfG 30 (1982)/2, S. 621–636.
Ders./Lozek, Gerhard: Marxistisch-leninistischer Historismus und Gesellschaftsanalyse, die historische Gesetzmäßigkeit der Gesellschaftsformationen als Dialektik von Ereignis, Struktur und Entwicklung, in: Ernst Engelberg (Hg.): Probleme der maxistischen Geschichtswissenschaft, Berlin (Ost) 1972, Köln (Lizenzausgabe) 1972, S. 33–78; zuvor in: ZfG 8 (1970)/9, S. 1117–1145.
Kuppe, Johannes: Die Geschichtsschreibung der SED im Umbruch, in: DA 18 (1985)/3, S. 278–294.

Lades, Hans/Burrichter, Clemens (Hgg.): Produktivkraft Wissenschaft, Sozialistische Sozialwissenschaften in der DDR, Hamburg 1970.
Lange, Annemarie: Berlin – Hauptstadt der DDR. Kurzer Führer, 2. Auflage, Leipzig 1974.
Langer, Herbert: Fortschrittspotenzen in den gesellschaftlichen Wandlungen der Übergangsepoche vom Feudalismus zum Kapitalismus, in: ZfG 30 (1982)/10–11, S. 932–942.
Ders.: Religion, Konfession und Kirche in der Epoche des Übergangs vom Feudalismus zum Kapitalismus, in: ZfG 32 (1984)/2, S. 110–123.
Laube, Adolf: Die Reformation als soziale Bewegung, in: ZfG 33 (1985)/5, S. 424–441.
Leonhardt, Rudolf Walter: X-mal Deutschland, München 1964.
Lozek, Gerhard: Geschichte im ideologischen Kampf unserer Zeit, in: Einheit 33 (1978)/3, S. 261–268.
Ders.: Illusionen und Tatsachen. Anachronistische BRD-Geschichtsschreibung über die DDR, Berlin (Ost) 1980.
Ders.: Wie aktuell ist Geschichte?, Berlin (Ost) 1983.
Ders.: Das Problem von Objektivität und Parteilichkeit und die Auseinandersetzung mit der bürgerlichen Geschichtsschreibung, in: ZfG 31 (1983)/5, S. 387–396.
Lübbe, Hermann: Geschichtsbegriff und Geschichtsinteresse, Basel und Stuttgart 1977.
Ders.: Der Nationalsozialismus im deutschen Nachkriegsbewußtsein, in: Historische Zeitschrift Bd. 236 (1983), S. 579–599.

Marx, Karl/Engels, Friedrich: Werke (MEW), 10. Auflage, Berlin (Ost) 1956 ff.
Meier, Helmut: Nationalgeschichte der DDR – Bestandteil der Weltgeschichte, in: Deutsche Lehrerzeitung, Berlin (Ost) 1984/23, S. 7.

Ders./Schmidt, Walter: Tradition und sozialistisches Bewußtsein, in: Einheit 30 (1978)/12, S. 1220–1227.
Dieselben: Was du ererbt von deinen Vätern hast..., Berlin (Ost) 1980.
Dieselben: Der Sozialismus in der DDR und sein geschichtliches Erbe, in: Pädagogik 38 (1984)/5, S. 353–363.
Michel, Fritz: Der 20. Juli in kommunistischer Sicht – heute und damals, in: Beiträge zur Konfliktforschung 1984/4, S. 113–128.
Miethe, Anna Dora: Gedenkstätten. Arbeiterbewegung – Antifaschistischer Widerstand – Aufbau des Sozialismus. Hg.: Institut für Denkmalpflege in der DDR, Leipzig/Jena/Berlin (Ost) 1974.
Mittenzwei, Ingrid: Friedrich II. von Preußen, Berlin (Ost) 1979, Köln (Lizenzausgabe) 1980.
Dies.: Über das Problem des aufgeklärten Absolutismus, in: ZfG 18 (1970)/12, S. 1162–1172.
Dies.: Die zwei Gesichter Preußens, in: Forum 19/1978, wieder in: DA 16 (1983), S. 214–218.
Dies.: Der preußische Absolutismus – Sonderfall oder Norm?, in: Standpunkt 1982/2, S. 47–51.
Dies./Noack, Karl-Heinz (Hgg.): Preußen in der deutschen Geschichte vor 1789, Berlin (Ost) 1983, darin u.a.:
Dieselben: Theorie und Praxis des aufgeklärten Absolutismus in Brandenburg-Preußen, S. 268–316;
dieselben: Das absolutistische Preußen in der DDR-Geschichtswissenschaft, S. 11–52.
Motschmann, Klaus: Sozialismus und Nation, München 1979.
Münch, Ursula: Zur Einbeziehung der Verbündeten der Arbeiterklasse in den sozialistischen Aufbau, in: ZfG 32 (1984)/9, S. 755–764.

(Nationales Dokument) Die geschichtliche Aufgabe der Deutschen Demokratischen Republik und die Zukunft Deutschlands, in: Neues Deutschland, 27.3.1961, wieder in: ZfG 10 (1962)/6, S. 1255 ff.
Neubert, Werner: Bismarcks Lektion, in: Weltbühne 1984/38, S. 1196–1198.
Neuhäußer-Wespy, Ulrich: Die SED und die Historie, Probleme und Aspekte der gegenwärtigen Umorientierung in der Geschichtswissenschaft der DDR, in: Aus Politik und Zeitgeschichte, Beilage zur Wochenzeitung ‚Das Parlament' 41/1976, S. 30–45.
Ders.: Zur Neuorientierung der DDR-Geschichtswissenschaft seit 1971, in: GWU 31 (1980)/3, S. 172–177.
Ders.: Von der Urgesellschaft bis zur SED, Anmerkungen zur „Nationalgeschichte der DDR", in: DA 16 (1983)/2, S. 145 ff.
Neuner, Gerhart: Wer ist heute ein Revolutionär?, Berlin (Ost) 1979.
Nipperdey, Thomas: Die Reformation als Problem der marxistischen Geschichtswissenschaft, in: Dietrich Geyer (Hg.): Wissenschaft in kommunistischen Ländern, Tübingen 1967, S. 228–258.

Panitz, Eberhard: Der Weg zum Rio Grande. Ein biographischer Bericht über Tamara Bunke, 2. Auflage, Dortmund 1979.
Paul, Manfred/Liebig, Horst: Grenzsoldaten, Berlin (Ost) 1981.
Peine, Gerhard: Gedanken zur Arbeitsethik Martin Luthers, in: Deutsche Zeitschrift für Philosophie, Berlin (Ost) 31 (1983)/10, S. 1175–1183.
Prokop, Siegfried: Geschichte der DDR als Nationalgeschichte, in: ZfG 31 (1983)/1, S. 55–60.

Rein, Gustav Adolf: Die Revolution in der Politik Bismarcks, Göttingen 1957.
Reuter, Frank: Geschichtsbewußtsein in der DDR, Programm und Aktion, Köln 1973.
Riese, Werner: Der Parteiauftrag für die Geschichtswissenschaft der DDR – Funktion und Realisierung, in: Politik und Kultur, Berlin 6 (1979)/2, S. 40–56.
Rogge, Joachim (Präsident der Kirchenkanzlei der Evangelischen Kirche der Union, Bereich DDR): Aufbrechende Fragen, Akzente der Luther-Rezeption 1983 in der DDR, in: Kirche im Sozialismus 9 (1983)/1–3, S. 25–31.
Rohlfes, Joachim: Das Interesse an Preußen, eine Nachlese zum Preußen-Jahr, in: GWU 33 (1982)/9, S. 523–547.
Rojas, Marta/Rodríguez Calderón, Mirta: Tania – La Guerrillera, 4. Auflage, Berlin (Ost) 1980.
Rühle, Jürgen: Preußen schwarzweiß und rot, in: DA 14 (1981)/9, S. 903–906.

Ruffmann, Karl-Heinz: Warum müssen wir uns mit der Geschichtswissenschaft in der DDR beschäftigen?, in: GWU 31 (1980)/3, S. 129–148.
Rumpler, Helmut: Parteilichkeit und Objektivität als Theorie-Problem der DDR-Historie, in: R. Koselleck, W.J. Mommsen, J. Rüsen (Hgg.): Objektivität und Parteilichkeit in der Geschichtswissenschaft, München 1977, S. 228–262.
Ders.: Die politische Funktion der Geschichtswissenschaft in der DDR, in: Politik und Kultur, Berlin 5, (1978)/6, S. 3–14.
Ders.: Revolutionsgeschichtsforschung in der DDR, in: GWU 31 (1980)/3, S. 178–187.

Sallmon, Heinz: Kultur und Kunst im Leben der Jugend, Berlin (Ost) 1984.
Scharf, Helmut: Historische Stätten in Deutschland und Österreich. Schauplätze, Gedenkstätten, Museen zur Geschichte und Politik im 19. und 20. Jahrhundert, Düsseldorf 1983.
Scheel, Heinrich: Nochmals zur Frage der „Revolution von oben" in Preußen 1808–1813, in: ZfG 31 (1983)/9, S. 824–829.
Ders.: Die „Rote Kapelle" und der 20. Juli 1944, in: ZfG 33 (1985)/4, S. 325–337.
Scherner, Erhard: Kultur und Künste in der DDR. Begegnung mit einer neuen Wirklichkeit. Hg.: Staatssekretariat für westdeutsche Fragen, Berlin (Ost) 1970.
Schilfert, Gerhard: Der Aufstieg Brandenburg-Preußens und die Entstehung des brandenburgisch-preußischen Absolutismus unter dem Kurfürsten Friedrich Wilhelm I., in: Ingrid Mittenzwei, Karl-Heinz Noack (Hgg.): Preußen in der deutschen Geschichte vor 1789, Berlin (Ost) 1983, S. 261–267.
Schleier, Hans: Zur Revolutionsinterpretation in der deutschen Geschichtsschreibung zwischen 1848 und 1933, in: ZfG 32 (1984)/6, S. 515–525.
Schmidt, Walter: Über die Aufgaben der Geschichtswissenschaft bei der sozialistischen Bewußtseinsbildung, in: ZfG 17 (1969)/1–2, S. 52–61.
Ders.: Forschungen zur Geschichte der marxistisch-leninistischen Geschichtswissenschaft der DDR, in: BzG 21 (1979)/3, S. 342–357.
Ders.: Neue Tendenzen nationalistischer Deutung der deutschen Geschichte in der bürgerlichen BRD-Historiographie, in: BzG 23 (1981)/3, S. 365–371.
Ders.: Nationalgeschichte der DDR und das territorialstaatliche historische Erbe, in: ZfG 29 (1981)/5, S. 399–404.
Ders.: Die Entwicklung der DDR-Geschichtswissenschaft im Zerrspiegel bürgerlicher Historiographie der BRD, in: ZfG 30 (1982)/6, S. 581–589.
Ders.: Deutsche Geschichte als Nationalgeschichte der DDR, in: BzG 25 (1983)/3, S. 332–339.
Ders.: Die Gründung der Historikergesellschaft der DDR 1958, ihr Beitrag zur Durchsetzung des Marxismus-Leninismus in der Geschichtswissenschaft der DDR Ende der fünfziger Anfang der sechziger Jahre, in: ZfG 31 (1983)/8, S. 675–690.
Ders.: Waren die preußischen Reformen eine „Revolution von oben?" Zum Verhältnis von Reform, Revolution von unten und „Revolution von oben" im Prozeß der bürgerlichen Umwälzung in Deutschland, in: ZfG 32 (1984)/11, S. 986–999.
Ders.: Die Entwicklung des Erbe- und Traditionsverständnisses in der Geschichtsschreibung der DDR, in: ZfG 33 (1985)/3, S. 195 ff.
Schötzki, Horst: Operation „Walküre", der Umsturzversuch vom 20. Juli 1944, in: Horizont, Berlin (Ost) 17 (1984)/7, S. 32.
Schradi, Johannes: Die DDR-Geschichtswissenschaft und das bürgerliche Erbe, das deutsche Bürgertum und die Revolution von 1848 im sozialistischen Geschichtsverständnis, Frankfurt/M., Bern, New York 1984.
Schultz, Helga: Zu Inhalt und Begriff marxistischer Regionalgeschichtsforschung, in: ZfG 33 (1985)/10, S. 875–887.
Schumann, Wolfgang, u.a.: Deutschland im Zweiten Weltkrieg Band 5: Der Zusammenbruch der Defensivstrategie des Hitlerfaschismus an allen Fronten, Berlin (Ost) 1984, Köln (Lizenzausgabe) 1984.
Seeber, Gustav (Hg.): Gestalten der Bismarck-Zeit, Berlin (Ost) 1978.
Ders./Wolter, Heinz: Die preußisch-deutsche Reichsgründung von 1870/71, Berlin (Ost) 1981, Köln (Lizenzausgabe) 1981.

Ders./Noack, Karl-Heinz (Hgg.): Preußen in der deutschen Geschichte nach 1789, Berlin (Ost) 1983.
Spittmann, Ilse: Denkmalpflege, in: DA 16 (1983)/5, S. 449–453.
Steinmetz, Max: Der geschichtliche Platz des deutschen Bauernkrieges, in: Gerhard Brendler (Hg.): Der deutsche Bauernkrieg 1524/25, Berlin (Ost) 1977, S. 15–33.
Streisand, Joachim: Deutsche Geschichte von den Anfängen bis zur Gegenwart, eine marxistische Einführung, Berlin (Ost) 1970, 3. überarbeitete und erweiterte Auflage, Köln (Lizenzausgabe) 1976.
Ders.: Geschichtsbild und Geschichtsbewußtsein bei der Gestaltung der entwickelten sozialistischen Gesellschaft, in: ZfG 17 (1969)/1–2, S. 31–51.
Ders.: Die Geschichte im geistig-kulturellen Leben der DDR, in: ZfG 26 (1978)/12, S. 198–213.
Ders.: Kultur in der DDR. Studien zu ihren historischen Grundlagen und ihren Entwicklungsetappen, Berlin (Ost) 1981.
Stürmer, Michael: Die Reichsgründung, deutscher Nationalstaat und europäisches Gleichgewicht im Zeitalter Bismarcks, München 1984.
Ders.: Ein Preußen für die DDR – umstrittenes Erbe, in: GWU 33 (1982)/9, S. 582–598.
Ders.: Wem gehört die deutsche Geschichte, in: Damals, Zeitschrift für geschichtliches Wissen 14 (1982), S. 720–730.
Süssmuth, Hans (Hg.): Das Luther-Erbe in Deutschland, Vermittlung zwischen Wissenschaft und Öffentlichkeit, Düsseldorf 1985.

Tautz, Günter: Orden und Medaillen. Staatliche Auszeichnungen der Deutschen Demokratischen Republik, 2. verbesserte und ergänzte Auflage, Leipzig 1983.
Thamer, Hans-Ulrich: Nationalsozialismus und Faschismus in der DDR-Historiographie, in: Aus Politik und Zeitgeschichte, Beilage zur Wochenzeitung ‚Das Parlament' 13/1987, S. 27–37.
Thesen über Martin Luther zum 500. Geburtstag, ausgearbeitet von einer Arbeitsgruppe von Gesellschaftswissenschaftlern unter Leitung von Horst Bartel, in: Einheit 36 (1984)/9, S. 890–903.
Timm, Albrecht: Das Fach Geschichte in der Forschung und Lehre in der sowjetischen Besatzungszone Deutschlands seit 1945, 1957, 4. erg. Auflage, Bonn 1965.
Töpfer, Bernhard: Volksbewegungen, Ideologie und gesellschaftlicher Fortschritt in der Epoche des entwickelten Feudalismus, Vom 11. bis zum 15. Jahrhundert, in: ZfG 25 (1977)/10, S. 1158–1167.

Ulbricht, Walter: Referat zum „Grundriß der Geschichte der deutschen Arbeiterbewegung", in: ZfG 10 (1962)/6, S. 1255–1337.
Ders.: An die Jugend, 2., neu zusammengestellte und bearbeitete Auflage, Berlin (Ost) 1968.
Vermächtnis großer Musik, Thesen zur Bach-Händel-Schütz-Ehrung der DDR im Jahre 1985, erarbeitet durch eine Arbeitsgruppe von Musikwissenschaftlern unter Leitung von Heinz Alfred Brockhaus, in: Einheit 39 (1984)/2, S. 167–178.

Vogler, Günter: Friedrich Engels zur internationalen Stellung der deutschen frühbürgerlichen Revolution, in: ZfG 20 (1972)/4, S. 444–457.
Ders./Vetter, Klaus: Preußen, von den Anfängen an bis zur Reichsgründung, Berlin (Ost) 1970, Köln (Lizenzausgabe) 1981.

Wandel, Paul: Historische Wurzeln einer Koalition der Vernunft und des Realismus, in: IPW-Berichte, Berlin (Ost) 14 (1985)/4, S. 1–6.
Weber, Hermann: Neue Tendenzen? Differenzierungen der DDR-Geschichtsschreibung über den deutschen Kommunismus, in: DA 18 (1985)/8, S. 796–799.
Ders.: Ulbricht fälscht Geschichte. Ein Kommentar mit Dokumenten zum „Grundriß der deutschen Arbeiterbewegung", Köln 1964.
Ders.: Hauptfeind Sozialdemokratie. Strategie und Taktik der KPD 1929–1933, Düsseldorf 1982.

Wegner-Korfes, Sigrid: Er wollte das Gleichgewicht der Kräfte, Gedanken zur Rußlandpolitik Otto von Bismarcks, in: National-Zeitung, 18./19.8.1984.
Dies.: Graf von der Schulenburg – Mitverschwörer des 20. Juli 1944. Zur außenpolitischen Konzeption des Botschafters des faschistischen Deutschlands in Moskau, in: ZfG 32 (1984)/9, S. 681–699.
Weise, Klaus/Edelhoff, Helmut: Berlin – Hauptstadt der DDR – A bis Z, Leipzig 1976.
Wimmer, Walter: Sozialistische Heimat, Errungenschaft und Aufgabe, in: Einheit 33 (1978)/12, S. 1228–1235.
Ders.: Die KPD und der Untergang der Weimarer Republik, in: BzG 25 (1983)/1, S. 3–16.
Ders.: Geschichtliche Wurzeln des Werdens und Wachsens unserer Republik, in: Einheit 39 (1984)/2, S. 105–110.
Winters, Peter Jochen: Neue Beurteilung des 20. Juli 1944, in: DA 17 (1984)/9, S. 903–908.
Wörterbuch zur Deutschen Militärgeschichte, Militärverlag der DDR, Berlin (Ost) 1985.
Wohlfeil, Rainer: Das wissenschaftliche Lutherbild der Gegenwart in der Bundesrepublik Deutschland und in der Deutschen Demokratischen Republik, ein Vergleich, Hannover 1982.
Ders.: Einführung in die Geschichte der deutschen Reformation, München 1982.

Zentrale Forschungspläne der marxistisch-leninistischen Gesellschaftswissenschaften der DDR:
– 1972–1975, am 11.1.1972 vom Politbüro des Zentralkomitees bestätigt, in: Einheit 27 (1972)/2, S. 169 ff.
– 1976–1980, am 1.7.1975 vom Zentralkomitee der SED bestätigt, in: Einheit 30 (1975)/9, S. 1042 ff.
– 1981–1985, am 21.10.1980 vom Zentralkomitee der SED bestätigt, in: Einheit 35 (1980)/12, S. 1209 ff.
Zilch: Bruno: Das Edikt von Potsdam, zur 300. Wiederkehr der Aufnahme der Réfugiés in Brandenburg-Preußen, in: ZfG 33 (1985)/9, S. 824–837.